Individualstrafen im Kartellrecht

Europäische Hochschulschriften Recht

European University Studies in Law

Publications Universitaires Européennes de Droit

Band/Volume 6179

Maren Laura Rüdesheim

Individualstrafen im Kartellrecht

Die Bekämpfung von Hardcore-Kartellen

PETER LANG

Bibliografische Information der Deutschen Nationalbibliothek
Die Deutsche Nationalbibliothek verzeichnet diese Publikation in der Deutschen Nationalbibliografie; detaillierte bibliografische Daten sind im Internet über http://dnb.d-nb.de abrufbar.

Zugl.: Heidelberg, Univ., Diss., 2019

Gedruckt auf alterungsbeständigem, säurefreiem Papier.
Druck und Bindung: CPI books GmbH, Leck

D 16
ISSN 0531-7312
ISBN 978-3-631-80673-9 (Print)
E-ISBN 978-3-631-82668-3 (E-PDF)
E-ISBN 978-3-631-82669-0 (EPUB)
E-ISBN 978-3-631-82670-6 (MOBI)
DOI 10.3726/b17156

Diese Publikation wurde begutachtet.

www.peterlang.com

Meinen Eltern

Danksagung

Die vorliegende Arbeit wurde im Jahr 2019 von der Juristischen Fakultät der Universität Heidelberg als Dissertation angenommen.

Meinem Doktorvater, Herrn Prof. Dr. Dr. h.c. Gerhard Dannecker, gilt mein besonderer Dank für die Betreuung der Arbeit. Für die vielfältigen Anregungen und die wertvolle Kritik bin ich sehr dankbar. Herrn Prof. Dr. Kai Cornelius, LL.M. danke ich herzlich für die zügige Erstellung des Zweitgutachtens.

Großer Dank gilt Benedikt, der mir stets als wichtiger Ratgeber und Begleiter zur Seite stand und die Erstellung dieser Arbeit so erst ermöglicht hat.

Gewidmet ist die Arbeit meinen Eltern, Maria und Gerald Feigenbutz, deren Rückhalt ich mir stets sicher sein konnte. Für ihre unbedingte und liebevolle Unterstützung danke ich ihnen sehr.

Inhaltsverzeichnis

Abkürzungsverzeichnis

a.A.	andere Ansicht
Abs.	Absatz
AcP	Archiv für die civilistische Praxis
AEUV	Vertrag über die Arbeitsweise der Europäischen Union
AG	Amtsgericht
AGB	Allgemeine Geschäftsbedingungen
AktG	Aktiengesetz
AnwBl	Anwaltsblatt
AO	Abgabenordnung
ArbRAktuell	Arbeitsrecht Aktuell
ArbSchutzG	Arbeitsschutzgesetz
Art.	Artikel/article
AT	Allgemeiner Teil
BaFin	Bundesanstalt für Finanzdienstleistungsaufsicht
BB	Betriebs-Berater
Bearb.	Bearbeiter
BDSG	Bundesdatenschutzgesetz
BGB	Bürgerliches Gesetzbuch
BGH	Bundesgerichtshof
BGHZ	Entscheidungen des Bundesgerichtshofs in Zivilsachen
BImschG	Bundesimmissionsschutzgesetz
BKartA	Bundeskartellamt
BT	Besonderer Teil
BT-Dr	Bundestagsdrucksache
BtMG	Betäubungsmittelgesetz
BVerfG	Bundesverfassungsgericht
BVerfGE	Bundesverfassungsgerichtsentscheidung
bzw.	beziehungsweise
CCZ	Corporate Compliance Zeitschrift
CDDA	Company Directors Disqualification Act
CDU	Christlich Demokratische Union
CEPS	Centre for European Policy Studies
CSU	Christlich-Soziale Union
DB	Der Betrieb
ders.	derselbe
dies.	dieselbe

DJT	Deutscher Juristentag
D&O-Versicherung	*Directors-and-Officers*-Versicherung
ECLR	European Competition Law Review
EG- Vertrag	Vertrag zur Gründung der Europäischen Gemeinschaft
EMRK	Europäische Menschenrechtskonvention
ERRA	Enterprise and Regulatory Reform Act
EU	Europäische Union
EuGH	Europäischer Gerichtshof
EUR	Zeitschrift Europarecht
EUR	Erasmus University Rotterdam
EUV	Vertrag über die Europäische Union
EuZW	Europäische Zeitschrift für Wirtschaftsrecht
EWeRK	Zeitschrift des Instituts für Energie- und Wettbewerbsrecht in der Kommunalen Wirtschafts e.V.
EWG-Vertrag	Vertrag zur Gründung der Europäischen Wirtschaftsgemeinschaft
f.	folgende
FG	Festgabe
ff.	fortfolgende
Fn.	Fußnote
FS	Festschrift
GA	Goldhammer's Archiv für Strafrecht
GastG	Gaststättengesetz
GewO	Gewerbeordnung
GG	Grundgesetz
GRC	Grundrechtecharta
GRUR	Gewerblicher Rechtsschutz und Urheberecht
GS	Gedächtnisschrift
GWB	Gesetz gegen Wettbewerbsbeschränkungen
HRRS	Onlinezeitschrift für Höchstrichterliche Rechtsprechung zum Strafrecht
Hrsg.	Herausgeber
hrsg.	herausgegeben
i.d.R.	in der Regel
IHKG	Industrie- und Handelskammerngesetz
IRG	Internationales Rechtshilfegesetz
i.V.m.	in Verbindung mit
ICN	International Competition Network
JA	Juristische Arbeitsblätter
JArbSchG	Jugendarbeitsschutzgesetz

JR	Juristische Rundschau
JuS	Juristische Schulung
JZ	Juristische Zeitung
Kap.	Kapitel
KJ	Kritische Justiz
KOM	Europäische Kommission
KrW-/AbfG	Kreislaufwirtschafts- und Abfallgesetz
KWG	Kreditwesengesetz
lit.	Buchstabe
LG	Landgericht
LUISS	Luiss Guido Carli
m.w.N.	mit weiteren Nachweisen
MMR	MultiMedia und Recht
MschrKrim	Monatszeitschrift für Kriminologie und Strafrechtsreform
NJ	Neue Justiz
NJW	Neue Juristische Wochenschrift
Nr.	Nummer
NStZ	Neue Zeitschrift für Strafrecht
NStZ-RR	Rechtsprechungs-Report Strafrecht
NVwZ	Neue Zeitschrift für Verwaltungsrecht
NZG	Neue Zeitschrift für Gesellschaftsrecht
NZI	Neue Zeitschrift für Insolvenz- und Sanierungsrecht
NZKart	Neue Zeitschrift für Kartellrecht
NZS	Neue Zeitschrift ür Sozialrecht
NZWiSt	Neue Zeitschrift für Wirtschafts-, Steuer-, und Unternehmensstrafrecht
o.N.	ohne Namensangabe
OECD	Organisation for Economic Co-operation and Development
OFT	Office of Fair Trading
OLG	Oberlandesgericht
OWiG	Ordnungswidrigkeitengesetz
PKS	Polizeiliche Kriminalstatistik
PWC	PricewaterhouseCoopers
RG	Reichsgericht
RGBl.	Reichsgesetzblatt
RL	Richtlinie
Rn.	Randnummer
RG	Reichsgericht

RGSt	Entscheidungen des Reichsgerichts in Strafsachen
S.	Seite
Sec.	Section
SPD	Sozialdemokratische Partei Deutschlands
StGB	Strafgesetzbuch
StPO	Strafprozessordnung
StV	Strafverteidiger
StVollzG	Strafvollzugsgesetz
Subsec.	Subsection
u.a.	unter anderem
Urt.	Urteil
USA	United States of America
usw.	und so weiter
UWG	Gesetz gegen den unlauteren Wettbewerb
v.	vom/von
VAG	Versicherungsaufsichtsgesetz
vgl.	vergleiche
VO	Verordnung
VVDStRL	Veröffentlichungen der Vereinigung der Deutschen Staatsrechtslehrer
VwGO	Verwaltungsgerichtsordnung
WHG	Wasserhaushaltsgesetz
wistra	Zeitschrift für Wirtschafts- und Steuerstrafrecht
WM	Wertpapier-Mitteilung, Zeitschrift für Wirtschafts- und Bankrecht
wrp	Wettbewerb in Recht und Praxis
WuW	Wirtschaft und Wettbewerb
WuW/E	WuW-Entscheidungssammlung zum Kartellrecht
ZEW	Zentrum für Europäische Wirtschaftsforschung
ZFBR	Zeitschrift für deutsches und internationales Baurecht
zfwu	Zeitschrift für Wirtschafts- und Unternehmensethik
ZHR	Zeitschrift für das gesamte Handelsrecht und Wirtschaftsrecht
ZIS	Zeitschrift für Internationale Strafrechtsdogmatik
ZJS	Zeitschrift für das Juristische Studium
ZPO	Zivilprozessordnung
ZRP	Zeitschrift für Rechtspolitik
ZStW	Zeitschrift für die gesamte Strafrechtswissenschaft
ZVglRWiss	Zeitschrift für Vergleichende Rechtswissenschaften

Einführung

„Weder in der deutschen Öffentlichkeit noch in den beteiligten Verkehrskreisen ist bisher ein lebendiges Gefühl dafür verbreitet, dass wettbewerbsbeschränkende Verträge und Geschäftspraktiken unerlaubt und ethisch verwerflich sind. [...] Spätere Zeiten, denen der Gedanke des Wettbewerbs lebendiger und werterfüllter scheinen wird, als das heute der Fall ist, mögen davon abgehen und die Ordnungswidrigkeiten zu echten Straftaten verschärfen."[1]

Mit diesen Worten begründete der Gesetzgeber in den 1950er Jahren im Gesetzesentwurf zum Gesetz gegen Wettbewerbsbeschränkungen (GWB) seine Entscheidung, Hardcore-Kartelle nicht als Straftaten, sondern als Ordnungswidrigkeiten auszugestalten. Bis heute ist der Gesetzgeber von seiner Entscheidung nicht abgerückt. Es stellt sich aber die Frage, ob diese Auffassung noch der heutigen Lebenswirklichkeit entspricht. Sind nicht längst die Zeiten eines lebendigen und werterfüllten Wettbewerbs angebrochen? Ist es damit nicht an der Zeit, Hardcore-Kartelle, also besonders schwerwiegende Kartellrechtsverstöße, von der Ordnungswidrigkeit zur Straftat aufzuwerten?

Spektakuläre Kartellfälle, wie erst jüngst das Kartell der fünf Autohersteller Audi, BMW, Daimler, Volkswagen und Porsche, zieren die Titelblätter bekannter Nachrichtenmagazine und erregen die Öffentlichkeit.[2] Und das zu Recht: Kartelle führen für gewöhnlich dazu, dass weniger Waren produziert und zu einem höheren Preis verkauft werden, ohne dies durch wirtschaftliche Vorteile für die Verbraucher oder den Wettbewerb aufzuwiegen.[3] Allein im *Waschmittelkartell* entstand den Verbrauchern in Deutschland so innerhalb weniger Monate ein Schaden in Höhe von 13 Millionen Euro.[4] Angesichts der hohen Schädlichkeit von Hardcore-Kartellen ist man sich hinsichtlich des Ob ihrer Bekämpfung einig. Unklar bleibt jedoch, *wie* Hardcore-Kartelle zu bekämpfen sind.

Bereits in den 1970er Jahren entflammt,[5] hat die unter dem Begriff der „Wurstlücke" bekannte Möglichkeit der Bußgeldumgehung die Debatte um die

---

1 BT-Dr 2/1158, Anlage 1, S. 27 f.

2 So etwa Spiegel v. 22.7.2017.

3 *Stephan*, Journal of Antitrust Enforcement 2 (2014), 333 (354).

4 *Laitenberger/Smuda*, Journal of Competition Law & Economics 2015, 955 (956).

5 Siehe etwa *Baumann/Arzt*, ZHR 134 (1970), 24 (24 ff.); *Steindorff*, ZHR 138 (1974), 504 (504 ff.); *Tiedemann*, Kartellrechtsverstöße, S. 1 ff.

strafrechtliche Ahndung von Hardcore-Kartellen erneut befeuert.[6] Nachdem das Bundeskartellamt im Jahr 2014 wegen illegaler Preisabsprachen Bußgelder in Höhe von 338 Millionen Euro gegen 21 Wursthersteller sowie gegen 33 verantwortlich handelnde Personen verhängt hatte, gelang es einem Wursthersteller, sich der Bußgeldhaftung durch Vermögensverschiebungen und einer mehrstufigen konzerninternen Umstrukturierung zu entziehen.[7] Auf diese Weise entgingen dem Bundeskartellamt Bußgelder in Höhe von 128 Millionen Euro.[8] Der Präsident des Bundeskartellamtes forderte den Gesetzgeber auf, die im Gesetz bestehende Regelungslücke zu schließen.[9] Dieser Forderung schloss sich die Monopolkommission, ein fünfköpfiges kartellrechtliches Beratungsgremium der Bundesregierung (§ 44 GWB), an.[10]

Bereits im Jahr 2013 hatte der Gesetzgeber zur Überwindung der Regelungslücke im Zuge der achten Novelle des Gesetzes gegen Wettbewerbsbeschränkungen (GWB-Novelle) eine Regelung geschaffen, die erstmals die Verhängung von Geldbußen gegen den Gesamtrechts- und Teilrechtsnachfolger ermöglichte (§ 30 Abs. 2a OWiG).[11] Die Neuregelung erwies sich allerdings als unzureichend, da sie nicht alle Gestaltungsmöglichkeiten der Bußgeldvermeidung durch Umstrukturierung und Vermögensverschiebung erfasste, etwa bestimmte Formen der Gesamtrechtsnachfolge nach dem Umwandlungsgesetz (z.B. Abspaltung, Ausgliederung oder Vermögensübertragung) oder die Einzelrechtsnachfolge (z.B. Veräußerung einer Gesellschaft als *asset deal*).[12] Über eine rechtliche oder wirtschaftliche Nachfolge hinaus, bestand für konzernartig strukturierte Unternehmen die Möglichkeit, eine nach außen auftretende Gesellschaft im Konzern von Anfang an mit einem geringen Vermögen auszustatten oder nach Aufdeckung des Kartellverstoßes in die Insolvenz gehen zu lassen.[13] Diese

6 BKartA, Meldung vom 15.07.2014, https://www.bundeskartellamt.de/SharedDocs/Meldung/DE/Pressemitteilungen/2014/15_07_2014_Wurst.html (Stand: 14.2.2017).

7 BKartA, Pressemitteilung v. 19.10.2016.

8 BKartA, Pressemitteilung v. 19.10.2016.

9 BKartA, Pressemitteilung v. 19.10.2016.

10 Monopolkommission, Sondergutachten 72, S. 33 ff; *Thoma*, in: *Immenga/Mestmäcker*, Bd. II, § 44 Rn. 1.

11 *Meybeck*, in: Beck'scher Online-Kommentar, OWiG, § 30 Rn. 42.

12 BT-Dr 18/10207, S. 84; Monopolkommission, Sondergutachten 72, S. 35; *Mundt*, Stellungnahme zur Anhörung des Wirtschaftsausschusses des Deutschen Bundestages am 23. Januar 2017 zur neunten GWB-Novelle, S. 4.

13 BT-Dr 18/10207, S. 84; *Mundt*, Stellungnahme zur Anhörung des Wirtschaftsausschusses des Deutschen Bundestages am 23. Januar 2017 zur neunten GWB-Novelle, S. 3.

Umgehungsmöglichkeiten rissen einerseits erhebliche Gerechtigkeitslücken auf, insbesondere im Hinblick auf Unternehmen, die ihre Bußgeldhaftung aufgrund ihrer Größe oder internen Struktur nicht umgehen konnten oder wollten,[14] andererseits hinderten sie die deutschen Kartellbehörden, die parallel neben der Europäischen Kommission zuständig sind (Art. 4, 5 VO (EG) 1/2003), an einer effektiven Durchsetzung des europäischen Kartellrechts (Effektivitätsgebot, Art. 4 Abs. 3 EUV, Art. 197 AEUV).[15] Haften nach europäischer Rechtsprechung Unternehmen als „wirtschaftliche Einheit" und mithin alle Unternehmensteile, beschränkte das deutsche Recht die Haftung bislang auf die einzelne „juristische Person", also auf den konkreten Rechtsträger.[16] Insofern bestimmten sich die Sanktionsmöglichkeiten danach, welche Behörde den Fall aufgriff.[17]

Im Koalitionsvertrag von November 2013 hatte die Koalition von CDU/CSU und SPD zugesagt „das Wettbewerbsrecht so zu optimieren, dass Wettbewerbsverstöße weitgehend ausgeschlossen sind".[18] Sie verpflichtete sich, die Neuregelungen der achten GWB-Novelle auszuwerten.[19] Um „die Defizite des nationalen Regelungsrahmens bei der Rechtsnachfolge sowie bei Konzernstrukturen" abzubauen, erweiterte der Gesetzgeber mit der neunten GWB-Novelle den Kreis der Bußgeldadressaten, ausgehend vom europäischen Unternehmensbegriff, etwa auf Muttergesellschaften, Gesamtrechtsnachfolger sowie wirtschaftliche Nachfolger und führte damit erstmals eine „unternehmensgerichtete Sanktion", angelehnt an das europäische Recht, ein.[20]

---

14 BT-Dr 18/10207, S. 84; *Kühling*, Stellungnahme zur Anhörung des Wirtschaftsausschusses des Deutschen Bundestages am 23. Januar 2017 zur neunten GWB-Novelle, S. 4; Monopolkommission, Sondergutachten 72, S. 35; *Mundt*, Stellungnahme zur Anhörung des Wirtschaftsausschusses des Deutschen Bundestages am 23. Januar 2017 zur neunten GWB-Novelle, S. 4.

15 BT-Dr 18/10207, S. 85; Monopolkommission, Sondergutachten 72, S. 35; *Ost/Kallfaß/Roesen*, NZKart 2016, 447 (452).

16 EuGH, Urt. v. 10.04.2014, Rs. C-233/11 P – Siemens/Österreich, Rn. 43; Monopolkommission, Sondergutachten 72, S. 33; *Ost/Kallfaß/Roesen*, NZKart 2016, 447 (452).

17 BT-Dr 18/10207, S. 85; Monopolkommission, Sondergutachten 72, S. 35; *Mundt*, Stellungnahme zur Anhörung des Wirtschaftsausschusses des Deutschen Bundestages am 23. Januar 2017 zur neunten GWB-Novelle, S. 5; *Ost/Kallfaß/Roesen*, NZKart 2016, 447 (452); *Podszun*, Stellungnahme zur Anhörung des Wirtschaftsausschusses des Deutschen Bundestages am 23. Januar 2017 zur neunten GWB-Novelle, S. 12.

18 Koalitionsvertrag zwischen CDU, CSU und SPD, 18. Legislaturperiode, S. 13.

19 Koalitionsvertrag zwischen CDU, CSU und SPD, 18. Legislaturperiode, S. 13; BT-Dr 18/10207, S. 40.

20 BT-Dr 18/10207, S. 40, 84.

Über die Rechtsänderungen der neunten GWB-Novelle hinaus, befürwortet die Monopolkommission eine Neuordnung des Kartellsanktionenrechts.[21] Sie empfiehlt, das gegenwärtige Kartellsanktionenrecht durch Individualstrafen zu ergänzen, also Hardcore-Kartelle von der Ordnungswidrigkeit zur Straftat zu erheben.[22] Denn trotz einer verstärkten Kartellverfolgung, insbesondere der Verhängung immer höherer Geldbußen in Deutschland und Europa, sei es in den vergangenen Jahren nicht gelungen, Hardcore Kartelle in ihrer Anzahl und in ihrem Ausmaß einzudämmen.[23] Eine bußgeldbasierte Kartellverfolgung vermag, so die Monopolkommission, die Ausbreitung von Kartellen langfristig nicht zu verhindern.[24] Die Einführung von Individualstrafen verspreche hingegen, die Abschreckungswirkung des Kartellsanktionenrechts zu steigern.[25] Auch auf internationaler Ebene fordern bereits seit geraumer Zeit die OECD und das *International Competition Network* (ICN), einem weltweiten Netzwerk von Wettbewerbsbehörden, die Einführung von Individualstrafen.[26] Das Bundeskartellamt hingegen lehnt eine Kriminalisierung des Kartellrechts ab, da sich die Abschreckungswirkung des Kartellsanktionenrechts durch die Einführung von Individualsanktionen nicht erhöhen, sondern verringen würde, indem sie das heute schon äußerst komplexe Kartellverfahren zusätzlich erschwere.[27] Der ablehnenden Haltung des Bundeskartellamts haben sich nach der Bundesregierung jüngst auch die Justizminister der Länder angeschlossen, weil auch sie das gegenwärtige Kartellsanktionenrecht als ausreichend abschreckend erachten.[28]

Die Ablehnung einer strafrechtlichen Ahndung von Kartellrechtsverstößen erstaunt deshalb, weil der Wettbewerb bereits heute im 26. Abschnitt des Strafgesetzbuches (StGB) vor wettbewerbsbeschränkenden Absprachen bei Ausschreibungen (§ 298 StGB), vor Bestechlichkeit und Bestechung im geschäftlichen

21 Monopolkommission, Hauptgutachten XX, S. 112; Sondergutachten 72, S. 38 ff.
22 Monopolkommission, Sondergutachten 72, S. 46.
23 Monopolkommission, Sondergutachten 72, S. 43.
24 Monopolkommission, Sondergutachten 72, S. 44.
25 Monopolkommission, Hauptgutachten XX, S. 112 f.
26 ICN, Defining Hard Core Cartel Conduct, S. 49 ff.; OECD, Cartel sanctions against individuals, S. 7 f.
27 BKartA, Erfolgreiche Kartellverfolgung, S. 11; BKartA, Tätigkeitsbericht 2013/2014, S. 13.
28 BT-Drs 18/4721, S. 6; 87. Konferenz der Justizministerinnen und Justizminister am 17. November 2016, Beschluss zu Top II.3, https://mdjev.brandenburg.de/media_fast/6228/top_ii.3_-_strafbarkeit_von_kartellverstoessen_herbstkonferenz.pdf (Stand: 12.03.2017); *Hombrecher,* NZKart 2017, 143 (145).

Verkehr (§ 299 StGB) sowie im Gesetz gegen den unlauteren Wettbewerb (UWG) strafrechtlich geschützt ist. Erst unlängst wurde der Schutz des Wettbewerbs darüber hinaus um die Straftatbestände zur Bestechlickeit und Bestechung im Gesundheitswesen (§§ 299a und 299b StGB) erweitert.[29] Vor diesem Hintergrund verwundert es umso mehr, dass sich der Schutz des Wettbewerbs bei Kartellrechtsverstößen im Schutz vor Submissionsabsprachen erschöpft, während die Strafbarkeit für Bestechlichkeit und Bestechung auf den Gesundheitssektor ausgedehnt wurde. Warum also den Wettbewerb nicht umfassend, also auch vor den übrigen schweren Kartellrechtsverstößen schützen?

Auch die Umsetzung europarechtlicher Vorgaben hat den strafrechtlichen Schutz des Wettbewerbs nicht vorangetrieben.[30] Zwar wurden durch die VO (EG) 1/2003 die Wettbewerbsordnungen in den Mitgliedstaaten vereinheitlicht, nicht jedoch die mitgliedstaatlichen Sanktionenrechte, weshalb in den Mitgliedstaaten nicht nur die Sanktionsarten, also Strafe, Geldbuße oder verwaltungsrechtliche Sanktion, sondern auch die Voraussetzungen ihrer Verhängung erheblich voneinander abweichen.[31]

Vor allem in den angelsächsischen Rechtskreisen ist ein Trend zur strafrechtlichen Ahndung von Hardcore-Kartellen zu beobachten.[32] Nach Kanada[33] und den USA[34] entschlossen sich immer mehr Staaten zur Kriminalisierung von Hardcore-Kartellen. Unter ihnen Israel[35], Japan[36], und Australien[37]. Aber auch einige europäische Staaten, etwa Großbritannien[38], Irland[39],

29 BT-Drs 18/6446, S. 16; *Grzesiek/Sauerwein,* NZWiSt 2016, 369 (370).

30 *Dannecker,* in: NK, Bd. III, Vor §§ 298 ff. Rn. 27.

31 *Dannecker,* wistra 2004, 361 (367).

32 *Harding/Joshua,* Regulating Cartels, S. 343.

33 Sec. 45 Competition Act, http://www.laws.justice.gc.ca/eng/acts/C-34/page-28.html#h-20 (Stand: 27.04.2015).

34 Sec. 1 Sherman Act 1890, http://www.justice.gov/atr/public/divisionmanual/chapter2.pdf (Stand: 27.04.2015).

35 Sec. 47 Restrictive Trade Practice Law 1988, http://www.antitrust.gov.il/eng/Antitrust-law.aspx (Stand: 27.04.2015).

36 Art. 89 Antimonopoly Act, http://www.jftc.go.jp/en/legislation_gls/amended_ama09/amended_ama15_11.html (Stand: 27.04.2015).

37 Sec. 44 ZZRF, Sec. 44 ZZRG, Sec. 79 CCA (The Competition and Consumer Act 2010), http://www.comlaw.gov.au/Details/C2012C00490/Html/Volume_1# (Stand: 27.04.2015).

38 Sec. 188 Enterprise Act 2002 geändert 2013, http://www.legislation.gov.uk/ukpga/2002/40/contents (Stand: 27.04.2015).

39 Sec. 8 Competion Act 2002 geändert 2012, http://www.tca.ie/images/uploaded/documents/Competition%20(Amendment)%20Act%202012.pdf (Stand: 27.04.2012).

Estland[40], Griechenland[41], Frankreich[42] und Norwegen[43] sprangen auf die Kriminalisierungswelle auf. Gleichzeitig sind auch Tendenzen der Dekriminalisierung zu verzeichnen. Während die Niederlande im Jahr 1998 und Österreich[44] im Jahr 2002 mit Ausnahme der Submissionsabsprache von einer strafrechtlichen Ahndung von Hardcore-Kartellen abrückten, entschieden sich Schweden und die Schweiz bewusst gegen eine Kriminalisierung von Hardcore-Kartellen.[45]

Gegenstand dieser Arbeit ist die Frage, ob sich Deutschland dem internationalen Kriminalisierungstrend anschließen und Hardcore-Kartelle mit Strafe bewehren soll. Die Frage, ob sich eine Kriminalisierung von Hardcore-Kartelle auch auf europäischer Ebene empfiehlt, bleibt außen vor.[46] Dabei ist die Arbeit wie folgt strukturiert: Einleitend soll im Teil A das Hardcore-Kartell selbst im Mittelpunkt der Betrachtung stehen. Es wird eine Definition dafür entwickelt, welches Verhalten bekämpft werden soll. Der Kampf gegen Hardcore-Kartelle macht es erforderlich, sich mit Umfang, Struktur und Entstehungszusammenhängen von Hardcore-Kartellen auseinanderzusetzen. Dabei dürfen sowohl die legislative Entwicklung als auch das gegenwärtige Kartellsanktionenrecht nicht unberücksichtigt bleiben. Sodann beschäftigt sich Teil B mit der Frage, ob Hardcore-Kartelle von Verfassung wegen mit Strafe bewehrt werden dürfen. Zunächst wird die Strafwürdigkeit von Hardcore-Kartellen geprüft. Anschließend wird sich der Strafbedürftigkeit von Hardcore-Kartellen gewidmet. Teil C geht der Frage nach, ob sich die Frage der Strafbewehrung von Hardcore-Kartellen zulässigerweise allein anhand der deutschen Verfassung beantworten lässt. Im Anschluss daran beleuchtet Teil D die Systemstimmigkeit einer Hochstufung von Hardcore-Kartellen von der Ordnungswidrigkeit zur Straftat sowohl auf nationaler als auch auf europäischer Ebene. Hierauf erfolgt im Teil E eine

---

40 § 400 des estländischen Strafgesetzbuches, https://www.riigiteataja.ee/en/eli/ee/Riigikogu/act/519032015003/consolide (Stand: 27.04.2015).

41 Art. 44 3959/2011, http://www.epant.gr/img/x2/categories/ctg391_3_1418031420.pdf (Stand: 27.04.2015).

42 Art. 420–6 Commercial Code, http://www.autoritedelaconcurrence.fr/doc/code_commerce_gb.pdf (Stand: 27.04.2015).

43 Sec. 32 Norwegian Competition Act, http://www.konkurransetilsynet.no/Global/English/Oversettelse%20av%20konkurranseloven.pdf (Stand: 27.04.2015).

44 § 168b des österreichischen Strafgesetzbuches, http://www.jusline.at/168b_Wettbewerbsbeschränkende_Absprachen_bei_Vergabeverfahren_StGB.html (Stand: 27.04.2015).

45 *Harding/Joshua*, Regulating cartels, S. 342.

46 Hierzu *Biermann*, ZWeR 2007, 1 (1 ff.).

umfassende Auseinandersetzung mit der kriminalpolitischen Effektivität einer Strafbewehrung von Hardcore-Kartellen. Es wird untersucht, ob die Strafbewehrung die Effektivität der Kartellverfolgung steigern oder sogar schwächen könnte. Teil F fragt nachfolgend danach, ob strafrechtliche Grundprinzipen die kriminalpolitische Entscheidung des Gesetzgebers beeinflussen können. Abschließend erfolgt in Teil G eine Auseinandersetzung mit einer möglichen Ausgestaltung des Kartellstraftatbestandes.

A. Hardcore-Kartelle

Bevor über die Strafbewehrung von Hardcore-Kartellen entschieden werden kann, ist zu klären, was unter einem Hardcore-Kartell zu verstehen ist. Beschreibt der Begriff des Hardcore-Kartells eine Absprache, eine Personengruppe oder vielmehr eine Organisation?[47] Soll Hardcore-Kartellen der Kampf angesagt werden, müssen wirksame Instrumente gefunden werden. Ihre Suche erleichtern einerseits Kenntnisse über Umfang und Strukturen von Hardcore-Kartellen und andererseits die Antwort auf die Frage, was Wettbewerber dazu verführt, sich dem Wettbewerb zu entziehen. Dazu gilt es die Entstehungszusammenhänge der Wirtschaftskriminalität zu beleuchten. Schließlich dürfen sowohl die Entwicklung des Kartellrechts als auch die geltende Rechtslage nicht unberücksichtigt bleiben.

I. Begriffsbestimmung

Die Ungewissheit über die Entwicklung der Marktverhältnisse lässt Wettbewerb entstehen, der Grundvoraussetzung einer funktionierenden Marktwirtschaft ist.[48] Auf den Märkten koordiniert er Angebot und Nachfrage und führt Ressourcen ihrer jeweils produktivsten Verwendung zu.[49] Die Versuchung wettbewerbliche Ungewissheiten zu verringern, kann Unternehmen dazu verleiten, sich dem Wettbewerbsdruck zu entziehen und ihre Güter und Dienstleistungen zu möglichst hohen Preisen anzubieten.[50] Koordinieren mehrere Unternehmen ihr Verhalten auf einem Markt, mit dem Ziel, den Wettbewerb zwischen ihnen zu beschränken oder gar auszuschalten, ist ein Kartell gegeben.[51] In dessen Folge müssen Nachfrager höhere Preise oder schlechtere Leistungen hinnehmen.[52]

---

47 Hierzu *Harding*, Critical Criminology 2006, 181 (184); *Kling/Thomas*, Kartellrecht, § 2 Rn. 4.

48 Vgl. *Kling/Thomas*, Kartellrecht, § 2 Rn. 4.

49 *Kerber/Schwalbe*, in: MünchKomm, Kartellrecht, Einleitung Rn. 36.

50 BKartA, Erfolgreiche Kartellverfolgung, S. 2; *Connor*, Global Price Fixing, S. 21; vgl. *Kerber/Schwalbe*, in: MünchKomm, Kartellrecht, Einführung Rn. 294; *Schmidt/Haucap*, Wettbewerbspolitik, S. 149.

51 BKartA, Erfolgreiche Kartellverfolgung, S. 6; *Bontrup*, Orientierungen zur Wirtschafts- und Gesellschaftspolitik 125 (2010), 17 (19); *Connor*, Global Price Fixing, S. 21; *Kerber/Schwalbe*, in: MünchKomm, Kartellrecht, Einführung Rn. 294; vgl. *Schmidt/Haucap*, Wettbewerbspolitik, S. 153; *Schröder*, in: *Grabitz/Hilf/Nettesheim*, Art. 101 Rn. 766; *Tiedemann*, Kartellrechtsverstöße, S. 11.

52 *Kerber/Schwalbe*, in: MünchKomm, Kartellrecht, Einführung Rn. 42.

Möchte ein Kartell dauerhaft erfolgreich am Markt bestehen, muss es sich organisieren.[53] Es müssen Kontroll- und Sanktionsmechanismen eingerichtet werden, um Abweichungen von der Verhaltenskoordination aufspüren und sanktionieren zu können.[54] Zwar kann jedes am Kartell beteiligte Unternehmen durch die Verhaltenskoordination höhere Gewinne erzielen als auf Märkten, auf denen Wettbewerb herrscht.[55] Gleichzeitig hat das einzelne Unternehmen jedoch einen individuellen Anreiz von der Verhaltenskoordinierung abzuweichen.[56] Denn, koordinieren zwei Unternehmen ihr Marktverhalten (z.B. durch die Absprache von Preisen), können zwar beide Unternehmen einen höheren gemeinsamen Gewinn als bei wettbewerblichen Verhalten erwirtschaften.[57] Weicht jedoch eines der beiden Unternehmen von der Verhaltenskoordinierung ab und verlangt einen niedrigeren Preis, kann es einen noch höheren Gewinn erzielen, da die Mehrheit der Konsumenten das günstigere Unternehmen wählen wird.[58] Da beiden Unternehmen dieser Anreiz zum Abweichen von der Verhaltenskoordinierung bekannt ist, kann das Kartell nicht bei einer einmaligen („*one shot game*"), sondern nur bei einer wiederholten Verhaltenskoordinierung („wiederholtes Spiel") stabil am Markt bestehen.[59] Nur dann ist es dem einzelnen Unternehmen möglich, auf das Verhalten des jeweils anderen Unternehmens zu reagieren und sein Verhalten entsprechend anpassen.[60] Dadurch kann erwünschtes Verhalten belohnt, etwa durch Vergütungszahlungen, und abweichendes Verhalten sanktioniert werden.[61] Bestrafen lässt sich abweichendes Verhalten durch aggressives Wettbewerbsverhalten, das sich in drastischen Preissenkungen oder

53 *Harding,* in: *Beaton-Wells/Ezrachi* (Hrsg.), Criminalising Cartels, S. 373; *Levenstein/Suslow,* Journal of Economic Literature 44 (2006), 43 (44); *Schröder,* in: *Grabitz/Hilf/Nettesheim,* Art. 101 Rn. 767.

54 *Kerber/Schwalbe,* in: MünchKomm, Kartellrecht, Einführung Rn. 303; *Schröder,* in: *Grabitz/Hilf/Nettesheim,* Art. 101 Rn. 767.

55 *Ewald,* in: *Wiedemann* (Hrsg.), Handbuch des Kartellrechts, § 7 Rn. 88; *Kerber/Schwalbe,* in: MünchKomm Kartellrecht, Einführung Rn. 294.

56 *Ewald,* in: *Wiedemann* (Hrsg.), Handbuch des Kartellrechts, § 7 Rn. 88.

57 *Ewald,* in: *Wiedemann* (Hrsg.), Handbuch des Kartellrechts, § 7 Rn. 88.

58 *Ewald,* in: *Wiedemann* (Hrsg.), Handbuch des Kartellrechts, § 7 Rn. 88; *Kerber/Schwalbe,* in: MünchKomm, Kartellrecht, Einführung Rn. 296.

59 *Ewald,* in: *Wiedemann* (Hrsg.), Handbuch des Kartellrechts, § 7 Rn. 88; *Kerber/Schwalbe,* in: MünchKomm, Kartellrecht, Einführung Rn. 298.

60 *Kerber/Schwalbe,* in: MünchKomm, Kartellrecht, Einführung Rn. 298; BKartA, Fallbericht v. 14.12.2016, B10-040/14 – Haribo.

61 *Kerber/Schwalbe,* in: MünchKomm, Kartellrecht, Einführung Rn. 298; BKartA, Fallbericht v. 14.12.2016, B10-20/15 – Vertrieb von Bier.

Liefersperren äußern kann.[62] Daneben sind aber auch Drohungen, etwa Waren nicht auszuliefern oder die vereinbarte Vergütung nicht zu bezahlen, denkbar.[63]

Verschiedene Faktoren begünstigen eine Kartellbildung auf einem Markt. Dabei sind strukturelle, angebotsseitige und nachfrageseitige Marktfaktoren zu trennen:[64] Zu nennen sind insbesondere eine geringe Anzahl an Unternehmen, ein hohes Maß an Markttransparenz sowie hohe Marktzutrittsschranken (strukturelle Marktfaktoren). So sind beispielsweise ein geringes Innovationspotenzial, gleichartige Produktionsprozesse, Produktionskapazitäten und Produkteigenschaften auf einem Markt einer Kartellierung förderlich (angebotsseitige Marktfaktoren). Schließlich wird eine Kartellbildung durch eine hohe Nachfrage, geringe Schwankungen der Nachfrage sowie einen hohen auf die Nachfrager wirkenden Wettbewerbsdruck begünstigt (nachfrageseitige Marktstrukturen).

Die Verhaltenskoordination kann unterschiedliche Formen annehmen. Sie kann ausdrücklich vereinbart werden oder sich lose durch abgestimmte Verhaltensweisen vollziehen.[65]Vereinbarungen können sowohl auf derselben Marktstufe (horizontale Vereinbarung) als auch auf unterschiedlichen Marktstufen (vertikale Vereinbarung) erfolgen.[66] Horizontale Vereinbarungen werden von Wettbewerbern getroffen.[67] Betreffen diese die Wettbewerbsparameter Preis, Gebiet, Kundenstamm, Konditionen oder Menge, wiegen sie aufgrund ihres hohen Schadenpotentials besonders schwer, weshalb sie auch als Hardcore-Kartelle bezeichnet werden.[68] Der Begriff des Hardcore-Kartells ist dabei kein Rechtsbegriff.[69] Vielmehr zeigt er besonders schwere Kartellrechtsverstöße an.[70]

---

62 *Kerber/Schwalbe*, in: MünchKomm, Kartellrecht, Einleitung Rn. 304; BKartA, Fallbericht v. 11.01.2017, B1-164/13/B1-176/13/B1-87/14/B1-47/15 – Vertrieb von Möbeln.

63 BKartA, Fallbericht v. 14.12.2016, B10-040/14 – Haribo; BKartA, Fallbericht v. 18.01.2016, B10-50/14 – Röstkaffee.

64 *Hay/Kelley*, Journal of Law and Economics 17 (1974), 13 (14 ff.); *Levenstein/Suslow*, Journal of Economic Literature 44 (2006), 43 (44); Monopolkommission, Hauptgutachten XX, S. 353 ff.; *Van den Bergh/Camesasca*, European Competition Law, S. 159 ff.

65 *Tiedemann*, Kartellrechtsverstöße, S. 11.

66 BKartA, Erfolgreiche Kartellverfolgung, S. 5.

67 *Ewald*, in: *Wiedemann* (Hrsg.), Handbuch des Kartellrechts, § 7 Rn. 87; *Kerber/Schwalbe*, in: MünchKomm, Kartellrecht, Einleitung Rn. 284.

68 BKartA, Erfolgreiche Kartellverfolgung, S. 6; *Ewald*, in: *Wiedemann* (Hrsg.), Handbuch des Kartellrechts, § 7 Rn. 94; *Kerber/Schwalbe*, in: MünchKomm, Kartellrecht, Einleitung Rn. 291; *Kling/Thomas*, Kartellrecht, § 5 Rn. 109; Monopolkommission, Sondergutachten 72, S. 46; Zur Entstehung des Begriffs „Hardcore-Kartell" siehe *Harding/Joshua*, Regulating Cartels, S. 11 ff.

69 *Bräunig*, HRRS 2011, 425 (426).

70 *Bräunig*, HRRS 2011, 425 (426).

Abhängig vom betroffenen Wettbewerbsparameter lassen sich also Preis-, Gebiets-, Kunden-, Konditionen- und Mengenkartelle unterscheiden.[71] Durch die Absprache von Preisen möchten die kartellierenden Unternehmen die Preisbildungsfreiheit unmittelbar oder mittelbar beschränken (Preiskartell).[72] Werden Endpreise vereinbart, liegt eine unmittelbare Beschränkung, bei der Absprache nur einzelner Preisbestandteile eine mittelbare Beschränkung der Preisbildungsfreiheit vor. Meist übersteigen die abgesprochenen Preise den Wettbewerbspreis beträchtlich.[73] Erscheinungsformen von Preiskartellen sind die Verabredung von Preiserhöhungen[74], die Vereinbarung von Festpreisen, insbesondere in Form von

---

71 *Kerber/Schwalbe*, in: MünchKomm, Kartellrecht, Einleitung Rn. 284.

72 *Klusmann*, in: *Wiedemann* (Hrsg.), Handbuch des Kartellrechts, § 55 Rn. 3; vgl. *Schmidt/Haucap*, Wettbewerbspolitik, S. 153; *Tiedemann*, Kartellrechtsverstöße, S. 61.

73 *Inderst/Maier-Rigaud/Schwalbe*, Quantifizierung von Schäden durch Wettbewerbsverstöße, S. 6.

74 BKartA, Pressemitteilung v. 25.02.2014 – Tapeten, http://www.bundeskartellamt.de/SharedDocs/Meldung/DE/Pressemitteilungen/2014/25_02_2014_Tapeten.html?nn=3591568 (Stand: 26.04.2015); BKartA, Fallbericht v. 02.04.2014, B10-105/11 – Bier; BKartA, Fallbericht v. 27.05.2013, B11-11/08 – Süsswaren; BKartA, Fallbericht v. 27.05.2013, B11-13/06 – Mehl; BKartA, Fallbericht v. 19.10.2011, B12-15/08 – Spannplatten; BKartA, Pressemitteilung v. 23.11.2011 – Spülmittel, http://www.bundeskartellamt.de/SharedDocs/Meldung/DE/Pressemitteilungen/2011/23_11_2011_Calgonit-Somat.html (Stand: 26.04.2015); BKartA, Fallbericht v. 18.02.2011, B12-11/09 – Feuerwehrlöschfahrzeuge; BKartA, Fallbericht v. 04.11.2010, B12-16/08 – Druckchemikalien; BKartA, Fallbericht v. 28.06.2010, B11-15/09 – Kabelfüllmischungen; BKartA, Fallbericht v. 06.08.2010, B11-19/08 – Kaffee; BKartA, Fallbericht v. 25.05.2009, B3-144/08 – Antibiotika; Europäische Kommission, Beschluss v. 27.06.2012, K(2012) 4313 – Water-Management-Produkte; Europäische Kommission, Beschluss v. 13.04.2011, K(2011) 2528 endg. – Wasch- und Reinigungsmittel; Europäische Kommission, Beschluss v. 28.03.2012; K(2012) 2060 endg. – Beschläge für Fenster und Fenstertüren; Europäische Kommission, Beschluss v. 07.11.2012, K(2011) 8923 – Kühlkompressoren; Europäische Kommission, Beschluss v. 23.06.2010, K(2010) 4185 – Badezimmerausstattung; Europäische Kommission, Beschluss v. 23.06.2010, K(2010) 4160 endg. – Selbstdurchschreibepapier; Europäische Kommission, Entscheidung v. 22.07.2009, K(2009) 5791 – Calciumcarbid; Europäische Kommission, Entscheidung v. 01.10.2008, K(2008) 5476 endg. – Kerzenwachse; Europäische Kommission, Entscheidung v. 28.11.2007, K(2007) 5791 – Flachglas; Europäische Kommission, Entscheidung v. 20.11.2007, K(2007) 5469 endg. – Videomagnetbänder; Europäische Kommission, Entscheidung v. 19.09.2007, K(2007) 4257 endg. – Hartkurzwaren.

Höchst- oder Mindestpreisen[75], die Bestimmung von Preisgrenzen[76], Preisnachlässen[77] oder Zielpreisen[78] sowie die Abstimmung der Anhebung von Preisen auf ein bestimmtes Preisniveau[79]. Auch mittelbare Preisabsprachen in Form von

---

75 BKartA, Fallbericht v. 11.01.2017, B1-164/13/B1-176/13/B1-87/14/B1-47/15 – Vertrieb von Möbeln; BKartA, Fallbericht v. 14.12.2016, B10-20/15 – Vertrieb von Bier; BKartA, Fallbericht v. 14.12.2016, B10-040/14 – Haribo; BKartA, Fallbericht v. 24.09.2010, B12-14/09 – Luftfahrt (Festlegung Verkaufspreise); BKartA Fallbericht v. 09.04.2009, B11-20/05 – Flüssiggas (Vereinbarung von Mindestpreisen); Europäische Kommission, Beschluss v. 10.07.2013, K(2013) 4222 endg. – KFZ-Kabelbäume; Europäische Kommission, Beschluss v. 05.12.2012, K(2012) 8839 – Bildröhre; Europäische Kommission, Beschluss v. 23.06.2010, K(2010) 4185 – Badezimmerausstattung (Festsetzung von Mindestpreisen); Europäische Kommission, Entscheidung v. 11.11.2009, K(2009) 8682 – Wärmestabilisatoren; Europäische Kommission, Entscheidung, 8.12.2009, K(2009) 9912 endg. – Bewehrungsrundstahl; Europäische Kommission, Entscheidung v. 28.01.2009, COMP/39406 – Marineschläuche; Europäische Kommission, Entscheidung v. 12.11.2008, COMP/39125 – Autoglas; Europäische Kommission, Entscheidung v. 01.10.2008, K(2008) 5476 endg. – Kerzenwachse; Europäische Kommission, Entscheidung v. 11.03.2008, COMP/38541 – Auslandsumzüge; Europäische Kommission, Entscheidung v. 01.10.2007, K(2007) 4441 endg. – Bitumen (Vereinbarung von Preisänderungen); Europäische Kommission, Entscheidung v. 19.09.2007, K(2007) 4257 endg. – Hartkurzwaren.

76 BKartA Fallbericht v. 04.05.2012, B12-15/09 – Betonrohr und -schacht (Vereinbarung von Preisuntergrenzen sog. „Limitpreisen").

77 BKartA, Fallbericht v. 25.11.2011, B11-26/05 – Dampfkessel (Vereinbarung von Preisnachlässen); BKartA Fallbericht v. 06.08.2010, B11-19/08 – Kaffee (Vereinbarung von Preissenkungen); BKartA, Fallbericht v. 19.10.2011, B12-15/08 – Spannplatten (Vereinbarung von Preisuntergrenzen); Europäische Kommission, Beschluss v. 13.04.2011, K(2011) 2528 endg. – Wasch- und Reinigungsmittel; Europäische Kommission, Beschluss v. 23.06.2010, K(2010) 4185 – Badezimmerausstattung (Festsetzung von Preisnachlässen).

78 BKartA, Fallbericht v. 25.11.2011, B11-26/05 – Dampfkessel (Vereinbarung von Zielpreisen); Europäische Kommission, Beschluss v. 19.10.2011, K(2011) 7436 endg. – CRT-Glas; Europäische Kommission, Entscheidung v. 25.06.2008, K(2008) 3041 endg. – Aluminiumfluorid.

79 BKartA, Fallbericht v. 14.12.2012, B12-11/11 – Schienenfall (Mindestpreisniveau); BKartA, Fallbericht, 19.01.2012, B10-104/11 – Bunker und Gasöl (allgemeines Preisniveau) – Shrimps, IP/13/1175, 27.11.2013; Europäische Kommission, Beschluss v. 12.10.2011, K(2011) 7273 endg. – Bananen; Europäische Kommission, Entscheidung v. 25.06.2008, K(2008) 3041 endg. – Aluminiumfluorid; Europäische Kommission, Entscheidung v. 20.11.2007, K(2007) 5469 endg. – Videomagnetbänder; Europäische Kommission, Entscheidung, 24.01.2007, K(2006) 6762 endg. – Gasisolierte Schaltanlagen.

Provisionen sind möglich.[80] Anstelle der Absprache von Preisen können die kartellierenden Unternehmen auch den Markt anhand von Absatzgebieten untereinander aufteilen (Gebietskartell)[81]. Ein wirtschaftliches Tätigwerden innerhalb des Absatzgebietes eines anderen Kartellmitglieds soll dem einzelnen Kartellmitglied auf diese Weise verwehrt werden.[82] Neben der Aufteilung des Marktes anhand von Absatzgebieten können sich die kartellierenden Unternehmen über ihre Kundenkreise verständigen (Kundenkartell).[83] Soll der Kundenstamm geschützt werden, werden Kundenschutzabsprachen getroffen.[84] Darüber hinaus können Geschäftsbedingungen vereinheitlicht werden (Konditionenkartell)[85].

---

80 Europäische Kommission, Entscheidung v. 11.03.2008, COMP/38541 – Auslandsumzüge.

81 BKartA, Pressemitteilung v. 18.02. 2014 – Zucker, http://www.bundeskartellamt.de/SharedDocs/Meldung/DE/Pressemitteilungen/2014/18_02_2014_Zucker.html (Stand: 26.04.2015); BKartA, Pressemitteilung v. 14.04.2003 – Zement, http://www.bundeskartellamt.de/SharedDocs/Meldung/DE/Pressemitteilungen/2003/14_04_2003_Bußgeld_Zementkartell.html (Stand: 26.04.2015); BKartA, Fallbericht, 19.01.2012, B10-104/11 – Bunker und Gasöl; Europäische Kommission, Beschluss v. 10.07.2013, K(2013) 4222 endg. – KFZ-Kabelbäume; Europäische Kommission, Beschluss v. 05.12.2012, K(2012) 8839 – Bildröhre; Europäische Kommission, Entscheidung v. 07.10.2009, K(2009) 7601 – Leistungstransformatoren; Europäische Kommission, Entscheidung v. 08.07. 2009, K(2009) 5355 endg. – E.On; Europäische Kommission, Entscheidung v. 28.01.2009, COMP/39406 – Marineschläuche; Europäische Kommission, Entscheidung v. 25.06.2008, K(2008) 3041 endg. – Aluminiumfluorid; Europäische Kommission, Entscheidung, 24.01.2007, K(2006) 6762 endg. – Gasisolierte Schaltanlagen.

82 *Stockenhuber,* in: *Grabnitz/Hilf/Nettesheim,* Art. 101 Rn. 191.

83 BKartA, Fallbericht v. 04.05.2012, B12-15/09 – Betonrohr und -schacht; Europäische Kommission, Beschluss v. 05.12.2012, K(2012) 8839 – Bildröhre; Europäische Kommission, Beschluss v. 20.07.2010, K(2010) 5004 – Futterphosphate; Europäische Kommission, Beschluss v. 30.06.2010, COMP/3844 – Spannstahl; Europäische Kommission, Entscheidung v. 11.11.2009, K(2009) 8682 – Wärmestabilisatoren; Europäische Kommission, Entscheidung v. 22.07.2009, K(2009) 5791 – Calciumcarbid; Europäische Kommission, Entscheidung v. 11.03.2008, COMP/38541 – Auslandsumzüge; Europäische Kommission, Entscheidung v. 01.10.2007, K(2007) 4441 endg. – Bitumen; Europäische Kommission, Entscheidung v. 19.09.2007, K(2007) 4257 endg. – Hartkurzwaren.

84 Vgl. *Schmidt/Haucap,* Wettbewerbspolitik, S. 153; *Schmitt,* WuW 2007, 1096 (1096).

85 BKartA, Fallbericht v. 25.11.2011, B11-26/05 – Dampfkessel (Absprache von kaufmännischen Bedingungen); Europäische Kommission, Beschluss v. 07.11.2012, K(2011) 8923 – Kühlkompressoren (Absprache Vertragskonditionen); Europäische Kommission, Beschluss v. 20.07.2010, K(2010) 5004 – Futterphosphate (Absprache von Verkaufsbedingungen); Europäische Kommission, Entscheidung v. 28.01.2009,

Schließlich können sich die kartellierenden Unternehmen auch über die ihnen jeweils zugedachte Produktionsmenge einig werden (Mengenkartell).[86] Mengenkartelle verringern die Angebotsmenge, um dadurch Preiserhöhungen durchsetzen zu können.[87] Sie können neben der Vereinbarung von Quoten[88], der Absprache von Liefermengen[89], Angebotsmengen[90] und Produktionsbeschränkungen[91] auch die Verteilung von Auftragswerten[92] umfassen.

Von den horizontalen Vereinbarungen sind die vertikalen Vereinbarungen zu unterscheiden, die von Unternehmen aufeinanderfolgender Marktstufen getroffen werden.[93] Denn gewöhnlich ist nicht nur ein Unternehmen, sondern eine Vielzahl von Unternehmen auf vor- und nachtgelagerten Marktstufen an Herstellung und Verkauf eines Gutes beteiligt.[94] Vertikalvereinbarungen können insbesondere bei Vereinbarungen, Produkte ausschließlich über einen bestimmten

---

COMP/39406 – Marineschläuche (Absprache von Lieferbedingungen); Europäische Kommission, Entscheidung v. 12.11.2008, COMP/39125 – Autoglas; Europäische Kommission, Entscheidung v. 28.11.2007, K(2007) 5791 – Flachglas (Absprache Geschäftsbedingungen).

86 *Kerber/Schwalbe*, in: MünchKomm, Kartellrecht, Einleitung Rn. 284.

87 *Fuchs*, in: *Immenga/Mestmächer*, Bd. I, Art. 4 Rn. 16.

88 BKartA, Fallbericht v. 14.12.2012, B12-11/11 – Schienenfall; BKartA, Fallbericht v. 18.02.2011, B12-11/09 – Feuerwehrlöschfahrzeuge; BKartA, Fallbericht v. 04.05.2012, B12-15/09 – Betonrohr und -schacht; Europäische Kommission, Entscheidung v. 28.01.2009, COMP/39406 – Marineschläuche; Europäische Kommission, Entscheidung, 24.01.2007, K(2006) 6762 endg. – Gasisolierte Schaltanlagen.

89 BKartA, Fallbericht v. 02.02.2010, B1-281/04 – Transportbeton; BKartA, Fallbericht v. 27.05.2013, B11-13/06 – Mehl; Europäische Kommission, Entscheidung v. 11.11.2009, K(2009) 8682 – Wärmestabilisatoren; Europäische Kommission, Entscheidung v. 22.07.2009, K(2009) 5791 – Calciumcarbid; Europäische Kommission, Entscheidung v. 01.10.2007, K(2007) 4441 endg. – Bitumen; Europäische Kommission, Entscheidung, 21.02.2007, K(2007) 512 endg. –Aufzüge und Fahrtreppen.

90 BKartA, Pressemitteilung v. 06.12.2000 – Kampfschuh, http://www.bundeskartellamt.de/SharedDocs/Meldung/DE/Pressemitteilungen/2000/06_12_2000_Kampfschuhe.html (Stand: 26.04.2015).

91 Europäische Kommission, Beschluss v. 05.12.2012, K(2012) 8839 – Bildröhre; Europäische Kommission, Entscheidung, 8.12.2009, K(2009) 9912 endg. – Bewehrungsrundstahl.

92 BKartA, Fallbericht v. 25.11.2011, B11-26/05 – Dampfkessel.

93 *Ewald*, in: *Wiedemann* (Hrsg.), Handbuch des Kartellrechts, § 7 Rn. 102 *Kerber/Schwalbe*, in: MünchKomm Kartellrecht, Einleitung Rn. 446; *Kling/Thomas*, Kartellrecht, § 5 Rn. 141.

94 *Kerber/Schwalbe*, in: MünchKomm, Kartellrecht, Einführung Rn. 444.

Händler zu beziehen (Allbezugsvereinbarung) oder Produkte nur über einen bestimmten Händler zu vertreiben (Alleinvertriebsvereinbarung) bestehen.[95]

II. Umfang

Dem Umfang des Kartellproblems kann sich durch die Arbeit der Kartellbehörden genähert werden. Erste Anhaltspunkte liefern die Tätigkeitsberichte des Bundeskartellamts, das etwa im Jahr 2016 Bußgelder in einer Höhe von insgesamt 124,6 Millionen Euro gegen 24 Unternehmen und 5 Privatpersonen verhängte.[96] Demgegenüber verhängte die Europäische Kommission im Jahr 2016 sogar Bußgelder in einer Höhe von insgesamt 3,7 Milliarden Euro.[97] Dabei erfolgten die bebußten Kartellabsprachen über die unterschiedlichsten Branchen hinweg, wie etwa Bier, Süßwaren, Kaffee, Fertiggaragen oder Dampfkessel.[98]Die Informationen der Kartellbehörden versprechen eine erste Annäherung an die Kartellwirklichkeit, vermögen diese jedoch nicht vollständig abzubilden. Auf der einen Seite sind die Informationen der Kartellbehörden selektiv, denn die Kartellbehörden entscheiden selbst darüber, welche Kartelle sie verfolgen.[99] Auf der anderen Seite ist über die berichteten Fallzahlen hinaus ein sehr viel höheres Dunkelfeld anzunehmen.[100] Da Kartelle auf Geheimhaltung angelegt sind, ist eine Annäherung an die Kartellwirklichkeit mitunter nicht möglich.[101] Es wird angenommen, die von den Kartellbehörden genannten Zahlen seien nur die „Spitze des Eisbergs".[102] Nach einer von *PricewaterhouseCoopers* in Kooperation mit der Martin-Luther-Universität Halle-Wittenberg im Jahre 2009 durchgeführten Studie zur Wirtschaftskriminalität sind etwa 40% der Unternehmen der Ansicht, dass Wettbewerbsdelikte in Deutschland sehr häufig oder häufig

---

95 *Ellger,* in: *Immenga/Mestmächer,* Bd. I, Art. 101 Abs. 3 Rn. 172; *Kerber/Schwalbe,* in: MünchKomm, Kartellrecht, Einführung Rn. 447.

96 BKartA, Jahresbericht 2016, S. 36

97 Europäische Kommission, Cartel Statistics, 2016.

98 BKartA, Fallbericht v. 14.12.2016, B10-20/15 – Vertrieb von Bier; BKartA, Fallbericht v. 27.05.2013, B11-11/08 – Süsswaren; BKartA, Fallbericht v. 18.01.2016, B10-50/14 – Röstkaffee; BKartA, Fallbericht v. 16.06.2015, B12-15/12 – Fertiggaragen; BKartA, Fallbericht v. 25.11.2011, B11-26/05 – Dampfkessel.

99 *Harding,* in: *Beaton-Wells/Ezrachi* (Hrsg.), Criminalising Cartels, S. 563.

100 *Dannecker/Biermann,* in: *Immenga/Mestmäcker,* Bd. II, Vor § 81 Rn. 46; *PWC,* Wirtschaftskriminalität, S. 30; *Tiedemann,* Kartellrechtsverstöße, S. 59.

101 Vgl. *Stucke,* in: *Beaton-Wells/Ezrachi* (Hrsg.), Criminalising Cartels, S. 267.

102 *Harding,* in: *Beaton-Wells/Ezrachi* (Hrsg.), Criminalising Cartels, S. 562.

sind.[103] Unternehmen, die erst kürzlich durch wettbewerbswidrige Absprachen geschädigt wurden, schätzen das Risiko einer Viktimisierung sogar auf 47% ein.[104]

III. Struktur

Wer sind die Personen hinter dem Kartell? Die Tätigkeits- und Fallberichte des Bundeskartellamts weisen die Kartellanten als „Vertreter des Unternehmens“[105]oder „Unternehmensverantwortliche“[106] aus. Die Angaben „Vertriebsleiter“[107], „Geschäftsführer“[108], „Vorstandsvorsitzender“[109], „hochrangiger Vertriebsmitarbeiter“[110] und „Prokurist“[111] beschreiben ihre rechtliche Stellung im Unternehmen. Deutlich wird, dass die Kartellanten mehrheitlich der leitenden Ebene des Unternehmens entstammen.[112] Doch warum ziehen Kartellanten die Beteiligung an einem mitunter aufwendigen Kartell dem Wettbewerb vor? Es ist hauptsächlich die Wahrnehmung von Unternehmensinteressen (etwa Marktkontrolle, Gewinnsteigerungen oder Vermeidung von Verlusten), die zu einer Kartellbeteiligung anregt.[113] Daneben spielen persönliche Interessen der

---

103 *PWC,* Wirtschaftskriminalität, S. 30.

104 *PWC,* Wirtschaftskriminalität, S. 30.

105 BKartA, Fallbericht v. 12.09.2016, B12-23/15 – Fernsehstudiobetreiber; BKartA, Fallbericht v. 31.01.2013, B11-11/08 – Süßwaren.

106 BKartA, Fallbericht v. 11.01.2017, B1-164/13/B1-176/13/B1-87/14/B1-47/15 – Vertrieb von Möbeln; BKartA, Fallbericht v. 14.12.2016, B10-20/15 – Vertrieb von Bier.

107 BKartA, Fallbericht v. 31.01.2013, B11-11/08 – Süßwaren; BKartA, Fallbericht v. 04.05.2012, B12-15/09 – Betonrohr und -schacht; BKartA, Fallbericht v. 18.02.2011, B12-11/09 – Feuerwehrlöschfahrzeuge.

108 BKartA, Fallbericht v. 18.02.2011, B12-11/09 – Feuerwehrlöschfahrzeuge; BKartA, Fallbericht v. 25.11.2011, B11-26/05 – Dampfkessel; BKartA, Fallbericht v. 14.12.2012, B12-11/11 – Schienen; BKartA, Fallbericht v. 02.02.2010, B1-281/04 – Transportbeton.

109 BKartA, Fallbericht v. 18.02.2011, B12-11/09 – Feuerwehrlöschfahrzeuge.

110 BKartA, Fallbericht v. 17.01.2017, B11-11/08 – Süßwaren.

111 BKartA, Fallbericht v. 14.12.2012, B12-11/11 – Schienen.

112 *Spagnolo,* in: *Cseres/Schinkel/Vogelaar* (Hrsg.), Criminalization, S. 141; *Stucke,* in: *Beaton-Wells/Ezrachi* (Hrsg.), Criminalising Cartels, S. 275; *Wils,* Journal of Antitrust Enforcement 1 (2013), 52 (56).

113 *Baker/Faulkner,* American Sociological Review 58 (1993), 837 (842); *Harding,* in: *Beaton-Wells/Ezrachi* (Hrsg.), Criminalising Cartels, S. 368 f.; *ders./Joshua,* Regulating Cartels, S. 267; *Parker,* in: *Beaton-Wells/Ezrachi* (Hrsg.), Criminalising Cartels, S. 252; *Stucke,* in: *Beaton-Wells/Ezrachi* (Hrsg.), Criminalising Cartels, S. 274; *Wils,* Journal of Antitrust Enforcement 1 (2013), 52 (57 f.).

Kartellbeteiligten eine Rolle, etwa die Aussicht auf Aufstiegsmöglichkeiten oder Bonuszahlungen.[114] Es kann außerdem nicht ausgeschlossen werden, dass Kartellbeteiligte in ein Kartell gedrängt wurden.[115] Nutznießer der Kartellrechtsabsprachen sind jedenfalls die Unternehmen, sei es durch Gewinnsteigerungen, Verlustsenkungen oder durch einen abgewehrten Marktaustritt.[116]

Zu ihrer erfolgreichen Umsetzung bedürfen Kartelle ferner einer wohldurchdachten Kartellorganisation.[117] Diese erfordert neben einem stetigen Austausch per E-Mail oder Telefon auch regelmäßige, teilweise wie im *Betonrohrkartell*[118] sogar wöchentliche bi- oder multilaterale Treffen auf Geschäftsführer- und/oder Vertriebsebene an neutralen Orten abseits des Betriebsgeländes, wie in Restaurants, Hotels oder auf Golfplätzen.[119] Im *Schienenkartell* wurde zur Koordination des Kartells sogar eigens eine Clearingstelle eingerichtet.[120] Typisch sind die aufwändigen Bemühungen der Kartellanten, ihre Kontakte und Treffen zu verbergen.[121] Dazu zählen ausgeklügelte Kommunikationsmethoden, etwa der Einsatz von Verschlüsselungssoftware oder abhörsicherer Mobiltelefone, die Verwendung von Bezahlkarten für Mobiltelefone, Chat-Software oder Decknamen.[122]Im *Gasisolierten Schaltanlagenkartell* bestanden die Decknamen etwa

---

114 *Baker/Faulkner,* American Sociological Review 58 (1993), 837 (842); *Harding/Joshua,* Regulating Cartels, S. 269.

115 *Parker,* in: *Beaton-Wells/Ezrachi* (Hrsg.), Criminalising Cartels, S. 252.

116 *Wils,* Journal of Antitrust Enforcement 1 (2013), 52 (57).

117 BKartA, Erfolgreiche Kartellverfolgung, S. 19; *Dannecker,* in: FS Tiedemann, S. 812; *Levenstein/Suslow,* Journal of Economic Literature 44 (2006), 43 (67).

118 BKartA, Fallbericht v. 04.05.2012, B12-15/09 – Betonrohr und -schacht.

119 BKartA, Fallbericht v. 12.09.2016, B12-23/15 – Fernsehstudiobetreiber; BKartA, Fallbericht v. 16.06.2015, B12-15/12 – Fertiggaragen; BKartA, Fallbericht v. 02.04.2014, B10-105/11 – Bier; BKartA, Fallbericht v. 14.12.2012, B12-11/11 – Schienen; BKartA, Fallbericht v. 04.05.2012, B12-15/09 – Betonrohr und –schacht; Bsp. BKartA, Fallbericht v. 14.12.2012, B12-11/11 – Schienen; BKartA, Fallbericht v. 19.10.2011, B12-15/08 – Spannplatten; BKartA, Fallbericht v. 12.09.2016, B12-23/15 – Fernsehstudiobetreiber; Europäische Kommission, Entscheidung v. 21.02.2007, K(2007) 512 endg. – Aufzüge und Fahrtreppen; Europäische Kommission Pressemitteilung v. 05.12.2012 – Bildröhre, http://europa.eu/rapid/press-release_IP-12-1317_de.htm (Stand: 25.04.2015).

120 BKartA, Fallbericht v. 14.12.2012, B12-11/11 – Schienenfall.

121 *Harding,* in: *Beaton-Wells/Ezrachi* (Hrsg.), Criminalising Cartels, S. 374.

122 BKartA, Fallbericht v. 14.12.2012, B12-11/11 – Schienenfall; Europäische Kommission, Entscheidung v. 21.02.2007, K(2007) 512 endg. – Aufzüge und Fahrtreppen; BKartA, Fallbericht, v. 19.01.2012, B10-104/11 – Bunker und Gasöl; Europäische Kommission, Entscheidung v. 24.01.2007, K(2006) 6762 endg. – Gasisolierte Schaltanlagen.

aus einem Code, der sich aus der Zahl des Unternehmens und einem oder zwei Buchstaben zusammensetzte.[123] Im *Schienenkartell* wurden Preisangaben als Aktien- und Börsenkurse oder als Lottozahlen getarnt.[124]

Die Kartellorganisation umfasst überdies Überwachungs-, Ausgleichs-, und Disziplinierungsmaßnahmen, welche die Einhaltung der Kartellrechtsabsprache absichern sollen.[125] So fanden beispielsweise im *Bildröhrenkartell* zur Überwachung der vereinbarten Kapazitätsbeschränkungen wiederholte Werksbesuche statt.[126] Um die getroffenen Marktaufteilungs- bzw. Mengenvereinbarungen zu kontrollieren, wurden im *Futterphosphatkartell* sowie im *Bewehrungsrundstahlkartell* Überwachungs- und Ausgleichsmechanismen eingerichtet.[127] Im *Schienenkartell* wurden Abweichungen der Ist- von der Soll-Quote durch gegenseitige Lieferungen zwischen den Kartellanten ausgeglichen.[128] Zur Disziplinierung der Kartellmitglieder wurden im *Flüssiggaskartell* Verstöße gegen die Kartelldisziplin mit Kompensationszahlungen geahndet.[129] Verluste wurden durch die Überlassung von Kunden aufgewogen.[130] Darüber hinaus ergreifen Kartellanten marktabschottende Maßnahmen wie etwa im *Transportbetonkartell*, die den Eintritt neuer Wettbewerber abwehren sollen.[131]

IV. Entstehungszusammenhänge der Wirtschaftskriminalität

Kartellrechtsverstöße fügen sich nicht nur wegen ihrer Nähe zu den Vermögensdelikten[132], dem zwingenden Zusammenhang zur unternehmerischen Tätigkeit, sondern auch aus rechtsdogmatischer Sicht, wegen des vom

---

123 Europäische Kommission, Entscheidung v. 24.01.2007, K(2006) 6762 endg. - Gasisolierte Schaltanlagen.

124 BKartA, Fallbericht v. 06.09.2013, B12-16/12/B12-19/12 – Schienen.

125 *Levenstein/Suslow,* Journal of Economic Literature 44 (2006), 43 (67).

126 Europäische Kommission, Beschluss v. 05.12.2012, K(2012) 8839 – Bildröhre.

127 Europäische Kommission, Entscheidung v. 8.12.2009, K(2009) 9912 endg. – Bewehrungsrundstahl; Europäische Kommission, Beschluss v. 20.07.2010, K(2010) 5004 – Futterphosphate.

128 BKartA, Fallbericht v. 14.12.2012, B12-11/11 – Schienenfall.

129 BKartA, Fallbericht v. 09.04.2009, B11-20/05 – Flüssiggas.

130 BKartA, Fallbericht v. 09.04.2009, B11-20/05 – Flüssiggas.

131 BKartA, Fallbericht v. 02.02.2010, B1-281/04 – Transportbeton.

132 *Federmann,* Kriminalstrafen, S. 409.

Kartellverbot bezweckten Schutzes des Wettbewerbs, in den Bereich des Wirtschaftsstrafrechts ein.[133]

1. Begriffsbestimmung

Es gilt zunächst den Gegenstand des Wirtschaftsstrafrechts zu bestimmen. Die komplexen Sachverhalte und die sich sowohl wegen gesellschaftlicher und technischer Veränderungen als auch Veränderungen des Wirtschaftssystems selbst rasch wandelnden Erscheinungsformen wirtschaftskrimineller Verhaltensweisen erschweren dessen Bestimmung.[134] Doch soll die Formulierung einer allgemeingültigen Definition des Wirtschaftsstrafrechts nicht Thema dieser Arbeit sein. Vielmehr sollen aus der Fülle der angebotenen Definitionsansätze einige Bedeutende herausgegriffen und näher betrachtet werden. Unterscheiden lassen sich materielle und formelle Definitionsvorschläge.[135]

a) Materielle Definitionen

Materielle Definitionsansätze wollen den Begriff des Wirtschaftsstrafrechts unabhängig vom geltenden Recht bestimmen.[136] Sie lassen sich in soziologische, phänomenologische und strafrechtsdogmatische Definitionsansätze unterteilen.[137]

Sutherland prägte den Begriff der „*white collar crime*" („Weiße-Kragen-Kriminalität").[138] Nach ihm umfasst das Wirtschaftsstrafrecht all diejenigen Verhaltensweisen, die von „Personen mit hohem Ansehen und hohem sozialen Status im Rahmen ihrer beruflichen Tätigkeit" ausgeübt werden.[139] Damit sind nach *Sutherland* für die Begriffsbestimmung des Wirtschaftsstrafrechts die sozialen Merkmale des Täters maßgebend. Folglich wählt *Sutherland* einen soziologischen, das heißt täterbezogenen Definitionsansatz.[140] Seinen Niederschlag findet

133 Richtigerweise ist Wirtschaftskriminalität in einem weiteren Sinne zu verstehen. Sie umfasst alle mit Strafe oder Geldbuße geahndeten Formen wirtschaftskriminellen Verhaltens. Siehe *Achenbach,* in: FS Schwind, S. 179 f.; *ders.,* ZStW 119 (2007), 789 (791 f.).

134 *Eisenberg,* Kriminologie, S. 732.

135 *Dessecker,* in: *Momsen/Grützner* (Hrsg.) Wirtschaftsstrafrecht, S. 3; *Meier,* Kriminologie, S. 291.

136 *Dessecker,* in: *Momsen/Grützner* (Hrsg.) Wirtschaftsstrafrecht, S. 4.

137 Vgl. *Hefendehl,* ZStW 119 (2007), 816 (818 ff.); *Sieber,* ZStW 96 (1984), 258 (264 f.).

138 *Sutherland,* American Sociological Review 5 (1940), 1 (1 ff.).

139 *Sutherland,* American Sociological Review 5 (1940), 1 (1 ff.).

140 *Dannecker,* in: *Wabnitz/Janovsky* (Hrsg.), Handbuch des Wirtschafts- und Steuerstrafrechts, Kap. 1 Rn. 6.

der täterbezogene Ansatz in der Ausgestaltung der Tatbestände des Wirtschaftsstrafrechts als Sonderdelikte.[141]

Für das Wirtschaftsstrafrecht ist ein solcher täterbezogener Definitionsansatz allerdings kaum geeignet, denn Strafrecht ist Tatstrafrecht. Zur Begriffsbildung darf allein auf die Tat und nicht auf den jeweiligen Tätertypen abgestellt werden (Art. 103 Abs. 2 GG).[142] Darüber hinaus wird dem täterbezogenen Definitionsansatz vorgeworfen einerseits zu weit zu sein, da unabhängig von ihrem wirtschaftlichen Bezug jegliche im Zusammenhang mit der Berufsausübung stehenden Verhaltensweisen erfasst werden und anderseits zu eng zu sein, indem er sich auf Personen hohen sozialen Ansehens beschränkt.[143] Auch lässt der täterorientierte Definitionsansatz außer Acht, dass im Bereich der Wirtschaft weniger das einzelne Wirtschaftssubjekt als vielmehr das System Wirtschaft im Vordergrund steht, so dass ein den Täter in den Mittelpunkt stellender Ansatz wesentliche Aspekte des System Wirtschaft zu vernachlässigen droht.[144]

Neben dem soziologischen Definitionsansatz werden phänomenologische Definitionsansätze, welche zur Begriffsbestimmung auf bestimmte Kennzeichen der Tatausführung abstellen, angeboten.[145] Getrennt werden *occupational crimes* (Berufsstraftaten) einerseits, das heißt solche Delikte, die im Zusammenhang mit der Berufsausübung zum eigenen Nutzen begangen werden, und *corporate crimes* (Verbandsstraftaten) andererseits, das heißt solche Delikte, die zum wirtschaftlichen Nutzen des Unternehmens erfolgen.[146] Entscheidend für die Begriffsbestimmung der Wirtschaftskriminalität ist die im Zusammenhang mit der Tätigkeit im Unternehmen stehende Ausführung der Tat.[147]

Demgegenüber werden Wirtschaftsdelikte auch als diejenigen Verhaltensweisen bezeichnet, „die das Vertrauen in die geltende Wirtschaftsordnung

---

141 *Achenbach,* in: FS Schwind, S. 182; *Tiedemann,* Wirtschaftsstrafrecht AT, S. 29.

142 *Achenbach,* in: FS Schwind, S. 182; *Dannecker,* in: *Wabnitz/Janovsky* (Hrsg.), Handbuch des Wirtschafts- und Steuerstrafrechts, Kap. 1 Rn. 7; *Tiedemann,* Wirtschaftsstrafrecht AT, S. 29.

143 *Heinz,* in: *Gropp* (Hrsg.), Wirtschaftskriminalität und Wirtschaftsstrafrecht in einem Europa auf dem Weg zu Demokratie und Privatisierung, S. 18.

144 Vgl. *Boers,* MschrKrim 2001, 335 (338 f.).

145 *Sieber,* ZStW 96 (1984), 258 (265).

146 *Boers,* MschrKrim 2001, 335 (338); *Dannecker,* in: *Wabnitz/Janovsky* (Hrsg.), Handbuch des Wirtschafts- und Steuerstrafrechts, Kap. 1 Rn. 6; *Meier,* Kriminologie, S. 292 f.; *Samson/Langrock,* DB 2007, 1684 (1684 ff.); *Schneider,* NStZ 2007, 555 (556); *Theile,* ZIS 2008, 406 (407).

147 *Wittig,* Wirtschaftsstrafrecht, S. 7.

insgesamt oder in einzelne ihrer Institute verletzen und damit den Bestand oder die Arbeitsweise dieser Wirtschaftsordnung gefährden".[148] Ein Missbrauch von Vertrauen ist allerdings auch in anderen Kriminalitätsfeldern außerhalb der Wirtschaftskriminalität denkbar.[149] Das Merkmal des „Vertrauensmissbrauchs" ist daher als begriffsprägendes Merkmal ungeeignet, da es ihm nicht gelingt, die Wirtschaftskriminalität von den übrigen Formen der Kriminalität trennscharf abzugrenzen.[150]

Mansdöfer setzt zur Begriffsbildung an den wirtschaftlichen Handlungsfreiheiten der Marktteilnehmer an. Ihm zufolge beschreibt der Begriff der Wirtschaftskriminalität denjenigen Teil des Strafrechts, der „die Handlungsbedingungen des Einzelnen zur Verfolgung seiner individuellen Erwerbsinteressen in der Gesellschaft vor Eingriffen Dritter durch Sanktionen sichern und dadurch individuelles Wirtschaften erleichtern soll".[151] *Lampe* und *Heinz* hingegen bestimmen den Begriff der Wirtschaftskriminalität durch Rückgriff auf die einzelnen Angriffsrichtungen der wirtschaftskriminellen Verhaltensweisen.[152] Ihrer Ansicht nach umfasst das Wirtschaftsstrafrecht solche Verhaltensweisen, die einen Bezug zur Finanzwirtschaft des Staates, zur Volkswirtschaft, zur Betriebswirtschaft und ihren einzelnen Zweigen, zur Allgemeinheit und zu den Verbrauchern aufweisen. Nach *Eidam* wird Wirtschaftskriminalität durch vier „strafrechtliche Hauptrisikobereiche" begründet: das Umweltrisiko, das Betriebsstättenrisiko, das Produktrisiko und das Verkehrs- und Verkehrswirtschaftsrisiko.[153]

Der strafrechtsdogmatische Definitionsansatz schließlich, welcher zur Begriffsbestimmung von Wirtschaftskriminalität auf das vom jeweiligen Straftatbestand geschützte Rechtsgut abstellt, begreift den Begriff des Wirtschaftsstrafrechts als Verstöße gegen die universalen Belange des Wirtschaftslebens.[154]

---

148 *Otto,* ZStW 96 (1984), 339 (342).

149 *Sieber,* ZStW 96 (1984), 258 (265).

150 *Heinz,* ZStW 96 (1984), 421; *Richter,* in: *Müller-Gugenberger* (Hrsg.), Wirtschaftsstrafrecht, S. 66.

151 *Mansdörfer,* Zur Theorie des Wirtschaftsstrafrechts, S. 17.

152 *Heinz,* ZStW 96 (1984), 417 (422).

153 *Eidam,* Unternehmen und Strafe, S. 362 ff.

154 *Bottke,* in: Madrid-Symposium, S. 111; *Hefendehl,* Kollektive Rechtsgüter im Strafrecht, S. 252 f.; *Lampe,* in: FS Tiedemann, S. 79.

b) *Formelle Definitionen*

Neben einer materiellen Begriffsbestimmung kann sich dem Begriff der Wirtschaftskriminalität auch durch Rückgriff auf bestehende Rechtsnormen genähert werden. In § 30 Abs. 4 Nr. 5 lit. b AO werden Wirtschaftsstraftaten als Handlungen bezeichnet, die „geeignet sind, die wirtschaftliche Ordnung erheblich zu stören oder das Vertrauen der Allgemeinheit auf die Redlichkeit des geschäftlichen Verkehrs oder auf die ordnungsgemäße Arbeit der Behörden und öffentlichen Einrichtungen erheblich zu erschüttern".

Daneben bietet sich auch eine strafprozessuale Begriffsbildung an. Unter Rückgriff auf den Straftatenkatalog des § 74c Abs. 1 GVG kann der Begriff der Wirtschaftskriminalität als Summe derjenigen Straftaten beschrieben werden, die gemäß § 74c Abs. 1 GVG in den Zuständigkeitsbereich der Wirtschaftsstrafkammern fallen. Dem Straftatenkatalog des § 74c Abs. 1 GVG unterfallen dabei sowohl spezifische Wirtschaftsdelikte, die eine Begehungsweise im Wirtschaftsverkehr voraussetzen, als auch allgemeine Straftatbestände, die dann als Wirtschaftsstraftaten einzuordnen sind, wenn „zur Beurteilung des Falles besondere Kenntnisse des Wirtschaftslebens erforderlich sind" (§ 74c Abs. 1 Nr. 6 GVG).[155] § 74c Abs. 1 GVG liefert keine Legaldefinition und insofern auch keine inhaltlichen Maßstäbe, anhand derer Wirtschaftskriminalität einheitlich umrissen werden könnte.[156] Vielmehr handelt es sich bei der Regelung des § 74c Abs. 1 GVG um eine organisatorische Zuweisung.[157] Durch eine Begriffsbestimmung der Wirtschaftskriminalität unter Rückgriff auf § 74c Abs. 1 GVG wird deren besondere Sozialschädlichkeit vernachlässigt.[158] Überdies bleiben jegliche kriminologischen Erkenntnisse auf den nationalen Rechtsraum beschränkt.[159]

2. Ursachen

Die Ursachen von Wirtschaftskriminalität sind unklar.[160] Eine *Theorie der Wirtschaftskriminalität*, welche fähig wäre, das Phänomen der Wirtschaftskriminalität

155 *Dannecker*, in: *Wabnitz/Janovsky* (Hrsg.), Handbuch des Wirtschafts- und Steuerstrafrechts, Kap. 1 Rn. 8.
156 Vgl. *Richter*, in: *Müller-Gugenberger* (Hrsg.), Wirtschaftsstrafrecht, S. 65 f.
157 *Kaiser*, Kriminologie, S. 859.
158 *Dannecker*, in: *Wabnitz/Janovsky* (Hrsg.), Handbuch des Wirtschafts- und Steuerstrafrechts, Kap. 1 Rn. 8.
159 *Schneider*, NStZ 2007, 555 (556).
160 *Dannecker*, in: *Wabnitz/Janovsky* (Hrsg.), Handbuch des Wirtschafts- und Steuerstrafrechts, Kap. 1 Rn. 19.

in seiner Gesamtheit zu erklären, existiert nicht.[161] Zur Erklärung von Wirtschaftskriminalität bieten sich verschiedene kriminalitätstheoretische Ansätze an, die auch zur Erklärung kartellrechtswidrigen Verhaltens brauchbar gemacht werden können.

Nach der von *Sutherland* entworfenen *Theorie der differentiellen Assoziationen* handelt es sich bei wirtschaftskriminellem Verhalten um ein in der beruflichen Sozialisation erlerntes Verhalten.[162] Sollte kartellrechtswidriges Verhalten im Unternehmen oder in betroffenen Wirtschaftszweigen vorherrschen („*established way of life*"), liegt eine Aneignung kartellrechtswidrigen Verhaltens nahe.[163]

Mertons Anomietheorie hingegen erklärt Wirtschaftskriminalität durch das Auseinanderfallen kulturell bestimmter Ziele und der zu ihrer Verwirklichung vorhandenen legitimen Mittel.[164] Zwar werden die kulturell bestimmten Ziele von Wirtschaftsstraftätern grundsätzlich anerkannt, aufgrund des Fehlens legitimer Mittel greifen diese jedoch zur Zielerreichung auf illegitime Mittel zurück.[165] Das Unternehmensinteresse wahrnehmend möchten Kartellanten Gewinne steigern und Verluste senken. Um diese Ziele zu erreichen, können sich die Wirtschaftssubjekte gerade in wirtschaftlichen Krisenzeiten zur Kartellbeteiligung gedrängt fühlen. Zwar kann eine Kartellbildung eine plötzlich sinkende Nachfrage in wirtschaftlichen Krisenzeiten bewältigen und sich somit gewissermaßen als „Retter in der Not" erweisen. Kartelle brechen aber in wirtschaftlichen Krisenzeiten eher auseinander als dass sie gebildet werden.[166] Denn mit dem Sinken der Nachfrage, steigt auch das Risiko, dass das Kartell bei der Kartellbehörde angezeigt wird, weshalb sich die Anzahl von Bonusanträgen in wirtschaftlichen Krisenzeiten merklich erhöht.[167]

Die von *Hirschi* begründete *Bindungstheorie* führt Wirtschaftskriminalität auf eine schwache moralische Bindung der Wirtschaftssubjekte an das Recht zurück.[168] So kann angenommen werden, dass Kartellanten, vom

---

161 *Schwind,* Kriminologie, S. 458.

162 *Sutherland,* American Sociological Review 5 (1940), 1 (10 f.).

163 Vgl. *Parker,* in: *Beaton-Wells/Ezrachi* (Hrsg.), Criminalising Cartels, S. 252.

164 *Merton,* American Sociological Review 3 (1938), 672 (672 ff.).

165 *Schmitt-Leonardy,* Unternehmenskriminalität, S. 93.

166 *Haltiwanger/Harrington,* RAND Journal of Economics 22 (1991), 89 (102); *Hüschelrath/Weigand,* Fighting Hard Core Cartels, S. 5 f.

167 *Stephan,* World Competition Law and Economic Review 35 (2012), 511 (513).

168 *Hirschi,* Causes of Delinquency, S. 16 ff. Zur Bindungstheorie auch *Meier,* Kriminologie, S. 303.

Unternehmensinteresse vereinnahmt, ihr Verhalten weniger an den Maßstäben von Recht und Unrecht als an den Maßstäben von Gewinn und Verlust ausrichten.

Demgegenüber rührt nach *Tittle* Wirtschaftskriminalität von einem Kontrollüberschuss der Wirtschaftssubjekte her.[169] Zwar kann eine Kartellbeteiligung ein ausgeprägtes Verlangen nach Kontrolle ausdrücken.[170] So kann eine Kartellbeteiligung vom Wunsch getrieben sein, eigene Unsicherheiten durch die Ausübung von Kontrolle über den Markt, über eine geheime Organisation, über Arbeitskollegen oder über die eigene Karriere zu überwinden.[171] Da Kartellanten überwiegend leitende Positionen im Unternehmen einnehmen, sind sie selbst nur einer schwachen Kontrolle Dritter ausgesetzt. Der Kontrollüberschuss kann rechtswidriges Verhalten auslösen.

Dagegen erklärt die *Theorie der rationalen Wahl* Wirtschaftskriminalität anhand einer von den Wirtschaftssubjekten vor der Tat vorgenommenen Kosten-Nutzen-Abwägung.[172] Hiernach entscheiden sich Wirtschaftssubjekte dann zur Begehung wirtschaftskrimineller Taten, wenn der Nutzen der Tat die durch sie entstehenden Kosten überwiegt. Auch Kartellanten werden vor einer Kartellbeteiligung in eine Kosten-Nutzen-Abwägung eintreten und die Vorzüge einer Kartellbeteiligung (Bonuszahlungen, Aufstiegschancen, Prestige und Anerkennung) deren Nachteilen (Sanktionierung) gegenüberstellen.[173] Allerdings bleiben sowohl die Tatsituation als auch die Gelegenheitsstrukturen von der *Theorie der rationalen Wahl* weitestgehend unberücksichtigt.[174]

Die Mehrheit der Wirtschaftsdelikte erfordert jedoch eine bestimmte berufliche Stellung des Täters. Wirtschaftsdelikte werden daher in der von *Cloward* und *Ohlin* entwickelten *Theorie der differentiellen Gelegenheiten* als „special opportunity crimes“ beschrieben.[175] Wirtschaftskriminalität hängt insofern auch von den sich den Wirtschaftssubjekten jeweils bietenden Tatgelegenheiten ab. Insbesondere in kartellierten Wirtschaftszweigen werden sich Möglichkeiten zur Kartellbeteiligung bieten.[176]

---

169 *Tittle*, Theoretical Criminology 8 (2004), 395 (396 ff.); *Schneider*, NStZ 2007, 555 (557).

170 Vgl. *Harding*, in: *Beaton-Wells/Ezrachi* (Hrsg.), Criminalising Cartels, S. 369.

171 Vgl. *Harding*, in: *Beaton-Wells/Ezrachi* (Hrsg.), Criminalising Cartels, S. 369.

172 Vgl. *Becker*, Ökonomische Erklärungen menschlichen Verhaltens, S. 47 f. Zur *Theorie der rationalen Wahl* auch *Meier*, Kriminologie, S. 36 ff.

173 *Stucke*, in: *Beaton-Wells/Ezrachi* (Hrsg.), Criminalising Cartels, S. 270.

174 *Meier*, Kriminologie, S. 302.

175 *Cloward/Ohlin*, Delinquency and Opportunity, S. 144 ff. Zur *Theorie der differentiellen Gelegenheiten* auch *Schwind*, Kriminologie, S. 151.

176 Vgl. *Parker*, in: *Beaton-Wells/Ezrachi* (Hrsg.), Criminalising Cartels, S. 256.

Sykes und *Matza* führen Wirtschaftskriminalität auf die den Wirtschaftssubjekten eigenen Neutralisierungstechniken zurück, die es ihnen ermöglichen, eigenes wirtschaftskriminelles Verhalten sowohl vor als auch nach der Tatbegehung zu rechtfertigen.[177] Auf diese Weise fördern Neutralisierungstechniken wirtschaftskriminelles Verhalten.[178] In Anlehnung an *Coleman* lassen sich für das Phänomen der Wirtschaftskriminalität vier typische Neutralisierungstechniken beschreiben: (1) die Verneinung des Schadens („*It's not really hurting anybody, the store can afford it*"), (2) die Ablehnung der Strafvorschriften, (3) die Verlagerung der Verantwortung („*I did what is business*", „*If I didn't do it, I felt someone else would*") sowie (4) die Berufung auf Reziprozität („*I felt I deserved to get something additional for my work since I wasn't getting paid enough*").[179] Der Ansatz *Colemans* wird vom Leipziger Verlaufsmodell wirtschaftskriminellen Handelns um mehrere Gruppen individueller Risikofaktoren ergänzt.[180] Als individuelle Risikofaktoren wirtschaftskriminellen Verhaltens werden kriminorelevante Gefühlslagen (Frustration und Kränkung), der individuelle Lebensstil (persönliches Anspruchsniveau, Verhältnis gegenüber Geld und Eigentum) sowie die persönliche Werteorientierung (moderne materialistische Werte) genannt.[181] Durch ihre Eingliederung in das Unternehmen können sich Kartellanten Neutralisierungstechniken aneignen, die es ihnen erleichtern, ihr Verhalten vor sich zu rechtfertigen. So gaben Kartellanten in Befragungen an, eine Kartellbeteiligung erfolge allein zum Wohle des Unternehmens oder sei wirtschaftlichen Krisenzeiten geschuldet.[182] Da sich Kartellanten die Unternehmensinteressen zu eigen machen, fällt es ihnen leichter, Bedenken hinsichtlich der Rechtmäßigkeit ihres Verhaltens zu verdrängen.[183] Die Subkultur „Unternehmen" kann dabei den Rückgriff auf Neutralisierungstechniken erleichtern.[184] Auch leugneten sie, die Preise für ihre eigenen Waren oder Dienstleistungen festsetzen zu können.[185] Die Befragungen zeigten auch, dass die Rechtfertigungen zwischen den

---

177 *Sykes/Matza,* American Sociological Review, 22 (1957), 664 (666).

178 *Schneider,* NStZ 2007, 555 (558); *Theile,* ZIS 2008, 406 (410).

179 *Coleman,* American Journal of Sociology 93 (1987), 406 (410 ff.); *Schmitt-Leonardy,* Unternehmenskriminalität, S. 96.

180 *Schneider,* NStZ 2007, 555 (558 ff.).

181 *Schneider,* NStZ 2007, 555 (558 ff.).

182 *Parker,* in: *Beaton-Wells/Ezrachi* (Hrsg.), Criminalising Cartels, S. 254; *dies.,* British Journal of Criminology 52 (2012), 974 (981).

183 *Harding,* in: *Beaton-Wells/Ezrachi* (Hrsg.), Criminalising Cartels, S. 369.

184 Vgl. *Meier,* Kriminologie, S. 301.

185 *Parker,* British Journal of Criminology 52 (2012), 974 (985).

Unternehmensebenen variierten:[186] Während Personen der Leitungsebene die Verantwortung den unteren Unternehmensebenen zuschoben („*rogue manager*“) und den kartellverantwortlichen Personen eine schwache und defizitäre Persönlichkeit unterstellten, wiesen Personen unterer Unternehmensebenen die Verantwortung dem Unternehmen zu.

Schließlich kann sich zur Erklärung von Wirtschaftskriminalität auch der *Sündenbocktheorie* bedient werden.[187] So soll die Politik Kartelle für wirtschaftliche Krisenzeiten verantwortlich machen.[188]

Gleichwohl können die kriminalitätstheoretischen Ansätze das Phänomen der Wirtschaftskriminalität nur in seinen Teilbereichen erklären.[189] Wirtschaftskriminalität wird durch das Zusammenspiel einer Fülle von Einflussgrößen (Erfahrungen, Wertorientierung des Täters, Erreichen bestimmter beruflicher Positionen, Verfügbarkeit von Tatgelegenheiten) bedingt.[190]

V. Kartellsanktionensystem

Kartelle sind keine neue Erscheinung des Wirtschaftslebens. Verändert hat sich im Laufe der Zeit lediglich ihre rechtliche Bewertung. Verankert ist das Kartellverbot heute sowohl in § 1 GWB als auch in Art. 101 AEUV. Allerdings weicht die Struktur des deutschen und des europäischen Kartellsanktionenrechts erheblich voneinander ab.

1. Das deutsche Kartellsanktionensystem

Die Entwicklung des deutschen Kartellrechts begann infolge einer fortschreitenden Industrialisierung in der zweiten Hälfte des 19. Jahrhunderts. Hiermit einher ging eine Kartellierung der deutschen Wirtschaft in der zweiten Hälfte des 19. Jahrhunderts, die Deutschland in ein „Land der Kartelle“ verwandelte.[191] Erst im Jahr 1923 reagierte der Gesetzgeber auf die Kartellierung der deutschen Wirtschaft mit dem Erlass einer Kartellverordnung, die sich allerdings auf ein

186 *Sonnenfeld*, Academy of Management Journal 1981, 192 (195 f.).
187 Etwa *Mechler*, ZRP 1971, 1 (1 ff.).
188 *Wilks*, in: *Beaton-Wells/Ezrachi* (Hrsg.), Criminalising Cartels, S. 354.
189 *Schwind*, Kriminologie, S. 458.
190 *Meier*, Kriminologie, S. 303.
191 *Bontrup*, Orientierungen zur Wirtschafts- und Gesellschaftspolitik 125 (2010), 17 (21); *Emmerich*, Kartellrecht, S. 12.

Missbrauchsverbot beschränkte.[192] Im Jahr 1933 folgte auf die Machtübernahme der Nationalsozialisten, welche sich Kartelle als Instrument der nationalsozialistischen Wirtschaftspolitik zu Nutze machten, die Verabschiedung eines Zwangskartellgesetzes, das den Reichswirtschaftsminister ermächtigte, zum Zwecke der Wirtschaftslenkung Unternehmen zu Syndikaten, Kartellen, Konventionen oder ähnlichen Koordinationen zusammenzuschließen.[193] Im Jahr 1947 wurde mit dem Ziel der deutschen Wirtschaftsmacht entgegenzutreten und dem Wettbewerbsprinzip zur Durchsetzung zu verhelfen, durch den Erlass der Dekartellierungsgesetze der Alliierten erstmals ein strafbewehrtes Kartell- und Monopolverbot eingeführt.[194]

Im Jahr 1958 wurden die Dekartellierungsgesetze schließlich durch den Erlass des GWB abgelöst.[195] Anders als im sogenannten Josten-Entwurf von 1949 vorgesehen, der neben einem absoluten Kartellverbot auch strafrechtliche Sanktionen enthielt, wurde auf eine Kriminalisierung kartellrechtlicher Verstöße bei Verabschiedung des GWB verzichtet.[196] Der Verzicht auf kriminalstrafrechtliche Sanktionen kann zum einen auf die Ermöglichung der Verhängung von Verbandssanktionen zurückgeführt werden.[197] Zum anderen spricht auch die Entstehungsgeschichte des GWB dafür, dass die Ausgestaltung der Kartellrechtsverstöße als Ordnungswidrigkeiten einem Kompromiss zwischen der Einführung und einem gänzlichen Verzicht auf strafrechtliche Sanktion geschuldet war.[198] Letztlich wird bei der Einordnung der Kartellrechtsverstöße in das Recht der Ordnungswidrigkeiten die Bewertung des Wettbewerbsgedankens durch den Gesetzgeber der 1950er Jahre von Gewicht gewesen sein. Dieser führt in der Begründung zum GWB aus, dass „weder in der deutschen Öffentlichkeit noch in den beteiligten Wirtschaftskreisen [...] bisher ein lebendiges Gefühl dafür verbreitet [war], daß wettbewerbsbeschränkende Verträge und Geschäftspraktiken unerlaubt und ethisch verwerflich seien".[199] Dennoch fügt er hinzu, dass „spätere Zeiten, denen der Gedanke des Wettbewerbs lebendiger und werterfüllter

192 Kartellverordnung v. 1923, RGBl. 1923 I, S. 1067 ff.; hierzu *Biermann*, in: *Dannecker/Jansen* (Hrsg.), Competition Law Sanctioning in the European Union S. 481.

193 Siehe hierzu Gesetz über die Einrichtung von Zwangskartellen v. 15. Juli 1933; RGBl. 1933 I, S. 488.

194 Abgedruckt bei *Federmann*, Kriminalstrafen, Anhang, S. 541.

195 *Schmidt/Haucap*, Wettbewerbspolitik, S. 212.

196 *Bontrup*, Orientierungen zur Wirtschafts- und Gesellschaftspolitik 125 (2010), 17 (21).

197 *Dannecker/Biermann*, in: *Immenga/Mestmäcker*, Bd. II, Vor § 81 Rn. 2.

198 *Dannecker/Biermann*, in: *Immenga/Mestmäcker*, Bd. II, Vor § 81 Rn. 3.

199 BT-Dr 2/1158, S. 28.

scheinen wird, als das heute der Fall ist, […] davon abgehen und die Ordnungswidrigkeiten zu echten Kriminalstrafen verschärfen [mögen]".[200]

a) *Verwaltungs- und Ordnungswidrigkeitenrecht*

Die Kartellbehörde kann zur Durchsetzung des Kartellverbots sowohl ein Verwaltungsverfahren (§§ 54 ff. GWB) als auch ein Ordnungswidrigkeitenverfahren (§§ 81 ff. GWB) anstrengen. Im Verwaltungsverfahren kann sich die Kartellbehörde zur Ahndung von Kartellen insbesondere den Instrumenten der Abstellungsverfügung (§ 32 GWB) oder der Vorteilsabschöpfung (§ 34 GWB) bedienen. Im Ordnungswidrigkeitenverfahren ahndet die Kartellbehörde Kartelle durch die Verhängung von Geldbußen (§ 2 OWiG i.V.m. § 81 GWB). Adressat der Geldbuße ist die juristische Person oder Personenvereinigung (§ 30 OWiG i.V.m. § 81 GWB), der das Verhalten einer Leitungsperson (§ 30 OWiG) oder eines sonstigen Mitarbeiters (§ 14 GWB) zugerechnet wird (§§ 9, 130 OWiG). Insofern gilt das Rechtsträgerprinzip.[201] Die Höhe der Geldbuße bemisst sich nach der Schwere des Kartellrechtsverstoßes.[202] Schwerwiegende Kartellrechtsverstöße[203] können mit einer Geldbuße von bis zu einer Höhe von einer Million Euro (§ 81 Abs. 4 S. 1 GWB) und leichtere Kartellrechtsverstöße mit einer Geldbuße bis zu einer Höhe von 100.000 Euro (§ 81 Abs. 4 S. 3 GWB) geahndet werden. Darüber hinaus können gegen Unternehmen und Unternehmensvereinigungen Geldbußen von 10% des im vorausgegangen Geschäftsjahr erzielten Gesamtumsatzes verhängt werden (§ 81 Abs. 4 S. 2 GWB). Demnach unterscheidet das deutsche Kartellordnungwidrigkeitenrecht zwischen dem Verstoß als Haftungsgrund auf der Tatbestandsseite und dem Haftungsumfang und dem Haftungsadressaten auf der Rechtsfolgenseite.[204]

b) *Strafrecht*

Eine Besonderheit gilt für das Submissionskartell: Dieses steht als einziger Kartellrechtsverstoß bereits nach geltendem Recht unter Strafandrohung (§§ 298, 263

---

200 BT-Dr 2/1158, Anlage 1, S. 27 f.

201 *Dannecker/Biermann*, in: *Immenga/Mestmäcker*, Bd. II, § 81 Rn. 415.

202 *Meyer-Lindemann*, in: *Loewenheim/Meessen/Riesenkampff/Kersting/Meyer-Lindemann*, § 81 Rn. 87.

203 Schwere Kartellverstöße sind solche des § 81 Abs. 1, Abs. 2 Nr. 1, 2a, 5 sowie Abs. 3, siehe hierzu *Meyer-Lindemann*, in: *Loewenheim/Meessen/Riesenkampff/Kersting/Meyer-Lindemann*, § 81 Rn. 87.

204 Monopolkommission, Sondergutachten 72, S. 5.

StGB). Der durch das Korruptionsbekämpfungsgesetz im Jahr 1997 eingeführte Straftatbestand der wettbewerbsbeschränkenden Absprachen bei Ausschreibungen (§ 298 StGB) bewehrt die Abgabe von auf wettbewerbswidrigen Absprachen beruhenden Angeboten bei einer Ausschreibung, einem Verfahren bei dem der Veranstalter Angebote einer Vielzahl von Anbietern für die Lieferung von Waren oder die Erbringung von Leistungen einholt, mit Strafe.[205] Erfasst werden sowohl öffentliche als auch private Ausschreibungen, sofern letztere ähnlich der öffentlichen Ausschreibung durchgeführt werden.[206] Der Ausschreibung steht die freihändige Vergabe eines Auftrags nach vorausgegangenem Teilnahmewettbewerb gleich (§ 298 Abs. 2 StGB). Ausgestaltet als abstraktes Gefährdungsdelikt bedarf es für dessen Verwirklichung weder einer Täuschungshandlung noch eines Vermögensschadens.[207] Die Tathandlung besteht in der Abgabe eines Angebots, das auf einer rechtswidrigen Absprache im Sinne eines Ursachenzusammenhangs beruht.[208] Die Rechtswidrigkeit der Absprache folgt aus einem Verstoß gegen das Kartellverbot (§ 1 GWB, Art. 101 AEUV).[209] Die Absprache muss darauf abzielen, den Veranstalter zur Annahme eines bestimmten Angebots zu veranlassen.[210] Als Ausgleich für die Vorverlagerung der Strafbarkeit auf das Vorbereitungsstadium enthält der Straftatbestand eine Regelung zur tätigen Reue (§ 298 Abs. 5 StGB).[211] Hiernach wird derjenige nicht bestraft, der freiwillig die Angebotsannahme oder Leistungserbringung durch den Auftraggeber verhindert bzw. sich bei Ausbleiben des Angebots oder der Erbringung der Leistung aus anderen Gründen freiwillig und ernsthaft bemüht, die Annahme des Angebots oder die Erbringung der Leistung zu verhindern.

Darüber hinaus ist bei Täuschung des Auftraggebers und der Vergabe von Aufträgen durch diesen eine Betrugsstrafbarkeit (§ 263 StGB) denkbar.[212] Die Täuschungshandlung liegt in der ausdrücklichen oder konkludenten Erklärung des Anbietenden, keine Preisabsprache mit Wettbewerbern getroffen zu haben.[213] Hierdurch wird beim Auftraggeber ein entsprechender Irrtum

---

205 *Dannecker,* in: NK, Bd. III, § 298 Rn. 21; *Momsen/Laudisen,* in: Beck'scher Online Kommentar, StGB, § 281 Rn. 14.

206 *Momsen/Laudisen,* in: Beck'scher Online Kommentar, StGB, § 281 Rn. 14; *Pasewaldt,* ZIS 2008, 84 (86).

207 *Dannecker,* in: NK, Bd. III, § 298 Rn. 16.

208 *Dannecker,* in: NK, Bd. III, § 298 Rn. 56.

209 *Dannecker,* in: NK, Bd. III, § 298 Rn. 68.

210 *Dannecker,* in: NK, Bd. III, § 298 Rn. 87.

211 *Dannecker,* in: NK, Bd. III, § 298 Rn. 94.

212 BGH, NJW 1992, 921.

213 *Klusmann,* in: *Wiedemann* (Hrsg.), Handbuch des Kartellrechts, § 56 Rn. 24.

hervorgerufen.[214] Durch die Annahme des Angebots verfügt der Auftraggeber über sein Vermögen, da sich diese als eine das Vermögen belastende Verfügung darstellt.[215] Ein Vermögensschaden tritt ein, wenn der vom Auftraggeber gezahlte Preis, denjenigen Preis übersteigt, der ohne die Absprache zu zahlen gewesen wäre.[216] Hierbei sind der Eingehungs- und der Erfüllungsbetrug zu unterscheiden.[217] Ein Eingehungsbetrug liegt vor, wenn bei Abschluss des Vertrages der Vergleich der Vermögenslage vor und nach der Eingehung der schuldrechtlichen Verbindlichkeit ergibt, dass der Betroffene wirtschaftlich schlechter gestellt ist als zuvor.[218] Eine solche Schlechterstellung ist nach der *„Rheinausbau"*-Entscheidung des BGH dann gegeben, wenn der tatsächliche Preis den „Wettbewerbspreis" übersteigt, also den Preis, der sich ohne die Absprache und Täuschung gebildet hätte (hypothetischer Wettbewerbspreis).[219] Die Schadensfeststellung nach dem hypothetischen Wettbewerbspreis ist mit Beweisproblemen behaftet.[220] Der BGH lässt jedoch als Indiz die Vornahme von Ausgleichszahlungen genügen.[221] Ferner erwog der BGH in der *„Rheinausbau"*-Entscheidung das Vorliegen eines Erfüllungsbetruges, sollte der Eingehungsbetrug scheitern.[222] Den Vermögensschaden des Auftraggebers sah der BGH in der verhinderten Geltendmachung von Schadensersatzansprüchen gegenüber absprachebeteiligten Dritten.[223] Dies verneinte jedoch der 1. Strafsenat des BGH aufgrund fehlender Stoffgleichheit.[224]

Die übrigen Kartellrechtsverstöße sind bislang nicht mit Strafe bedroht. Zwar folgten bereits kurz nach Inkrafttreten des GWB mehrere Versuche, schwere

---

214 *Dannecker/Biermann*, in: *Immenga/Mestmäcker*, Bd. II, Vorbemerkung vor § 81 Rn. 171.

215 *Dannecker/Biermann*, in: *Immenga/Mestmäcker*, Bd. II, Vorbemerkung vor § 81 Rn. 171.

216 *Dannecker/Biermann*, in: *Immenga/Mestmäcker*, Bd. II, Vorbemerkung vor § 81 Rn. 172.

217 *Dannecker/Biermann*, in: *Immenga/Mestmäcker*, Bd. II, Vorbemerkung vor § 81 Rn. 172.

218 BGH, NJW 1952, 1062.

219 BGH, NJW 1992, 921; *Dannecker/Biermann*, in: *Immenga/Mestmäcker*, Bd. II, Vorbemerkung vor § 81 Rn. 173.

220 *Dannecker/Biermann*, in: *Immenga/Mestmäcker*, Bd. II, Vorbemerkung vor § 81 Rn. 174.

221 BGH, NJW 1992, 921 (923).

222 BGH, NJW 1992, 921 (924); *Dannecker/Biermann*, in: *Immenga/Mestmäcker*, Bd. II, Vorbemerkung vor § 81 Rn. 176 ff.

223 BGH, NJW 1992, 921 (924).

224 BGH, NStZ 2000, 260 (261).

Kartellrechtsverstöße strafrechtlich zu ahnden. Zunächst entwarf die Große Strafrechtskommission in den 1950er Jahren einen Straftatbestand gegen den Submissionsbetrug.[225] Infolgedessen enthielt der Regierungsentwurf (E 62) aus dem Jahre 1962 einen entsprechenden Straftatbestand (§ 270 StGB).[226] Im Jahr 1970 sprach sich der 49. Deutsche Juristentag für die strafrechtliche Ahndung von Kartellen besonders hohen Unrechtsgehalts aus.[227] Kurz darauf regte die Kommission zur Vorbereitung eines Wirtschaftskriminalitätsgesetzes die strafrechtliche Ahndung horizontaler Wettbewerbsbeschränkungen (§ a strafbare Wettbewerbsbeschränkungen) an.[228] Im Jahr 1977 schlug auch der Alternativentwurf zum Strafgesetzbuch einen Straftatbestand gegen Wettbewerbsbeschränkungen durch Vereinbarung und gegenseitige Abstimmung vor.[229] Schließlich befürwortete im Jahr 1980 der Schlussbericht der Sachverständigenkommission zur Bekämpfung der Wirtschaftskriminalität eine strafrechtliche Ahndung.[230] Dennoch scheiterten alle Versuche einer strafrechtlichen Ahndung schwerer Kartellrechtsverstöße bis zur Einführung eines Straftatbestandes wettbewerbsbeschränkender Absprachen bei Ausschreibungen im Jahr 1997.

Zwar wurde vereinzelt[231] in der *„Flughafen München“* -Entscheidung[232] des BGH der „Startschuss für eine Kriminalisierung des Kartellrechts“ gesehen. Denn hier hatte der BGH erstmals auch bei einer freihändigen Vergabe, der eine Anfrage an zumindest zwei Unternehmen vorausgegangen ist, eine Täuschungshandlung durch konkludentes Verhalten angenommen.[233] Der BGH legte in seinem Urteil dar, dass der Auftraggeber auch bei einer freihändigen Vergabe erwarte, dass ein Wettbewerb erfolgt sei.[234] Daher enthalte bereits die Angebotsabgabe die konkludente Erklärung, dass das Angebot ohne eine vorherige wettbewerbsbeschränkende Absprache zustande gekommen sei.[235] Die

225 Hierzu *Federmann*, Kriminalstrafen, S. 110.

226 BT-Dr IV/650, S. 55.

227 Siehe *Tiedemann*, Verhandlungen 49. DJT, Gutachten C.

228 *Tiedemann*, Kartellrechtsverstöße, S. 201 ff.

229 § 7 Alternativ-Entwurf eines Strafgesetzbuches, Besonderer Teil, Straftaten gegen die Wirtschaft.

230 Bundesministerium der Justiz, Schlussbericht der Sachverständigenkommission zur Bekämpfung der Wirtschaftskriminalität 1980, S. 136 ff.

231 *Lampert/Götting*, WuW 2002, 1069 (1069 f.).

232 BGH, NJW 2001, 3718 ff.

233 BGH, NJW 2001, 3718 (3719); *Lampert/Götting*, WuW 2002, 1069 (1069); *Götting/Götting*, ZfBR 2003, 341 (342).

234 BGH, NJW 2001, 3718 (3719).

235 BGH, NJW 2001, 3718 (3719); *Lampert/Götting*, WuW 2002, 1069 (1069).

„Flughafen-München“-Entscheidung lässt sich jedoch nicht auf Hardcore-Kartelle übertragen, weil hier eine Betrugsstrafbarkeit am Täuschungs- und Schadenserfordernis scheitert.[236] Sowohl bei der öffentlichen Ausschreibung als auch bei der freihändigen Vergabe wird gegenüber dem Auftraggeber durch die Angebotsabgabe zumindest konkludent erklärt, dass dem Angebot keine Preisabsprache zugrunde liege.[237] Anders als bei Submissionskartellen geht Hardcore-Kartellen aber keine öffentliche Ausschreibung oder freihändige Vergabe voraus, aus der sich die konkludente Erklärung ableiten ließe, dass Preise nicht abgesprochen worden seien.[238] Unter allgemeinen Wettbewerbsbedingungen wird bei der Abgabe eines Angebots die Angemessenheit des Preises regelmäßig nicht miterklärt.[239] Allenfalls durch eine besondere Vertragsgestaltung kann eine Täuschungshandlung konstruiert werden.[240] So regen *Baumann/Arzt* die Marktgegenseite dazu an, in ihren AGB zu bestimmen, nur mit solchen Verkäufern Verträge schließen zu wollen, die nicht gegen das Kartellverbot (§ 1 GWB, Art. 101 AEUV) verstießen.[241] Mit dem Vertragsschluss würde der Verkäufer dann erklären, dem Kartellverbot zu genügen.[242] Über die Konstruktion der Täuschungshandlung hinaus wird bei Hardcore-Kartellen allerdings auch die Schadensfeststellung auf der Grundlage des hypothetischen Wettbewerbspreises kaum gelingen.[243] Im Gegensatz zu Submissionskartellen werden meist weder Schmier- noch Ausgleichszahlungen vorgenommen, die als Indizien[244] dafür dienen, dass der tatsächlich vereinbarte Preis über dem Wettbewerbspreis lag.[245]

2. Das europäische Kartellsanktionensystem

Das Herzstück der Europäischen Union ist die Errichtung eines marktwirtschaftlich geprägten (Art. 26 Abs. 2 AEUV), also wettbewerblich gesteuerten, Binnenmarkts (Art. 1 Abs. 2 AEUV), dessen Verwirklichung das Kartellverbot

---

236 *Bräunig*, HRRS 2011, 425 (426 f.); *Götting/Götting*, ZfBR 2003, 341 (343).
237 BGH, NJW 2001, 3718 ff.
238 *Bräunig*, HRRS 2011, 425 (426 f.); *Federmann*, Kriminalstrafen, S. 126.
239 *Kindhäuser*, in: NK, Bd. III, § 263 Rn. 130.
240 *Baumann/Arzt*, ZHR 134 (1970), 24 (35); *Federmann*, Kriminalstrafen, S. 128.
241 *Baumann/Arzt*, ZHR 134 (1970), 24 (35).
242 *Baumann/Arzt*, ZHR 134 (1970), 24 (35).
243 *Bräunig*, HRRS 2011, 425 (427); *Federmann*, Kriminalstrafen, S. 128; *Janssen*, Managerhaftung, S. 132.
244 BGH, NJW 2001, 3718 (3719 f.).
245 *Bräunig*, HRRS 2011, 425 (427).

(Art. 101 AEUV) dient.[246] Bereits der im Jahr 1957 geschlossene Vertrag zur Gründung der Europäischen Wirtschaftsgemeinschaft, welchen der Vertrag von Maastricht aus dem Jahr 1993 in den Vertrag über die Europäischen Gemeinschaften umbenannte, enthielt das heutige Kartellverbot (Art. 85 EWG-Vertrag). Inhaltlich unverändert, wurde es durch den Vertrag von Amsterdam aus dem Jahr 1999 (Art. 81 EG-Vertrag) und durch den Vertrag von Lissabon aus dem Jahr 2009 (Art. 101 AEUV) lediglich neu nummeriert. Das Kartellverbot erfasst Sachverhalte von zwischenstaatlicher Bedeutung.[247] Fehlt es hieran, ist das deutsche Recht anwendbar.[248]

Zur Durchsetzung des Kartellverbots kann sich die Europäische Kommission eines Verwaltungsverfahrens bedienen, an dessen Ende Entscheidungen oder Sanktionen stehen können. So kann die Kommission einerseits Entscheidungen in Form von Feststellungen und Abstellungen der Zuwiderhandlung, einstweilige Maßnahmen sowie Verpflichtungszusagen, treffen (Art. 7 ff. VO (EG) 1/2003). Andererseits kann sie Geldbußen oder Zwangsgelder verhängen (Art. 23 und Art. 24 VO (EG) 1/2003).[249] Adressat der Geldbuße ist das Unternehmen oder die Unternehmensvereinigung im Sinne einer „wirtschaftlichen Einheit" (Art. 101 AEUV).[250] Der Begriff des Unternehmens ist weit auszulegen.[251] Maßgeblich ist die Ausübung einer wirtschaftlichen Tätigkeit.[252] Mithin gilt das Funktionsträgerprinzip, weshalb nach europäischem Recht nicht zwischen dem Verstoß als Haftungsgrund auf der Tatbestandsseite und dem Haftungsadressaten und dem Haftungsumfang auf Rechtsfolgenseite zu unterscheiden ist.[253]

Die Höhe der Geldbuße bemisst sich nach der Schwere und der Dauer des Kartellrechtsverstoßes (Art. 23 Abs. 3 VO (EG) 1/2003). Sie darf bei Unternehmen oder Unternehmensvereinigungen nicht 10% des im vorausgegangenen Geschäftsjahr erzielten Gesamtumsatzes übersteigen (Art. 23 Abs. 2 Unterabs. 2 VO (EG) 1/2003). Weisen Kartellrechtsverstöße einen zwischenmitgliedstaatlichen Bezug auf, sind die mitgliedstaatlichen Kartellbehörden und Gerichte verpflichtet, auch europäisches Recht anzuwenden (Art. 3 Abs. 1 VO (EG) 1/2003).

---

246 Dannecker, in: *Rotsch* (Hrsg.), Criminal Compliance, § 16 Rn. 53; *Terhechte*, in: *Grabitz/Hilf/Nettesheim*, Art. 3 EUV Rn. 41.

247 *Dannecker*, in: *Rotsch* (Hrsg.), Criminal Compliance, § 16 Rn. 53.

248 *Dannecker*, in: *Rotsch* (Hrsg.), Criminal Compliance, § 16 Rn. 53.

249 *Dieckmann*, in: *Wiedemann* (Hrsg.), Handbuch des Kartellrechts, § 41 Rn. 5.

250 EuGH, NJW 1991, 2891 (2891 f.).

251 *Eilmansberger*, in: Streinz, Vorbemerkungen Art. 101 AEUV Rn. 24.

252 *Eilmansberger*, in: Streinz, Vorbemerkungen Art. 101 AEUV Rn. 24.

253 *Kersting*, WuW 2014, 1156 (1158); Monopolkommission, Sondergutachten 72, S. 9.

Dabei können die mitgliedstaatlichen Kartellbehörden „Geldbußen, Zwangsgelder oder sonstige im innerstaatlichen Recht vorgesehene Sanktionen verhängen" (Art. 5 VO (EG) 1/2003).

VI. Ergebnis

Ein Kartell beschreibt eine Verhaltenskoordination mindestens zweier Unternehmen am Markt mit dem Ziel der Gewinnsteigerung. Wiegt die Verhaltenskoordination besonders schwer, spricht man von einem Hardcore-Kartell. Obwohl es den Kartellbehörden in den vergangenen Jahren gelungen ist, eine Vielzahl von Hardcore-Kartellen aufzudecken und zu verfolgen, ist der tatsächliche Umfang von Hardcore-Kartellen unbekannt. Vielmehr ist von einem großen Dunkelfeld auszugehen. Hardcore-Kartelle werden überwiegend von Leitungspersonen – geleitet von Unternehmensinteressen – im Rahmen ihrer beruflichen Tätigkeit geschlossen. Um die Entstehung von Hardcore-Kartellen zu erklären, helfen einzelne Kriminalitätstheorien. Doch vermag keine dieser Theorien das Phänomen erschöpfend darzustellen. Verfolgt werden Hardcore-Kartelle auf nationaler Ebene bislang hauptsächlich im Wege des Verwaltungs- und Ordnungswidrigkeitenverfahrens. Allein das Submissionskartell kann auch strafrechtlich geahndet werden (§§ 298, 263 StGB). Auf europäischer Ebene kann ebenfalls ein Verwaltungsverfahren angestrengt werden, an dessen Ende Entscheidungen und Sanktionen, also Buß- und Zwangsgelder stehen können.

B. Die Strafbewehrung von Hardcore-Kartellen

Die optimale Ausgestaltung des kartellrechtlichen Sanktionensystems dominiert gegenwärtig die wettbewerbsrechtliche- und politische Diskussion in Deutschland und Europa.[254] Diskutiert wird auch, zur Stärkung der Kartellrechtsdurchsetzung das derzeitige nationale Kartellsanktionenrecht um Kriminalstrafen für Hardcore-Kartelle zu ergänzen, also Hardcore-Kartelle von der Ordnungswidrigkeit zur Straftat hochzustufen.[255] Die Einordnung von Hardcore-Kartellen als Straftat fiele leicht, wenn Hardcore-Kartelle dem Kernbereich des Strafrechts angehörten, zu dem nach Ansicht des BVerfG alle „bedeutsamen Unrechtstatbestände" zählen, während der Kernbereich des Ordnungswidrigkeitenrechts „Fälle mit geringem Unrechtsgehalt" umfasst.[256] Wann es sich bei einem Verhalten um derart bedeutendes Unrecht handelt, dass es dem Kernbereich des Strafrechts zuzuschlagen ist, lässt das BVerfG offen.[257] Die strafrechtliche Literatur fasst unter den Kernbereich des Strafrechts „die unerlässlichen Voraussetzungen gemeinsamer Existenz", etwa das Leben, die Gesundheit, das Eigentum, das Vermögen sowie die Freiheit der Willensbildung.[258] Hardcore-Kartelle werden hingegen nicht dem Kernbereich des Strafrechts zugeordnet.[259] Sie lassen sich aber auch nicht dem Kernbereich des Ordnungswidrigkeitenrechts zuschlagen.[260] So führte bereits der Gesetzesentwurf zur vierten GWB-Novelle aus, das Hardcore-Kartelle „keine „Kavaliersdelikte" sind, sondern eine schwerwiegende Störung der öffentlichen Ordnung darstellen".[261] Außerhalb dieser Kernbereiche kommt dem Gesetzgeber aber ein umfassender Entscheidungsspielraum

254 Monopolkommission, Hauptgutachten XX, S. 86.

255 Befürwortend etwa die Monopolkommission, Hauptgutachten XX, S. 86 ff.

256 BVerfG, NJW 1969, 1619 (1621).

257 BVerfG, NJW 1969, 1619 (1621).

258 *Hamm*, NJW 2016, 1537 (1541); *Mitsch*, in: Karlsruher Kommentar, StPO, Einleitung Rn. 112; *Roxin*, JuS 1966, 377 (381); *Selmer*, Verfassungsrechtliche Probleme einer Kriminalisierung des Kartellrechts, S. 16. *Gärditz* und *Jahn/Brodowski* hingegen kritisieren den Begriff des „Kernstrafrechts", weil unklar sei, was dem Kernbereich und was dem Grenzbereich des Strafrechts zuzuordnen sei, *Gärditz*, JZ 2016, 641 (647 f.); *Jahn/Brodowski*, JZ 2016, 969 (973).

259 *Selmer*, Verfassungsrechtliche Probleme einer Kriminalisierung des Kartellrechts, S. 16.

260 *Selmer*, Verfassungsrechtliche Probleme einer Kriminalisierung des Kartellrechts, S. 16.

261 BT-Dr 8/2136, S. 27.

zu.[262] So betont das BVerfG in seiner Entscheidung zur Strafbarkeit des Inzests, es sei „grundsätzlich Sache des Gesetzgebers, den Bereich des strafbaren Handelns verbindlich festzulegen. Er ist bei der Entscheidung, ob er ein bestimmtes Rechtsgut, dessen Schutz im wesentlich erscheint, gerade mit den Mitteln des Strafrechts verteidigen und wie er dies gegebenenfalls tun will, grundsätzlich frei".[263] Darf der Gesetzgeber Hardcore-Kartelle also kriminalisieren? Damit stellt sich eine der Grundfragen des Strafrechts: Unter welchen Voraussetzungen kann ein Verhalten mit Strafe bewehrt werden?[264] Mit Strafe bewehrt werden kann ein Verhalten zunächst nur dann, wenn es rechtswidrig ist, also den Verhaltensvorgaben des Gesetzgebers widerspricht.[265] Als akzessorische Rechtsordnung schreibt das Strafrecht keine Verhaltensvorgaben vor, sondern setzt vom Gesetzgeber aufgestellte Ge- und Verbote voraus.[266] Die Freiheit des Wettbewerbs stellen Verhaltensvorgaben im GWB und AEUV sicher.[267] Als rechtswidriges Verhalten sind Hardcore-Kartelle demnach einer akzessorischen Rechtsdurchsetzung fähig.[268]

Reicht die Aufstellung von Ge- und Verboten nicht aus, verstößt also ein Verhalten gegen die gesetzgeberischen Verhaltensvorgaben, ist es mit einer belastenden Rechtsfolge (Sanktion) zu verknüpfen.[269] Nur durch die Sanktionierung des verbotenen Verhaltens kann die Verhaltensordnung aufrechterhalten und der Betroffene darüber hinaus motiviert werden, das verbotene Verhalten auch zukünftig zu unterlassen.[270] Dabei verfügt der Gesetzgeber über eine Vielzahl

---

262 BVerfG, NJW 1994, 1577 (1581); *Gerhold,* in: Beck'sche Kurz-Kommentare, OWiG, Einleitung Rn. 12.

263 BVerfG, NJW 2008, 1137 (1138).

264 Dieser Frage haben sich das BVerfG und die Literatur angenommen, ohne jedoch zu einer abschließenden Antwort zu gelangen. Siehe hierzu BVerfG, NJW 1975, 573 ff. (Entscheidung zur Strafbarkeit des Schwangerschaftsabbruchs); BVerfG, NJW 1994, 1577 ff. (Entscheidung zur Strafbarkeit von Cannabis); BVerfG, NJW 2008, 1137 ff. (Entscheidung zur Strafbarkeit des Inzests) sowie *Frisch,* in: FS Stree und Wessels, S. 69 ff.; *ders.,* NStZ 2016, 16 (16 ff.); *Otto,* in: GS Schröder, S. 54 ff.

265 *Appel* Verfassung und Strafe, S. 90; *Frisch,* in: FS Stree und Wessels, S. 82; *ders.,* NStZ 2016, 16 (16 ff.).

266 *Appel,* Verfassung und Strafe, S. 431 f.; *Federmann,* Kriminalstrafen, S. 262; *Gärditz,* JZ 2016, 641 (642); *Stächelin,* Strafgesetzgebung, S. 111.

267 *Federmann,* Kriminalstrafen, S. 262.

268 *Federmann,* Kriminalstrafen, S. 262.

269 *Appel,* Verfassung und Strafe, S. 440; *Frisch,* NStZ 2016, 16 (17); *Jahn/Brodowski,* JZ 2016, 969 (975).

270 *Appel,* Verfassung und Strafe, S. 440; *Frisch,* NStZ 2016, 16 (17, 18); *Jahn/Brodowski,* JZ 2016, 969 (975).

unterschiedlicher und abgestufter Sanktionsmöglichkeiten.[271] Der Abstufung der Sanktionen ist das Ausmaß des verwirklichten Unrechts zu entnehmen, also das Maß der Unerwünschtheit des rechtwidrigen Verhaltens.[272] Die vorangegangenen Ausführungen gelten aber nicht nur für die den Einsatz von Strafe, sondern auch für Ordnungswidrigkeiten. Damit stellt sich die Frage, wann der Gesetzgeber eine Verhaltensnorm auch strafrechtlich flankieren darf.

Eine Antwort findet sich im Wesen der Strafe.[273] Die Strafe[274] erschöpft sich nicht in der bloßen Übelszufügung, etwa durch Entziehung der Fortbewegungsfreiheit (Freiheitsstrafe) oder Einschränkung des Lebensstandards (Geldstrafe).[275] Vielmehr ist Strafe ein sozialethisches Unwerturteil über ein bestimmtes Verhalten eigen, das sie von allen anderen belastenden Rechtsfolgen unterscheidet.[276] Dem Betroffenen wird nicht nur ein rechtswidriges, sondern darüber hinaus auch ein sozialethisches Fehlverhalten, also eine erhebliche Verletzung der grundlegenden Anforderungen des gesellschaftlichen Zusammenlebens vorgeworfen.[277] Dieser Vorwurf drückt für den Betroffenen einen sozialethischen Tadel oder Vorwurf aus, dessen Wirkung oftmals über die eigentliche Strafverbüßung hinaus fortbesteht.[278] Das Wesen der Strafe gründet somit auf dem zwangsweise auferlegten Übel einerseits und dem sozialethischen Unwerturteil andererseits.[279]

Die Eigenart der Strafe als Ausdruck eines sozialethisches Unwerturteils erfordert es, den Einsatz von Strafe auf sozialethisch verwerfliche Verhaltensweisen

271 BVerfG, NJW 1969, 1619 (1621).

272 BVerfG, NJW 1969, 1619 (1621); *Frisch*, NStZ 2016, 16 (18).

273 So *Frisch*, in: FS Stree und Wessels, S. 85. Auf eine bloße Übelszufügung beschränkt sind etwa Gelbußen, BVerfGE 27, 28.

274 Mit Strafe ist die staatliche Strafe oder Kriminalstrafe, nicht jedoch die soziale Strafe oder religiöse Strafe gemeint. Siehe *Hoerster*, Muss Strafe sein, S. 11 ff.

275 So *Frisch*, in: FS Stree und Wessels, S. 85; *ders.*, NStZ 2016, 16 (19); *Meier*, Strafrechtliche Sanktionen, S. 15; *Stächelin*, Strafgesetzgebung, S. 114.

276 BVerfG, NJW 1969, 1619 (1621); BVerfG, NJW 1994, 1577 (1578); *Frisch*, in: FS Stree und Wessels, S. 86; *ders.*, NStZ 2016, 16 (17, 20); *Meier*, Strafrechtliche Sanktionen, S. 16; *Otto*, in: GS Schröder, S. 54; *Sax*, in: Bettermann/Nipperdey/Scheuner (Hrsg.), Die Grundrechte, S. 924; *Vogel*, ZStW 128 (2016), 139 (141); *Weigend*, in: Leipziger Kommentar, StGB, Einleitung Rn. 1.

277 BVerfG, NJW 1969, 1619 (1621); *Frisch*, in: FS Stree und Wessels, S. 86; *ders.*, NStZ 2016, 16 (20); *Landau*, NStZ 2007, 121 (126); *ders.*, NStZ 2013, 194 (195); *Otto*, ZStW 96 (1984), 339 (347).

278 *Sax*, in: Bettermann/Nipperdey/Scheuner (Hrsg.), Die Grundrechte, S. 924.

279 *Meier*, Kriminologie, S. 232.

zu begrenzen.[280] Der Schuldgrundsatz (*nulla poena sine culpa*), der in der Würde des Menschen und seiner Eigenverantwortlichkeit (Art. 1 Abs. 1 GG) sowie im Rechtsstaatsprinzip (Art. 20 Abs. 3 GG) verankert ist, verlangt, nur ein solches Verhalten mit Strafe zu bewehren, das strafwürdig, also „sachgerecht" auf die Rechtsfolge der Strafe „abgestimmt" ist.[281] Wegen der mit der Strafbewehrung einhergehenden Eingriffe in die Grundrechte des Betroffenen muss das Verhalten aber über die Strafwürdigkeit hinaus auch strafbedürftig, die Strafbewehrung also verhältnismäßig sein.[282] Der Einsatz von Strafe unterliegt dem verfassungsrechtlichen Verhältnismäßigkeitsgrundsatz: Er muss zur Bekämpfung von Hardcore-Kartellen geeignet, erforderlich und angemessen sein.[283] Damit lässt sich festhalten, dass der Gesetzgeber nicht jedes beliebige Verhalten nach Lust und Laune mit Strafe bewehren darf.[284] Ein Verhalten darf von Verfassung wegen nur dann mit Strafe bewehrt werden, wenn es sowohl strafwürdig als auch strafbedürftig ist.[285] Davon zu trennen ist die Frage, ob der Gesetzgeber das Verhalten auch mit Strafe bewehren *soll*. Hierbei handelt es sich um eine Frage der Kriminalpolitik, auf die an späterer Stelle zurückgekommen wird.[286] Mit der Begrenzung des gesetzgeberischen Entscheidungsspielraums auf strafwürdiges und strafbedürftiges Verhalten ist überdies *Gärditz* zu widersprechen, nach dem die Strafbewehrung eines Verhaltens eine rein politische Entscheidung ist, der Gesetzgeber insoweit über einen kontrollfreien Entscheidungsspielraum verfügt („Demokrazität des Strafrechts").[287] Jedes andere Verständnis, so *Gärditz*, verletze das Demokratieprinzip.[288] Damit verwechselt *Gärditz* allerdings den Begriff der Demokratie – also der Herrschaft des Volkes – für welche die Begründung und Begrenzung aller Staatsgewalt geradezu wesensnotwendig ist, mit der

280 *Dannecker*, ZRP 2013, 37 (38); *Frisch*, in: FS Stree und Wessels, S. 85 f.; *ders.*, NStZ 2016, 16 (20 f.).

281 BVerfG, NJW 1969, 1619 (1621); NJW 1994, 1577 (1579); NJW 2008, 1137 (1138); *Frisch*, NStZ 2016, 16 (21); *Selmer*, Verfassungsrechtliche Probleme einer Kriminalisierung des Kartellrechts, S. 18.

282 *Selmer*, Verfassungsrechtliche Probleme einer Kriminalisierung des Kartellrechts, S. 33; *Tiedemann*, Verhandlungen 49. DJT, C 33.

283 *Tiedemann*, Verhandlungen 49. DJT, C 33.

284 *Heinrich*, in: FS Roxin, S. 131.

285 BVerfG, NJW 1969, (1621); BVerfG, NJW 1994, 1577 (1581); *Selmer*, Verfassungsrechtliche Probleme einer Kriminalisierung des Kartellrechts, S. 17 f.; *Tiedemann*, Kartellrechtsverstöße, Verhandlungen 49. DJT, C 33.

286 So auch *Appel*, Verfassung und Strafe, S. 310. Hierzu Teil D, E und F.

287 *Gärditz*, JZ 2016, 641 (649).

288 *Gärditz*, JZ 2016, 641 (649).

bloßen Macht des Parlamente.[289] Ein schrankenloser Entscheidungsspielraum des Gesetzgebers wäre überdies als „Ausdruck einer Willkürherrschaft", einem Rechtsstaat unwürdig.[290]

I. Strafwürdigkeit

Ausgehend von der Eigenart der Strafe als ein mit staatlicher Autorität versehenes, sozialethisches Unwerturteil muss die Strafbewehrung des Verhaltens sachgerecht sein.[291] Insoweit hat das BVerfG im Zusammenhang mit dem Schuldgrundsatz wiederholt festgestellt, dass das strafbewehrte Verhalten und die Rechtsfolge der Strafe „sachgerecht aufeinander abgestimmt sein" müssen.[292] Das Verhalten muss der Strafe entsprechen, es muss die Strafe also mitsamt all ihrer Stigmatisierungen „verdienen".[293] Das Verhalten verdient Strafe aber nur dann, wenn es in besonderer Weise sozialschädlich ist, mithin grundlegende Anforderungen des gesellschaftlichen Zusammenlebens verletzt.[294] Voraussetzung einer solchen Sozialschädlichkeit des Verhaltens ist daher eine gravierende Rechtsgutsbeeinträchtigung.[295] Hingegen verdient ein Verhalten Strafe nicht, wenn es nicht sozialschädlich genug ist, um in ein angemessenes Verhältnis zur Strafe zu treten.[296] Um die Strafwürdigkeit von Hardcore-Kartellen bewerten zu können, ist also danach zu fragen, ob Hardcore-Kartelle derart sozialschädlich

289 *Schünemann*, ZIS 2016, 654 (659).

290 *Heinrich*, in: FS Roxin, S. 131 f.

291 *Otto*, ZStW 96 (1984), 339 (347); *Selmer*, Verfassungsrechtliche Probleme einer Kriminalisierung des Kartellrechts, S. 18.

292 BVerfG, NJW 1969, 1619 (1621); NJW 1994, 1577 (1579); NJW 2008, 1137 (1138).

293 BVerfG, NJW 1969, 1619 (1621); *Frisch*, NStZ 2016, 16 (21); *Hamann*, Grundgesetz und Strafgesetzgebung, S. 27; *Selmer*, Verfassungsrechtliche Probleme einer Kriminalisierung des Kartellrechts, S. 18.

294 BVerfG, NJW 2008, 1137 (1138); *Dannecker*, ZRP 2013, 37 (38); *Frisch*, in: FS Stree und Wessels, S. 86; *Hamann*, Grundgesetz und Strafgesetzgebung, S. 29; *Möschel*, Submissionsabsprachen, S. 31; *Otto*, ZStW 96 (1984), 339 (347); *Sax*, in: Bettermann/Nipperdey/Scheuner (Hrsg.), Die Grundrechte, S. 925; *Selmer*, Verfassungsrechtliche Probleme einer Kriminalisierung des Kartellrechts, S. 29; *Tiedemann*, Kartellrechtsverstöße, S. 95.

295 *Dannecker*, ZRP 2013, 37 (38); *Jescheck/Weigend*, Strafrecht AT, S. 51; *Otto*, in: GS Schröder, S. 55; vgl. *Tiedemann*, Kartellrechtsverstöße, S. 95.

296 *Hamann*, Grundgesetz und Strafgesetzgebung, S. 31; *Sax*, in: Bettermann/Nipperdey/Scheuner (Hrsg.), Die Grundrechte, S. 927.

sind, also ein Rechtsgut so gravierend beeinträchtigen, dass sich der Einsatz von Strafe als sachgerecht erweist.[297]

1. Rechtsgut „Wettbewerb"

Ein Verhalten verdient es also nur dann unter Strafe gestellt zu werden, wenn es besonders sozialschädlich ist, weil es für das geordnete, gesellschaftliche Zusammenleben unerträglich ist.[298] Sozialschädlich ist danach nicht ein bloß lästiges oder unerwünschtes Verhalten, sondern nur eine gravierende Rechtsgutsbeeinträchtigung.[299] Wesentlich für die Strafbewehrung eines Verhaltens ist daher zunächst das Vorhandensein eines Rechtsguts. Zwar kann allein das Vorhandensein eines Rechtsguts nicht über die Strafwürdigkeit des Verhaltens entscheiden. Die Frage aber, ob das Verhalten sozialschädlich ist, setzt als Bezugspunkt ein Rechtsgut voraus.[300] Das Kartellverbot (§ 1 GWB, Art. 101 AEUV) möchte den Wettbewerb schützen.[301] Damit ist zunächst der Wettbewerb inhaltlich zu erfassen und sodann nach seiner Rechtsgutsqualität zu fragen.

a) Wettbewerb

Der Wettbewerb wird gepriesen als „Motor höchster ökonomischer Leistungsfähigkeit bei bestmöglicher Sicherung der Freiheitsrechte der einzelnen Marktteilnehmer".[302] Doch was genau ist Wettbewerb? Weder das GWB noch der Vertrag über die Arbeitsweise der Europäischen Union (AEUV) definieren den Begriff des Wettbewerbs. Zwar hat sich der Gesetzgeber in seinem Entwurf zum GWB über seine Vorstellung von Wettbewerb geäußert. So beschreibe Wettbewerb „das Streben [...] durch eigene Leistung, die nach Qualität oder Preis besser ist als die Leistung anderer Unternehmen, den Verbraucher zum Abschluss eines Vertrages zu veranlassen. Dieses Streben, Geschäftsabschlüsse zustande zu bringen, muss sich allerdings der Formen des lauteren Wettbewerbs bedienen."[303] Wegen seiner Nähe zum Wettbewerbsbegriff des UWG kann der vom Gesetzgeber im

297 *Bräunig*, HRRS 2011, 425 (427).

298 BVerfG, NJW 2008, 1137 (1138).

299 *Dannecker*, ZRP 2013, 37 (38); *Otto*, ZStW 96 (1984), 339 (347); *Schünemann*, ZIS 2016, 654 (660).

300 *Otto*, ZStW 96 (1984), 339 (347).

301 *Zimmer*, in: *Immenga/Mestmäcker*, Bd. II, § 1 Rn. 12.

302 *Tiedemann*, in: FS Müller-Dietz S. 910; vgl. *Zimmer*, in: *Immenga/Mestmächer*, Bd. II, § 1 Rn. 12.

303 BT-Dr 2/1158, S. 31.

Entwurf zum GWB aufgestellte Wettbewerbsbegriff allerdings keine Allgemeingültigkeit beanspruchen.[304] Auch im Schrifttum wurde vielfach versucht, den Wettbewerbsbegriff mit Inhalt zu füllen: So versteht etwa *Fikentscher* den Wettbewerb als das selbstständige Streben sich gegenseitig beeinflussender Anbieter oder Nachfrager nach Geschäftsverbindungen mit Dritten durch Inaussichtstellen günstiger erscheinender Geschäftsbedingungen.[305] Eine Weiterentwicklung dieses Wettbewerbsverständnisses findet sich bei *Sandrock*, der den Wettbewerb definiert als „das Streben von Unternehmen nach einem fest umrissenen Ziel durch Abschluss von Geschäften mit Kunden oder Lieferanten, wenn das einzelne Unternehmen dabei in seinem Geschäftserfolg von dem Verhalten anderer [...] fühlbar abhängig ist und wenn es ein marktstrategisches Verhalten deshalb nach dem Verhalten dieser anderen Unternehmen [...] ausrichten muß, indem es die seinen Geschäftserfolg beeinflussenden Wettbewerbsparameter wie Preis, Qualität des Gutes, Lieferungs- und Zahlungsbedingungen, Modalitäten der Abnahme, Reklame usw. im Hinblick auf die Wettbewerbsparameter anderer Unternehmen festsetzt."[306] *Schmidt* und *Haucap* beschreiben Wettbewerb als „das Streben von zwei oder mehr Personen bzw. Gruppen nach einem Ziel, wobei der höhere Zielerreichungsgrad des einen i.d.R. einen geringeren Zielerreichungsgrad des anderen bedingt".[307] *Knöpfle* begreift Wettbewerb als Zustand, in welchem Nachfrager über Wahl- und Anbieter über Ausweichmöglichkeiten verfügen,[308] wohingegen *Di Fabio* Wettbewerb kurz als die Konkurrenz von Wirtschaftssubjekten zusammenfasst.[309]

Die zahlreichen Definitionsversuche zeugen von der Vielschichtigkeit des Wettbewerbs, können ihn aber weder einzeln noch in ihrer Summe inhaltlich erschöpfen. Dementsprechend wird angenommen, der Wettbewerb entziehe sich einer allgemeingültigen und abschließenden Definition.[310] Doch würde auch der Versuch, den Wettbewerb allgemeingültig und abschließend zu definieren, der Eigenart des Wettbewerbs nicht gerecht werden.[311] Denn den einen „perfekten" Wettbewerb mit bestimmten Marktstrukturen, bestimmtem Marktverhalten und

304 So *Bender*, Straftatbestände, S. 42.
305 *Fikentscher*, WuW 1961, 788 (798).
306 *Sandrock*, Grundbegriffe, S. 97.
307 *Schmidt/Haucap*, Wettbewerbspolitik, S. 3.
308 *Knöpfle*, DB 1991, 1433 (1437).
309 *Di Fabio*, ZWeR 2007, 266 (267).
310 *Emmerich*, Kartellrecht, S. 1; *Mestmäcker/Schweitzer*, Europäisches Wettbewerbsrecht, § 3 Rn. 1; *Zimmer*, in: *Immenga/Mestmäcker*, Bd. II, § 1 Rn. 109.
311 Vgl. *Mestmäcker/Schweitzer*, Europäisches Wettbewerbsrecht, § 3 Rn. 1.

optimalen gesamtwirtschaftlichen Marktergebnissen gibt es nicht.[312] Vielmehr ist der Wettbewerb als ein dynamischer Prozess zu verstehen.[313] Er entsteht, wenn die Marktteilnehmer ihre wirtschaftlichen Handlungsfreiheiten gebrauchen.[314] Mit den Interaktionen der Marktteilnehmer, ihren Aktionen und Reaktionen, entdeckt und definiert sich der Wettbewerb jeden Tag aufs Neue.[315]

Mangels einer allgemeingültigen und abschließenden Definition des Wettbewerbs wird versucht, sich durch Abstellen auf diejenigen Verhaltensweisen, die den Wettbewerb beschränken, das heißt durch Bestimmung eines Gegenbegriffs zum Wettbewerb, dem Wettbewerbsbegriff zu nähern.[316] So entspricht es auch der Entscheidungspraxis des EuGH, der die autonome Entscheidungsfindung der Unternehmen in den Mittelpunkt stellt (Selbstständigkeitspostulat).[317] Doch muss eine solche Herangehensweise schon bereits deswegen ausscheiden, da die Frage, ob eine Größe beeinträchtigt ist, erst dann abschließend beantwortet werden kann, wenn auch die Größe selbst bekannt ist.[318] Die Definition der Wettbewerbsbeschränkung ist daher mit denselben Problemen behaftet, wie schon die Definition des Wettbewerbsbegriffs.

Allerdings lässt sich der Wettbewerb über seine Funktionen erfassen.[319] Dabei fallen dem Wettbewerb sowohl wirtschaftliche als auch gesellschaftliche Funktionen zu.[320] Zunehmend wird dem Wettbewerb auch die Funktion des Verbraucherschutzes zugesprochen.[321] Die wirtschaftlichen Funktionen des Wettbewerbs gliedern sich in eine Verteilungsfunktion im Sinne eines wirtschaftlichen Einsatzes von Produktionsfaktoren und einer gerechten Einkommensverteilung, in eine Steuerungs- oder Ordnungsfunktion im Sinne eines Ausgleichs von Angebot und Nachfrage sowie einer Antriebs- und Leistungsfunktion im Sinne einer fortwährenden Anpassung an die Wünsche der Marktgegenseite und der

---

312 Vgl *Meessen/Kersting,* in: *Loewenheim/Meessen/Riesenkampff/Kersting/Meyer-Lindemann,* Einführung in das europäische und deutsche Kartellrecht Rn. 7 ff.

313 *Hoppmann,* Wirtschaftsordnung und Wettbewerb, S. 306; *Meessen/Kersting,* in: *Loewenheim/Meessen/Riesenkampff/Kersting/Meyer-Lindemann,* Einführung in das europäische und deutsche Kartellrecht Rn. 7.

314 *Emmerich,* Kartellrecht, S. 2.

315 Vgl. *Hayek,* Der Wettbewerb als Entdeckungsverfahren, S. 7.

316 *Dannecker,* in: NK, Bd. III, Vor §§ 298 ff. Rn. 16.

317 *Zimmer,* in: *Immenga/Mestmäcker,* Bd. II, § 1 Rn. 92.

318 *Knöpfle,* DB 1991, 1433 (1434).

319 So auch *Kohlhoff,* Kartellstrafrecht, S. 135.

320 *Emmerich,* Kartellrecht, S. 3.

321 Monopolkommission, Hauptgutachten XX, S. 100.

Förderung des technischen Fortschritts.[322] Dadurch kann Wettbewerb zu verbesserter Qualität und sinkenden Preisen führen.[323] Zugleich erweitert er die Auswahlmöglichkeiten der Verbraucher, steigert wirtschaftliche Effizienz, Produktivität und Innovationskraft, wodurch er das Wirtschaftswachstum befördert und das Wohlstandsgefälle verringert.[324]

b) Rechtsgutsqualität

Auch wenn es an einer allgemeingültigen und abschließenden Definition fehlt, lässt sich der Wettbewerb über seine Funktionen inhaltlich erfassen. Doch kommt dem Wettbewerb auch Rechtsgutsqualität zu? Zur Beantwortung dieser Frage muss der Begriff des Rechtsguts vorab mit Inhalt gefüllt werden. Dabei schreiben die strafrechtliche Rechtsgutslehre und das BVerfG dem Rechtsgut jeweils unterschiedliche Bedeutungsinhalte zu.

aa) Nach der strafrechtliche Rechtsgutslehre

Die strafrechtliche Rechtsgutslehre, die ihren Ausgangspunkt in der Lehre vom Verbrechensobjekt der Aufklärungsphilosophie des späten 18. Jahrhunderts nahm,[325] weist dem Strafrecht die Aufgabe des Rechtsgüterschutzes zu.[326] An einer verbindlichen Definition des Rechtsguts fehlt es jedoch bis heute. So werden Rechtsgüter im Schrifttum als „rechtlich geschützte Interessen"[327], „soziale Funktionseinheiten"[328], „werthafte Zustände"[329] oder „Gegebenheiten oder Zwecksetzungen, die für die freie Entfaltung des Einzelnen, die Verwirklichung seiner Grundrechte und das Funktionieren eines auf dieser Vorstellung aufbauenden staatlichen Systems notwendig sind"[330], beschrieben. Gleichwohl sind die vorgenannten Definitionen zu abstrakt gefasst, als dass sie den Rechtsgutsbegriff mit Inhalt füllen könnten. Genähert werden kann sich dem Bedeutungsgehalt des Rechtsguts aber über dessen Funktionsbestimmung.[331] Unterschieden wird

---

322 *Emmerich*, Kartellrecht, S. 3.

323 *Stucke*, Journal of Antitrust Enforcement 1 (2013), 162 (165).

324 *Stucke*, Journal of Antitrust Enforcement 1 (2013), 162 (165 f.).

325 *Rönnau*, JuS 2009, 209 (209).

326 Anstelle vieler *Kindhäuser*, Strafrecht AT, S. 37; *Maurach/Zipf*, Strafrecht AT, S. 266; *Rönnau*, JuS 2009, 209 (209).

327 *Maurach/Zipf*, Strafrecht AT, S. 267.

328 *Rudolphi*, in: FS Honig, S. 163.

329 *Jäger*, Strafgesetzgebung, S. 13.

330 *Roxin*, Strafrecht AT I, S. 16.

331 *Marx*, Rechtsgut, S. 4.

zwischen einem systemimmanenten und einem systemkritischen Rechtsgutsbegriff.[332]

Nach dem auf *Binding* zurückgehenden systemimmanenten oder teleologischen Rechtsgutsbegriff ist ein Rechtsgut all das, was der Gesetzgeber als rechtlich schützenswert betrachtet.[333] Das Rechtsgut dient als zentrales Kriterium der teleologischen Auslegung von Strafnormen.[334] Insofern erschöpft sich sein Bedeutungsgehalt in der Beschreibung und Interpretation des positiven Rechts.[335] Einem systemimmanenten Rechtsgutsbegriff fehlt ein „materialer Gehalt".[336] Das Rechtsgut wird daher auch als „Sinn und Zweck der einzelnen Strafrechtssätze"[337], als „Abbreviatur des Zweckgedankens"[338] oder als „ratio legis"[339] umschrieben.

Demgegenüber kommt dem Rechtsgut nach dem systemkritischen oder liberalen Rechtsgutsbegriff eine gesetzgebungskritische Funktion zu.[340] Das Rechtsgut dient dem Gesetzgeber als Maßstab für die Kriminalisierung menschlichen Verhaltens.[341] Dabei soll der Rechtsgutsbegriff für den Strafgesetzgeber nicht nur kriminalpolitisch richtungsweisend, sondern rechtsverbindlich sein.[342]Seiner gesetzgebungskritischen Funktion kann das Rechtsgut allerdings nur dann genügen, wenn es gelingt, das Rechtsgut an dem Gesetzgeber vorgegeben Werten auszurichten.[343] Solche dem Gesetzgeber vorgegebenen Werte, können in einer kulturellen Werteordnung, in einer an den sozialen Verhältnissen ausgerichteten Werteordnung oder in der Werteordnung des Grundgesetzes gesucht werden.[344] Der Versuch, dem Gesetzgeber vorgegebene Werte einer kulturellen Werteordnung zu entnehmen, scheitert jedoch, da sich moderne, pluralistische Gesellschaften kaum je über allgemeingültige kulturelle oder soziale Werte zu

332 Terminologie nach *Hassemer*, Theorie und Soziologie, S. 19 ff.

333 *Binding*, Die Normen und ihre Übertretung, S. 340.

334 *Rönnau*, JuS 2009, 209 (211).

335 *Stächelin*, Strafgesetzgebung, S. 32.

336 *Rudolphi*, in: FS Honig, S. 154

337 *Honig*, Einwilligung, S. 29.

338 *Grünhut*, in: FG Frank, Bd. I, S. 8.

339 *Schwinge*, Teleologische Begriffsbildung im Strafrecht, S. 25.

340 *Rudolphi/Jäger*, in: SK, Vor § 1 Rn. 8.

341 *Hassemer*, Theorie und Soziologie, S. 23; *Hörnle*, Grob anstößiges Verhalten, S. 11.

342 *Appel*, Verfassung und Strafe, S. 352 f.

343 *Appel*, Verfassung und Strafe, S. 349; *Engländer*, ZStW 127 (2015), 616 (620); *Suhr*, JA 1990, 303 (304); *Swoboda*, ZStW 122 (2010), 24 (35).

344 Zu den drei Möglichkeiten der Begründung strafrechtlicher Rechtsgüter siehe *Appel*, Verfassung und Strafe, S. 357 ff.; *Swoboda*, ZStW 122 (2010), 24 (35).

verständigen vermögen.[345] Kulturwerten fehlt es daher meist an allgemeiner Verbindlichkeit. Es läge folglich wieder beim Gesetzgeber, die strafrechtlich schutzwürdigen Werte festzulegen. Indessen soll der Gesetzgeber doch gerade an die ihm vorgegebenen Wertungen gebunden werden.[346] Der Versuch, Wertungen den gegebenen sozialen Verhältnissen zu entnehmen, ist deswegen abzulehnen, weil ein an den herrschenden sozialen Verhältnissen ausgerichteter Rechtsgutsbegriff nicht fähig wäre, die gegenwärtige soziale Werteordnung kritisch zu hinterfragen.[347] Denkbar erscheint aber, vorgegebene Wertungen aus der Werteordnung des Grundgesetzes abzuleiten.[348] Die Grundrechte bilden ein Wertesystem.[349] So hat das BVerfG in seinem Lüth-Urteil festgestellt, dass „die grundrechtlichen Bestimmungen des Grundgesetzes [...] eine objektive Wertordnung [verkörpern], die als verfassungsrechtliche Grundentscheidung für alle Bereiche des Rechts gilt".[350] Mithin vereinigt das Grundgesetz die maßgeblichen gesellschaftlichen Wertungen.[351] Die dem Gesetzgeber vorgegebenen Wertentscheidungen sind daher in der Verfassung zu suchen.[352]

Der Wettbewerb sichert die verfassungsrechtlich geschützten, individuellen wirtschaftlichen Handlungsfreiheiten (Art. 2 Abs. 1 GG).[353] Durch die Dezentralisierung von Entscheidungsbefugnissen sorgt er für eine gleichmäßige Machtverteilung in Wirtschaft und Gesellschaft und steuert so einer Vermachtung der Märkte entgegen.[354] Auf diese Weise eröffnet und gewährleistet er den Wirtschaftssubjekten Entfaltungsmöglichkeiten, die zur Verwirklichung einer freien Gesellschaft beitragen.[355] Seine Funktion der Freiheitssicherung ist umso wichtiger in einer Gesellschaft, die die individuelle Freiheit (Art. 2 Abs. 1 GG) in ihren Mittelpunkt stellt.[356] Die Gesellschaft muss daher individuelle Freiheit zulassen,

345 *Appel*, Verfassung und Strafe, S. 368; *Swoboda*, ZStW 122 (2010), 24 (35).

346 *Appel*, Verfassung und Strafe, S. 368.

347 *Appel*, Verfassung und Strafe, S. 369; *Swoboda*, ZStW 122 (2010), 24 (35).

348 *Engländer*, ZStW 127 (2015), 616 (624); vgl. *Otto*, in: GS Schröder, S. 55; *ders.*, ZStW 96 (1984), 339 (347).

349 *Di Fabio*, JZ 2004, 1 (1).

350 BVerfG, NJW 1958, 257 (257).

351 *Hassemer*, in: NK, Bd. I, Vor § 1 Rn. 119c.

352 Vgl. *Hassemer*, in: NK, Bd. I, Vor § 1 Rn. 119c; *Otto*, ZStW 96 (1984), 339 (347).

353 *Tiedemann*, Kartellrechtsverstöße, S. 104.

354 *Dannecker*, in: NK, Bd. III, Vor §§ 298 ff. Rn. 15; *Emmerich*, Kartellrecht, S. 3.

355 *Emmerich*, Kartellrecht, S. 3; *Hellwig*, in: FS Mestmäcker, S. 233; *Kohlhoff*, Kartellrechtsverstöße, S. 137.

356 *Dannecker*, in: FS Tiedemann, S. 794; *ders.*, in: *Wabnitz/Janovsky* (Hrsg.), Handbuch des Wirtschafts- und Steuerstrafrechts, Kap. 18 Rn. 1; *Di Fabio*, ZWeR 2007, 266 (271).

wozu es neben der Einhaltung von Grundrechten auch der Schaffung von Märkten, auf denen Wettbewerb herrscht, bedarf.[357] Da der Wettbewerb damit sowohl für eine gesamtwirtschaftlich vorteilhafte Entwicklung als auch zur Freiheitssicherung wesentlich ist, ist er als Rechtsgut zu qualifizieren.[358]

(1) Universalrechtsgut

Die strafrechtliche Rechtsgutslehre unterscheidet weiter zwischen Rechtsgütern des Individuums (Individualrechtsgüter) und solchen der Allgemeinheit[359] (Universalrechtsgüter oder auch „überindividuelle"[360], „kollektive"[361], „überindividualistische"[362], „Gesamt"-[363] oder „Gemeinschafts"-[364] Rechtsgüter). Individualrechtgüter sind dem einzelnen Individuum zugeordnet, das zu ihrer Ausübung nicht auf die Mitwirkung anderer Individuen angewiesen.[365] Den Universalrechtsgütern fehlt hingegen ein individueller Rechtsgutsträger. Anders als Individualrechtsgüter können Universalrechtsgüter nur von einer großen Anzahl von Individuen ausgeübt werden.[366] Mit anderen Worten: „Sie bekommen erst in der Gemeinschaft einen Sinn".[367] Sie kennzeichnen ihre „Nicht-Ausschließbarkeit von der Nutzung"[368] sowie ihre „Nicht-Distributivität"[369] im Sinne einer faktischen oder normativen Unmöglichkeit das Gut zu teilen. Damit müsste sich

---

357 *Dannecker* in: *Wabnitz/Janovsky* (Hrsg.), Handbuch des Wirtschafts- und Steuerstrafrechts, Kap. 18 Rn. 1.

358 Befürwortend *Biermann,* ZWeR 2007, 1 (28 f.); *Bontrup*, Orientierungen zur Wirtschafts- und Gesellschaftspolitik 125 (2010), 17 (23); *Dannecker,* in: NK, Bd. III, Vor §§ 298 ff. Rn. 16; *ders.,* in: FS Tiedemann, S. 795; *Federmann,* Kriminalstrafen, S. 335 ff.; *Janssen,* Managerhaftung, S. 149; *Kohlhoff,* Kartellstrafrecht, S. 120 ff.; *Möschel,* Submissionsabsprachen, S. 33 f.; *Pasewaldt,* ZIS 2008, 84 (84 f.); *Tiedemann*, Verhandlungen 49. DJT, C 38; *ders.*, Kartellrechtsverstöße, S. 105; *ders.*, in: FS Müller-Dietz, S. 905 ff.

359 *Hassemer*, Theorie und Soziologie, S. 68 ff.; *Otto,* ZStW 96 (1984), 339 (344).

360 *Tiedemann*, Tatbestandsfunktionen, S. 125.

361 *Hefendehl,* Kollektive Rechtsgüter im Strafrecht, S. 1.

362 *Marx*, Rechtsgut, S. 79 ff.

363 *Hassemer,* Theorie und Soziologie, S. 78.

364 *Schmidhäuser*, Strafrecht AT, S. 38 .

365 *Anastasopoulou*, Deliktstypen, S. 28.

366 *Anastasopoulou*, Deliktstypen, S. 28; vgl. *Hefendehl*, Kollektive Rechtsgüter im Strafrecht, S. 111.

367 *Anastasopoulou*, Deliktstypen, S. 28.

368 *Hefendehl*, Kollektive Rechtsgüter im Strafrecht, S. 19.

369 *Alexy*, Recht, Vernunft, Diskurs, S. 239 f.

der Wettbewerb, möchte er ein Universalrechtsgut sein, durch die Merkmale der „Nicht-Ausschließbarkeit" oder der „Nicht-Distributivität" auszeichnen, er darf sich also nicht in der bloßen Addition der Freiheiten der Wirtschaftssubjekte erschöpfen.[370] Die Beantwortung der Frage macht es erforderlich, das Schutzobjekt des Kartellrechts zu bestimmen. Vorgeschlagen werden sowohl der Schutz des Wettbewerbs als Institution im Sinne der Aufrechterhaltung des Kontroll- und Steuerungsmechanismus mit dem Ziel der Wohlstandsmaximierung als auch der Individualschutz im Sinne der Sicherung der Handlungs- und Entschließungsfreiheit der Markteilnehmer.[371] Indem der Schutz des Wettbewerbs als Institution jedoch nur durch den Schutz der wirtschaftlichen Handlungsfreiheiten der Wirtschaftssubjekte erreicht werden kann, können der Institutionen- und der Individualschutz als zwei Aspekte des gleichen Schutzzwecks begriffen werden.[372] Damit ist Wettbewerb mehr als die schlichte Summe der Handlungsfreiheiten der einzelnen Wirtschaftssubjekte, so dass die für die Annahme als Universalrechtsgut erforderliche Nicht-Distributivität erfüllt ist. Mithin genügt der Wettbewerb den Anforderungen eines Universalrechtsguts.

Die Differenzierung nach dem Rechtsgutsträger macht eine Bestimmung des Verhältnisses von Individual- und Universalrechtsgütern erforderlich. Nach den monistischen Lehren sind Rechtsgüter entweder dem Individuum zuzuordnen mit der Folge, dass Universalrechtsgüter hiernach nicht oder nur dann anerkannt werden, sofern sie „der personalen Entfaltung des Individuums dienen"[373]. Oder Rechtsgüter werden als „Güter der Gesamtheit oder des Staates" verstanden, so dass Individualrechtsgüter als rechtlich von der Gemeinschaft zugeteilt oder von den Staatsfunktionen abgeleitet angesehen werden müssen.[374] Nach der dualistischen Theorie hingegen werden Individual- und Universalrechtsgüter als gleichrangig nebeneinander anerkannt. Individual- und Universalrechtsgüter werden als gleichberechtigte Subkategorien angesehen.[375] Allein die monistisch personale Lehre könnte dem Wettbewerb seine Stellung als Universalrechtsgut versagen. Allerdings dient der Wettbewerb neben dem Institutionen- eben auch dem Individualschutz, weil er die wirtschaftlichen Handlungsfreiheiten der Wirtschaftssubjekte schützt.[376] Der Wettbewerb weist also einen Bezug zum

---

370 *Federmann*, Kriminalstrafen, S. 332; *Kohlhoff*, Kartellstrafrecht, S. 147.

371 *Schmidt/Haucap*, Wettbewerbspolitik, S. 105 ff.

372 *Federmann*, Kriminalstrafen, S. 342.

373 *Hassemer*, in: NK, Bd. I, Vor § 1 Rn. 132; *Stächelin*, Strafgesetzgebung, S. 69 f.

374 *Honig*, Einwilligung, S. 115.

375 *Anastasopoulou*, Deliktstypen, S. 43.

376 Vgl. *Dannecker*, NStZ 1985, 40 (54).

Individuum auf, so dass ihm auch nach der personalen Rechtsgutslehre seine Stellung als Universalrechtsgut nicht verweigert werden kann.

(2) Ausnahmen vom Kartellverbot

Die Rechtsgutsqualität aberkennen könnten aber Durchbrechungen des Wettbewerbsprinzips.[377] Der Wettbewerb genießt keinen umfassenden Schutz. Vielmehr bestehen zahlreiche Ausnahmen vom Kartellverbot. So werden einerseits ganze Wirtschaftszweige, wie etwa die Landwirtschaft (§ 28 GWB), vom Kartellverbot ausgenommen und andererseits Ausnahmen vom Kartellverbot zugelassen (§§ 2 f. GWB). Durchbrechungen vom Wettbewerbsprinzip können sowohl wirtschaftlich als auch politisch begründet sein.[378] Marktunvollkommenheiten können nach staatlicher Intervention zur Durchsetzung des Wettbewerbsprinzips verlangen.[379] Gleiches gilt, sollte der Wettbewerb übergeordneten staatlichen Zielen widersprechen (Dilemma-These).[380] Dazu zählen die Verteilungsgerechtigkeit oder die Schaffung einer bestimmten Infrastruktur durch eine Gesundheits-, Rohstoffversorgungs- und Industriepolitik.[381] *Oldigs* sieht den Wettbewerb als gar „auf dem Tablett politischer Ambitionen oder Interessen" preisgegeben an.[382] Gleichwohl werden auch andere Rechtsgüter nicht umfassend geschützt. Beispielhaft sei auf das Rechtsgut Eigentum hingewiesen, dessen Eigenschaft als Rechtsgut trotz Inhalts- und Schrankenbestimmungen, enteignungsgleichen Eingriffen und Enteignungen nicht bezweifelt wird.[383] Vielmehr kann das Rechtsgut Wettbewerb auch mit konkurrierenden Rechtsgütern abgewogen und zum Ausgleich gebracht werden.[384] Mithin vermögen Durchbrechungen des Wettbewerbsprinzips den Wettbewerb nicht zu entwerten.[385]

---

377 *Bräunig,* HRRS 2011, 425 (431); *Kartte/Portatius,* BB 1975, 1169 (1170); *Möschel,* in: FG Kummer, S. 34 ff; *Oldigs,* Möglichkeiten und Grenzen, S. 124 f.; *Stächelin,* Strafgesetzgebung, S. 309.

378 *Di Fabio,* ZWeR 2007, 266 (268).

379 *Dannecker,* in: FS Tiedemann, S. 795; *Di Fabio,* ZWeR 2007, 266 (268).

380 *Dannecker,* in: FS Tiedemann, S. 795.

381 Beispiele bei *Federmann,* Kriminalstrafen, S. 348.

382 *Oldigs,* Möglichkeiten und Grenzen, S. 126.

383 *Wagner-von Papp,* in: *Möschel/Bien* (Hrsg.), Kartellrechtsdurchsetzung, S. 299 f.

384 *Kohlhoff,* Kartellstrafrecht, S. 135.

385 *Dannecker,* in: FS Tiedemann, S. 795 f.; *Federmann,* Kriminalstrafen, S. 349; *Kohlhoff,* Kartellstrafrecht, S. 135.

(3) Fehlende Verankerung im Grundgesetz

Die Rechtsgutsqualität versagen könnte die fehlende Verankerung des Wettbewerbs im Grundgesetz.[386] Zwar gilt der wirtschaftliche Wettbewerb als „Grundprinzip der deutschen Wirtschaftsverfassung“, dennoch wird der Wettbewerb im Grundgesetz nicht genannt.[387] Das Grundgesetz trifft keine positive Entscheidung für eine bestimmte Wirtschaftsordnung.[388] Vielmehr ist der Gesetzgeber frei in den Grenzen des Grundgesetzes, die Wirtschaftspolitik frei zu gestalten.[389] Unter dem Grundgesetz ist die soziale Marktwirtschaft zwar eine, jedoch nicht die einzige Möglichkeit einer Wirtschaftsordnung.[390]Dementsprechend hat das BVerfG in seinem Investitionshilfeurteil aus dem Jahre 1954 die „wirtschaftspolitische Neutralität des Grundgesetzes“[391] und in seinem Mitbestimmungsurteil aus dem Jahre 1979 die „Offenheit der Verfassungsordnung“[392] herausgestellt. Allerdings zeigen die wirtschaftlich relevanten Grundrechte, namentlich die Eigentumsgarantie (Art. 14 GG), die Berufs-, Gewerbe-, Unternehmer- und Wettbewerbsfreiheit (Art. 12 GG), die Vereinigungsfreiheit (Art. 9 Abs. 1 GG) sowie die Tarifautonomie (Art. 9 Abs. 3 GG) und die Vertragsfreiheit als Teil der allgemeinen Handlungsfreiheit (Art. 2 Abs. 1 GG), den Ausschluss einer Zentralwirtschaft unter dem Grundgesetz an.[393] Das Grundgesetz verlangt nach einer freien und dezentral organisierten Wirtschaftsordnung.[394] In einer freien und dezentralen Wirtschaftsordnung ist der Wettbewerb aber „das einzig taugliche Lenkungsinstrument“.[395]

Auch das europäische Recht bekräftigt die Schutzwürdigkeit des wirtschaftlichen Wettbewerbs. Ausweislich Art. 3 Abs. 3 EUV gehört eine wettbewerbsfähige soziale Marktwirtschaft zu den erklärten Zielen der Europäischen Union. Art. 3 Abs. 3 EUV beinhaltet damit einen Systementscheid für die Ausrichtung

---

386 *Stächelin,* Strafgesetzgebung, S. 309.

387 Vgl. *Hefendehl,* Kollektive Rechtsgüter im Strafrecht, S. 279; *Tiedemann,* in: FS Müller-Dietz, S. 909 f.

388 *Di Fabio,* in: *Maunz/Dürig,* Bd. I, Art. 2 Rn. 76; *Papier,* WM 2009, 1869 (1869).

389 BVerfGE 4, 7 (17 f.).

390 BVerfGE 4, 7 (17 f.); *Tiedemann,* Kartellrechtsverstöße, S. 103.

391 BVerfGE 4, 7 (17 f.).

392 BVerfGE 50, 290 (338).

393 *Papier,* WM 2009, 1869 (1869).

394 *Papier,* WM 2009, 1869 (1869). *Kohlhoff* geht noch weiter und meint, dass die im Grundgesetz enthaltenen Einzelregelungen die soziale Marktwirtschaft im Grundgesetz festschreiben, Kartellstrafrecht, S. 124.

395 *Tiedemann,* Kartellrechtsverstöße, S. 104.

der europäischen Wirtschaftsverfassung.[396] Indem nun das Grundgesetz europarechtsfreundlich auszulegen ist, wirkt sich die europäische Grundentscheidung für eine Wettbewerbswirtschaft auch auf das nationale Recht aus und relativiert dadurch die wirtschaftspolitische Neutralität des Grundgesetzes.[397] Schließlich darf die fehlende Verankerung eines Rechtsguts in der Verfassung kein Argument gegen dessen Rechtsgutsqualität sein. Außerhalb eines Kernbereichs sind nur wenige Rechtsgüter im Grundgesetz verankert.[398] Wesentlich ist allein ihre Vereinbarkeit mit dem Grundgesetz.

(4) Bestimmtheit

Außerdem wird vorgebracht, der Wettbewerb sei als „offenes, nicht determiniertes System“ nicht bestimmt genug, um ein Rechtsgut zu sein.[399] Doch ist es gerade die Offenheit gegenüber neuen Entwicklungen am Markt, die den Wert des Wettbewerbs bildet.[400] Auch steht die Offenheit des Wettbewerbs dem strafrechtlichen Schutz des Wettbewerbs nicht entgegen, weil – wie der Straftatbestand der Submissionsabsprache (§ 298 StGB) zeigt – eine hinreichend bestimmte Ausgestaltung des Straftatbestands möglich ist, etwa durch die Inbezugnahme zu den Vorschriften des GWB oder AEUV.[401] Eine solche kartellrechtsakzessorische Ausgestaltung des Straftatbestands kann eine unter rechtsstaatlichen Gesichtspunkten hinreichend deutliche Begrenzung des Unrechtstatbestands sicherstellen.[402]

bb) Nach dem Bundesverfassungsgericht

Gegenüber der strafrechtlichen Rechtsgutslehre könnte eine andere Beurteilung der Frage, ob dem Wettbewerb Rechtsgutsqualität zukommt, aus der Rechtsprechung des BVerfG folgen. Mit der Abschaffung der Todesstrafe gemäß Art. 102 GG, den Verfassungsgarantien des *nullum crimen* und *nulla poena*-Satzes (Art. 103 Abs. 2 GG) sowie des *ne bis in idem*-Satzes (Art. 103 Abs. 3 GG) erschöpft sich das Grundgesetz in einigen wenigen expliziten Vorgaben hinsichtlich der Ausgestaltung des Strafrechts.[403] Andere gewichtige

---

396 *Terhechte*, in: *Grabitz/Hilf/Nettesheim*, Art. 3 EUV Rn. 47.
397 *Federmann*, Kriminalstrafen, S. 345 f.
398 *Hamann*, Grundgesetz und Strafgesetzgebung, S. 25 f.
399 *Lüderssen*, StV 1997, 318 (320); a.A. *Biermann*, ZWeR 2007, 1 (28); vgl. *Pasewaldt*, ZIS 2008, 84 (85).
400 *Bender*, Straftatbestände, S. 47.
401 *Dannecker*, in: NK, Bd. III, Vor §§ 298 ff. Rn. 21.
402 *Dannecker*, in: NK, Bd. III, § 298 Rn. 11.
403 *Tiedemann*, Verfassungsrecht und Strafrecht, S. 2 f.

Fragen[404], insbesondere die Frage, wann der Einsatz von Strafrecht gegenüber anderen Sanktionsmaßnahmen gerechtfertigt ist, wurden erst in der Rechtsprechung des BVerfG ausgeführt.[405] Folglich muss zur Bestimmung strafrechtlicher Schutzgüter aus der Sicht des Verfassungsrechts die Rechtsprechung des BVerfG herangezogen werden.[406]

Maßgeblich ist diesbezüglich die Inzestverbotsentscheidung des BVerfG vom 26. Februar 2008.[407] In der Entscheidung, in dem sich das BVerfG mit der Strafbarkeit des Geschwisterinzests nach § 173 Abs. 2 S. 2 StGB auseinandersetzt, weist es dem Strafrecht die Aufgabe des Rechtsgüterschutzes zu, „wenn ein bestimmtes Verhalten über ein Verbotensein hinaus in besonderer Weise sozialschädlich und für das geordnete Zusammenleben der Menschen unerträglich, seine Verhinderung daher besonders dringlich ist".[408] In anderen Entscheidungen beschreibt das BVerfG die Aufgabe des Strafrechts auch mit dem Schutz „elementare[r] Werte des Gemeinschaftslebens", mit dem Schutz der „Grundlagen eines geordneten Zusammenlebens" oder auch mit dem Schutz „gewichtige[r], elementare[r] Gemeinschaftsgüter".[409] So scheint es zunächst, als stelle das BVerfG an strafrechtliche Rechtsgüter hohe Anforderungen. Ein Strafrechtsgut müsse sowohl über einen Gemeinschaftsbezug als auch über eine besondere Werthaftigkeit verfügen.[410] Nur wenige Zeilen später in der Inzestverbotsentscheidung verwirft das BVerfG jedoch die von ihm aufgestellten hohen Anforderungen an ein strafrechtliches Rechtsgut. So weist das BVerfG „vorfindliche oder durch Instanzen jenseits des Gesetzgebers anerkannte Rechtsgüter", mithin einen systemkritischen Rechtsgutsbegriff, zurück.[411] Er stehe im „Widerspruch

---

404 So enthält das Grundgesetz beispielsweise keine Definition der Strafe oder Aussagen zu den Strafzwecken oder über das Schuldprinzip.

405 Eine Zusammenstellung der Rechtsprechung des BVerfG zu Fragen des Strafrechts, Strafprozessrechts und Strafvollzugsrechts findet sich bei *Tiedemann*, Verfassungsrecht und Strafrecht, S. 61 ff.

406 *Appel*, Verfassung und Strafe, S. 60.

407 BVerfG, NJW 2008, 1137 (1137 ff.).

408 BVerfG, NJW 2008, 1137 (1137).

409 BVerfGE 39, 1 (46); 88, 203 (257); 90, 145 (201).

410 *Vogel*, StV 1996, 110 (111).

411 BVerfG, NJW 2008, 1137 (1138). Die Zurückweisung des systemkritischen Rechtsgutsbegriffs durch das BVerfG ist in sich widersprüchlich. Soll das Strafrecht das „ultima ratio" des Rechtsgüterschutzes sein, so ist fraglich, wie das Strafrecht diese Funktion ohne das Rechtsgut als Bezugspunkt erfüllen soll, siehe hierzu *Greco*, ZIS 2008, 234 (238); *Noltenius*, ZJS 2009, 15 (17); *Roxin*, StV 2009, 544 (545).

[zur] grundgesetzlichen Ordnung".[412]. Vielmehr sei es allein „Sache des demokratisches Gesetzgebers [...], die mit den Mitteln des Strafrechts zu schützenden Güter festzulegen".[413] Begrenzt werde der Gesetzgeber allein durch die Verfassung.[414] Letztlich kommt damit nach Ansicht des BVerfG jeder nicht verfassungswidrige Gemeinschaftsbelang als strafrechtliches Rechtsgut in Betracht.[415] Diesen Voraussetzungen genügt der Wettbewerb, da er soziale Wechselbeziehungen voraussetzt und individuelle Freiheiten gewährt, ist er ein für die freie Gesellschaft bedeutendes Gemeinschaftsgut, dessen Schutz verfassungsrechtlich zulässig ist.

2. Sozialschädlichkeit von Hardcore-Kartellen

Mit der Anerkennung des Wettbewerbs als Rechtsgut ist noch keine Entscheidung darüber getroffen, ob Hardcore-Kartelle auch ein strafwürdiges Verhalten darstellen.[416] Denn kaum ein Rechtsgut genießt bereits wegen seiner besonderen Bedeutung strafrechtlichen Schutz gegen jedwede Art des Angriffs.[417] Vielmehr verlangt die Strafwürdigkeit eines Verhaltens über das Vorhandsein eines Rechtsgutes hinaus, dessen Sozialschädlichkeit, also eine gravierende Rechtsgutsbeeinträchtigung. Die Strafwürdigkeit eines Verhaltens bestimmt sich demzufolge nach der Eignung des Verhaltens, schädliche Aus- und Folgewirkungen für das Rechtsgut herbeizuführen.[418] Die Frage, ob Hardcore-Kartelle diese Voraussetzung erfüllen, ist anhand ihrer tatsächlichen Folgen für die soziale Wirklichkeit zu beurteilen.[419] Zu unterscheiden sind hierbei horizontale und vertikale Kartelle.

a) Sozialschädlichkeit von horizontalen Kartellen

Werden zwischen Unternehmen der gleichen Marktstufe (horizontale Kartelle) Preise abgesprochen, Mengen festgelegt oder Kunden oder Märkte aufgeteilt,

---

412 BVerfG, NJW 2008, 1137 (1138).
413 BVerfG, NJW 2008, 1137 (1138).
414 BVerfG, NJW 2008, 1137 (1138).
415 *Vogel,* StV 1996, 110 (112).
416 *Otto,* ZStW 96 (1984), 339 (346).
417 Ausnahmen bilden Rechtsgüter wie Leben und Gesundheit, *Jescheck/Weigend,* Strafrecht AT, S. 51. Hierzu auch *Dannecker,* NStZ 1985, 49 (54); *Maiwald,* in: FS Maurach, S. 9.
418 *Vogel,* ZStW 128 (2016), 139 (145).
419 *Tiedemann,* Kartellrechtsverstöße, S. 174; *Vogel,* ZStW 128 (2016), 139 (146).

verliert der Wettbewerb seine Steuerungsfunktion. Mithin führen horizontale Kartelle typischerweise zu überhöhten Preisen und zu einer verringerten Angebotsmenge.[420] Dadurch entstehen Schäden, die einerseits die Volkwirtschaft und andererseits die direkt oder indirekt betroffenen Wettbewerber und Verbraucher treffen. Gleichzeitig sind eine Sog- und Spiralwirkung sowie ein Vertrauensverlust in die Wirtschaftsordnung zu befürchten.

aa) Schäden für Volkswirtschaft, Wettbewerber und Verbraucher

Durch die Beseitigung von Ungewissheiten greifen Kartelle in die Eigendynamik des Wettbewerbsprozesses ein. Wesentliche Funktionen des Wettbewerbs werden ausgeschaltet, wodurch volkswirtschaftliche Schäden entstehen. Im Einzelnen ist zwischen allokativen, produktiven und dynamischen Effizienzverlusten zu trennen.[421] Nachfrager, die zu Kartellbedingungen konsumieren, müssen höhere Preise zahlen als zu Wettbewerbsbedingungen.[422] Die Kosumentenrente sinkt, erhöht aber entsprechend die Produzentenrente (Umverteilungseffekt).[423] Ein Wohlfahrtverlust bzw. Effizienzverlust bleibt aus.[424] Vielmehr erfolgt ein Vermögenstransfer von den Nachfragern hin zu den Produzenten: Die Konsumentenrente wird zu Produzentenrente.[425] Die Kartellierung beeinflusst damit die Vermögensverteilung in der Gesellschaft.[426]

Überschreitet der Kartellpreis hingegen die Zahlungsbereitschaft der Nachfrager, werden diese auf den Konsum von kartellierten Produkten oder Dienstleistungen verzichten.[427] Die Absatzmenge sinkt (allokative Ineffizienz, (Netto)-Wohlfahrtsverlust oder „*deadweight loss*").[428] Der Umfang des Vermögenstransfers und des Wohlfahrtsverlustes wird einerseits durch die Lebensdauer

---

420 OECD, Bekämpfung von Hardcore-Kartellen, S. 2.

421 *Haucap/Stühmeier,* WuW 2008, 413 (414).

422 *Haucap/Stühmeier,* WuW 2008, 413 (414).

423 *Bongard,* WuW 2010, 761 (766); *Pustlauk,* EWeRK 2011, 127 (128).

424 *Haucap/Stühmeier,* WuW 2008, 413 (416); *Pustlauk,* EWeRK 2011, 127 (128).

425 *Bongard,* WuW 2010, 761 (766); *Connor/Lande,* The Antitrust Bulletin 51 (2006), 983 (985); *Haucap/Stühmeier,* WuW 2008, 413 (416); *Hüschelrath,* World Competition Law and Economic Review 35 (2012), 121 (134); *Werden/Simon,* The Antitrust Bulletin 32 (1987), 917 (924).

426 *Hüschelrath,* World Competition Law and Economic Review 35 (2012), 121 (134 f.) m.w.N.

427 *Haucap/Stühmeier,* WuW 2008, 413 (416); *Pustlauk,* EWeRK 2011, 127 (128).

428 *Bongard,* WuW 2010, 761 (766); *Connor/Lande,* Tulane Law Review 80 (2005/06), 513 (517); *Landes,* The University of Chicago Law Review 1983, 652 (653); *Massey,* in: *Cseres/Schinkel/Vogelaar* (Hrsg.), Criminalization, S. 178; *Motta,* Competition

des Kartells und andererseits durch das Ausmaß der Preiserhöhung bzw. Mengenreduktion bestimmt.[429] Das Ausmaß der Preiserhöhung bzw. der Mengenreduktion hängt wiederum überwiegend von der Intensität des Wettbewerbs ohne das Kartell, der Preiselastizität der Nachfrage[430] sowie der Anzahl der Kartellmitglieder und Kartellaußenseiter ab.[431] Herrscht auf dem Markt auch ohne das Kartell nur ein geringer Wettbewerb, sind die kartellbedingten Preiserhöhungen gering.[432] Die Preiselastizität richtet sich nach den Ausweichmöglichkeiten der Nachfrager.[433] Ist die Nachfrage preisunlastisch, können höhere Kartellpreise erzielt werden.[434] Unklar ist allerdings, ob sich der Wohlfahrtsverlust bei geringer Preiselastizität der Nachfrage vergrößert oder verringert.[435] Ist die Nachfrage preisunelastisch, steigen zwar einerseits die Preise deutlich an,[436] andererseits verzichten auch weniger Nachfrager auf den Konsum.[437] Schließlich sind die Preiserhöhungen umso größer, je mehr Mitglieder das Kartell vereinigt.[438]

Weiter besteht zwischen der Intensität des Wettbewerbs und der Produktivität der Unternehmen ein Zusammenhang.[439] So entfällt mit dem Wettbewerbsdruck auch der Kostensenkungsdruck der Unternehmen. Mithin produzieren Unternehmen unter Kartellbedingungen zu ineffizient hohen Kosten (produktive Ineffizienz oder „*x-inefficiency*")[440]. Für die Entstehung produktiver

---

Policy, S. 41 ff.; *Werden/Simon*, The Antitrust Bulletin 32 (1987), 917 (924); *Whelan*, The Competition Law Review 4 (2007), 7 (29).

429 *Haucap/Stühmeier*, WuW 2008, 413 (416 ff.).

430 Preiselastizität der Nachfrage meint die Möglichkeit der Nachfrager, auf Preiserhöhungen mit der Substitution des betroffenen Produktes durch ein alternatives Produkt zu reagieren

431 *Haucap/Stühmeier*, WuW 2008, 413 (417); *Pustlauk*, EWeRK 2011, 127 (129 f.).

432 *Haucap/Stühmeier*, WuW 2008, 413 (417).

433 *Pustlauk*, EWeRK 2011, 127 (130).

434 *Bongard*, WuW 2010, 761 (765).

435 *Haucap/Stühmeier*, WuW 2008, 413 (419).

436 *Inderst/Maier-Rigaud/Schwalbe*, Quantifizierung von Schäden durch Wettbewerbsverstöße, S. 10.

437 *Inderst/Maier-Rigaud/Schwalbe*, Quantifizierung von Schäden durch Wettbewerbsverstöße, S. 10.

438 *Pustlauk*, EWeRK 2011, 127 (129).

439 Etwa *Ahn*, Competition, Innovation and Productivity Growth, S. 16; *Nickell*, Journal of Political Economy 104 (1996), 724 (724 ff.).

440 *Bongard*, WuW 2010, 761 (766 f.); *Haucap/Stühmeier*, WuW 2008, 413 (423); *Hüschelrath*, World Competition Law and Economic Review 35 (2012), 121 (130); *Leibenstein*, American Economic Review 56 (1966), 392 (397 ff.); *Motta*, Competition Policy, S. 45 ff.

Ineffizienzen werden zwei Erklärungsansätze bereitgehalten:[441] Zum einen hätten Leitungspersonen unter Kartellbedingungen weniger Anreiz, sich anzustrengen. Zum anderen würden produktive Unternehmen unter Wettbewerbsbedingungen unproduktive Unternehmen vom Markt verdrängen. Daneben kann es den Unternehmen infolge der Kartellierung an Investitions- und Innovationsbereitschaft fehlen (dynamische Ineffizienz).[442] Die fehlende Investitions- und Innovationsbereitschaft hemmt den technischen Fortschritt.[443] Außerdem bindet auch die Bildung, Organisation und Verteidigung des Kartells Ressourcen, die unter Wettbewerbsbedingungen produktiver eingesetzt werden könnten („*Rent-Seeking*-Aktivitäten").[444] Darüber hinaus können durch Kartelle hervorgerufene Strukturprobleme auch noch nach der Kartellierung fortwirken.[445] Endlich wirken sich auch Preisschirmeffekte („*umbrella effect*") wohlfahrtsmindernd aus.[446] Preisschirmeffekte entstehen, wenn durch die kartellbedingten Preiserhöhungen die Nachfrage nach den Substituten der Nachfrager steigt.[447] Die kartellbedingten Preiserhöhungen ermöglichen es den Kartellaußenseitern, ihrerseits die Preise anzuheben.[448]

Zahlreiche empirische Studien[449] befassen sich mit kartellbedingten Preisaufschlägen („*cartel overcharges*")..[450] Die kartellbedingten Preisaufschläge bewirken

---

441 *Motta,* Competition Policy, S. 47 ff.

442 *Bongard,* WuW 2010, 761 (767); *Connor/Lande,* The Antitrust Bulletin 51 (2006), 983 (986); *Haucap/Stühmeier,* WuW 2008, 413 (423); *Hüschelrath,* World Competition Law and Economic Review 35 (2012), 121 (132 f.); *Motta,* Competition Policy, S. 55 ff.; *Schmidt/Haucap,* Wettbewerbspolitik, S. 157.

443 Vgl. *Schmid,* Der Ausschreibungsbetrug, S. 57 f.

444 *Bongard,* WuW 2010, 761 (766); *Haucap/Stühmeier,* WuW 2008, 413 (423); *Hüschelrath,* World Competition Law and Economic Review 35 (2012), 121 (124 f.); *Motta,* Competition Policy, S. 44.

445 *Inderst/Zlata,* WuW 2013, 5 (11 f.).

446 *Connor/Lande,* Cardozo Law Review 34 (2012/13), 427 (461).

447 *Inderst/Maier-Rigaud/Schwalbe,* WuW 2014, 1043 (1043).

448 *Beth/Pinter,* WuW 2013, 228 (229); *Inderst/Maier-Rigaud/Schwalbe,* WuW 2014, 1043 (1043); *Stöber,* EuZW 2014, 257 (257).

449 Neben Fallstudien (z.B. *ZEW,* Studien zu den Wirkungen des Kartellgesetzes 2008) wurden überwiegend Querschnittsstudien durchgeführt.

450 Siehe etwa *Bolotova,* Journal of Economic Behavior & Organization 70 (2009), 321 (321 ff.); *dies./Connor,* International Journal of Industrial Organization 24 (2006), 1109 (1109 ff.); *dies./Connor/Miller,* Journal of Competition Law & Economics 5 (2008), 361 (361 ff.); *Connor/Lande,* The Antitrust Bulletin 51 (2006), 983 (983 ff.); *Davies,* A survey of the approaches and methods used to assess the economic effects of a Competition Authority's work; *Levenstein/Suslow,* Journal of Economic Literature 44

einerseits den beschriebenen Umverteilungseffekt und bestimmen andererseits auch die Höhe des Wohlfahrtsverlustes.[451] Kartellbedingte Preisaufschläge errechnen sich aus der Differenz zwischen dem Kartellpreis und dem hypothetischen Wettbewerbspreis („*but-for*-Preis“). Zur Ermittlung des hypothetischen Wettbewerbspreises werden verschiedene Methoden angeboten:[452] Zunächst können Märkte, die dem kartellierten Markt in zeitlicher, räumlicher oder sachlicher Hinsicht ähneln, herangezogen werden (Vergleichsmarktmethode). Anstelle eines zeitlichen, räumlichen oder sachlichen Vergleichsmarktes kann auch ein künstlicher Vergleichsmarkt gebildet werden (Simulationsmodell). Schließlich kann sich dem hypothetischen Wettbewerbspreis auch genähert werden, indem zu den Herstellungskosten eine „angemessene Gewinnspanne“ hinzugerechnet wird, die unter Wettbewerbsbedingungen hätte erzielt werden können (Kostenmethode).

Die überwiegende Anzahl der empirischen Studien ist dem US-amerikanischen oder dem internationalen Markt gewidmet. Nur vereinzelt finden sich empirische Studien zum europäischen oder deutschen Markt.[453] Allen empirischen Studien ist gemein, dass die überwiegende Anzahl der Kartelle zu Preisaufschlägen führt. Den empirischen Studien lässt sich ein durchschnittlicher kartellbedingter Preisaufschlag von 20% entnehmen.[454] Die Höhe des kartellbedingten Preisaufschlages wird sowohl vom Marktumfeld als auch von der Kartellorganisation beeinflusst. Auch Unterschiede in der Kartellrechtsdurchsetzung wirken sich auf die Höhe der kartellbedingten Preisaufschläge aus.[455] Eine ausgeprägte Kartellrechtsdurchsetzung verringert kartellbedingte Preiserhöhungen.[456]

(2006), 43 (79 ff.); *Smuda*, Journal of Competition Law & Economics 10 (2014), 63 (63 ff.).

451 *ZEW*, Studien zu den Wirkungen des Kartellgesetzes 2008, S. 97.

452 *Inderst/Schwalbe*, WuW 2012, 122 (122 ff.).

453 *Connor/Lande*, The Antitrust Bulletin 51 (2006), 983 (983 ff.); *Smuda*, Journal of Competition Law & Economics 10 (2014), 63 (63 ff.).

454 *Bolotova*, Journal of Economic Behavior & Organization 70 (2009), 321 (338); Monopolkommission, Hauptgutachten XX, S. 351, Fn. 253; OECD, Report on the nature and impact of hard core cartels under national competition laws, S. 9; *Oxera*, Quantifying antitrust damages, S. 91.

455 *Bolotova*, Journal of Economic Behavior & Organization 70 (2009), 321 (338); *dies./Connor/Miller*, Journal of Competition Law & Economics 5 (2008), 361 (380); *Smuda*, Journal of Competition Law & Economics 10 (2014), 63 (76).

456 *Bolotova*, Journal of Economic Behavior & Organization 70 (2009), 321 (338); *dies./Connor/Miller*, Journal of Competition Law & Economics 5 (2008), 361 (380).

Im Vergleich zu anderen Märkten (z.B. asiatischer Markt) lassen der US-amerikanische und der europäische Markt[457] die niedrigsten kartellbedingten Preiserhöhungen zu: Im Einzelnen gaben *Werden/Simon* für den US-amerikanischen Markt kartellbedingte Preiserhöhungen von durchschnittlich etwa 10% an.[458] Hingegen sprechen *Connor/Bolotova* von kartellbedingten Preiserhöhungen von durchschnittlich etwa 20%.[459] Nach *Connor/Lande* reichen die kartellbedingten Preisaufschläge auf dem US-amerikanischen Markt von 18% bis 37%.[460] Für den europäischen Markt ermittelten *Connor/Lande* hingegen kartellbedingte Preisaufschläge von 28% bis 54%.[461] *Smuda* stellte für den europäischen Rechtsraum einen durchschnittlichen kartellbedingten Preisaufschlag von 20,7% fest.[462] Gegenüber Süd- und Osteuropa fielen die kartellbedingten Preisaufschläge in West- und Nordeuropa geringer aus.[463] Weiter vermögen internationale Kartelle[464] gegenüber inländischen Kartellen höhere Preisaufschläge zu erzielen.[465] Während *Connor/Bolotova/Miller* von um 6% höheren kartellbedingten Preisaufschlägen internationaler Kartelle ausgehen, gibt *Smuda* um rund 8% erhöhte kartellbedingte Preisaufschläge internationaler Kartelle an.[466] Dies kann einerseits mit einer erschwerten Kartellverfolgung internationaler Kartelle begründet

457 Der europäische Markt besteht einerseits aus den Mitgliedstaaten der Europäischen Union und anderseits aus Staaten, die sich geographisch in Europa befinden (z.B. die Schweiz).

458 *Werden/Simon,* The Antitrust Bulletin 32 (1987), 917 (925).

459 *Connor/Bolotova,* International Journal of Industrial Organization 24 (2006), 1109 (1134); *ders./dies./Miller,* Journal of Competition Law & Economics 5 (2008), 361 (380).

460 *Connor/Lande,* The Antitrust Bulletin 51 (2006), 983 (983).

461 *Connor/Lande,* The Antitrust Bulletin 51 (2006), 983 (1011 ff.).

462 *Smuda,* Journal of Competition Law & Economics 10 (2014), 63 (85).

463 *Smuda,* Journal of Competition Law & Economics 10 (2014), 63 (85).

464 Als international ist ein Kartell dann zu bezeichnen, wenn mindestens zwei seiner Mitglieder unterschiedlichen Staaten entstammen. Demgegenüber ist ein Kartell dann als inländisch zu bezeichnen, wenn alle seine Mitglieder demselben Staat angehören. Siehe *Smuda,* Journal of Competition Law & Economics 10 (2014), 63 (69).

465 *Bolotova/Connor/Miller,* Journal of Competition Law & Economics 5 (2008), 361 (380); *Connor/Lande,* The Antitrust Bulletin 51 (2006), 983 (1007); *Oxera,* Quantifying antitrust damages, S. 91; *Smuda,* Journal of Competition Law & Economics 10 (2014), 63 (75).

466 *Bolotova/Connor/Miller,* Journal of Competition Law & Economics 5 (2008), 361 (381); *Smuda,* Journal of Competition Law & Economics 10 (2014), 63 (79).

werden.[467] Andererseits können örtliche Distanz und kulturelle Verständigungsprobleme den Erfolg internationaler Kartelle hemmen.[468] Schließlich ist die Höhe der kartellbedingten Preisaufschläge auch abhängig von der Marktstruktur oder der Wirtschaftsbranche. So lassen sich in konzentrierten Märkten oder etwa in der Chemiebranche höhere kartellbedingte Preisaufschläge erzielen.[469]

bb) Sog- und Spiralwirkung

Eine Kartellierung beeinflusst weiter die Wirtschaftsmoral betroffener Kreise, da sie Wettbewerber zu Nachahmungsprozessen animieren kann („Sogwirkung"):[470] Um konkurrenzfähig zu bleiben, können Wettbewerber geneigt sein, sich ebenfalls an einem Kartell zu beteiligen. Die Nachahmungsprozesse werden sowohl durch die Neutralisierung rechtswidrigen Verhaltens durch die Wettbewerber als auch durch wirtschaftlichen Interessen und Ziele der Wettbewerber befördert.[471] Sie begründen die Gefahr einer Aushöhlung des geltenden Wirtschaftssystems.[472] Darunter kann die gesellschaftliche Akzeptanz der Marktwirtschaft leiden.[473] Über die Nachahmung wettbewerbsschädigenden Verhaltens hinaus, steht eine Ausdehnung wirtschaftskriminellen Verhaltens zu befürchten („Spiralwirkung").[474] Beispielhaft seien Betrugs-, Bestechungs- und Untreuehandlungen zwischen den Wettbewerbern genannt.[475]

cc) Vertrauensverlust

Durch die Umsetzung von Kartellen am Markt kann sich das Vertrauen der Wirtschaftssubjekte in einen freien und fairen Wettbewerb verringern.[476] Die

---

467 *Bolotova,* Journal of Economic Behavior & Organization 70 (2009), 321 (338); *dies./Connor/Miller,* Journal of Competition Law & Economics 5 (2008), 361 (380); *Smuda,* Journal of Competition Law & Economics 10 (2014), 63 (75).

468 *Smuda,* Journal of Competition Law & Economics 10 (2014), 63 (75).

469 *Bolotova,* Journal of Economic Behavior & Organization 70 (2009), 321 (338).

470 *Dannecker,* in: *Wabnitz/Janovsky* (Hrsg.), Handbuch des Wirtschafts- und Steuerstrafrechts, Kap. 1 Rn. 17; *Tiedemann,* Verhandlungen 49. DJT, C 21 f.; *ders.,* Kartellrechtsverstöße, S. 110.

471 *Bannenberg,* Korruption, S. 370.

472 Vgl. BT-Dr 7/3441, S. 14.

473 *Bock,* Criminal Compliance, S. 47.

474 *Dannecker,* in: *Wabnitz/Janovsky* (Hrsg.), Handbuch des Wirtschafts- und Steuerstrafrechts, Kap. 1 Rn. 17.

475 *Bannenberg,* Korruption, S. 372.

476 Vgl. *Hohmann,* in: MünchKomm, StGB, § 298 Rn. 6; *Otto,* ZStW 96 (1984), 339 (339).

Abnehmer vertrauen darauf, dass der Wettbewerbsprozess nicht durch wettbewerbsbeeinträchtigende Verhaltensweisen untergraben wurde. Sie verlassen sich darauf, dass der Wettbewerb sowohl die Wirtschaftsabläufe in eine für alle Marktteilnehmer gerechte Richtung lenkt als auch ihre wirtschaftlichen Handlungsfreiheiten sichert. Gelingt es den Kartellanten, den Wettbewerbsprozess durch wettbewerbsbeschränkende Absprachen zu beeinträchtigen, wird das Vertrauen der übrigen Marktteilnehmer dahingehend beeinträchtigt, dass die Institution Wettbewerb wirkt und sie sich auf ihr ungehindertes Funktionieren verlassen können.[477]

Doch vertraut nicht jeder Marktteilnehmer gleichermaßen auf das Bestehen eines von Absprachen unbeeinflussten Wettbewerbsprozesses. Im Wettbewerb ist das Marktverhalten der Wettbewerber ungewiss. Die Wettbewerber misstrauen sich. Gerade dieses Misstrauen versuchen die Kartellanten durch wettbewerbsbeschränkende Absprachen zu ersetzen.[478] Kartellrechtsabsprachen beseitigen Misstrauen durch Kenntnis des zukünftigen Marktverhaltens der Kartellanten. Mangels der Ausbildung von Vertrauen in einen von Absprachen unbeeinflussten Wettbewerb kann das Vertrauen der Wettbewerber auch nicht in Mitleidenschaft gezogen werden.

b) Sozialschädlichkeit von vertikalen Kartellen

Vereinbarungen zwischen Unternehmen unterschiedlicher Marktstufen (vertikale Kartelle) können sich, abhängig vom konkreten Marktumfeld, sowohl positiv als auch negativ auf den Markt auswirken.[479] In der Regel sind vertikale Vereinbarungen jedoch dem Wettbewerb förderlich.[480] Vertikale Vereinbarungen helfen insbesondere, Koordinierungsprobleme innerhalb der Marktstufenkette zu lösen, optimale Serviceleistungen („Trittbrettfahrerproblem") und Investitionsanreize („*hold-up*"-Problem) sicherzustellen und zur Erschließung neuer Märkte ermutigen.[481] Allerdings können sich vertikale Vereinbarungen

---

477 Vgl. *Hohmann*, in: MünchKomm, StGB, § 298 Rn. 6; *Otto*, ZStW 96 (1984), 339 (344).

478 Vgl. *Hüschelrath/Leheyda/Müller/Veith*, Schadensermittlung und Schadensersatz bei Hardcore-Kartellen, S. 20.

479 BKartA, Tätigkeitsbericht 2013/2014, S. 29; BKartA Vertikale Beschränkungen, S. 4.

480 *Biermann*, ZWeR 2007, 1 (32); *Dannecker*, in: FS Tiedemann, S. 798, 812; *Dreher*, WuW 2011, 232 (241); *Kerber/Schwalbe*, in: MünchKomm Kartellrecht, Einleitung Rn. 505; *Kling/Thomas*, Kartellrecht, § 5 Rn. 141.

481 BKartA, Vertikale Beschränkungen, S. 5 ff; Europäische Kommission, Mitteilung der Organe, Einrichtungen und sonstigen Stellen der Europäischen Union, Leitlinien

unter gewissen Voraussetzungen auch negativ, in Kernbereichen[482] mitunter besonders schwerwiegend auf den Wettbewerb auswirken.[483] Gleichwohl besteht Uneinigkeit darüber, ob Kernbeschränkungen angenommen oder vielmehr auf eine *„rule of reason"* abzustellen ist, wodurch die wettbewerbsfördernde Wirkung vertikaler Vereinbarung beachtet werden könnte.[484] Die wettbewerbsbeschränkende Wirkung von Vertikalvereinbarungen besteht insbesondere in Marktausschließungseffekten und einer erleichterten Kollusion, etwa indem vertikale Preisbindungen die Markttransparenz erhöhen.[485] Dennoch erreichen vertikale Vereinbarungen wegen ihrer wettbewerbsfördernden Wirkung nicht den Grad der Sozialschädlichkeit von horizontalen Wettbewerbsbeschränkungen.[486] Anders als horizontale Vereinbarungen sind vertikale Vereinbarungen in Marktstufenketten üblich und zu einem bestimmten Grad auch erforderlich.[487] Da Herstellung und Verkauf eines Produkts oftmals durch eine Vielzahl von Unternehmen aufeinanderfolgender Marktstufen erfolgt, müssen die Unternehmen zusammenwirken, um den Endverbraucher ein optimales Produkt einschließlich Beratungs- und Serviceleistungen anbieten zu können.[488]

---

für vertikale Beschränkungen, Abl. 2010, Nr. C 130/1 v. 19.05.2010, Rn. 106; *Kerber/Schwalbe*, in: MünchKomm Kartellrecht, Einführung Rn. 454 ff.

482 Europäische Kommission, Mitteilung der Organe, Einrichtungen und sonstigen Stellen der Europäischen Union, Leitlinien für vertikale Beschränkungen, Abl. 2010, Nr. C 130/1 v. 19.05.2010, Rn. 46 ff.

483 *Kerber/Schwalbe*, in: MünchKomm Kartellrecht, Einführung Rn. 471 ff.

484 *Dannecker*, in: FS Tiedemann, S. 812 f. Befürwortend etwa *Eilmansberger*, in: Streinz, Art. 101 Rn. 78 ff.

485 BKartA, Vertikale Beschränkungen, S. 8 f.; Europäische Kommission, Mitteilung der Organe, Einrichtungen und sonstigen Stellen der Europäischen Union, Leitlinien für vertikale Beschränkungen, Abl. 2010, Nr. C 130/1 v. 19.05.2010, Rn. 100 ff.; *Kerber/Schwalbe*, in: MünchKomm Kartellrecht, Einführung Rn. 471 ff.; *Schmidt/Haucap*, Wettbewerbspolitik, S. 160.

486 *Biermann*, ZWeR 2007, 1 (32); *Dannecker*, in: FS Tiedemann, S. 812 f.; Europäische Kommission, Mitteilung der Organe, Einrichtungen und sonstigen Stellen der Europäischen Union, Leitlinien für vertikale Beschränkungen, Abl. 2010, Nr. C 130/1 v. 19.05.2010, Rn. 98; *Janssen*, Managerhaftung, S. 151.

487 *Kerber/Schwalbe*, in: MünchKomm Kartellrecht, Einführung Rn. 504.

488 *Kerber/Schwalbe*, in: MünchKomm Kartellrecht, Einführung Rn. 450.

II. Strafbedürftigkeit

Die Frage, der Strafbewehrung eines Verhaltens, erschöpft sich nicht in der Feststellung seiner Strafwürdigkeit.[489] Das Verhalten muss darüber hinaus auch strafbedürftig, die Strafbewehrung also verhältnismäßig sein.[490] Das in der Androhung, Verhängung und Vollziehung von Strafe liegende sozialethische Unwerturteil greift tief in das Allgemeine Persönlichkeitsrecht in seiner Ausprägung der Achtung des sozialen Geltungsanspruchs ein (Art. 2 Abs. 1 i.V.m. Art. 1 Abs. 1 GG).[491] Je nach Art der Sanktion treten noch Eingriffe in die Eigentumsfreiheit (Art. 14 Abs. 1 GG) bei Geldstrafen oder in die Freiheit der Person (Art. 2 Abs. 2 S. 2 GG) bei Freiheitsstrafen hinzu.[492] Wegen der mit der Strafbewehrung einhergehenden Eingriffe in die Grundrechte des Betroffenen ist der Gesetzgeber bei der Ausgestaltung eines Ge- oder Verbots als strafbewehrte Verhaltensnorm an das Verhältnismäßigkeitsprinzip gebunden.[493] Die Bindung des Gesetzgebers an das Verhältnismäßigkeitsprinzip heißt, dass der Einsatz von Strafe zum Rechtsgüterschutz geeignet und erforderlich sein muss.[494] Sie heißt überdies, dass der Eingriff in die Grundrechte des Betroffenen in einem angemessenen Verhältnis zum Zuwachs an Rechtsgüterschutz stehen muss.[495]

1. Geeignetheit

Ein Mittel ist geeignet, wenn durch seinen Einsatz der gewünschte Erfolg gefördert werden kann.[496] Nicht erforderlich ist, dass der gewünschte Erfolg auch

---

489 *Selmer*, Verfassungsrechtliche Probleme einer Kriminalisierung des Kartellrechts, S. 33.

490 *Oldigs*, Möglichkeiten und Grenzen, S. 134; *Selmer*, Verfassungsrechtliche Probleme einer Kriminalisierung des Kartellrechts, S. 33.

491 BVerfG, NJW 2008, 1137 (1138); *Stächelin*, Strafgesetzgebung, S. 112.

492 *Stächelin*, Strafgesetzgebung, S. 114.

493 BVerfG, NJW 1994, 1577 (1578); BVerfG, NJW 2008, 1137 (1138); *Kaspar*, Verhältnismäßigkeit, S. 370/ 382; *Selmer*, Verfassungsrechtliche Probleme einer Kriminalisierung des Kartellrechts, S. 33; *Stächelin*, Strafgesetzgebung, S. 119; *Tiedemann*, Verhandlungen 49. DJT, C 33.

494 *Möschel*, in: FG Kummer, S. 442 ff.; *Selmer*, Verfassungsrechtliche Probleme einer Kriminalisierung des Kartellrechts, S. 33.

495 BVerfG, NJW 1994, 1577 (1582); *Selmer*, Verfassungsrechtliche Probleme einer Kriminalisierung des Kartellrechts, S. 33.

496 BVerfG, NJW 1994, 1577 (1579); BVerfG, NJW 2008, 1137 (1138); *Appel*, Verfassung und Strafe, S. 175; *Selmer*, Verfassungsrechtliche Probleme einer Kriminalisierung des Kartellrechts, S. 35.

tatsächlich eintritt.[497] Vielmehr reicht bereits die Möglichkeit, den gewünschten Erfolg zu erreichen, aus.[498] Für die Strafbewehrung von Verhaltensnormen bedeutet dies, dass sich der Einsatz von Strafe zum Rechtsgüterschutz eignen, dieser also besser als ohne den Einsatz von Strafe gewährleistet sein muss.[499] Es stellt sich damit die Frage, ob der Schutz des Wettbewerbs durch die Präventionswirkung von Strafe, die sowohl auf gesellschaftlicher als auch auf individueller Ebene anknüpft, gefördert werden kann.

a) Generalprävention

Auf gesellschaftlicher Ebene wird die präventive Wirkung von Strafe mit dem Begriff der Generalprävention beschrieben. Es lassen sich eine negative und eine positive generalpräventive Wirkungsweise unterscheiden.

aa) Negative Generalprävention

Die Bestrafung des Täters, soll andere von der Begehung von Straftaten abschrecken (negative Generalprävention).[500] Der negativen Generalprävention zuzurechnen ist die ökonomische Theorie der Kriminalität, welcher die Vorstellung eines rationalen, die Nutzen und Kosten der Straftat abwägenden Täters zugrunde liegt, der sich dann zur Begehung einer Straftat entscheidet, wenn der erwartete Nutzen die zu erwartenden Kosten der Straftat übersteigt („*homo oeconomicus*").[501] Da im Wirtschaftsverkehr ökonomisch rationale Entscheidungen gegenüber Affektreaktionen überwiegen, eignet sich die ökonomische Theorie der Kriminalität besonders zur Erklärung wirtschaftskrimineller Verhaltensweisen.[502] In wirtschaftlichen Entscheidungsprozessen ist die Strafe in Form von Gewinn- und Ansehensverlusten ein wichtiger Kostenfaktor der Tat.[503]

Durch die Strafbewehrung von Hardcore-Kartellen lässt sich die Abschreckungswirkung für potentielle und gegenwärtige Kartellanten erhöhen.[504]

497 BVerfG, NJW 2008, 1137 (1138).
498 BVerfG, NJW 2008, 1137 (1138).
499 *Kaspar*, Verhältnismäßigkeit, S. 398; *Hefendehl*, JA 2011, 401 (404); *Stächelin*, Strafgesetzgebung, S. 125.
500 *Dölling*, ZStW 102 (1990), 1 (2).
501 *Dannecker*, in: FS Tiedemann, S. 808.
502 *Bock*, Criminal Compliance, S. 174.
503 *Bock*, Criminal Compliance, S. 174.
504 *Biermann*, ZWeR 2007, 1 (18); *Bontrup*, Orientierungen zur Wirtschafts- und Gesellschaftspolitik 125 (2010), 17 (22 f.); *ders.*, VDI Nr. 26–27, S. 2; *Dannecker/Biermann*, in: *Immenga/Mestmäcker*, Bd. I, Vor Art. 23 f., Rn. 19; *Heinemann*, in: FS v. Büren,

Zahlreiche Studien weisen auf eine besondere Abschreckungswirkung von Strafen hin.[505] Die Studien lassen sich vereinfacht nach ihrem Forschungsgegenstand, nach Ort und Zeit ihrer Durchführung sowie nach der verwendeten Erhebungsmethode[506] unterscheiden. Während einige Studien die Abschreckungswirkung der Kartellrechtsdurchsetzung insgesamt beleuchten, betrachten andere Studien die Abschreckungswirkung eigens von Kartellstrafen. Die überwiegende Anzahl der Studien entstammt dem US-amerikanischen Rechtsraum. Hier wird von Kartellanten berichtet, die selbst beträchtliche Geldzahlungen einer Freiheitsstrafe vorzögen.[507] Zudem sollen Kartelle aus Furcht vor Freiheitsstrafen bewusst nicht auf die USA ausgedehnt worden sein.[508] Unterschiede in der Rechtskultur begrenzen allerdings die Aussagekraft US-amerikanischer Studien für den nationalen Rechtsraum.[509] Um die Abschreckungswirkung von Kartellstrafen zu bestimmen, wurde überwiegend auf die Erhebungsmethode der Befragung zurückgegriffen. Befragungen von Unternehmen und Anwälten zeugen von einer hohen Abschreckungswirkung strafrechtlicher Regelungen: Im Jahr 2007 befragte Unternehmen in Großbritannien sprachen Kartellstrafen den größten Abschreckungseffekt zu.[510] Ähnliche, wenn auch teilweise kritische Ergebnisse liefern die Befragungen von Schweizer Unternehmen, Anwälten und Verbänden aus dem Jahr 2007 sowie eine in Australien durchgeführte Befragung aus

---

S. 607; *Hüschelrath/Peyer*, World Competition Law and Economic Review 36 (2013), 585 (601); Monopolkommission, Hauptgutachten XX, S. 97; OECD, Cartel Sanctions against Individuals, S. 7; *Reindl*, in: *Cseres/Schinkel/Vogelaar* (Hrsg.), Criminalization, S. 115; *Möschel*, WuW 2006, 115 (115); *ders.*, WuW 2007, 384 (384 f.); *Säcker*, WuW 2009, 3 (3); *Smuda*, Journal of Competition Law & Economics 10 (2014), 63 (86); *Wagner-von Papp*, WuW 2010, 268 (272).

505 Eine Aufzählung findet sich sowohl bei *Gordon/Squires*, De Economis 156 (2008), 414 f. als auch bei *Parker*, in: *Beaton-Wells/Ezrachi* (Hrsg.), Criminalising Cartels, S. 245 ff. und im Hauptgutachten der Monopolkommission, Hauptgutachten XX, S. 97; a.A. OECD, nach der sich eine Abschreckungswirkung nur in Einzelfällen feststellen lässt, Hard Core Cartels: Third report on the implementation of the 1998 Council Recommendation, S. 27 und *Reindl*, nach dem sich eine erhöhte Abschreckungswirkung allenfalls auf Intuition, Hörensagen, Anekdoten und persönlichen Wahrnehmung stützt, in: *Cseres/Schinkel/Vogelaar* (Hrsg.), Criminalization, S. 117.

506 Als Erhebungsmethode kommen insbesondere die Befragung, die Beobachtung und die Inhaltsanalyse in Betracht.

507 *Wagner-von Papp*, WuW 2010, 268 (273).

508 Vgl. *Wils*, in: *Cseres/Schinkel/Vogelaar* (Hrsg.), Criminalization, S. 83.

509 Vgl. *Parker*, in: *Beaton-Wells/Ezrachi* (Hrsg.), Criminalising Cartels, S. 243.

510 *Deloitte*, The deterrent effect of competition enforcement by the OFT, S. 127.

dem Jahr 2008.[511] Eine Befragung US-amerikanischer Anwälte aus dem Jahr 1980 zeigt, dass Unternehmen neben privaten Schadensersatzklagen am meisten die Freiheitsstrafe fürchten.[512] Ein entsprechendes Ergebnis brachte eine Befragung von Brüsseler Anwälten Anfang der achtziger Jahre hervor.[513] Auch die von *Sieber* und *Engelhart* durchgeführte Befragung legt eine hohe Abschreckungswirkung von Freiheitsstrafen dar.[514] Die Befragten gaben an, Kriminalstrafen mehr zu fürchten als Geldbußen.[515] Innerhalb der Kriminalstrafen wiesen sie der Freiheitsstrafe die größte Abschreckungswirkung zu.[516] Neben den genannten Befragungen zeigen auch andere Ansätze eine erhöhte Abschreckungswirkung von Kartellstrafen an: So nahmen als Reaktion auf die Verschärfung des Sanktionensystems die Compliance-Bemühungen britischer Unternehmen zu.[517] Infolge einer verstärkten Kartellrechtsdurchsetzung konnten bei kartellierten Produkten Preissenkungen festgestellt werden.[518] Außerdem verstärkten sich durch die Strafbewehrung von Hardcore-Kartellen die Reaktionen des Aktienmarktes auf Kartellrechtsverstöße.[519]

Für eine besondere Abschreckungswirkung von Strafe bestehen mehrere Gründe: *Erstens* trifft die Strafe die natürliche Person unmittelbar.[520] Sie hat keine Möglichkeit, sich ihrer Wirkungen zu entziehen. Demgegenüber können Geldbußen von den Unternehmen, zu deren Vorteil die natürliche

---

511 *Parker/Nielsen,* Melbourne University Law Review 32 (2008), 554 (599 ff.); *ZEW,* Studien zu den Wirkungen des Kartellgesetzes 2008, S. 32 ff.

512 *Beckenstein/Gabel,* Antitrust Law Journal 51 (1982), 459 (467).

513 *Feinberg,* Journal of Common Market Studies 23 (1985), 373 (373 ff.).

514 *Sieber/Engelhart,* Compliance Programs fort the Prevention of Economic Crimes, S. 162.

515 *Sieber/Engelhart,* Compliance Programs fort the Prevention of Economic Crimes, S. 162 ff.

516 *Sieber/Engelhart,* Compliance Programs fort the Prevention of Economic Crimes, S. 162 ff.

517 *Rodger*, World Competition Law and Economic Review 28 (2005), 349 (376).

518 *Clarke/Evenett*, The Antitrust Bulletin 48 (2003), 689 (689 ff.); *Feinberg*, The Review of Economics and Statistics 1980, 609 (609 ff.); *ders.,* International Journal of Industrial Organization 2 (1984), 75 (75 ff); *Smuda*, Journal of Competition Law & Economics 10 (2014), 64 (70).

519 Vgl. *Parker*, in: *Beaton-Wells/Ezrachi* (Hrsg.), Criminalising Cartels, S. 251.

520 *Biermann*, ZWeR 2007, 1 (17); *Dannecker*, in: FS Tiedemann, S. 814; Monopolkommission, Sondergutachten 72, S. 47; *Spagnolo*, in: *Cseres/Schinkel/Vogelaar* (Hrsg.), Criminalization, S. 135; *Tiedemann,* Kartellrechtsverstöße, S. 178 f.; *Wagner-von Papp,* WuW 2010, 268 (272) m.w.N.

Person typischerweise gehandelt hat, offen oder verdeckt, *ex ante* oder *ex post* im Gewand einer Gehaltserhöhung, einer Scheinbeförderung, einer Provision oder eines Darlehen ausgeglichen werden.[521] Dabei werden die Unternehmen geneigt sein, die Geldbuße auf ihre Preise und Verluste abzuwälzen, so dass die Geldbuße letztlich von den Verbrauchern, Anteilseignern und Steuerzahlern getragen wird.[522] Mangels Strafcharakter der Geldbuße, erfüllen Ausgleichsleistungen der Unternehmen nicht den Straftatbestand der Strafvereitelung (§ 258 StGB).[523] Begrenzt wird die Möglichkeit von Ausgleichsleistungen allenfalls durch das Gesellschaftsrecht:[524] Eine Ausgleichsleistung ist nach überwiegender Ansicht erst nach Ablauf von drei Jahren und nur mit Zustimmung der Hauptversammlung möglich (§ 93 Abs. 4 S. 3 AktG). Grundgedanke des § 93 AktG sei es, dass der Gesellschaft durch ein pflichtwidriges Verhalten ihres Organmitglieds kein Nachteil entstehen dürfe, was auch gelte, wenn sich die Gesellschaft den Nachteil durch die Ausgleichsleistung selbst zufüge.[525] Die Möglichkeit von Ausgleichsleistungen wird durch das Gesellschaftsrecht lediglich begrenzt, jedoch nicht gänzlich ausgeschlossen. Sollten die negativen Wirkungen der Geldbuße ausgeglichen werden, wird die kartellverantwortliche natürliche Person durch die Verhängung einer Geldbuße nicht in ihrer Lebensführung beeinträchtigt.[526] Damit verliert die Geldbuße an Abschreckungswirkung. Um Ausgleichsleistungen zu verhindern, schlägt *Möschel* die Einbeziehung von Geldbußen in den Anwendungsbereich des § 258 StGB vor.[527] Doch würden auch dann verdeckte Ausgleichsmöglichkeiten bestehen bleiben.[528] *Steindorff* empfiehlt daher,

---

521 *Lüderssen*, StV 1997, 318 (320); *Massey*, in: *Cseres/Schinkel/Vogelaar* (Hrsg.), Criminalization, S. 182; Monopolkommission, Hauptgutachten XX, S. 96; *Möschel*, in: FG Kummer, S. 447; *Oldigs*, Möglichkeiten und Grenzen, S. 108; *Ransiek*, Unternehmensstrafrecht, S. 326; *Tiedemann*, Kartellrechtsverstöße, S. 179; *Wagner-von Papp*, in: *Beaton-Wells/Ezrachi* (Hrsg.), Criminalising Cartels, S. 174; *Werden/Hammond/Barnett*, The Antitrust Bulletin 56 (2011), 207 (213); *Wils*, in: *Cseres/Schinkel/Vogelaar* (Hrsg.), Criminalization, S. 85; *Zimmermann*, DB 2008, 687 (690).

522 *Tiedemann*, Kartellrechtsverstöße, S. 179. In den Fällen, in denen das Unternehmen keine Kenntnis von der Kartellrechtsabsprache hatte, wird jedoch vermutet, dass das Unternehmen kein Interesse daran hat, die Geldbuße auszugleichen („*rogue director*") *Riley*, ECLR 2011, 551 (561).

523 *Biermann*, ZWeR 2007, 1 (17).

524 *Fleischer*, WM 2005, 909 (917); *Kapp/Gärtner*, CCZ 2009, 168 (173); *Zimmermann*, DB 2008, 687 (690 f.).

525 *Fleischer*, WM 2005, 909 (917).

526 *Oldigs*, Möglichkeiten und Grenzen, S. 108.

527 *Möschel*, in: FG Kummer, S. 447.

528 *Möschel*, in: FG Kummer, S. 447.

Ausgleichsleistungen wiederum mit Geldbuße zu bedrohen.[529] Demgegenüber können die Unternehmen die negativen Folgen einer Freiheitsstrafe nicht kompensieren.[530] Ein „Freikauf" scheidet aus.[531] Freiheitsstrafen eignen sich somit besser als Geldbußen, Kartellanten einen Anreiz zu bieten, von der Vereinbarung einer Kartellrechtsabsprache abzusehen.[532]

Zweitens haftet der Strafe ein sozialethisches Unwerturteil an. Mit der Verhängung von Strafe wird das Verhalten des Täters öffentlich missbilligt.[533] Der Täter wird stigmatisiert: Infolge der strafrechtlichen Verurteilung verringert sich sein sozialethischer Status.[534] Gesellschaftlich integriert und sozial angepasst sind Wirtschaftsakteure für die stigmatisierende Wirkung von Strafe besonders empfänglich.[535] Bereits die Einleitung strafrechtlicher Ermittlungen gefährdet ihre soziale Stellung.[536] Weitere Statuseinbußen drohen bei Anordnung von Untersuchungshaft sowie durch die Öffentlichkeit des Strafverfahrens.[537] Für die Niederlande konnte *Rosenboom* eine Beeinträchtigung von Karrieremöglichkeiten infolge einer Kartellbeteiligung nachweisen.[538] Stigmatisierend wirkt überdies der Eintrag von Kriminalstrafen in das Bundeszentralregister (§§ 3, 4 BZRG) und in das Führungszeugnis (§ 32 BZRG). Auch erregen Freiheitsstrafen für Wirtschaftsstraftäter die Aufmerksamkeit einer breiten Öffentlichkeit.[539] Ihre Öffentlichkeitswirksamkeit schreckt ab.[540]

---

529 *Steindorff,* ZHR 138 (1974), 504 (508).

530 *Wagner-von Papp,* WuW 2010, 268 (272); *Wils,* Optimal Enforcement, S. 220. Hingegen nimmt *Pierenkemper* an, dass kürzere Haftstrafen hingenommen werden, wenn sie entsprechend hoch entlohnt werden, Kartellbußen, S. 220 f.

531 *Dannecker,* in: FS Tiedemann, S. 814.

532 So auch *Biermann,* ZWeR 2007, 1 (17); *Rosochowicz,* ECLR 2004, 752 (755).

533 *Biermann,* ZWeR 2007, 1 (17); *Khan,* World Competition Law and Economic Review 35 (2012), 77 (86); *Meier,* Strafrechtliche Sanktionen, S. 16.

534 *Furse,* Criminal Law, S. 41; *Paliero,* in: Madrid-Symposium, S. 249; *Werden/Simon,* The Antitrust Bulletin 32 (1987), 919 (935).

535 *Dreher,* WuW 2011, 232 (237); *Janssen,* Managerhaftung, S. 157; Monopolkommission, Hauptgutachten XX, S. 97; *Wagner-von Papp,* WuW 2009, 1236 (1248); *ders.,* WuW 2010, 268 (272); kritisch *Reindl,* in: *Cseres/Schinkel/Vogelaar* (Hrsg.), Criminalization, S. 115 ff.

536 Vgl. *Bannenberg,* Korruption, S. 347.

537 *Theile,* wistra 2012, 285 (287); *Tiedemann,* Kartellrechtsverstöße, S. 179.

538 *Rosenboom,* Journal of Competition Law & Economics 8 (2012), 145 (164).

539 Vgl. *Khan,* World Competition Law and Economic Review 35 (2012), 77 (86); *Werden/Simon,* The Antitrust Bulletin 32 (1987), 919 (933 f.); *Whelan,* The Competition Law Review 4 (2007), 7 (33); *Wils,* in: *Cseres/Schinkel/Vogelaar* (Hrsg.), Criminalization, S. 84.

540 *Werden/Simon,* The Antitrust Bulletin 32 (1987), 919 (933).

Drittens stellen Kartellrechtsverstöße rational geplante Taten dar, deren Vorteile (Gewinnsteigerung) und Nachteile (Aufdeckung, Verfolgung und Sanktionierung) die Kartellanten gegeneinander abwiegen.[541] Zwar hängt die Entscheidung über kartellrechtskonformes oder kartellrechtswidriges Verhalten neben der Kosten-Nutzen-Analyse auch von weiteren Einflussgrößen wie etwa der individuellen Wertehaltung ab.[542] Dennoch sind die Bedingungen einer wirkungsvollen Abschreckung vielversprechender als bei Tätern anderer, beispielsweise affektgeladener Straftaten.[543]

Viertens ermöglicht die strafrechtliche Ahndung von Hardcore-Kartellen auch die Verhängung von Berufsverboten (§ 70 StGB). Als Maßregel der Besserung und Sicherung soll das Berufsverbot die Gesellschaft vor solchen Straftaten schützen, die der Täter im Rahmen seiner Berufs- oder Gewerbeausübung begeht.[544] Eine Zuwiderhandlung gegen das Berufsverbot ist strafbar (§ 145c StGB). Die Möglichkeit ein Berufsverbot zu verhängen, könnte die Abschreckungswirkung steigern. Berufsverbote sind durch das Unternehmen schwer zu kompensieren: Die kartellverantwortliche natürlichen Person kann ihre Tätigkeit im Unternehmen nicht fortführen. Verdeckte Ausgleichzahlungen sind erschwert. Darüber hinaus schlägt die Monopolkommission vor, Kartellanten auch von der Geschäftsführung einer GmbH (§ 6 Abs. 2 S. 2 Nr. 3 GmbHG) oder aus dem Vorstand einer AG (§ 76 Abs. 3 S. 2 Nr. 3 AktG) auszuschließen.[545]

Gleichwohl wird angemahnt, die abschreckende Wirkung von Kartellstrafen könne dadurch abgeschwächt werden, dass die Freiheitsstrafen in der Praxis „eher kurzzeitiger Art sein werden und regelmäßig zur Bewährung ausgesetzt werden sollen".[546] Dabei sollen kurze Freiheitsstrafen nach § 47 StGB und § 56 StGB die Ausnahme sein.[547] Doch selbst kurze, zur Bewährung ausgesetzte

541 *Beaton-Wells/Parker,* Journal of Antitrust Enforcement 1 (2013), 198 (204); *Massey,* in: *Cseres/Schinkel/Vogelaar* (Hrsg.), Criminalization, S. 182 f.

542 *Parker,* in: *Beaton-Wells/Ezrachi* (Hrsg.), Criminalising Cartels, S. 249.

543 *Ginsburg/Wright,* Competition Policy International 6 (2010), 3 (17); *Massey,* in: *Cseres/Schinkel/Vogelaar* (Hrsg.), Criminalization, S. 182 f.; *Paternoster/Simpson,* Law & Society Review 30 (1996), 549 (551); vgl. *Tiedemann,* Kartellrechtsverstöße, S. 178; *Wagner-von Papp,* WuW 2010, 268 (273).

544 *Stoll,* in: Beck'scher Online-Kommentar, StGB, § 70 Rn. 1.

545 Monopolkommission, Hauptgutachten XX, Fn. 203.

546 *Möschel,* in: FG Kummer, S. 438.

547 *Dreher,* WuW 2011, 232 (238).

Freiheitsstrafen wirken in größerem Maße stigmatisierend als es Geldbußen möglich wäre.[548] Weiter widersprechen die US-amerikanischen Erfahrungen der Annahme, dass bei der strafrechtlichen Ahndung von Hardcore-Kartellen lediglich kurze Freiheitsstrafen verhängt werden würden. In den USA betrug die durchschnittliche Haftdauer in den Jahren 2010 bis 2013 für Hardcore-Kartelle 2,1 Jahre.[549] Weltweit werden Freiheitsstrafen von durchschnittlich 1,6 Jahren verhängt.[550] Da es sich bei Hardcore-Kartellen um besonders sozialschädliche Verhaltensweisen handelt, was auch in der Verhängung außerordentlich hoher Unternehmensgeldbußen zum Ausdruck kommt, ist davon auszugehen, dass die kartellverantwortlichen natürlichen Personen mit langwierigen Freiheitsstrafen mit einem Strafmaß von über sechs Monaten zu rechnen hätten.[551] Endlich ist eine erhöhte Abschreckungswirkung nur dann zu erreichen, wenn potentielle und aktuelle Kartellanten auch ihre Entdeckung und Ahndung fürchten müssen.[552] Folglich muss neben den Sanktionen auch die Kartellverfolgung verschärft werden.[553]

bb) Positive Generalprävention

Strafe hat bewusstseinsbildende Kraft (positive Generalprävention).[554] Wird rechtswidriges Verhalten mit Strafe bewehrt, wird der Bevölkerung dessen sozialethische Verwerflichkeit verdeutlicht.[555] Damit kann der Erlass einer strafrechtlichen Regelung das öffentliche Bewusstsein prägen und Einstellungsänderungen bewirken.[556] Die positive Generalprävention wird auch in dem Sinne verstanden, dass durch die Bestrafung des Täters das Vertrauen der Bevölkerung in die Bestands- und Durchsetzungskraft der Rechtsordnung bekräftigt und auf diese Weise die Rechtstreue der Bevölkerung gestärkt wird.[557] Strafe stabilisiert demzufolge das Wertbewusstsein der Bevölkerung (Integrationsprävention).[558]

---

548 Monopolkommission, Hauptgutachten XX, S. 97.

549 http://www.justice.gov/atr/public/criminal/264101.html (Stand: 20.06.2014).

550 *Dreher*, WuW 2011, 232 (238) m.w.N; ICN, Defining Hard Core Cartel Conduct, S. 66.

551 Vgl. *Dannecker*, in: FS Tiedemann, S. 814; *Janssen*, Managerhaftung, S. 158; Monopolkommission, Hauptgutachten XX, S. 98.

552 *Wils*, World Competition Law and Economic Review 28 (2005), 117 (148).

553 *Parker*, in: *Beaton-Wells/Ezrachi* (Hrsg.), Criminalising Cartels, S. 250.

554 *Meier*, Kriminologie, S. 233; *Wolff*, ZStW 97 (1985), 786 (800).

555 *Dölling*, ZStW 102 (1990), 1 (2); *Stucke*, Columbia Business Law Review 2006, 443 (490); *Wolff*, ZStW 97 (1985), 786 (800).

556 *Würtenberger*, NJW 1986, 2281 (2285).

557 *Dölling*, ZStW 102 (1990), 1 (14); vgl. *Müller-Dietz*, in: FS Jescheck, Bd. II, S. 819.

558 *Roxin*, Strafrecht AT I, S. 80.

Demgegenüber misst *Jakobs* der positiven Generalprävention die Bedeutung bei, dass durch Strafe lediglich die Fortgeltung strafrechtlicher Regelungen bestätigt werde.[559] Strafe dient hiernach der Erhaltung von Systemstabilität.[560]

Während in den USA das Leitbild des freien Wettbewerbs von einem breiten gesellschaftlichen Konsens getragen wird und Kartellrechtsverstöße mit Delikten wie Diebstahl oder Einbruch verglichen werden,[561] werden Kartellrechtsverstöße in der deutschen Bevölkerung derzeit überwiegend als nicht sozialethisch verwerflich wahrgenommen.[562] Die fehlende Verankerung der sozialethischen Verwerflichkeit von Kartellrechtsverstößen im öffentlichen Bewusstsein wurde bereits im Regierungsentwurf zum GWB zur Begründung des Verzichts auf eine Kriminalisierung herangezogen:

„Weder in der deutschen Öffentlichkeit noch in den beteiligten Verkehrskreisen ist bisher ein lebendiges Gefühl dafür verbreitet, dass wettbewerbsbeschränkende Verträge und Geschäftspraktiken erlaubt und ethisch verwerflich sind. [...] Spätere Zeiten, denen der Gedanke des Wettbewerbs lebendiger und werterfüllter scheinen wird, als das heute der Fall ist, mögen davon abgehen und die Ordnungswidrigkeiten zu echten Straftaten verschärfen.“[563]

An dieser Einschätzung hielt die Bundesregierung auch im Jahr 2008 fest, indem die Bundesregierung „keinen Anlass [sah], ihre bisherige ablehnende Haltung zur Kriminalisierung kartellrechtlicher Verstöße zu ändern. Erfahrungen aus anderen Ländern haben bislang keine Anhaltspunkte dafür erbracht, dass die Kriminalisierung auf die Zahl oder das Ausmaß von Wettbewerbsverstößen signifikante Auswirkungen hat.“[564] Eine Kriminalisierung ist auch in naher Zukunft nicht zu erwarten.[565]

---

559 *Jakobs,* Strafrecht AT, S. 9 f.

560 Vgl. *Hörnle/von Hirsch,* in: *Schünemann/von Hirsch/Jareborg,* (Hrsg.), Positive Generalprävention, S. 83.

561 *Federmann,* Kriminalstrafen, S. 350; *Jones/Williams,* Journal of Antitrust Enforcement 2 (2014), 100 (116); *Werden/Hammond/Barnett,* The Antitrust Bulletin 56 (2011), 207 (208 f.).

562 *Dreher,* WuW 2011, 232 (237); *Federmann,* Kriminalstrafen, S. 350; *Stephan,* UK Cartel Offence, S. 17 f.; *Wagner-von Papp,* WuW 2010, 268 (274); a.A. *Tiedemann,* Kartellrechtsverstöße, S. 98 f.; *Kartte/Portatius,* BB 1975, 1169 (1169); Monopolkommission, Hauptgutachten XX, S. 100; Monopolkommission, Sondergutachten 72, S. 45. Für Großbritannien *Stephan,* Journal of Antitrust Enforcement 2 (2014), 333 (360).

563 BT-Dr 2/1158, Anlage 1, S. 27 f.

564 BT-Dr 16/8681, S. 3 f.

565 Vgl. *Mundt,* wrp 2014, Editorial.

Ein geringes öffentliches Bewusstsein für die Sozialschädlichkeit von Hardcore-Kartellen auf internationaler Ebene, belegen auch zwei in Großbritannien[566] und Australien[567] durchgeführte Befragungen. Für das fehlende öffentliche Bewusstsein können zunächst fehlende Rechtskenntnisse verantwortlich gemacht werden.[568] Das Kartellrecht ist ein junges Rechtsgebiet. Vertiefte Kenntnisse der Bevölkerung von der Schädlichkeit von Kartellen sind deshalb kaum zu erwarten.[569] Weiter handelt es sich bei Hardcore-Kartellen um komplexe Sachverhalte, die für die Bevölkerung nur schwer zugänglich sind und daher von dieser weniger negativ bewertet werden.[570] Schließlich sind sich die Geschädigten von Hardcore-Kartellen ihrer Opferrolle zumeist nicht bewusst.[571] Solche vermeintlich „opferlosen Delikte" kennzeichnen eine verringerte Sichtbarkeit und Fühlbarkeit des Unrechts.[572] Anders als Gewaltdelikte lösen sie in der Bevölkerung keine vergleichbaren Gefühlsregungen aus.[573] In der Bevölkerung bildet sich folglich kein dem Unrechtsgehalt entsprechender Abwehrwille.[574] Ein solcher Abwehrwille ist jedoch Voraussetzung für die Effektivität einer strafrechtlichen Regelung.[575] So wurde in Großbritannien das Versagen und die Reformbedürftigkeit des Kartellstrafrechts auf einen fehlenden Abwehrwillen der Bevölkerung und der betroffenen Wirtschaftskreise zurückgeführt.[576]

Allerdings trägt sowohl die Berichterstattung des Bundeskartellamts als auch die Verhängung hoher Geldbußen dazu bei, zunehmend ein öffentliches

---

566 *Stephan,* The Competition Law Review 2008, 123 (123 ff.).

567 *Beaton-Wells/Haines/Parker/Platania-Phung,* The Cartel Project. Report on a Survey of the Australian Public, 2010.

568 *Beaton-Wells/Parker,* Journal of Antitrust Enforcement 1 (2013), 198 (215); *Hack,* Vorstandsverantwortlichkeit, S. 218; vgl. *Paliero,* in: Madrid-Symposium, S. 247.

569 Vgl. *Wagner-von Papp,* WuW 2010, 268 (274).

570 Vgl. *Bock,* Criminal Compliance, S. 155.

571 *Massey,* in: *Cseres/Schinkel/Vogelaar* (Hrsg.), Criminalization, S. 179; *Paliero,* in: Madrid-Symposium, S. 247 f; *Stucke,* in: *Beaton-Wells/Ezrachi* (Hrsg.), Criminalising Cartels, S. 267; *Stephan,* UK Cartel Offence, S. 18; *Wagner-von Papp,* WuW 2010, 268 (274).

572 *Bock,* Criminal Compliance, S. 155.

573 *Bock,* Criminal Compliance, S. 153; *Wagner-von Papp,* WuW 2010, 268 (274).

574 Vgl. *Bock,* Criminal Compliance, S. 153.

575 *Stephan,* in: *Beaton-Wells/Ezrachi* (Hrsg.), Criminalising Cartels, S. 381; vgl. *Wils,* Competition Law Review 28 (2005), 117 (150); vgl. *Jones/Williams,* Journal of Antitrust Enforcement 2 (2014), 100 (115).

576 *Jones/Williams,* Journal of Antitrust Enforcement 2 (2014), 100 (113 ff.); *Stephan,* Journal of Antitrust Enforcement 2 (2014), 333 (339).

Bewusstsein für die soziale Verwerflichkeit von Hardcore-Kartellen zu schaffen.[577] Dabei zeigt auch die vermehrte Errichtung kartellrechtlicher Compliance-Systeme in Unternehmen, dass die beteiligten Wirtschaftskreise auf das Kartellrecht aufmerksam geworden sind.[578] Zudem ist zweifelhaft, ob das öffentliche Bewusstsein für die soziale Verwerflichkeit einer Verhaltensweise überhaupt eine Bedingung ihrer strafrechtliche Ahndung ist:[579] Auch bei anderen Straftatbeständen des Nebenstrafrecht dürfte es an einem öffentlichen Bewusstsein fehlen. Jedenfalls könnte, indem der positiven Generalprävention eine auf das Wertbewusstsein der Bevölkerung Einfluss nehmende Wirkung zugesprochen wird, die strafrechtliche Ahndung von Hardcore-Kartellen dazu beitragen, in der Bevölkerung ein Bewusstsein für die sozialethische Verwerflichkeit von Hardcore-Kartellen zu wecken und die Akzeptanz von Gegenmaßnahmen zu fördern.[580] Neben der Aufgabe, bereits im öffentlichen Bewusstsein verankerte Werte zu schützen, ist es auch Aufgabe des Gesetzgebers, das öffentliche Bewusstsein fortzuschreiben.[581] So haben etwa Großbritannien und Irland ihren Führungsauftrag wahrgenommen.[582] Deshalb sollte auch der deutsche Gesetzgeber Hardcore-Kartelle als sozialethisches Unrecht beschreiben, um dadurch die Bevölkerung für die sozialethische Verwerflichkeit von Kartellrechtsverstößen zu sensibilisieren.[583]

---

577 *Janssen,* Managerhaftung, S. 144; Monopolkommission, Hauptgutachten XX, S. 100.

578 *Dannecker/Biermann,* in: Vor Art. 23 f., Rn. 19; *Bosch/Colbus/Harbusch,* WuW 2009, 740 (740 ff); *Sahan/Berndt,* BB 2010, 647 (651).

579 *Baumann/Arzt,* ZHR 134 (1970), 24 (32); Monopolkommission, Hauptgutachten XX, S. 100.

580 *Baumann/Arzt,* ZHR 134 (1970), 24 (32); *Biermann,* ZWeR 2007, 1 (18); vgl. *Coffee,* Yale Law Journal 101 (1991/92), 1875 (1875); *Jones/Williams,* Journal of Antitrust Enforcement 2 (2014), 100 (114 f.); Monopolkommission, Hauptgutachten XX, S. 100; Monopolkommission, Sondergutachten 72, S. 47; *Reindl,* in: *Cseres/Schinkel/Vogelaar* (Hrsg.), Criminalization, S. 117; *Tiedemann,* Verhandlungen 49. DJT, C 42; *Wagner-von Papp,* WuW 2009, 1236 (1248); *ders.,* WuW 2010, 268 (274 f.); *Werden/Simon,* The Antitrust Bulletin 32 (1987), 917 (933 f.).

581 *Baumann/Arzt,* 134 (1970), 24 (32); *Federmann,* Kriminalstrafen, S. 351; *Tiedemann,* Kartellrechtsverstöße, S. 97; *Volk,* JZ 1982, 85 (87).

582 *Wils,* in: *Cseres/Schinkel/Vogelaar* (Hrsg.), Criminalization, S. 89.

583 *Biermann,* ZStW 2007, 1 (18); *Federmann,* Kriminalstrafen, S. 351; *Heinemann,* in: FS v. Büren, S. 607; *Lüderssen,* ZStW 85 (1973), 288 (298); *Tiedemann,* Verfassungsrecht und Strafrecht, S. 54; *Volk,* JZ 1982, 85 (87); *Wils,* World Competition Law and Economic Review 28 (2005), 117 (159).

Einer Einflussnahme auf das öffentliche Bewusstsein bedarf es auch deswegen, weil der Wert universaler Rechtsgüter, die einem vielschichtigen Wirtschaftsprozess entstammen, wie dem des Wettbewerbs, von der Bevölkerung nur schwer zu erfassen ist.[584] Der Einführung eines Straftatbestandes kommt eine Signalwirkung zu, die zu einer Bewusstseinsbildung beitragen kann.[585] Sollte hingegen auf die Kriminalisierung von Kartellrechtsverstößen verzichtet werden, könnte in der Bevölkerung der Eindruck entstehen, dass es sich bei Kartellrechtsverstößen nur um Bagatellunrecht handelt, was dem öffentlichen Bewusstsein für die sozialethische Verwerflichkeit von Kartellen abträglich wäre.[586] Als Beleg für die Möglichkeit der Beeinflussung des öffentlichen Bewusstseins kann schließlich § 298 StGB dienen, dessen Einführung Einstellungsänderungen bewirkte. So werden Submissionsabsprachen seitdem „nur noch von kleineren, unter sich persönlich bekannten Unternehmen auf regionalen Märkten sowie bei privaten Ausschreibungen praktiziert".[587]

Veränderungen im öffentlichen Bewusstsein setzen allerdings voraus, dass die Strafbewehrung von der Bevölkerung auch wahrgenommen wird.[588] Dazu muss die Bevölkerung über die Strafnorm, das Strafverfahren und gegebenenfalls über Verurteilungen informiert werden.[589] Zusätzlich ist eine verstärkte Öffentlichkeitsarbeit der Staatsanwaltschaften und des Bundeskartellamts angezeigt.[590] Eine Berichtserstattung über Kartellrechtsverstöße hat insbesondere durch die Medien zu erfolgen.[591] Durch eine mediale Aufklärung kann die Bevölkerung von der Schädlichkeit von Kartellrechtsverstößen erfahren, so dass diese in der öffentlichen Wahrnehmung ihren bagatellhaften Charakter verlieren.

b) *Spezialprävention*

Auf individueller Ebene wird für die präventive Wirkung der Strafe der Begriff der Spezialprävention verwendet. Zum einen soll durch Einwirkung auf den einzelnen Täter künftigen Straftaten vorgebeugt und der Täter wieder in die

584 Vgl. *Oldigs*, Möglichkeiten und Grenzen, S. 101.

585 *Janssen*, Mangerhaftung, S. 158; *Reindl*, in: *Cseres/Schinkel/Vogelaar* (Hrsg.), Criminalization, S. 117; vgl. *Schubert/Moebius*, ZRP 2006, 33 (35); *Tiedemann*, Verhandlungen 49. DJT, C 38.

586 Vgl. *Dölling*, ZStW 102 (1990), 1 (16).

587 *Tiedemann*, in: FS Müller-Dietz, 905 (912).

588 *Hassemer*, Theorie und Soziologie, S. 148; *Wagner-von Papp*, WuW 2009, 1236 (1245).

589 *Janssen*, Managerhaftung, S. 158.

590 *Janssen*, Managerhaftung, S. 158.

591 *Stephan*, in: *Beaton-Wells/Ezrachi* (Hrsg.), Criminalising Cartels, S. 385.

Gesellschaft eingegliedert werden (positive Spezialprävention).[592] Zum anderen soll die Sicherung des Täters diesen physisch daran hindern, weitere Straftaten zu begehen (negative Spezialprävention).[593] Im Kartellrecht spielt die Spezialprävention allenfalls eine untergeordnete Rolle.[594] Eine Wiedereingliederung der Kartellanten dürfte kaum erforderlich sein.[595] Um Kartellanten physisch von einer erneuten Kartellbeteiligung abzuhalten, kämen weniger belastende Mittel, insbesondere Tätigkeitsverbote, in Betracht.[596]

2. Erforderlichkeit

Die Strafbewehrung einer Verhaltensnorm ist erforderlich, wenn keine milderen, zumindest gleich wirksamen Alternativen zum Einsatz von Strafe zur Verfügung stehen.[597] Der Einwand *Tiedemanns*, dem Erforderlichkeitsgebot komme im Strafrecht keine Bedeutung zu, weil die Strafe aufgrund ihrer „Verknüpfung mit der sozialethischen Mißbilligung ein völlig eigenartiges Reaktionsmittel darstellt und insofern [ihrer] Vergleichung mit anderen staatlichen Sanktionen Grenzen gesetzt" sind,[598] vermag nicht zu überzeugen, weil auch Ordnungswidrigkeiten einen sozialethischen Bezug aufweisen können, die Strafe damit kein „völlig eigenartiges Reaktionsmittel" ist.[599]

Alternativ zu einer Strafbewehrung von Hardcore-Kartellen kann das gegenwärtige Kartellsanktionensystem durch die Erhöhung der Aufdeckungs- und Ahndungswahrscheinlichkeit gestärkt werden.[600] Dazu ließe sich entweder die Wirksamkeit gegenwärtiger Sanktionen verbessern oder das derzeitige Sanktionensystem um neue Instrumente erweitern. Auf der Suche nach möglichen Alternativen zum Strafrecht ist aber die Eigenart des Wettbewerbs zu beachten: Der Wettbewerb eröffnet und gewährleistet wirtschaftliche Handlungsfreiheiten. Verhaltensvorgaben hingegen schränken diese Freiheiten ein, da sie dazu neigen, das Verhalten der Wirtschaftssubjekte „zu uniformieren und

---

592 *Roxin*, JuS 1966, 377 (379); *Ambos/Steiner*, JuS 2001, 9 (11).

593 *Streng*, Strafrechtliche Sanktionen, S. 37.

594 *Whelan*, Oxford Journal of Legal Studies 33 (2013), 535 (537).

595 *Whelan*, Oxford Journal of Legal Studies 33 (2013), 535 (537).

596 *Whelan*, Oxford Journal of Legal Studies 33 (2013), 535 (537).

597 BVerfG, NJW 2008, 1137 (1138); *Appel*, Verfassung und Strafe, S. 177; *Frisch*, NStZ 2016, 16 (18); *Kaspar*, Verhältnismäßigkeit, S. 414.

598 *Tiedemann*, Kartelrechtsverstöße, S. 174 f.

599 *Federmann*, Kriminalisierung, S. 264; *Selmer*, Verfassungsrechtliche Probleme einer Kriminalisierung des Kartellrechts, S. 49.

600 *Kovacic*, in: *Cseres/Schinkel/Vogelaar* (Hrsg.), Criminalization, S. 42.

unbeweglich zu machen".[601] Mitunter drohen Verhaltensvorgaben den Wettbewerb in größerem Maße zu beeinträchtigen als es einzelnen Handlungen der Wirtschaftssubjekte möglich wäre.[602]

In seinem Lissabon-Urteil fordert das BVerfG, dass die Erforderlichkeit von Strafe „nachweisbar feststehen" müsse.[603] Bedarf es zur Erforderlichkeit von Strafe demnach eines empirischen Nachweises? Würde der Gesetzgeber ein Verhalten erst dann mit Strafe bewehren, wenn sich deren Erforderlichkeit empirisch nachweisen ließe, griffe der strafrechtliche Schutz zu spät.[604] Mitunter drohen dem Rechtsgut irreversible Schäden.[605] Darüber hinaus widerspricht die Forderung eines empirischen Nachweises dem gesetzgeberischen Einschätzungs- und Bewertungsspielraum hinsichtlich der Erforderlichkeit von Strafe.[606] Mithin ist ein empirischer Nachweis der Erforderlichkeit von Strafe abzulehnen.

a) Kriminalprävention

Als erste Alternative zum Einsatz von Strafe ist an die Kriminalprävention zu denken: Die Kriminalprävention möchte ein in der Zukunft liegendes Verhalten steuern, wirkt also proaktiv.[607] Rechtswidriges Verhalten soll zum frühestmöglichen Zeitpunkt verhindert werden.[608] Das Strafrecht hingegen folgt rechtswidrigem Verhalten nach. Es hat reaktiven Charakter. Anders als das Strafrecht richtet sich die Kriminalprävention auch nicht gegen einen bestimmten, sondern gegen die Gesamtheit aller potentiellen Täter.[609] Inhaltlich umfasst sie alle privaten und staatlichen Maßnahmen der Verbrechensvorbeugung durch Einwirkung auf potentielle Tätergruppen oder durch Verringerung potentieller Tatgelegenheiten.[610] Maßnahmen des Selbstschutzes sowohl potentieller Täter als auch Opfer stehen in ihrem Mittelpunkt.[611] Die Kriminalprävention ist dann besonders

601 *Otto*, ZStW 96 (1984), 339 (361).
602 *Otto*, ZStW 96 (1984), 339 (361).
603 BVerfG, NJW 2009, 2267 (2288).
604 Vgl. *Kühl*, in: FS Maiwald, S. 450; *ders.*, JA 2009, 833 (839).
605 Vgl. *Kühl*, in: FS Maiwald, S. 450; *ders.*, JA 2009, 833 (839).
606 Vgl. *Vogel/Eisele*, in: Grabitz/Hilf/Nettesheim, Art. 83 Rn. 93.
607 *Achenbach*, GA 2004, 559 (560); *Koch*, JZ 1999, 922 (922); *Theile*, ZIS 2008, 406 (412).
608 *Shavell*, Journal of Law and Economics 36 (1993), 255 (257).
609 *Stächelin*, Strafgesetzgebung, S. 134.
610 *Kaiser*, Kriminologie, S. 248; *Meier*, Kriminologie, S. 270.
611 *Achenbach*, GA 2004, 559 (560).

wirksam, wenn sie möglichst umfassend eingesetzt wird, um auf diese Weise normverletzendes Verhalten weitestgehend auszuschließen.[612]

Je nach Präventionsebene kann eine primäre, sekundäre und tertiäre Kriminalprävention unterschieden werden.[613] Während Maßnahmen primärer Kriminalprävention insbesondere durch kulturelle-, wirtschaftliche- und sozialpolitische Maßnahmen die gesellschaftlichen Verhältnisse insgesamt zu verbessern suchen, möchten Maßnahmen sekundärer Kriminalprävention konkreten Kriminalitätsrisiken und Gefährdungslagen vorbeugen.[614] Die Maßnahmen der tertiären Kriminalprävention dienen der Rückfallverhütung.[615] Weiterhin lässt sich eine situative bzw. technische[616] und eine personale Kriminalprävention unterscheiden. Maßnahmen situativer Kriminalprävention wollen kriminalitätsfördernde Gelegenheiten beseitigen, wohingegen sich Maßnahmen personaler Kriminalprävention insbesondere an kriminalitätsgefährdete Risikogruppen wenden.[617] Zuletzt sollen durch eine strukturelle Kriminalprävention gesellschaftliche Lebensverhältnisse politisch gestaltet werden.[618] Abhängig vom Zeitpunkt der Einflussnahme können schließlich prädeliktische und postdeliktische Instrumente getrennt werden.

aa) Prädeliktische Kriminalprävention

Prädeliktische Kriminalprävention abweichender wirtschaftlicher Verhaltensweisen umfasst diejenigen Maßnahmen, welche bereits die Tatbegehung zu verhindern suchen.[619] Kartellrechtswidriges Verhalten könnte bereits vor seiner Entstehung durch unternehmerische Selbstregulierung oder durch die Legalisierung von Kartellen unterbunden werden.

(1) Unternehmerische Selbstregulierung

Kriminalprävention muss nicht zwingend durch den Staat, sondern kann auch von Privaten vorgenommen werden. Ein Instrument prädeliktischer Kriminalprävention ist die unternehmerische Selbstregulierung.[620] Unternehmerische

---

612 *Stächelin*, Strafgesetzgebung, S. 134
613 *Rathgeber*, Criminal Compliance, S. 54 f.
614 *Kaiser*, Kriminologie, S. 249; *Meier*, Kriminologie, S. 274 f.; *Rathgeber*, Criminal Compliance, S. 54 f.
615 *Göppinger*, Kriminologie, S. 468.
616 *Hassemer*, StV 1994, 333 (336).
617 *Rathgeber*, Criminal Compliance, S. 55.
618 *Rathgeber*, Criminal Compliance, S. 55.
619 *Meier*, Kriminologie, S. 270.
620 *Achenbach*, StV 2008, 324 (326); vgl. *Tiedemann*, Verhandlungen 49. DJT, C 36.

Selbstregulierung meint solche unternehmensinternen Maßnahmen, die auf das Verhalten von Unternehmensangehörigen einwirken möchten, um Rechtsverstößen vorzubeugen.[621] Sie möchte die Selbstkontrolle potenzieller Täter erreichen.[622] Orientierungspunkt für unternehmensinterne Maßnahmen bildet insbesondere die Wahrung von Anstand und Sitte des ehrbaren Kaufmanns (§ 1 Abs. 1 IHKG).[623] Seinen Ursprung hat das Modell der unternehmerischen Selbstregulierung im angelsächsischen Rechtskreis.[624] In den USA und in Großbritannien hat sich die Zusammenarbeit von Unternehmen mit der jeweiligen Aufsichts- bzw. Verfolgungsbehörde bewährt.[625] Aufgrund von staatlichen Vorgaben und Anreizstrukturen handelt es sich hier um ein kooperatives Modell der „regulierten Selbstregulierung".[626] Gegenüber der unternehmerischen Selbstregulierung bildet das Strafrecht eine Form der staatlichen Fremdregulierung.[627] Staatliche Fremdregulierung meint „jede Gestaltung der Lebensverhältnisse durch einen Träger der öffentlichen Gewalt".[628] Während Unternehmen im Rahmen der Selbstregulierung Handlungsspielräume eröffnet werden, wird ihnen ihr Verhalten im Rahmen staatlicher Fremdregulierung vorgeschrieben.[629] Die Handlungsmöglichkeiten sind auf normkonforme Handlungsmöglichkeiten begrenzt.[630] Zunehmend wird der Verhaltenssteuerung durch staatliche Fremdregulierung eine verminderte Wirkungsweise unterstellt:[631] Die den Steuerungsobjekten eigenen Interessen würden missachtet und staatliche Regelungen wegen der Komplexität der Regelungsmaterie auf einer unzureichenden Informationsgrundlage ergehen.[632] Zudem ermuntere die zunehmende Internationalisierung des Wirtschaftslebens die Marktteilnehmer dazu, sich den nationalstaatlichen Regelungen durch das sogenannte *„forum shopping"* zu entziehen, also die für die Durchsetzung ihrer Interessen günstigste Rechtsordnung aufzusuchen.[633]

621 Vgl. *Bürkle*, in: *Bürkle* (Hrsg.), Compliance in Versicherungsunternehmen, S. 3 f.
622 *Achenbach*, StV 2008, 324 (326).
623 *Rathgeber*, Criminal Compliance, S. 91.
624 *Rathgeber*, Criminal Compliance, S. 91.
625 *Rathgeber*, Criminal Compliance, S. 91.
626 *Rathgeber*, Criminal Compliance, S. 91 f.
627 *Rathgeber*, Criminal Compliance, S. 90; *Theile*, ZIS 2008, 406 (413).
628 *Makowski*, Kartellrechtliche Grenzen, S. 20; *Schmidt-Preuß*, VVDStRL 56 (1997), S. 163.
629 *Makowski*, Kartellrechtliche Grenzen, S. 33.
630 *Makowski*, Kartellrechtliche Grenzen, S. 33.
631 Vgl. *Di Fabio*, NZS 1998, 499 (455); *Makowski*, Kartellrechtliche Grenzen, S. 28.
632 *Makowski*, Kartellrechtliche Grenzen, S. 29.
633 *Makowski*, Kartellrechtliche Grenzen, S. 29.

Maßnahmen der Selbstregulierung würden hingegen den Staat durch Kosteneinsparungen entlasten und darüber hinaus, dadurch dass sie durch die Unternehmen selbst erstellt würden, eine gesteigerte Akzeptanz und dadurch eine erhöhte Wirkungskraft erzielen.[634]

Unternehmerische Selbstregulierung kann sich in unterschiedlichen Formen vollziehen. Denkbar sind der Einsatz von Compliance-Maßnahmen oder Maßnahmen situativer Prävention sowie die Einrichtung von Belohnungssystemen.

(a) Kartellrechtliche Compliance

Ein Element der unternehmerischen Selbstregulierung bildet die kartellrechtliche Compliance. Sie verspricht das kartellrechtskonforme Verhalten der Unternehmensangehörigen zu fördern und dadurch die Gefahr von kartellrechtswidrigem Verhalten zu verringern bzw. dieses zu beenden und seine Wiederholung zu verhindern.[635] So beschreibt das Bundeskartellamt „die Einführung von effektiven Compliance-Programmen als wichtigstes und wertvollstes Mittel der eigenverantwortlichen Prävention".[636] In den vergangenen Jahren haben die Unternehmen verstärkt in Compliance-Maßnahmen investiert.[637] Haben im Jahr 2009 nur 44%[638] der Unternehmen über ein Compliance-Maßnahmen ergriffen, ist deren Anzahl im Jahr 2012 bereits auf 84%[639] angewachsen.

Der Begriff der „Compliance" hat seinen Ursprung im Englischen und bedeutet „Einhaltung" oder „Befolgung".[640] In der Rechtswissenschaft wird unter „Compliance" die Einhaltung von Regeln, wie etwa Gesetzen, branchenspezifischen Standards oder ethisch motivierten Absichtserklärungen, verstanden.[641]Kartellrechtliche Compliance betrifft demnach die Einhaltung kartellrechtlicher

634 Vgl. *Christiansen*, MMR 2000, 123 (124); *Lübbe-Wolff*, NVwZ 2001, 481 (481); *Makowski*, Kartellrechtliche Grenzen, S. 29.

635 *Dannecker*, in: *Rotsch* (Hrsg.), Criminal Compliance, § 16 Rn. 102;. *Kölbel*, ZStW 125 (2013), 499 (512); *Pera/Pisanelli*, ECLR 2013, 267 (267); vgl. *Wils*, Journal of Antitrust Enforcement 1 (2013), 52 (60 f.).

636 BKartA, Tätigkeitsbericht 2011/2012, S. 31.

637 BT-Dr 18/5210, Rn. 50; *Engelhart*, Sanktionierung von Unternehmen und Compliance, S. 769.

638 *PWC*, Compliance und Unternehmenskultur, S. 17.

639 *Sieber/Engelhart*, Compliance Programs fort the Prevention of Economic Crimes, S. 35.

640 *Bock*, Criminal Compliance, S. 19; *Engelhart*, Sanktionierung von Unternehmen und Compliance, S. 40; *Hauschka*, NJW 2004, 257 (257); *Rotsch*, in: *Rotsch* (Hrsg.), Criminal Compliance, § 1 Rn. 5.

641 Der Begriff der *„Compliance"* wird in der Rechtswissenschaft nicht einheitlich gebraucht. Zugrunde gelegt wird überwiegend ein weites Verständnis im Sinne von

Regeln, insbesondere die Einhaltung des Kartellverbots (§ 1 GWB, Art. 101 AEUV).[642]

Um einen Zustand kartellrechtlicher Compliance zu erreichen, greifen die Unternehmen auf eine Vielzahl von Maßnahmen zurück, deren Anforderungen sich nach der Größe des Unternehmens, seiner Marktmacht und Geschäftsfelder richten.[643] Mindestvoraussetzung eines jeden Compliance-Programms sind jedoch die Information, Überwachung und Sanktionierung der Mitarbeiter.[644] Von Bedeutung ist auch das Bekenntnis der Unternehmensleitung, Kartellverstöße nicht zu dulden (sogenanntes *„mission statement“*).[645]Insbesondere durch Unternehmensrichtlinien sollen Mitarbeiter über kartellrechtliche Regelungen und Risiken aufgeklärt und konkrete Verhaltensanweisungen geben (*„Dos and Dont's“*) werden.[646] Die Einbettung kartellrechtlicher Regelungen in Unternehmensrichtlinien kann die Akzeptanz kartellrechtlicher Normen erhöhen und ein Risikobewusstsein schaffen bzw. schärfen.[647] Kartellverstöße, die auf schlichter Unkenntnis beruhen, können so vermieden werden.[648] Dies gelingt jedoch nur, wenn konkrete Bezüge zum Kartellverbot hergestellt und durch Beispiele veranschaulicht werden.[649] Gegenüber abstrakt formulierten Gesetzen können Unternehmensrichtlinien den Mitarbeitern so ein höheres Maß an

---

„Einhaltung von Regeln“. So auch BT-Dr 18/5210, Rn. 50; *Rotsch*, in: *Rotsch* (Hrsg.), Criminal Compliance vor den Aufgaben der Zukunft, S. 3; *ders.;* in: *Rotsch*, in: *Rotsch* (Hrsg.), Criminal Compliance, § 1 Rn. 7; *ders.*, ZStW 125 (2013), 481 (483); *Roxin*, StV 2012, 116 (116). Teilweise wird der Begriff auch eng, im Sinne der „Übereinstimmung mit geltendem Recht“ verstanden. So *Bock*, Criminal Compliance, S. 19; *ders.*, HRRS 2010, 316 (316); *Engelhart*, Sanktionierung von Unternehmen und Compliance, S. 43; *Klindt*, NJW 2006, 3399 (3399).

642 BT-Dr 18/5210, Rn. 50.

643 *Dannecker*, in: *Rotsch* (Hrsg.), Criminal Compliance, § 16 Rn. 107; *Lampert*, BB 2002, 2237 (2239).

644 *Dannecker*, in: *Rotsch* (Hrsg.), Criminal Compliance, § 16 Rn. 108; *Dittrich/Matthey*, in: *Hauschka/Mossmayer/Lösler* (Hrsg.), Corporate Compliance, § 26 Rn. 50; *Pera/Pisanelli*, ECLR 2013, 267 (267); *Reimers/Hainz*, CCZ 2016, 188 (190 f.); *Schröder*, CCZ 2015, 63 (64); *Voet van Vormizeele*, CCZ 2009, 41 (42).

645 *Dittrich/Matthey*, in: *Hauschka/Mossmayer/Lösler* (Hrsg.), Corporate Compliance, § 26 Rn. 54.

646 *Dittrich/Matthey*, in: *Hauschka/Mossmayer/Lösler* (Hrsg.), Corporate Compliance, § 26 Rn. 61 ff.

647 Vgl. *Bussmann*, MschKrim 2003, 89 (100).

648 *Stephan*, Company Lawyer 2010, 231 (232).

649 Vgl. *Bussmann*, MschKrim 2003, 89 (101).

Orientierungssicherheit liefern.[650] Da Mitarbeiter deutscher Unternehmen den Verfall gesellschaftlicher Werte als entscheidende Ursache wirtschaftskrimineller Verhaltensweisen ausweisen,[651] betreffen Unternehmensrichtlinien oftmals nicht nur rechtliche, sondern auch ethische Verhaltensanforderungen.[652] Diese sind auf die Werthaltungen- und orientierungen, aus denen heraus die Mitarbeiter eines Unternehmens handeln und von denen sie ihr Handeln bestimmen lassen, gerichtet.[653] Durch die Vermittlung von Werten sollen Kommunikation und Diskussion über ethische Grenzen angeregt und Selbstbindungseffekte ausgelöst werden.[654] Um in das Bewusstsein der Mitarbeiter zu gelangen, müssen Unternehmensrichtlinien in Schulungen eingeübt werden.[655] Daneben muss ihre Einhaltung laufend überwacht werden, etwa durch anlassbezogene und nicht anlassbezogene Compliance Audits oder durch Vortäuschung behördlicher Untersuchungen (sogenannte „*Mock Down Raids*").[656] Werden hierdurch Kartellrechtsverstöße aufgedeckt, müssen diese abgestellt und gegen die Mitarbeiter Sanktionen verhängt werden.[657] Dazu kann insbesondere auf zivil- und arbeitsrechtliche Instrumentarien, wie etwa eine Abmahnung oder Versetzung des Mitarbeiters, zurückgegriffen werden.[658]

Zwar zeigt eine empirische Studie, dass Compliance-Maßnahmen zur Bekämpfung wirtschaftskrimineller Verhaltensweisen beitragen.[659] Nach einer

---

650 *Theile*, wistra 2012, 285 (285).

651 *Bussmann*, MschrKrim 2003, 89 (97); *Hefendehl*, JZ 2006, 119 (121).

652 So gaben im Jahr 2012 bereits 78% der Unternehmen an, Ethikrichtlinien eingeführt zu haben, siehe hierzu *Sieber/Engelhart*, Compliance Programs fort the Prevention of Economic Crimes, S. 35; *Theile*, ZIS 2008, 406 (408).

653 Vgl. *Thomé*, zfwu 2004, 51 (51).

654 *Bussmann*, zfwu 2004, 35 (45); *Hefendehl*, JZ 2006, 119 (121); *Theile*, ZIS 2008, 406 (408).

655 *Dannecker*, in: *Rotsch* (Hrsg.), Criminal Compliance, § 16 Rn. 112; *Dittrich/Matthey*, in: *Hauschka/Mossmayer/Lösler* (Hrsg.), Corporate Compliance, § 26 Rn. 76 f.; vgl. *Bussmann*, MschKrim 2003, 89 (102).

656 *Dannecker*, in: *Rotsch* (Hrsg.), Criminal Compliance, § 16 Rn. 115 f.; *Bussmann*, MschKrim 2003, 89 (102); *Dittrich/Matthey*, in: *Hauschka/Mossmayer/Lösler* (Hrsg.), Corporate Compliance, § 26 Rn. 80; *Pera/Pisanelli*, ECLR 2013, 267 (267); *Stephan*, Company Lawyer 2010, 231 (233); *Voet van Vormizeele*, CCZ 2009, 41 (43).

657 *Dannecker*, in: *Rotsch* (Hrsg.), Criminal Compliance, § 16 Rn. 128/132.

658 *Dannecker*, in: *Rotsch* (Hrsg.), Criminal Compliance, § 16 Rn. 132; *Bussmann*, MschKrim 2003, 89 (102).

659 *Sieber/Engelhart*, Compliance Programs fort the Prevention of Economic Crimes, S. 159.

Befragung deutscher Unternehmen durch *Sieber* und *Engelhart* zur Wirksamkeit von Compliance-Programmen und zur Bekämpfung von Wirtschaftskriminalität[660] stuft die Mehrheit der großen und mittelständischen Unternehmen Compliance-Maßnahmen als die wirksamste Maßnahmen zur Vorbeugung und Aufdeckung von Straftaten ein.[661] Zu diesem Ergebnis gelangt die Studie durch Befragung deutscher Unternehmen, die sich in ihrer Größe, Geschäftsbereiche, Rechtsform und Standort unterschieden.[662] Von den deutschlandweit in den Jahren 2012 und 2013 verschickten 5734 Fragebögen, wurden 140 beantwortet, womit eine Rücklaufquote 2,4% erreicht wurde.[663] Das Ergebnis der Befragung überrascht nicht, da überwiegend die für die Kriminalprävention- und aufklärung verantwortliche Unternehmensleitung befragt wurde.[664] Auch ist aufgrund der geringen Rücklaufquote der Befragung, deren Representativität fraglich.

Abgesehen davon ist zweifelhaft, ob die höhere Wirksamkeit von Compliance-Maßnahmen gegenüber Sanktionen auch für die Bekämpfung von Kartellverstößen gilt. Hiergegen spricht *erstens*, dass Kartellrechtsabsprachen überwiegend von Leitungspersonen getroffen werden. Entscheidend für die Wirksamkeit von Compliance ist aber die Bekenntnis der Leitungspersonen zur Compliance.[665] *Zweitens* wissen die kartellverantwortlichen Personen überwiegend um die Kartellrechtswidrigkeit ihres Verhaltens.[666] Durch Wissensvermittlung durch Aufstellung von Verhaltensregeln und Schulungen der Mitarbeiter kann daher kein größeres Maß an Kartellrechtskonformität im Unternehmen erzielt werden.[667] Vielmehr könnten Mitarbeiter lernen, Kartellrechtsverstöße noch wirksamer zu verbergen.[668] Schließlich droht die Einführung von Ethikrichtlinien, im

660 Von den von *Sieber* und *Engelhart* deutschlandweit verschickten 5734 Fragebögen kamen insgesamt 140 Fragebögen ausgefüllt zurück, so dass eine Rücklaufquote von 2,4% erreicht wurde, siehe Compliance Programs for the Prevention of Economic Crimes, S. 28.

661 *Sieber/Engelhart,* Compliance Programs fort the Prevention of Economic Crimes, S. 159.

662 *Sieber/Engelhart,* Compliance Programs fort the Prevention of Economic Crimes, S. 28.

663 *Sieber/Engelhart,* Compliance Programs fort the Prevention of Economic Crimes, S. 28.

664 *Sieber/Engelhart,* Compliance Programs fort the Prevention of Economic Crimes, S. 155.

665 *Pera/Pisanelli,* ECLR 2013, 267 (268); *Voet van Vormizeele,* CCZ 2009, 41 (42).

666 *Stephan,* Company Lawyer 2010, 231 (233).

667 *Stephan,* Company Lawyer 2010, 231 (233).

668 *Wils* sieht diese Gefahr insbesondere bei *Mock Down Raids* gegeben, Journal of Antitrust Enforcement 1 (2013), 52 (61); a.A. *Geradin,* Journal of Antitrust Enforcement 1 (2013), 325 (332).

Unternehmen „eine [...] innerbetriebliche[...] Zwei-Klassen-Gesellschaft" zu errichten.[669] Einerseits bevorzugen die Unternehmen entscheidungsfreudige, extrovertierte und karriereorientierte Leistungspersonen („*risk seeker*").[670] Anderseits sollen sich unteren Unternehmensebenen moralisch korrekt verhalten.[671] Die von den Unternehmen bevorzugte Persönlichkeit ihrer Leitungspersonen und die von den Ethikrichtlinien aufgestellten Anforderungen widersprechen sich. *Drittens* sind die kartellverantwortlichen Personen stets um die Geheimhaltung ihrer Absprachen bemüht, was die unternehmensinterne Überwachung kartellrechtlicher Bestimmungen und die Aufdeckung von Kartellverstößen erheblich erschwert.[672] Überdies könnte die Kartellrechtsdurchsetzung beeinträchtigt werden, sollten Unternehmen das durch Compliance-Maßnahmen zu Tage geführte Beweismaterial zerstören.[673] Zudem beeinträchtigen Überwachungsmaßnahmen das Vertrauensverhältnis zwischen der Unternehmensleitung und den Mitarbeitern.[674] Ein Klima des Misstrauens im Unternehmen begünstigt wiederum die Begehung von Straftaten im Unternehmen.[675] *Viertens* fehlen Anreize zur Einführung wirksamer Compliance-Maßnahmen. Zwar können bereits nach geltendem Recht Compliance-Maßnahmen im Rahmen der Bußgeldbemessung berücksichtigt werden.[676] Allerdings lehnen dies sowohl das Bundeskartellamt[677] als auch die Europäische Kommission[678] und die Europäische Gerichte[679] ab.[680] Die Bundesregierung prüft daher, unter Beifall deutscher Unternehmen,[681] ob

---

669 *Achenbach*, StV 2008, 324 (327); *Hefendehl*, JZ 2006, 119 (124).

670 *Hefendehl*, JZ 2006, 119 (124).

671 *Hefendehl*, JZ 2006, 119 (124).

672 *Dannecker*, in: *Rotsch* (Hrsg.), Criminal Compliance, § 16 Rn. 132; *Dittrich/Matthey*, in: *Hauschka/Mossmayer/Lösler* (Hrsg.), Corporate Compliance, § 26 Rn. 51; *Stephan*, Company Lawyer 2010, 231 (234).

673 *Wils*, Journal of Antitrust Enforcement 1 (2013), 52 (61); a.A. *Geradin*, Journal of Antitrust Enforcement 1 (2013), 325 (333).

674 *Dittrich/Matthey*, in: *Hauschka/Mossmayer/Lösler* (Hrsg.), Corporate Compliance, § 26 Rn. 100.

675 *Bussmann/Salvenmoser*, NStZ 2006, 203 (206).

676 *Jungbluth*, NZKart, 2015, 43 (44).

677 *Mundt*, Compliance Manager 1/15, 92 (95).

678 Europäische Kommission, Entscheidung v. 18.07.2001, COMP/E-1/36.490 – Graphitelektroden, Rn. 194.

679 EuGH, Urt. v. 28.06.2005, Rs. C-189/02 P u.a. – Dansk Rørindustri, Rn. 373; EuG, Urt. v. 14.05.2015, Rs. T-406/09 – Donau Chemie, Rn. 167 ff.

680 BT-Dr 18/5210, Rn. 50; *Jungbluth*, NZKart, 2015, 43 (44).

681 *Bussmann/Salvenmoser*/Jeker, CCZ 2016, 235 (237 f.); *PWC*, Wirtschaftskriminalität 2016, S. 5.

eine gesetzliche Regelung zur verbindlichen Berücksichtigung von Compliance-Maßnahmen, Unternehmen zu wirksameren Compliance-Maßnahmen ermuntern kann.[682] Erste Schwierigkeiten lässt bereits die Ausgestaltung einer gesetzlichen Regelung erwarten: Die aufgestellten Compliance-Anforderungen dürfen weder zu weit noch zu eng sein, weil sie ansonsten Regelungslücken oder Rechtsunsicherheiten hervorrufen können.[683] Sind die Kartellbehörden verpflichtet, Compliance-Maßnahmen zu berücksichtigen, müssen sie sich intensiv mit der Ernsthaftigkeit ihrer Umsetzung auseinandersetzen.[684] Dies führt zu einer Mehrbelastung der Kartellbehörden.[685] Die Einführung einer solchen Vorschrift dürfte schließlich die Durchsetzung des europäischen Kartellverbots (Art. 101 AEUV) hemmen und insoweit europäischem Recht widersprechen, da die Europäische Kommission und die Europäischen Gericht eine haftungsmindernde Berücksichtigung von Compliance ablehnen.[686]

(b) Situative Prävention

Ließe sich kartellrechtwidriges Verhalten nicht auch durch die Umgestaltung unternehmensinterner Strukturen und Prozesse verhindern oder zumindest erschweren? Maßnahmen situativer Prävention[687] möchten Tatgelegenheiten durch faktische Vorkehrungen verhindern.[688] Vielfältige Maßnahmen situativer Prävention sind vorstellbar. Um kartellrechtswidriges Verhalten im Unternehmen zu unterbinden, kann einerseits daran gedacht werden, die Kartellorganisation durch Jobrotationen, Funktionstrennungen für Mitarbeiter und Abzeichnungserfordernisse zu schwächen.[689] Andererseits könnte schon der

682 BT-Dr 18/5210, Rn. 50. Ablehnend *Bosch/Colbus/Harbusch*, WuW 2009, 740 (745); *Geradin*, Journal of Antitrust Enforcement 1 (2013), 325 (346); Monopolkommission, Sondergutachten 72, S. 41; *Mundt*, Compliance Praxis 2014, 12 (13); *Wils*, Journal of Antitrust Enforcement 1 (2013), 52 (70). Befürwortend *Voet van Vormizeele*, CCZ 2009, 41 (48). Zur Rechtslage im Ausland *Dittrich/Linsmeier*, NZKart 2014, 485 (488 f.).

683 *Jungbluth*, NZKart, 2015, 43 (44).

684 *Brömmelmeyer*, NZKart 2014, 478 (485); *Jungbluth*, NZKart, 2015, 43 (44).

685 *Jungbluth*, NZKart, 2015, 43 (44).

686 *Brömmelmeyer*, NZKart 2014, 478 (482); Monopolkommission, Sondergutachten 72, S. 41.

687 Vgl. *Hassemer*, der allerdings von „technischer Prävention“ oder von „organisatorischer Prävention“ spricht, StV 1994, 333 (336); *ders.*, StV 1995, 483 (489); *Hefendehl*, ZStW 119 (2007), 816 (842).

688 *Bung*, ZStW 125 (2013), 536 (537); *Bussmann*, MschKrim 2003, 89 (94); *Hassemer*, StV 1995, 483 (489); *Hefendehl*, ZStW 119 (2007), 816 (842).

689 Vgl. *Hassemer*, StV 1995, 483 (490); *Hefendehl*, ZStW 119 (2007), 816 (842).

Entstehung von Kartellen durch eine sorgfältige Personalauswahl oder durch Videoüberwachung zuvorgekommen werden.[690]

Um alle Mitarbeiter im Unternehmen zu erreichen, müssen Maßnahmen situativer Prävention besonders umfassend wirken.[691] Der hierzu erforderliche Kontrollaufwand, ist nicht nur kostspielig und aufwändig, sondern birgt auch die Gefahr einer sich „krankhaft ausbreitenden Kontrollgesellschaft".[692] Werden Mitarbeiter grundsätzlich argwöhnisch beäugt, droht im Unternehmen ein Klima des gegenseitigen Misstrauens zu entstehen.[693] Auch ist zu bedenken, dass Kartelle ein gezieltes, planmäßiges und verdeckendes Vorgehen ihrer Mitglieder kennzeichnet. Hindernisse werden sie durch Veränderungen, etwa von Ort oder Taktik, zu umgehen suchen.[694] Maßnahmen situativer Prävention müssen daher unentwegt erneuert und angepasst werden.[695] Hierdurch werden unternehmerische Ressourcen gebunden und Innovationen gehemmt.[696]

(c) Belohnungen

Kartellrechtswidrigem Verhalten kann durch die Belohnung kartellrechtskonformen Verhaltens einerseits und konkreter Hinweise auf kartellrechtswidriges Verhalten andererseits zuvorgekommen werden.

(aa) Kartellrechtskonformes Verhalten

Durch den Einsatz von Strafe soll kartellrechtwidrigem Verhalten zuvorgekommen werden, indem sich dessen Vornahme für die Kartellanten negativ auswirkt.[697] Doch könnte umgekehrt auch daran gedacht werden, kartellrechtswidriges Verhalten dadurch zu verhindern, dass sich seine Nichtvornahme für die potentiellen Kartellanten positiv auswirkt. Kartellrechtswidriges Verhalten würde also durch die Belohnung kartellrechtskonformen Verhaltens abgewehrt werden.[698] Dies würde für die Unternehmen bedeuten, das kartellrechtskonforme Verhalten der Unternehmensangehörigen zu belohnen. Im Vergleich

---

690 *Bussmann*, MschKrim 2003, 89 (94); vgl. *Hefendehl*, ZStW 119 (2007), 816 (842).

691 Vgl. *Hefendehl*, Buffalo Criminal Law Review 8 (2004), 51 (78); *ders.*, NJ 2006, 17 (18 f.); *ders.*, JZ 2006, 119 (121).

692 *Bussmann*, MschKrim 2003, 89 (94); *Hefendehl*, NJ 2006, 17 (18 f.).

693 *Bussmann*, MschKrim 2003, 89 (94); *Hefendehl*, NJ 2006, 17 (18).

694 Vgl. *Hefendehl*, NJ 2006, 17 (19).

695 *Hefendehl*, JZ 2006, 119 (121).

696 *Bussmann*, MschKrim 2003, 89 (94); *Hefendehl*, Buffalo Criminal Law Review 8 (2004), 51 (78); *ders.*, NJ 2006, 17 (19).

697 Vgl. *Stächelin*, Strafgesetzgebung, S. 140.

698 Vgl. *Schünemann*, in: GS Kaufmann, S. 636.

zu den im Falle von Kartellrechtsabsprachen drohenden Geldbußen stellten Belohnungen zur Anerkennung kartellrechtskonformen Verhaltens der Unternehmensangehörigen dennoch einen geringeren Kostenfaktor für die Unternehmen dar.[699] Gegenüber der Feststellung kartellrechtswidrigen Verhaltens, das für die Unternehmen deutlicher zu Tage tritt, ist die Feststellung kartellrechtskonformen Verhaltens aufwendig.[700] *Federmann* hält sie sogar wegen der Dunkelfeldproblematik für beinahe unmöglich.[701] *Stächelin* schlägt daher vor, die „Nichterweislichkeit der Normverletzung für einen bestimmten Zeitraum" zu belohnen.[702] Um sich des kartellrechtskonformen Verhaltens der Unternehmensangehörigen zu versichern, würden jedenfalls umfangreiche Kontroll- und Überwachungsmaßnahmen erforderlich werden.[703] Diese würden nicht nur den einzelnen Kartellanten, sondern alle Unternehmensangehörigen betreffen. Folglich würde in die Freiheitssphäre aller Unternehmensangehörigen eingegriffen und ihre Handlungsspielräume begrenzt werden. Um trotz ihres kartellrechtswidrigen Verhaltens eine Belohnung zu erhalten, könnten Belohnungssysteme für die Kartellanten zudem einen Anreiz schaffen, ihre Geheimhaltungsvorkehrungen weiter zu verschärfen. Das mit den Belohnungen verfolgte Ziel drohte sich dann in sein Gegenteil zu verkehren. Anstelle kartellrechtswidrigem Verhalten vorzubeugen, bestünde die Gefahr, dass sich Kartelle durch die Errichtung von Belohnungssystemen noch verfestigten. Hierin liegt die grundlegende Problematik von Belohnungssystemen: Statt normverletzendes Verhalten zu unterbinden, schaffen sie einen zusätzlichen Anreiz für dessen Vornahme.

(bb) Hinweisgeber

Umfangreiche Kontroll- und Überwachungsmaßnahmen sind entbehrlich, wenn nur solche Unternehmensangehörige belohnt werden, die auf konkrete Kartellrechtsverstöße im Unternehmen hinweisen. Unternehmensinterne Hinweise sind für die Kartellverfolgung wesentlich. Sie steigern einerseits die Aufdeckungswahrscheinlichkeit, weil Kartellrechtsabsprachen unsicherer werden und an Stabilität verlieren.[704] Andererseits wird die Kartellbehörde entlastet, da der Hinweisgeber in die Rolle eines „privaten Ermittlers" schlüpft. Um zum

---

699 *Buchert*, CCZ 2013, 144 (146).
700 *Stächelin*, Strafgesetzgebung, S. 141.
701 *Federmann*, Kriminalstrafen, S. 489.
702 *Stächelin*, Strafgesetzgebung, S. 141.
703 *Stächelin*, Strafgesetzgebung, S. 141.
704 BKartA, Pressemitteilung v. 01.06.2012, http://www.bundeskartellamt.de/SharedDocs/Meldung/DE/Pressemitteilungen/2012/01_06_2012_BKMS.html (Stand: 02.05.2015).

Hinweis auf kartellrechtswidriges Verhalten im Unternehmen anzuregen, muss den Unternehmensangehörigen – anders als Kunden oder Wettbewerbern – ein Anreiz geboten werden.[705] Einen solchen Anreiz schafft die Belohnung der Hinweiserteilung. Belohnt werden können die Unternehmensangehörigen sowohl durch das Unternehmen selbst als auch durch die Kartellbehörde.[706] Bislang ermöglichen das Bonusprogramm[707] und das anonyme Hinweisgebersystem[708] des Bundeskartellamts allein die passive Entgegennahme von Hinweisen. Doch könnten Hinweisgeber auch aktiv von der Kartellbehörde belohnt werden. Als Belohnung der Kartellbehörde könnte dem Hinweisgeber eine im Voraus ausgeschriebene Geldsumme ausgezahlt werden. Denkbar ist auch, dem Hinweisgeber einen Teil der gegen das Unternehmen verhängten Geldbuße auszuzahlen.[709] Die Belohnung durch Unternehmen könnte entweder in einer finanziellen Leistung oder in einer positiven Berücksichtigung des Hinweises in der allgemeinen Leistungsbeurteilung bestehen. Aus Gründen der Verhältnismäßigkeit sollte der Hinweisgeber nicht belohnt werden, wenn er Anführer des Kartells war oder andere zur Kartellbeteiligung gezwungen hat.[710] Belohnungen für Hinweisgeber, die an dem Kartellrechtsverstoß beteiligt waren, werden überdies vorgeworfen, mit einer an Recht und Moral ausgerichteten Unternehmensethik nicht vereinbar zu sein.[711]

Gegen die Belohnung des Hinweisgebers ist allerdings eine erhöhte Missbrauchsgefahr anzuführen.[712] Insofern könnten Unternehmensangehörige versucht sein, ihre Kollegen aus geringem oder gar fehlendem Anlass eines Kartellrechtsverstoßes zu bezichtigen.[713] Die Missbrauchsgefahr ließe sich allenfalls durch die Strafbewehrung von Falschmeldungen begrenzen.[714] Ferner könnte die Aussicht auf eine Belohnung die Arbeitsleistung der Unternehmensangehörigen

705 *Shavell,* Journal of Law and Economics 36 (1993), 255 (268).

706 Für kartellbehördliche Belohnungen *Kovavic,* George Washington Law Journal 69 (2000/01), 766 (777); *Spagnolo,* in: *Cseres/Schinkel/Vogelaar* (Hrsg.), Criminalization, S. 139.

707 BKartA, Bonusregelung 2006.

708 BKartA, Hinweisgebersystem.

709 *Kovavic,* George Washington Law Journal 69 (2000/01), 766 (777).

710 Monopolkommission, Hauptgutachten XX, S. 111.

711 *Buchert,* CCZ 2013, 144 (146).

712 *Buchert,* CCZ 2013, 144 (146); a.A. *Spagnolo,* in: *Cseres/Schinkel/Vogelaar* (Hrsg.), Criminalization, S. 139.

713 Vgl. *Buchert,* CCZ 2013, 144 (146).

714 *Spagnolo,* in: *Cseres/Schinkel/Vogelaar* (Hrsg.), Criminalization, S. 140.

beeinträchtigen. Um nicht zu Unrecht eines kartellrechtswidrigen Verhaltens bezichtigt zu werden, könnten Unternehmensangehörige es unterlassen, Informationen weiterzugeben oder zulässige Wettbewerbshandlungen vorzunehmen.[715] Auch könnten sich die Unternehmensangehörigen verstärkt dem Aufspüren von Kartellrechtsverstößen widmen und dabei ihre Arbeitsaufgaben vernachlässigen.[716] Darüber hinaus schädigen Belohnungen die Unternehmenskultur, da in den Unternehmen ein „Klima der gegenseitigen Überwachung und Unsicherheit zu entstehen droht.[717] Es wird sogar von der „Förderung des Denunziantentums“ gesprochen.[718] Des Weiteren können sich Belohnung für den einzelnen Hinweisgeber nicht nur positiv auswirken. Im Gegenteil, sie können auch mit Risiken verbunden sein. So muss der Hinweisgeber möglicherweise Vergeltungsmaßnahmen, etwa seine Kündigung, Versetzung, schlechte Bewertung oder Überwachung am Arbeitsplatz fürchten.[719] Dabei verringert die Furcht vor Vergeltungsmaßnahmen den Anreiz zur Hinweiserteilung.[720] Sollte der Hinweisgeber sowohl vom Unternehmen als auch von der Kartellbehörde belohnt werden, droht überdies ein Wettlauf um den Hinweisgeber. Belohnungen der Kartellbehörde könnten dabei die Compliance-Bemühungen der Unternehmen unterlaufen.[721] Schließlich ist zu bedenken, dass das nationale Recht keine oder eine allenfalls sehr beschränkte Mitwirkung der Bürger an der Strafverfolgung vorsieht.[722] Kartellbehördliche Belohnungen werden daher als Fremdkörper im nationalen Recht angesehen.[723]

(2) Legalisierung von Kartellen

Anstatt Hardcore-Kartelle mit Strafe zu bewehren, könnte eine alternative Reaktionsmöglichkeit auch in der Legalisierung von Hardcore-Kartellen bestehen. Ziel einer Legalisierung von Hardcore-Kartellen wäre es, ihren Nutzen zu verringern.[724] Stünde es den Marktteilnehmern frei, Kartelle zu vereinbaren, würden sich ihnen zusätzliche wirtschaftliche Handlungsmöglichkeiten eröffnen.

---

715 *Federmann*, Kriminalstrafen, S. 486.
716 *Wrase/Fabritius*, CCZ 2011, 69 (71).
717 *Wrase/Fabritius*, CCZ 2011, 69 (71).
718 *Buchert*, CCZ 2013, 144 (146).
719 *Wrase/Fabritius*, CCZ 2011, 69 (70).
720 *Federmann*, Kriminalstrafen, S. 488.
721 *Buchert*, CCZ 2013, 144 (147).
722 *Buchert*, CCZ 2013, 144 (147).
723 *Buchert*, CCZ 2013, 144 (147).
724 Vgl. *Schünemann*, in: GS Kaufmann, S. 633.

Die Legalisierung von Hardcore-Kartellen verspricht den Marktteilnehmern ein Mehr an Freiheitsentfaltung. Zudem würden die Kartellbehörden durch die Legalisierung von Kartellen entlastet werden.

Allerdings ist der geschichtlichen Entwicklung des Kartellrechts zu entnehmen, dass die Legalisierung nicht zu einer Abnahme von Kartellen, sondern zu einem massiven Anstieg von Kartellrechtsvereinbarungen führt.[725] Weiter würde sich der Staat durch die Aufhebung des Kartellverbots weitgehend seiner Möglichkeit entledigen, wettbewerbsbeschränkende Verhaltensweisen der Wettbewerber zu kontrollieren. Das Rechtsgut Wettbewerb wäre schutzlos gestellt.[726] Die zu befürchtende, sich infolge der Legalisierung von Kartellen einstellende Marktmacht einzelner würde die Freiheit der Marktteilnehmer insgesamt schmälern. Zuletzt ist gegen die Legalisierung von Hardcore-Kartellen die Pflicht des Staates zur Vornahme wettbewerbssichernder Maßnahmen anzuführen.[727]

bb) Postdeliktische Kriminalprävention

Postdeliktische Kriminalprävention abweichender wirtschaftlicher Verhaltensweisen erfasst diejenigen Maßnahmen, die eine wiederholte Tatbegehung zu verhindern suchen. Maßnahmen wie das *Whistleblowing* oder Selbstschutzmaßnahmen könnten kartellrechtswidriges Verhalten unterbinden.

(1) Whistleblowing

Ein erstes Instrument der postdeliktischen Kriminalprävention ist das *Whistleblowing*. Der Begriff „*Whistleblowing*" rührt von der englischen Redewendung „to blow a whistle on someone" her. Wörtlich kann *Whistleblowing* mit „jemanden verpfeifen" übersetzt werden.[728] Im rechtlichen Zusammenhang meint *Whistleblowing* die Meldung wirtschaftskrimineller Verhaltensweisen durch Unternehmensangehörige.[729] Abhängig vom Adressat der Meldung und dem Schutzniveau des *Whistleblowers* lassen sich ein internes und externes *Whistleblowing* unterscheiden: Werden beim internen *Whistleblowing* wirtschaftskriminelle Verhaltensweisen anderen Unternehmensangehörigen, etwa Vorgesetzten, betrieblichen Arbeitnehmervertretungen, Compliance-Abteilungen oder den

---

725 So bestanden in Deutschland im Jahr 1905 rund 400 Kartelle. Siehe *Dreher/Kulka*, Wettbewerbs- und Kartellrecht, S. 203.

726 Vgl. *Schünemann*, in: GS Kaufmann, S. 633.

727 Dazu *Di Fabio*, in: *Maunz/Dürig*, Bd. I, Art. 2 Rn. 125.

728 *Schemmel/Ruhmannseder/Witzigmann*, Hinweisgebersysteme, S. 3.

729 *Rotsch*, in: *Achenbach/Ransiek/Rönnau* (Hrsg.), Handbuch Wirtschaftsstrafrecht, S. 94.

vom Unternehmen mit der Entgegennahme von Hinweisen beauftragen externen Stellen gemeldet, werden beim externen *Whistleblowing* wirtschaftskriminelle Verhaltensweisen an unternehmensexterne Stellen, wie Behörden oder der Öffentlichkeit, weitergegeben.[730] Als Unternehmensangehöriger verfügt der *Whistleblower* durch seine Nähe zu unternehmensinternen Abläufen und Entscheidungsprozessen über Insiderwissen. Dieses Insiderwissen ermöglicht es dem Unternehmen, wirtschaftskriminelle Verhaltensweisen, die ohne den Hinweis des *Whistleblowers* nicht oder erst zu einem späteren Zeitpunkt entdeckt worden wären, ohne größeren Kontrollaufwand aufzuspüren.[731]

Trotz zahlreicher Gesetzesentwürfe ist weder das interne noch das externe *Whistleblowing* gesetzlich normiert. Im Jahr 2012 entwarf die SPD-Bundestagfraktion das „Hinweisgeberschutzgesetz".[732] Diesem folgte der Entwurf eines „*Whistleblower*-Schutzgesetzes" der Bundestagsfraktion von BÜNDNIS 90/DIE GRÜNEN.[733] Auch DIE LINKE setzte sich für den Schutz von *Whistleblowern* ein.[734] Alle Vorschläge blieben im Bundestag jedoch ohne Erfolg.[735] Arbeitnehmer, so argumentierte die CDU/CSU-Bundestagsfraktion, die durch Hinweise zur Aufdeckung von Straftaten ermöglichen, seien bereits nach geltendem Recht – etwa durch das Maßregelverbot (§ 612a BGB) ausreichend geschützt, ein Sondergesetz sei mithin nicht erforderlich.[736]

Die Nutzung von *Whistleblowing* in Unternehmen, die es dem einzelnen Unternehmensangehörigen ermöglicht, unternehmensinterne kartellrechtswidrige Verhaltensweisen zu melden, könnte aber als Instrument der postdeliktischen Kriminalprävention den Erlass einer strafrechtlichen Regelung entbehrlich machen. So verschafft die Preisgabe von Insiderwissen – über eine gesteigerte Aufdeckungswahrscheinlichkeit von Kartellrechtsabsprachen hinaus – Einblicke in unternehmensinterne Fehlentwicklungen. Dieses Wissen kann genutzt werden, um unternehmensinterne Abläufe und Strukturen dahingehend zu verändern, dass die Vereinbarung von Kartellrechtsabsprachen für die Zukunft erschwert wird. Außerdem kann bereits die Furcht, Kollegen könnten die ihnen zur Kenntnis gelangte Kartellrechtsabsprachen melden, potentielle

730 *Koch*, ZIS 2008, 500 (500); *Schemmel/Ruhmannseder/Witzigmann*, Hinweisgebersysteme, S. 29; *v. Busekist/Fahrig*, BB 2013, 119 (120).
731 *Schemmel/Ruhmannseder/Witzigmann*, Hinweisgebersysteme, S. 25.
732 BT-Dr 17/8567 v. 07.02.2012.
733 BT-Dr 17/9782 v. 23.05.2012.
734 BT-Dr 17/6492 v. 05.07.2011.
735 BT-Dr 17/15277.
736 BT-Dr 17/15277.

Kartellanten von der Vereinbarung einer Kartellrechtsabsprache abhalten.[737] Das *Whistleblowing* vergrößert für potentielle Kartellanten also das subjektive Entdeckungsrisiko.[738]

Wirksam abgeschreckt werden die Kartellanten allerdings nur, wenn sich die Aufdeckung der Kartellrechtsabsprache für die Kartellanten auch negativ auswirkt. Dies ist insbesondere dann anzunehmen, wenn Kartellrechtsabsprachen strafbewehrt sind. Daher würde das *Whistleblowing* die durch eine Kriminalisierung erzielte Abschreckungswirkung verstärken. Gänzlich ersetzen kann das *Whistleblowing* eine Kriminalisierung hingegen nicht. Im Unternehmen erzeugt das *Whistleblowing* gegenseitiges Misstrauen, das der Unternehmenskultur abträglich ist.[739] Darüber hinaus ist das *Whistleblowing* für den *Whistleblower* mit Risiken behaftet. Diese unterscheiden sich in ihrem Ausmaß, je nachdem ob es sich um einen Fall des internen oder externen *Whistleblowings* handelt. Muss der *Whistleblower* beim internen *Whistleblowing* allenfalls gesellschaftliche Sanktionen fürchten, verletzt der *Whistleblower* bei der Weitergabe von Insiderwissen nach außen seine arbeitsvertragliche Treuepflicht gegenüber dem Arbeitgeber (§ 241 Abs. 2 BGB).[740] Insofern drohen dem *Whistleblower* beim externen *Whistleblowing* arbeitsrechtliche Sanktionen, der Kündigung eingeschlossen, die seine berufliche und wirtschaftliche Existenz gefährden können.[741] Zwar verbietet es das Maßregelverbot den Arbeitnehmer bei zulässiger Rechtsausübung zu benachteiligen (§ 612a BGB). Die rechtliche Zulässigkeit des *Whistleblowings* ist aber unklar, weshalb das Maßregelverbot den *Whistleblower* nicht zu schützen vermag. So darf der Unternehmensangehörige der zuständigen Behörde Missstände im Bereich von Sicherheit und Gesundheitsschutz melden, allerdings nur Missstände im Bereich des Arbeitsschutzes (§ 17 Abs. 2 ArbSchG). Im Falle von kartellrechtlichen Missständen ist der Unternehmensangehörige hingegen schutzlos gestellt. Die Weitergabe von Insiderinformationen wird darüber hinaus vielfach als unsolidarisch und illoyal empfunden, der *Whistleblower* mithin als Unruhestifter und Querulant wahrgenommen.[742] Negative Reaktionen seines sozialen Umfelds – von

737 *Gänßle*, KJ 2007, 265 (276).

738 *PWC*, Wirtschaftskriminalität, S. 56.

739 *Schemmel/Ruhmannseder/Witzigmann*, Hinweisgebersysteme, S. 88; *Hefendehl*, ZStW 119 (2007), 816 (842).

740 *Koch*, ZIS 2008, 500 (502); *Schnelle/Kollmann*, BB 2012, 1559 (1560).

741 BT-Dr. 17/8567, S. 5; *Koch*, ZIS 2008, 500 (502); *v. Busekist/Fahrig*, BB 2013, 119 (122).

742 *Schemmel/Ruhmannseder/Witzigmann*, Hinweisgebersysteme, S. 88.

Mobbing bis hin zur sozialen Ächtung – können die Folge sein.[743] Außer arbeitsrechtlichen und gesellschaftlichen Sanktionen können den *Whistleblower* aber auch strafrechtliche Sanktionen treffen. Es steht eine Strafbarkeit des Unternehmensangehörigen wegen des Verrats von Unternehmensgeheimnissen zu befürchten (§ 17 UWG). Um als Unternehmensgeheimnis zu gelten, muss der Unternehmensinhaber über ein berechtigtes wirtschaftliches Interesse an der Geheimhaltung verfügen. Auch an Unternehmensgeheimnissen gesetzwidrigen Inhalts, worunter auch Kartellrechtsverstöße fallen, besteht nach überwiegender Ansicht grundsätzlich ein solches Geheimhaltungsinteresse.[744] Allerdings wird der *Whistleblower* den Kartellrechtsverstoß zumeist in der Absicht enthüllen, das kartellrechtswidrige Verhalten abzustellen und nicht zu Wettbewerbszwecken, aus Eigennutz, zugunsten eines Dritten oder in der Absicht, den Unternehmensinhaber zu schädigen.[745] Auch wird gefordert, die Meldung kartellrechtswidrigen Verhaltens an Behörden für nicht tatbestandsmäßig zu erklären.[746] Nur so könne der Wertungswiderspruch vermieden werden, der entstünde, wenn ein vom Staat aktiv gefördertes Verhalten strafbar wäre.[747] Weist der *Whistleblower* nur auf den Verdacht eines wirtschaftskriminellen Verhaltens hin, kann er sich überdies wegen falscher Verdächtigung (§ 164 StGB) strafbar machen.[748] Handelt der *Whistleblower* jedoch ohne Kenntnis von der Unwahrheit des von ihm erhobenen Verdachts, scheidet eine Strafbarkeit nach § 164 StGB aus.[749] Ferner kommt auch eine Strafbarkeit wegen übler Nachrede nach (§ 186 StGB) in Betracht, insbesondere weil sich der *Whistleblower* oftmals nicht auf eine gesicherte Tatsachengrundlage stützen kann.[750] Meldet der *Whistleblower* jedoch seinen Verdacht einer mit der Klärung des Verdachts beauftragten Stelle (sogenannte Aufklärungsanzeige), so ist er wegen Wahrnehmung berechtigter Interessen nach § 193 StGB gerechtfertigt und damit straflos.[751]

---

743 *Berndt/Hoppler,* BB 2005, 2623 (2628); *Deiseroth/Derleder,* ZRP 2008, 248 (250).

744 *Köhler,* in: *Köhler/Bornkamm,* § 17 Rn. 9; *Sosnitza,* in: *Ohly/Sosnitza,* § 17 Rn. 12; *Mayer,* GRUR 2011, 884 (887); a.A. Monopolkommission, Hauptgutachten XX, S. 110.

745 Monopolkommission, Hauptgutachten XX, S. 110; *Gänßle,* KJ 2007, 265 (267); *Zimmermann,* ArbRAktuell 2012, 58 (59).

746 Monopolkommission, Hauptgutachten XX, S. 110.

747 *Buchert,* CCZ 2013, 144 (148); Monopolkommission, Hauptgutachten XX, S. 110.

748 *Zimmermann,* ArbRAktuell 2012, 58 (60).

749 *Zimmermann,* ArbRAktuell 2012, 58 (60).

750 *Zimmermann,* ArbRAktuell 2012, 58 (60).

751 *Zaczyk,* in: NK, Bd. II, § 193 Rn. 30.

(2) Selbstschutz

Eine weiteres Instrument der postdeliktischen Kriminalprävention sind Selbstschutzmaßnahmen tatsächlicher wie potentieller Kartellopfer.[752] So ruft *Otto* die Marktteilnehmer dazu auf, sozialschädliche Verhaltensweisen im Bereich der Wirtschaft selbst abzuwehren.[753] Insofern könnten sowohl Wettbewerber als auch Verbraucher Maßnahmen zum Schutz vor Hardcore-Kartellen ergreifen. Wettbewerber könnten erwägen, kartellierten Unternehmen insbesondere durch die Versagung von Kooperation oder durch aggressives Konkurrenzverhalten zu begegnen.[754] Um seine Opferrolle zu überwinden, hat etwa die Deutsche Bahn ein „Kartellschadenspräventionssystem" eingeführt.[755] Mit den ergriffenen Selbstschutzmaßnahmen möchte sich die Deutsche Bahn bereits vor der Auftragsvergabe vor Kartellrechtsverstößen ihrer Lieferanten schützen.[756] Dazu sollen zum einen Lieferanten, die sich als kartellauffällig gezeigt haben, als Risikogruppe gekennzeichnet werden.[757] Zum anderen sollen Bereiche, mit nur wenigen Anbietern, wachsam verfolgt werden. Schon vor der Auftragsvergabe sollen die betroffenen Anbieter kontaktiert und ihnen notfalls die Teilnahme an der Vergabe untersagt werden.[758] Sollte es doch zu Kartellrechtsverstößen kommen, sollen die Lieferanten eine Schadenspauschalierung von 15% des Auftragswertes tragen.[759] Außerdem müssen sich die Lieferanten zu normkonformen Verhalten festlegen.[760] Über das Kartellschadenspräventionssystem hinaus hat die Deutsche Bahn im Jahr 2013 eine Sondereinheit zur Kartellbekämpfung eingerichtet.[761] Allerdings dürften allein weltweit agierende Unternehmen über ausreichend Marktmacht verfügen, um auf das Verhalten anderer Marktteilnehmer einzuwirken.[762] Entsprechendes gilt auch für die Deutsche Bahn, die mit einem Einkaufsvolumen von 20 Milliarden Euro deutschlandweit zu den größten Beziehern von Waren und Dienstleistungen gehört.[763]

---

752 Siehe *Bock*, Criminal Compliance, S. 213 ff.
753 *Otto*, ZStW 96 (1984), 339 (362).
754 Vgl. *Nöckel*, Marktwirtschaftsstrafrecht, S. 232.
755 *O.N.*, Der Spiegel, 25.07.2013, S. 66.
756 *O.N.*, Der Spiegel, 25.07.2013, S. 66.
757 *O.N.*, Der Spiegel, 25.07.2013, S. 66.
758 *O.N.*, Der Spiegel, 25.07.2013, S. 66.
759 *O.N.*, Der Spiegel, 25.07.2013, S. 66.
760 *O.N.*, Der Spiegel, 25.07.2013, S. 66.
761 *Kwasniewski*, Spiegel Online, 24.03.2014; *Schmitt*, Der Spiegel, 26.05.2014, S. 72.
762 Vgl. *Nöckel*, Marktwirtschaftsstrafrecht, S. 233.
763 *O.N.*, *Der Spiegel*, 25.07.2013, S. 66.

Verbraucher könnten Waren oder Dienstleistungen kartellierter Unternehmen boykottieren.[764] Um reagieren zu können, müssen die Verbraucher informiert sein.[765] Vor dem Konsum müssen sie Erkundigungen über etwaige Kartellrechtsvereinbarungen einholen. Die Informationsgewinnung ist zeitaufwendig.[766] Da Kartellrechtsabsprachen ihrer Natur nach auf Geheimhaltung angelegt sind, wird nur eine kleine Anzahl der tatsächlich bestehenden Kartelle entdeckt und gelangt in das Blickfeld der Öffentlichkeit. Die Kartellanten haben gegenüber den Verbrauchern einen Wissensvorsprung. Dies mindert die Abschreckungswirkung von Verbraucherreaktionen.

cc) Zwischenergebnis

Weder Maßnahmen der prädeliktischen noch der postdeliktischen Kriminalprävention vermögen den Erlass einer strafrechtlichen Regelung entbehrlich zu machen: Die kartellrechtliche Compliance kann die Normkonformität der Unternehmensangehörigen nur gering zu beeinflussen. Ihre Schlagkraft bedarf der Unterstützung strafrechtlicher Regelungen. Maßnahmen situativer Prävention erfordern eine hohe Kontrolldichte und Flexibilität. Insbesondere planmäßig handelnde Täter neigen zu ihrer Umgehung. Belohnungen sind dem Unternehmensklima abträglich. Auch haftet ihnen eine Missbrauchsgefahr an. Eine Freigabe von Hardcore-Kartellen würde den Wettbewerb schutzlos stellen. Selbstschutzmaßnahmen von Wettbewerbern werden meist an ihrer fehlenden Marktmacht scheitern. Verbrauchern fehlt es an Informationen bzw. Interesse zur Ergreifung von Selbstschutzmaßnahmen.

b) Private Enforcement

Eine zweite Alternative zum Einsatz von Strafe ist das *Private Enforcement,* also die Kartellrechtsdurchsetzung durch Private.[767] Dabei können sich Private des Kartellrechts sowohl aktiv – als Anspruchsgrundlage – als auch passiv – als Einwendung – bedienen und mithilfe der Zivilgerichtsbarkeit durchsetzen.[768]

---

764 *Parker,* in: *Beaton-Wells/Ezrachi* (Hrsg.), Criminalising Cartels, S. 251; vgl. *Vogel,* GA 1990, 241 (261).

765 Vgl. *Vogel,* GA 1990, 241 (261).

766 *Bock,* Criminal Compliance, S. 221.

767 Vgl. *Hüschelrath/Peyer,* Word Competition Law and Economic Review 36 (2013), 585 (590).

768 BKartA, Private Kartellrechtsdurchsetzung, Einleitung I; *Möschel,* WuW 2007, 483 (484).

aa) Aktive Kartellrechtsdurchsetzung

Die private Kartellrechtsdurchsetzung vollzieht sich überwiegend durch die Durchsetzung des kartellrechtlichen Schadensersatzanspruchs (§ 33a Abs. 1 GWB). Dabei werden sowohl das Bestehen eines Kartellschadens als auch dessen Verursachung durch einen Kartellrechtsverstoß widerleglich vermutet (§ 33a Abs. 2 GWB), da sich ein Verstoß gegen das Kartellverbot (§ 1 GWB, Art. 101 AEUV) nach allgemeiner Lebenserfahrung preissteigernd auswirkt oder zumindest ein erster Anschein hierfür besteht.[769] Die Vermutung erstreckt sich jedoch nicht auf die Schadenshöhe.[770] Diese berechnet sich aus der Differenz zwischen dem tatsächlich gezahlten Kartellpreis und dem hypothetischen Wettbewerbspreis. Falls erforderlich kann das Gericht die Schadenshöhe auch schätzen (§ 33a Abs. 3 GWB i.V.m. § 287 ZPO). Der Schaden ist nicht deshalb ausgeschlossen, weil der Abnehmer die Ware oder Dienstleistung, die er zu einem überhöhten Preis bezogen hat, weiterveräußert hat (§ 33c Abs. 1 S. 1 GWB). Der Schaden entfällt allerdings, mit Ausnahme des entgangenen Gewinns, wenn es dem Abnehmer einer Ware oder Dienstleistung gelingt, die kartellbedingten Preisaufschläge auf seine Abnehmer abzuwälzen (§ 33c Abs. 1 S. 2, 3 GWB). Die Schadensabwälzung wird zugunsten des mittelbaren Abnehmers widerleglich vermutet (§ 33c Abs. 2 GWB). Anspruchsberechtigt ist der durch den Kartellrechtsverstoß Betroffene, also Wettbewerber und/oder Kunden oder Lieferanten.[771] Anspruchsverpflichtet ist grundsätzlich das Unternehmen.[772]

Nach Auffassung der EuGH treiben kartellrechtliche Schadensersatzansprüche die Kartellrechtsdurchsetzung voran: „Ein […] Schadensersatzanspruch erhöht […] die Durchsetzungskraft der gemeinschaftlichen Wettbewerbsregeln und ist geeignet von – oft verschleierten – Vereinbarungen oder Verhaltensweisen abzuhalten, die den Wettbewerb beschränken oder vielleicht verfälschen können. Aus dieser Sicht können Schadensersatzklagen vor den nationalen Gerichten wesentlich zur Aufrechterhaltung eines wirksamen Wettbewerbs in der Gemeinschaft beitragen".[773] Denn zum einen ermöglichen es kartellrechtliche Schadenersatzansprüche den Kartellgeschädigten Kartellverstöße selbst

769 BT-Dr 18/10207, S. 55; *Lettl*, WM 2016, 1961 (1961).

770 BT-Dr 18/10207, S. 55 f.

771 *Rehbinder*, in: *Loewenheim/Meessen/Riesenkampff/Kersting/Meyer-Lindemann*, § 33 Rn. 38.

772 *Rehbinder*, in: *Loewenheim/Meessen/Riesenkampff/Kersting/Meyer-Lindemann*, § 33 Rn. 38.

773 EuGH, Urt. v. 20.09.2001, C-453/99 – Courage und Crehan, Rn. 1.

abzuwehren und ihren hierdurch entstandenen Schaden ersetzt zu verlangen.[774] Dies kann deswegen vorteilhaft sein, weil die Kartellgeschädigten – zumindest die von der Kartellabsprache betroffenen Unternehmen – gegenüber der Kartellbehörde über einen Informationsvorsprung verfügen.[775] Zum anderen schrecken die Kartellanten von der Beteiligung oder von der Fortsetzung eines Kartells zurück, wenn ihnen die kartellbedingten Gewinne entzogen werden.[776] Zwar bezweckt das deutsche Schadensersatzrecht grundsätzlich die Kompensation von Schäden, mithin den Schadensausgleich.[777] Dieser Grundsatz wird jedoch an einigen Stellen durchbrochen.[778] Hier dient das Schadensersatzrecht ausnahmsweise auch der Prävention, also der Abschreckung normwidrigen Verhaltens.[779] Dazu findet eine Überkompensation der Geschädigten, etwa im Bereich von Verletzungen des Persönlichkeitsrechts statt.[780] Im *Caroline*-Urteil betonte der BGH den präventiven Charakter des Anspruchs auf Schadensersatz wegen der Verletzung des Persönlichkeitsrechts und hob – zur Erzielung eines „echte[n] Hemmungseffekt[s]" – die zuerkannten Ersatzbeträge deutlich an.[781]

Wie aus der Gesetzesbegründung hervorgeht, ist „[…] aufgrund der Abschreckungswirkung der Schadensersatzpflicht ein gesamtwirtschaftlicher Vorteil, zum Beispiel in Form geringerer Preise, zu erwarten, wenn Normadressaten ihre Kartellaktivität einstellen bzw. reduzieren".[782] Der Gesetzgeber selbst schreibt demnach kartellrechtlichen Schadensersatzansprüchen eine abschreckende Wirkung zu. Eine Überkompensation der Kartellgeschädigten kann dann eintreten, wenn Kartellschadensersatzklagen in derselben Sache von Klägern vor- und

---

774 *Rehbinder*, in: *Loewenheim/Meessen/Riesenkampff/Kersting/Meyer-Lindemann*, § 33 Rn. 38.

775 Dies gilt zumindest für Hardcore-Kartelle, *Hüschelrath/Peyer*, World Competition Law and Economic Review 36 (2013), 585 (599).

776 *Beschorner/Hüschelrath*, in: *Möschel/Bien* (Hrsg.), Kartellrechtsdurchsetzung, S. 11; BT-Dr 18/11446, S. 5; *Wagner-von Papp*, in: *Möschel/Bien* (Hrsg.), Kartellrechtsdurchsetzung, S. 272.

777 *Weller*, ZWeR 2008, 170 (174).

778 *Magnus*, in: *Meurkens/Nordin* (Hrsg.), The Power of Punitive Damages, S. 252 f.; Monopolkommission, Sondergutachten 41, S. 42 f.

779 *Weller*, ZWeR 2008, 170 (174).

780 BGH, NJW 1996, 984 (984); *Magnus*, in: *Meurkens/Nordin* (Hrsg.), The Power of Punitive Damages, S. 253; Monopolkommission, Sondergutachten 41, S. 3; *Weller*, ZWeR 2008, 170 (175).

781 BGH, NJW 1996, 984 (985).

782 BT-Dr 18/11446, S. 5.

nachgelagerter Marktstufen betrieben werden.[783] Dabei wird die Gefahr einer Mehrfachinanspruchnahme durch die im Rahmen der neunten GWB-Novelle eingeführte widerlegliche Vermutung der Schadensabwälzung (§ 33c Abs. 2 GWB) verstärkt.[784] Auch prozessuale Besonderheiten erhöhen die abschreckende Wirkung kartellrechtlicher Schadensersatzansprüche: Einerseits haben bestandskräftigen Entscheidungen der Kartellbehörden Bindungswirkung (§ 33b GWB) und andererseits verfügen die Kartellgeschädigten über umfassende Offenlegungsansprüche.[785]

Der Ausbau des *Private Enforcements* könnte zum einen in einer leichteren Durchsetzung von Schadensersatzansprüchen bestehen. In Betracht kommen erweiterte Offenlegungspflichten sowie eine erweiterte Klagebefugnis. Zum anderen könnte die Abschreckungswirkung durch eine Vervielfachung der Schadensersatzsumme oder durch eine Direkthaftung von Leitungspersonen im Außenverhältnis verstärkt werden.

(1) Offenlegungspflichten

Die Erweiterung von Offenlegungspflichten könnte neue Wege der Beweisführung eröffnen, Informationsasymmetrien zwischen Kartellanten und Kartellgeschädigten abbauen und dadurch die private Kartellrechtsdurchsetzung vorantreiben. Der Zugang zu Beweismitteln beeinflusst sowohl den Anreiz, eine Kartellschadensersatzklage zu erheben, als auch deren Erfolgsaussichten.[786] Kartellschadensersatzklagen leiden jedoch unter einer erschwerten Beweiserbringung.[787] Die zur Anspruchsbegründung erforderlichen Beweismittel sind dem Kläger oftmals weder bekannt noch für ihn frei zugänglich.[788] Häufig ist der Kläger auf Beweismittel, die sich im Besitz des Beklagten oder Dritter befinden angewiesen, ohne über die Möglichkeiten der Sachverhaltsaufklärung und Beweisführung einer Kartellbehörde zu verfügen.[789]

---

783 Monopolkommission, Hauptgutachten XXI, S. 35; *Weller*, ZWeR 2008, 170 (177).

784 *Stomper*, WuW 2016, 410 (413).

785 Vgl. *Weller*, ZWeR 2008, 170 (177 f.).

786 Vgl. Monopolkommission, Hauptgutachten XXI, S. 19.

787 *Möschel*, in: FS Nörr, S. 613.

788 *Hempel*, Privater Rechtsschutz im Kartellrecht, S. 84; *Mederer*, EuZW 2013, 847 (849); Monopolkommission, Hauptgutachten XXI, S. 19.

789 *Bulst*, in: *Behrens/Hartmann-Rüppel/Herrlinger* (Hrsg.), Schadensersatzklagen gegen Kartellmitglieder, S. 29; *Federmann*, Kriminalstrafen, S. 495; Monopolkommission, Hauptgutachten XXI, S. 19; *Wils*, World Competition Law and Economic Review 26 (2003), 473 (480 ff.).

Vor Inkrafttreten der neunten GWB-Novelle konnte der Kläger die Offenlegung von Beweismitteln zum einen durch Akteneinsicht (§ 406e StPO i.V.m. §§ 49, 46 OWiG) im Falle eines vorausgegangenen behördlichen Verfahrens (Folgeklage oder „*follow-on-Klage*") verlangen.[790] Zum anderen konnten sowohl der Kläger als auch der Beklagte im gerichtlichen Verfahren die Offenlegung von Beweismitteln durch die jeweils andere Partei erreichen.[791] Hierzu konnten die Parteien auf einen materiellen Anspruch auf Auskunftserteilung (z.B. § 242 BGB) zurückgreifen, der prozessual mit einer Stufenklage (§ 254 ZPO) durchgesetzt wurde, oder ein selbstständiges Beweisverfahren (§§ 485 ff. ZPO) anstreben.[792] Daneben konnten die Gerichte die Offenlegung von Urkunden, die sich im Besitz einer Partei oder eines Dritten befanden, anordnen (§ 142 ZPO).[793]

Mit Inkrafttreten der neunten GWB-Novelle haben sowohl der vermeintlich Kartellschädigte (§ 33g Abs. 1 GWB) als auch der mutmaßliche Kartellschädiger (§ 33g Abs. 2 GWB) darüber hinaus einen materiellen Anspruch auf Herausgabe von Beweismitteln und Erteilung von Auskünften gegenüber den Kartellanten sowie gegenüber Dritten, die sich im Besitz von Beweismitteln befinden.[794] Die Anspruchsvoraussetzungen unterscheiden sich danach, wer den Anspruch geltend macht.[795] Der Kartellgeschädigte muss glaubhaft machen, einen Schadensersatzanspruch zu haben (§ 33g Abs. 1 GWB). Er kann seinen Anspruch bereits im Vorfeld von Kartellschadensersatzklagen oder Vergleichsverhandlungen geltend machen, wodurch letztere erleichtert werden sollen.[796] Der Anspruch wird damit zeitlich auf das Stadium vor Klageerhebung ausgeweitet.[797] Demgegenüber kann der Kartellschädiger erst nach Rechtshängigkeit einer Klage die Offenlegung von Beweismitteln verlangen.[798] Denn ein Informationsbedürfnis des Kartellschädigers soll nur dann bestehen, wenn er sich gegen einen Schadensersatzanspruch auch verteidigen muss.[799] Der Umfang der herauszugebenden

790 Monopolkommission, Hauptgutachten XXI, S. 19. Ging der Klage hingegen keine bindende kartellbehördliche Entscheidung voraus, handelt es sich um eine Initiativklage oder „*stand-alone-Klage*".

791 Monopolkommission, Hauptgutachten XXI, S. 19.

792 Monopolkommission, Hauptgutachten XXI, S. 19 f.

793 Monopolkommission, Hauptgutachten XXI, S. 19 f.

794 BT-Dr 18/10207, S. 62.

795 *Podszun/Kreifels,* GWR 2017, 67 (68).

796 BT-Dr 18/10207, S. 62.

797 *Podszun/Kreifels,* GWR 2017, 67 (68).

798 BT-Dr 18/10207, S. 62; *Podszun/Kreifels,* GWR 2017, 67 (68).

799 BT-Dr 18/10207, S. 62.

Beweismittel oder zu erteilenden Auskunft bemisst sich nach Abwägung der berechtigten Interessen der Beteiligten nach dem Verhältnismäßigkeitsgrundsatz (§ 33g Abs. 3 S. 1 GWB).[800] Hierbei sind etwa der Umfang der Beweismittel (Nr. 1), die Kosten der Herausgabe (Nr. 2), der Ausschluss der Ausforschung von Tatsachen, die für den Schadensersatzanspruch aus § 33a GWB nicht erforderlich sind (Nr. 3) oder die Wirksamkeit der öffentlichen Kartellrechtsdurchsetzung (Nr. 5) zu berücksichtigen.

Als eigenständiger materiell-rechtlicher und dem Schadensersatzprozess vorgelagerter Anspruch, ist der Anspruch des vermeintlich Kartellgeschädigten einer US-amerikanischen *„pre-trial discovery"* bereits stark angenähert.[801] Es sollte daher angedacht werden, unter Verzicht auf eine richterliche Verhältnismäßigkeitsprüfung, ein *pre-trial discovery*-Verfahren nach US-amerikanischen Vorbild einzuführen. Hierbei handelt es sich um ein förmliches Beweisverfahren im Vorfeld einer Hauptverhandlung, das jeder Partei, noch vor Substantiierung des klägerischen Antrags, umfassende Offenlegungspflichten auferlegt.[802] Dazu zählen die Herausgabe von Beweismaterial (Unterlagen, Dokumente, digitale Daten und andere Sachen), die Vorlage schriftlicher Fragen sowie die außergerichtliche Partei- und Zeugenvernehmung.[803]

Die Auskunft und Herausgabe von Beweismittel, die sich in behördlichen Akten befinden, kann nur verlangt werden, wenn es sich hierbei nicht um Kronzeugenerklärungen und Vergleichsausführungen handelt (§ 33g Abs. 4 GWB). Es kann daher überlegt werden, den Anspruch auf Herausgabe von Beweismitteln und Erteilung von Auskünften auf Kronzeugenanträge und Vergleichsausführungen auszuweiten, weil insbesondere Kronzeugenanträge oftmals die einzige Informationsquelle für den durch das Kartell verursachten Schaden sind.[804] Das absolute Verbot der Offenlegung von Kronzeugenanträge und Vergleichsausführungen belastet die private Kartellrechtsdurchsetzung daher erheblich.[805]

---

800 BT-Dr 18/10207, S. 62.

801 *John,* Stellungnahme zur Anhörung des Wirtschaftsausschusses des Deutschen Bundestages am 23. Januar 2017 zur Neunten GWB-Novelle, S. 26; *Podszun/Kreifels,* GWR 2017, 67 (71 f.).

802 BKartA, Private Kartellrechtsdurchsetzung, S. 27; *Hack,* Vorstandsverantwortlichkeit, S. 195; *Jungermann,* WuW 2014, 4 (6).

803 BKartA, Private Kartellrechtsdurchsetzung, S. 27; *Hack,* Vorstandsverantwortlichkeit, S. 195; *Jungermann,* WuW 2014, 4 (6).

804 *Gussone,* Lebensmittel Zeitung 2014, 28 (28); Monopolkommission, Hauptgutachten XXI, S. 23; *Steger,* BB 2014, 963 (964); *Weidenbach/Saller,* BB 2008, 1020 (1023) aus.

805 Monopolkommission, Hauptgutachten XXI, S. 23.

Außerdem drohen Kartellanten den Schutz von Kronzeugenerklärungen auszunutzen.[806] So weist die Monopolkommission darauf hin, dass Kronzeugen dazu neigen, die Offenlegung belastender Informationen im Schadensersatzprozess dadurch zu verhindern suchen, dass sie diese bereits im Kronzeugenantrag enthüllen.[807]

Die dem *pre-trial discovery*-Verfahren innewohnende Missbrauchsgefahr würde die Unternehmen jedoch schwer belasten.[808] Wird der Beklagte verpflichtet, umfangreiche Unterlagen und Dokumente offenzulegen, ohne dass der Kläger zunächst seinen Anspruch begründen muss, könnten Unternehmen zur Erhebung aussichtsloser Schadensersatzklagen verleitet werden, etwa um an Geschäftsgeheimnisse des Beklagten zu gelangen.[809] Dadurch droht der Beklagte ausgeforscht zu werden, denn der Kläger könnte einfach das „Netz" auswerfen, um zu sehen, welche aufschlussreichen Informationen für ihn „hängen" bleiben und erst danach entscheiden, ob er Klage erheben möchte oder nicht („*fishing expeditions*").[810] Problematisch ist dabei, dass sich auch sensible Informationen, etwa Geschäftsgeheimnisse, einfangen ließen.[811] Sollten Wettbewerber Informationen erlangen, die ihnen einen Wettbewerbsvorteil verschaffen könnten, wären Wettbewerbsverzerrungen zu befürchten.[812] Das zeit- und kostenintensive *pre-trial discovery*-Verfahren, könnte Offenlegungspflichtige ferner zum Abschluss von Vergleichen drängen („*discovery blackmail*").[813] Für den Fall, dass an einem Kartellschadensersatzprozess Anspruchsteller aus anderen

---

806 Monopolkommission, Hauptgutachten XXI, S. 23.

807 Monopolkommission, Hauptgutachten XXI, S. 23.

808 *John*, Stellungnahme zur Anhörung des Wirtschaftsausschusses des Deutschen Bundestages am 23. Januar 2017 zur Neunten GWB-Novelle, S. 26.

809 *John*, Stellungnahme zur Anhörung des Wirtschaftsausschusses des Deutschen Bundestages am 23. Januar 2017 zur Neunten GWB-Novelle, S. 25; *Wils*, World Competition Law and Economic Review 26 (2003), 473 (480) m.w.N.

810 Europäische Kommission, Weissbuch. Schadensersatzklagen wegen Verletzung des EG-Wettbewerbsrechts, 02.04.2008, KOM(2008) 165 endg., Rn. 70; *Podszun/Kreifels*, GWR 2017. 67 (68).

811 *Podszun*, Wortprotokoll der 101. Sitzung des Ausschusses für Wirtschaft und Energie vom 23.01.2017, S. 15.

812 *Wilhelmi*, in: *Möschel/Bien* (Hrsg.), Kartellrechtsdurchsetzung S. 101.

813 BKartA, Private Kartellrechtsdurchsetzung, S. 27; Europäische Kommission, Weissbuch. Schadensersatzklagen wegen Verletzung des EG-Wettbewerbsrechts, 02.04.2008, KOM(2008) 165 endg., Rn. 70; *Hack*, Vorstandsverantwortlichkeit, S. 195; *Möschel*, WuW 2007, 483 (487); *Wilhelmi*, in: *Möschel/Bien* (Hrsg.), Kartellrechtsdurchsetzung, S. 131.

EU-Mitgliedstaaten beteiligt sind, die über kein *pre-trial discovery*-Verfahren verfügen, bestünde zum Nachteil in Deutschland verklagter Unternehmer eine Waffenungleichheit.[814]Schließlich kommt eine derart umfassende Offenlegungspflicht einer verfassungsrechtlich bedenklichen Selbstbelastung gleich.[815]Ferner sollten Kronzeugenerklärungen und Vergleichsausführungen weiterhin keiner Offenlegungspflicht unterfallen. Denn müssen die Kronzeugen befürchten, dass ihre Aufklärungsbeiträge offengelegt werden, würden sie von der Inanspruchnahme der Bonusregelung zurückschrecken, wodurch die Kartellaufdeckung beeinträchtigt werden könnte.[816]

(2) Gruppenklage

Eine erleichterte Durchsetzung kartellrechtlicher Schadensersatzansprüche kann auch durch eine erweiterte Klagebefugnis im Sinne einer Gruppenklage erreicht werden. Kartellschäden werden oftmals auf die nächste Marktstufe abgewälzt. Dadurch entstehen sog. „Streuschäden", d.h. auf eine Vielzahl von Marktteilnehmern verstreute Schäden. Streuschäden zeichnen sich dadurch aus, dass durch ein Fehlverhalten eine Vielzahl von Marktteilnehmern geschädigt wird, deren individueller Schaden zwar gering, der Schaden insgesamt jedoch sehr hoch ist.[817] Aufgrund des nur geringen individuellen Schadens zahlt sich die Rechtsverfolgung für die Geschädigten nicht aus: Aufwand und Kosten des Prozesses stehen einer nur geringen Schadensersatzsumme gegenüber (sog. „rationales Desinteresse").[818] Hinzu kommt, dass die Geschädigten von den geringen individuellen Schäden unter Umständen keine Kenntnis erlangen.[819] Das rationale Desinteresse an der Rechtsdurchsetzung oder die Unkenntnis vom Schadensereignis hindert die Geschädigten ihre kartellrechtlichen Schadensersatzansprüche gerichtlich geltend zu machen. Die unterbleibende gerichtliche Geltendmachung der kartellrechtlichen Schadensersatzansprüche führt

---

814 *John*, Stellungnahme zur Anhörung des Wirtschaftsausschusses des Deutschen Bundestages am 23. Januar 2017 zur Neunten GWB-Novelle, S. 25.

815 *Hack*, Vorstandsverantwortlichkeit, S. 196; *Möschel*, WuW 2007, 483 (486).

816 *Mundt*, Stellungnahme zur Anhörung des Wirtschaftsausschusses des Deutschen Bundestages am 23. Januar 2017 zur Neunten GWB-Novelle, S. 26.

817 BT-Dr 15/3460, S. 36; *Weitbrecht*, NJW 2012, 881 (885).

818 BT-Dr 15/3460, S. 36; *Hempel*, in: *Möschel/Bien* (Hrsg.), Kartellrechtsdurchsetzung, S. 74; *Stadler*, Bündelung von Interessen, S. 3.

819 *Saam*, Kollektive Rechtsbehelfe, S. 50; *Stadler*, Bündelung von Interessen, S. 2.

zu einem Rechtsdurchsetzungsdefizit, das die Wirksamkeit des Kartellrechts schmälert.[820]

Das Rechtsdurchsetzungsdefizit kann durch die Bündelung individueller kartellrechtlicher Schadensersatzansprüche überwunden werden. Werden die individuellen kartellrechtlichen Schadensersatzansprüche gebündelt und gemeinschaftlich geltend gemacht, kann den Geschädigten durch verringerte Rechtsdurchsetzungskosten und einer verstärkten Verhandlungsposition ein Anreiz zur Rechtsdurchsetzung gegeben werden.[821] Eine verstärkte Durchsetzung kartellrechtlicher Schadensersatzansprüche verspricht den Abschreckungseffekt kartellrechtlicher Schadensersatzklagen zu erhöhen.[822]

Zur Bündelung individueller kartellrechtlicher Schadensersatzansprüche hält das deutsche Recht verschiedene kollektive Rechtschutzinstrumente bereit: Die Verbandsklage ermächtigt Verbände zur Geltendmachung von Rechtsverletzungen.[823] Neben der Verbands-Unterlassungsklage (§ 33 Abs. 4 GWB) sieht das GWB eine Verbands-Schadensersatzklage (§ 34a GWB) vor. Da die Verbands-Unterlassungsklage weder Kartellschäden zu kompensieren vermag noch die Abschreckungswirkung einer Schadensersatzklage erreicht, ist zur Bewältigung der Streuschadensproblematik die Verbands-Schadensersatzklage in den Blick zu nehmen[824] Diese ermächtigt Verbände wirtschaftliche Vorteile abzuschöpfen, jedoch nicht zugunsten des klagenden Verbands, sondern zugunsten des Bundeshaushalts (§ 34a Abs. 1 GWB). Die fehlende Ertragsmöglichkeit einerseits und das mit der Klage verbundene Kostenrisiko andererseits schmälern den Klageanreiz der Verbände.[825] Die Verbraucherzentrale Bundesverband e.V. schlägt daher vor, einen pauschalierten Anteil der von den Verbraucherverbänden abgeschöpftem Vorteile, zweckgebunden für die finanzielle Unterstützung der

---

820 *Saam,* Kollektive Rechtsbehelfe, S. 50.

821 *CEPS/EUR/LUISS,* Making antitrust damages more effective in the EU, S. 277 f.; *Hempel,* NZKart 2013, 494 (495).

822 *Bulst,* in: *Behrens/Hartmann-Rüppel/Herrlinger* (Hrsg.), Schadensersatzklagen gegen Kartellmitglieder, S. 27; *Eichholtz,* Die US-amerikanische Class Action, S. 11 f.; *Fiedler,* Class Action, S. 44 f; *Hempel,* NZKart 2013, 494 (495).

823 *Saam,* Kollektive Rechtsbehelfe, S. 67; *Wendt,* EuZW 2011, 616 (619).

824 *Hempel,* Privater Rechtsschutz im Kartellrecht, S. 320.

825 *Gurkmann,* Stellungnahme zur Anhörung des Wirtschaftsausschusses des Deutschen Bundestages am 23. Januar 2017 zur Neunten GWB-Novelle, S. 10; *Stadler,* Bündelung von Interessen, S. 14 f.

Verbraucherverbände in Deutschland einzusetzen, wovon die Verbraucher zumindest mittelbar profitieren würden.[826]

Das Bundesministerium für Justiz und Verbraucherschutz arbeitet gegenwärtig an einem Gesetzesvorschlag zur Einführung eines Musterverfahrens in das deutsche Recht.[827] In Anbetracht der „Dieselaffäre" möchte Justizminister Maas die Einführung sogenannter Musterverfahren vorantreiben.[828] Hierbei handelt es sich um ein Instrument der kollektiven Klärung von Tatsachen- und Rechtsfragen, wie es etwa das Verwaltungsprozessrecht kennt (§ 93a VwGO).[829] Im Musterverfahren werden mehreren Verfahren (Parallel- und Folgeverfahren), gemeine Tatsachen- und Rechtsfragen (Kollektivfragen) in einem Verfahren einheitlich und für Parallel- oder Folgeverfahren bindend festgestellt.[830] Individuelle Besonderheiten (Individualfragen) hingegen, wie etwa die individuelle Schadenshöhe, müssen in Parallel- und Folgeverfahren selbstständig entschieden werden.[831] Dieser „begrenzte Kollektivierungseffekt"[832] erschwert die Durchsetzung kartellrechtlicher Schadensersatzansprüche, denn jeder Kartellgeschädigte müsste weiterhin seinen kartellrechtlichen Schadensanspruch individuell geltend machen.[833] Mithin bliebe das rationale Desinteresse der Geschädigten auch im Musterverfahren bestehen, da sich im Falle nur geringer Schäden trotz des Vorliegens eines Musterurteils nur wenige Geschädigt zur Durchsetzung ihrer Schadensersatzansprüche entschließen werden.[834] Außerdem sind in Musterverfahren nicht mit verringerten, sondern mit erhöhten Rechtsdurchsetzungskosten zu rechnen, da einerseits ein Musterverfahren ausgesucht werden müsste

826 *Gurkmann*, Stellungnahme zur Anhörung des Wirtschaftsausschusses des Deutschen Bundestages am 23. Januar 2017 zur Neunten GWB-Novelle, S. 10. Befürwortend Monopolkommission, Hauptgutachten XXI, S. 43.

827 BT-Dr 18/10539, S. 3.

828 *Lüdke*, Spiegel Online, 31.07.2017.

829 Hierfür setzt sich etwa die *Verbraucherzentrale Bundesverband e.V. (vzbz)* ein, siehe *Gurkmann*, Stellungnahme zur Anhörung des Wirtschaftsausschusses des Deutschen Bundestages am 23. Januar 2017 zur Neunten GWB-Novelle, S. 9.

830 *Koch*, WuW 2013, 1059 (1066); *Saam*, Kollektive Rechtsbehelfe, S. 73.

831 *CEPS/EUR/LUISS*, Making antitrust damages more effective in the EU, S. 334; *Koch*, WuW 2013, 1059 (1066).

832 *Koch*, WuW 2013, 1059 (1066).

833 *Kühling*, Stellungnahme zur Anhörung des Wirtschaftsausschusses des Deutschen Bundestages am 23. Januar 2017 zur Neunten GWB-Novelle, S. 3. Vgl. auch bzgl. Bagatellschäden *Stadler*, Bündelung von Interessen, S. 9.

834 So auch *Hempel*, Privater Rechtsschutz im Kartellrecht, S. 319.

und andererseits die Kläger der Parallelverfahren am Musterverfahren zu beteiligen wären.[835]

Weiter hält das Zivilprozessrecht die Instrumente der Streitgenossenschaft (§§ 59 ff. ZPO) und der Verfahrensverbindung (§ 147 ZPO) bereit. Beide Instrumente setzten allerdings die Zuständigkeit desselben Gerichts und desselben Richters voraus.[836] Die Bildung einer Streitgenossenschaft erfordert es, dass der Klage eines Geschädigten andere Geschädigte folgen.[837] Die Geschädigten müssen aktiv werden. Das Instrument der Streitgenossenschaft trägt daher nicht zur Überwindung des rationalen Desinteresses der Geschädigten bei.[838]

Die Bündelung individueller Ansprüche kann auch durch das Instrument der Forderungsabtretung erreicht werden. Eines Abtretungsmodells hat sich die *Cartel Damages Claimes SA (CDC)*, eine Aktiengesellschaft belgischen Rechts, durch Bündelung kartellrechtlicher Schadensersatzforderungen und ihrer (außer)gerichtlichen Geltendmachung, bedient. Im *Zementkartell* hat sich die *CDC* die Schadensersatzforderungen von 36 Kartellgeschädigten abtreten lassen und Klage auf Schadensersatz gegen sechs Zementhersteller erhoben. Nachdem sowohl das LG Düsseldorf[839] als auch das OLG Düsseldorf[840] die Prozessbefugnis der *CDC* bestätigten, hat das LG Düsseldorf mit Urteil vom 17. Dezember 2013 die Schadensersatzklage der *CDC* abgewiesen.[841] Begründet wurde die Klageabweisung insbesondere damit, dass die *CDC* nicht über ausreichende finanzielle Mittel verfüge, um mögliche gegnerische Kostenerstattungsansprüche zu erfüllen. Die Klageabweisung bedeutet einen Rückschlag für die Durchsetzung kartellrechtlicher Schadensersatzansprüche in Deutschland. Dessen ungeachtet ist das Instrument der Forderungsabtretung zur Durchsetzung kartellrechtlicher Schadensersatzansprüchen bei Streuschäden kaum geeignet. Das Interesse gewinnorientierter Unternehmer, sich eine finanzielle lohnenswerte Anzahl an Ansprüchen abtreten zu lassen, wird wegen des damit verbundenen Aufwands gering sein.[842] Gleiches gilt für das Interesse der Kartellgeschädigten, ihre Schadensersatzansprüche abzutreten.

835 *CEPS/EUR/LUISS*, Making antitrust damages more effective in the EU, S. 334.
836 *Ebbing*, ZVglRWiss 103 (2004), 31 (49).
837 *Hempel*, in: *Möschel/Bien* (Hrsg.), Kartellrechtsdurchsetzung, S. 86 f.
838 *Hempel*, in: *Möschel/Bien* (Hrsg.), Kartellrechtsdurchsetzung, S. 87.
839 LG Düsseldorf, BB 2007, 847.
840 OLG Düsseldorf, WuW/E DE-R 2311.
841 LG Düsseldorf, WuW 2014, 183 ff.
842 *Fiedler*, Class Action, S. 112 m.w.N.

Die beschriebenen Unzulänglichkeiten der herkömmlichen kollektiven Rechtsdurchsetzungsinstrumente könnten durch die Einführung einer Gruppenklage ausgeglichen werden.[843] Das dem US-amerikanischen Rechtskreis entstammende Rechtsinstrument der Gruppenklage („*class action*") ist bislang im deutschen Recht nicht vorgesehen. Bei der Gruppenklage werden mehrere, gleichgerichtete individuelle Ansprüche gebündelt und durch ein einzelnes selbst und in gleicher Weise betroffenes Gruppenmitglied (Gruppenkläger), stellvertretend für die anderen Gruppenmitglieder in einem Verfahren geltend gemacht.[844] An die gerichtliche Entscheidung sind alle Gruppenmitglieder gebunden.[845] Die Gruppenklage kann sowohl auf einem *opt-out*-Mechanismus als auch auf einem *opt-in*-Mechanismus beruhen.[846] Stützt sich die Gruppenklage auf einen *opt-out*-Mechanismus, nehmen die Gruppenmitglieder ohne ihre Mitwirkung an der Gruppenklage teil. Nur durch einen Ausschluss von der Gruppenklage können die Gruppenmitglieder ihre Bindung an die gerichtliche Entscheidung verhindern.[847] Liegt der Gruppenklage hingegen ein *opt-in*-Mechanismus zugrunde, müssen sich die Gruppenmitglieder, sollen ihre Ansprüche Gegenstand des Prozesses werden und die gerichtliche Entscheidung bindende Wirkung entfalten, ausdrücklich der Klage anschließen.[848] Der Anschluss an die Gruppenklage macht eine Individualisierung potentieller Gruppenmitglieder erforderlich.[849] Der dadurch entstehende organisatorische Aufwand erschwert die Durchsetzung kartellrechtlicher Schadensersatzansprüche.[850] Zur Bewältigung von Streuschäden ist daher der *opt-out*-Mechanismus vorzuziehen.[851] Zum einen wird durch die Bündelung der kartellrechtlichen Schadensersatzansprüche das

843 Befürwortend *Kühling*, Stellungnahme zur Anhörung des Wirtschaftsausschusses des Deutschen Bundestages am 23. Januar 2017 zur Neunten GWB-Novelle, S. 3.

844 *Ebbing*, ZVglRWiss 103 (2004), 31 (33); *Eichholtz*, Die US-amerikanische Class Action, S. 12; *Saam*, Kollektive Rechtsbehelfe, S. 59; *Schmidt*, Gesetzgebung im Kartelldeliktsrecht, S. 33 f.

845 Monopolkommission, Hauptgutachten XXI, S. 41.

846 Monopolkommission, Hauptgutachten XXI, S. 42.

847 *Ebbing*, ZVglRWiss 103 (2004), 31 (35); *Hempel*, in: *Möschel/Bien* (Hrsg.), Kartellrechtsdurchsetzung, S. 85; *ders.*, NZKart 2013, 494 (495).

848 So gefordert von der Europäischen Kommission in ihrer Empfehlung v. 11.06.2013 zu gemeinsamen Grundsätzen für kollektive Unterlassungs- und Schadensersatzverfahren in den Mitgliedstaaten bei Verletzung von durch Unionsrecht garatierten Rechten, Abl. 2013, Nr. L 201/64 v. 26.07.2013.

849 *Saam*, Kollektive Rechtsbehelfe, S. 65.

850 *Saam*, Kollektive Rechtsbehelfe, S. 65.

851 Monopolkommission, Hauptgutachten XXI, S. 43.

Drohpotential für die potentiellen Schadensersatzpflichtigen erhöht, da die Kartellanten auch bei Streuschäden eine Schadensersatzhaftung fürchten müssen.[852] Zum anderen verringert die gemeinschaftliche Geltendmachung kartellrechtlicher Schadensersatzansprüche die Rechtsdurchsetzungskosten und entlastet die Gerichte.[853]

Der Gruppenklage wird vorgeworfen, dass ihr ein Missbrauchsrisiko innewohne.[854] Durch Klageerhebung könnten die potentiellen Schadensersatzpflichtigen zum Abschluss gewinnbringender Vergleiche gedrängt werden (*strike suits*).[855] Gleichwohl ergibt sich allein aus der Bündelung individueller Ansprüche kein Missbrauchsrisiko. Vielmehr laden die Eigenheiten des US-amerikanischen Zivilprozessrechts, worunter insbesondere die Vereinbarung von Erfolgshonoraren, die geringen Substantiierungserfordernisse bei Klageerhebung, das zeit- und kostenintensive *pre-trial*-discovery sowie hohe Schadensersatzsummen fallen, zum Missbrauch ein.[856]

Gegen die Einführung einer Gruppenklage sprechen aber *principal-Agent*-Probleme.[857] *Principal-Agent*-Probleme beruhen auf der begrenzten Möglichkeit bzw. dem begrenzten Interesse des Vertreters, den Vertretenen zu überwachen und zu kontrollieren.[858] *Principal-Agent*-Probleme entstehen einerseits zwischen dem Anwalt und dem Gruppenkläger und andererseits zwischen dem Gruppenkläger und den Gruppenmitgliedern.[859] Besonders ausgeprägt sind *Principal-Agent*-Probleme in Vergleichsverhandlungen. Hier drohen die Interessen des Gruppenklägers/der Gruppenmitglieder durch die Honorarinteressen des Anwalts überlagert zu werden, was eine unzureichende Interessenvertretung der Gruppenmitglieder zur Folge haben könnte.[860] Weiter kollidiert das

---

852 *Hempel,* Privater Rechtsschutz im Kartellrecht, S. 313; *Stadler,* Bündelung von Interessen, S. 23.

853 Monopolkommission, Hauptgutachten XXI, S. 44.

854 BKartA, Private Kartellrechtsdurchsetzung, S. 31; *Möschel,* WuW 2006, 115 (115).

855 Vgl. BVerfGE 108, 238 (248); *Deutlmoser,* EuZW 2013, 652 (654).

856 *Ebbing,* ZVglRWiss 103 (2004), 31 (42); *Fiedler,* Class Action, S. 69 ff; *Hempel,* Privater Rechtsschutz im Kartellrecht, S. 313; *ders.* in: Kartellrechtsdurchsetzung, S. 90 f.; *Koch,* WuW 2013, 1059 (1062); *Stadler,* Bündelung von Interessen, S. 22.

857 *Fiedler,* Class Actions, S. 72; *Hempel,* in: *Möschel/Bien* (Hrsg.), Kartellrechtsdurchsetzung, S. 89 ff.

858 *CEPS/EUR/LUISS,* Making antitrust damages more effective in the EU, S. 279.

859 *CEPS/EUR/LUISS,* Making antitrust damages more effective in the EU, S. 279.

860 BKartA, Private Kartellrechtsdurchsetzung, S. 30; *CEPS/EUR/LUISS,* Making antitrust damages more effective in the EU, S. 279; *Coffee,* Maryland Law Review 42 (1983), 215 (230); *Wils,* World Competition Law and Economic Review 26 (2003), 473 (482).

Rechtsinstrument der Gruppenklage mit dem deutschen Zivilprozessrecht.[861] Das deutsche Zivilprozessrecht ist am Zweiparteiensystem ausgerichtet.[862] Die Bindung sämtlicher Gruppenmitglieder an die gerichtliche Entscheidung widerspricht der Dispositionsmaxime des deutschen Zivilprozessrechts. Das einzelne Gruppenmitglied kann nicht frei über die Einleitung des Verfahrens entscheiden.[863] Auch eine eigenständige Einlegung von Rechtsmitteln ist ihm nicht möglich. Da die Gruppenklage weder die Kenntnis aller Gruppenmitglieder von ihrer Durchführung noch deren aktive Beteiligung sicherstellt und die Bindungswirkung der gerichtlichen Entscheidung sich auf alle Gruppenmitglieder erstreckt, wird auch das Recht der Gruppenmitglieder auf rechtliches Gehör (Art. 103 Abs. 1 GG) eingeschränkt.[864] Auch sind für die Ansprüche der einzelnen Gruppenmitglieder gegebenenfalls unterschiedliche Richter zuständig. Der Bündelung der individuellen Schadensersatzansprüche in einem Kollektivverfahren steht daher das Recht einzelner Gruppenmitglieder auf ihren gesetzlichen Richter gegenüber.[865] Außerdem berührt das *opt-out*-Prinzip, das der Gruppenklage zugrunde liegt, die Eigentumsfreiheit (Art. 14 GG) der Gruppenmitglieder.[866] Durch Klageerhebung laufen sie Gefahr, ihren Anspruch zu verlieren.[867] Darüber hinaus sind *class actions* mit einem hohen Verwaltungsaufwand verbunden.[868] Die Schadensersatzsummen müssten anteilig an die Gruppenmitglieder ausgekehrt werden. Die fehlende Identifizierung aller Gruppenmitglieder beim *opt-out*-Prinzip verhindert oder erschwert zumindest eine anteilige Auskehr der Schadensersatzsummen.[869] Die Schäden nicht identifizierter Gruppenmitglieder können nicht kompensiert werden.

---

861 *Fiedler*, Class Action, S. 117; *Hess*, WuW 2010, 493 (498).

862 *Fiedler*, Class Action, S. 117.

863 BKartA, Private Kartellrechtsdurchsetzung, S. 30; *Ebbing*, ZVglRWiss 103 (2004), 31 (46); *Hempel*, Privater Rechtsschutz im Kartellrecht, S. 317.

864 BKartA, Private Kartellrechtsdurchsetzung, S. 30; *Ebbing*, ZVglRWiss 103 (2004), 31 (46 f.); *Hempel*, Privater Rechtsschutz im Kartellrecht, S. 315.

865 *Ebbing*, ZVglRWiss 103 (2004), 31 (47).

866 Vgl. *Stadler*, in: *Basedow/Meyer/Rückle/Schwintowski* (Hrsg.), Rechtsdurchsetzungsdefizite, S. 67.

867 *Fiedler*, Class Actions, S. 261 m.w.N.

868 *Wils*, World Competition Law and Economic Review 26 (2003), 473 (482) m.w.N.

869 CEPS/EUR/LUISS, Making antitrust damages more effective in the EU, S. 289; *Weitbrecht*, NJW 2012, 881 (885).

(3) Vervielfachung des Schadensersatzes

Kartellschadensersatzklagen können dadurch vorangetrieben werden, dass Kartellschädiger zum Ersatz eines überkompensatorischen Schadensersatzes verpflichtet werden. Denn, gilt das Prinzip des Schadensausgleichs, büßt der Schädiger allenfalls seinen „*status quo ante*“ ein.[870] Damit, so mahnt *Schünemann*, werde der Täter „von einer Kosten-Nutzen-Kalkulation zur Tat geradezu gedrängt“.[871] Ökonomisch betrachtet, werden sich Kartellanten nur dann kartellrechtswidrig verhalten, wenn der zu erwartende Gewinn einer Kartellbeteiligung größer ist als die zu erwarteten Kosten.[872] Letztere umfassen nicht nur die Höhe des Schadensersatzes, sondern auch die Wahrscheinlichkeit seiner Geltendmachung.[873] Die Wahrscheinlichkeit aber, dass Kartellgeschädigte ihre Schadensersatzansprüche geltend machen und gerichtlich durchsetzen, ist wegen der nur geringen Aufdeckungswahrscheinlichkeit von Hardcore-Kartellen einerseits und dem rationalen Desinteresse der Kartellgeschädigten andererseits, als niedrig anzusehen.[874] Dieses Durchsetzungsdefizit ermöglicht es den Kartellanten, sich aus ihrer Verantwortung für die von ihnen herbeigeführten Schäden zu stehlen.[875] Eine Vervielfachung des Schadensersatzes kann hier Abhilfe schaffen.[876] Müssen die Kartellanen die Zahlung eine Überkompensation fürchten, verringert sich ihr Interesse an einer Kartellbeteiligung.[877] In Betracht kommt entweder die Einführung eines Strafschadensersatzes („*punitives damages*“) nach US-amerikanischem Vorbild oder die Anwendung des Multiplikationsprinzips.

Der Strafschadensersatz im US-amerikanischen Recht dient dem Schadensausgleich, ohne jedoch hierauf beschränkt zu sein.[878] Vielmehr verfolgt er neben Präventions- auch Repressionszwecke, also Sühne und Vergeltung für begangenes Unrecht („*punishment and deterrence*“).[879] Dazu tritt er als „Strafzuschlag“

870 *Schünemann,* in: GS Kaufmann, S. 646.

871 *Schünemann,* in: GS Kaufmann, S. 646.

872 Monopolkommission, Sondergutachten 41, S. 45 ff.

873 Monopolkommission, Sondergutachten 41, S. 40.

874 Vgl. Monopolkommission, Sondergutachten 41, S. 40; *Wagner,* Verhandlungen 66. DJT, A 104; *ders.* AcP 2006, 352 (463); *Zimmer/Höft,* ZRP 2009, 662 (691).

875 Monopolkommission, Sondergutachten 41, S. 41.

876 *Meurkens*, in: *Meurkens/Nordin* (Hrsg.), The Power of Punitive Damages, S. 6; *Stächelin*, Strafgesetzgebung, S. 147. Befürwortend Monopolkommission, Sondergutachten 41, S. 45 ff; *dies.*, Hauptgutachtenn XXI, S. 41.

877 Monopolkommission, Sondergutachten 41, S. 41.

878 *Schwarze,* NZG 2003, 804 (805).

879 *Meurkens*, in: *Meurkens/Nordin* (Hrsg.), The Power of Punitive Damages, S. 5 f.; *Weller,* ZWeR 2008, 170 (174 f.).

neben den ausgleichenden Schadensersatz, sofern der Schädiger sich absichtlich, bösartig oder rücksichtslos verhält.[880] Die Höhe des Strafschadensersatzes steht im Ermessen des Gerichts, das in seine Entscheidung neben dem Charakter der Verletzungshandlung und Art und Ausmaß der Schädigung auch die Vermögensverhältnisse des Schädigers einbeziehen kann.[881] Die Höhe des Strafschadensersatzes ist daher im Vorhinein nicht bestimmbar.[882] Oftmals übersteigt der Strafschadensersatz sogar um ein Vielfaches den ausgleichenden Schadensersatz, was die Ausgleichsfunktion des Strafschadensersatzes in den Hintergrund treten lässt. Damit stellt der Strafschadensersatz weniger auf den entstanden Schaden, als auf das Verhalten des Schädigers ab.[883] Durch Auszahlung des Strafschadensersatzes an den Geschädigten soll diesem für die Rechtsdurchsetzung gedankt werden.[884] Trotz seiner repressiven Elemente ist der Strafschadensersatz nicht etwa dem Strafrecht, sondern als „eine besondere Art des Schadensersatzes zwischen Privatpersonen" dem Zivilrecht zuzuordnen, da dessen Durchsetzung auf der Veranlassung des Geschädigten beruht.[885]

Gegenüber dem unberechenbaren Strafschadensersatz wird bei der Anwendung des Multiplikationsprinzips die Höhe, auf die der Ersatzbetrag über den Schadensausgleich hinaus angehoben werden soll, präzise bestimmt. Dazu wird der Ersatzbetrag mit der umgekehrten Wahrscheinlichkeit seiner Durchsetzung multipliziert.[886] Das bedeutet, dass der Ersatzbetrag bei einer Durchsetzungswahrscheinlichkeit von 50% mit dem Faktor zwei bzw. bei einer Durchsetzungswahrscheinlichkeit von 25% mit dem Faktor vier zu multiplizieren wäre. In Anwendung des Multiplikationsprinzips wird in den USA der Ersatzbetrag mit dem Faktor drei multipliziert (Sec. 4 Clayton Act). Im Rahmen der siebten

---

880 BGH, NJW 1992, 3096 (3102); *Biermann*, ZWeR 2007, 1 (24); *Meurkens*, in: *Meurkens/Nordin* (Hrsg.), The Power of Punitive Damages, S. 3; *Müller*, Punitive Damages, S. 8 ff.; *Schwarze*, NZG 2003, 804 (805).

881 BGH, NJW 1992, 3096 (3102).

882 *Schwarze*, NZG 2003, 804 (805).

883 BGH, NJW 1992, 3096 (3102/3104); *Magnus*, in: *Meurkens/Nordin* (Hrsg.), The Power of Punitive Damages, S. 245; *Meurkens*, in: *Meurkens/Nordin* (Hrsg.), The Power of Punitive Damages, S. 6 f; *Müller*, Punitive Damages, S. 72.

884 BGH, NJW 1992, 3096 (3102).

885 BGH, NJW 1992, 3096 (3102); *Meurkens*, in: *Meurkens/Nordin* (Hrsg.), The Power of Punitive Damages, S. 5.

886 *Wagner*, Verhandlungen 66. DJT, A 98; *ders.* AcP 2006, 352 (464); *Zimmer/Höft*, ZRP 2009, 662 (691 f.).

GWB-Novelle hat die Monopolkommission erfolglos eine Verdopplung des Ersatzbetrages vorgeschlagen.[887]

Fraglich ist bereits, ob die Einführung eines überkompensatorischen Schadensersatzes nicht der EU-Schadensersatzrichtlinie 2014/104/EU zuwiderliefe, die eine Überkompensation des Geschädigten, sei es durch Strafschadensersatz oder Mehrfachentschädigung, verhindern möchte (Art. 12 EU-Schadensersatzrichtlinie). Doch selbst wenn sich diese Vorgabe allein auf die Richtlinie beschränken sollte,[888] ist sowohl die Einführung eines Strafschadensersatzes als auch die Anwendung des Multiplikationsprinzips abzulehnen. Eine Überkompensation des Geschädigten ist mit dem Verhältnismäßigkeitsgrundsatz, als wesentlichen Grundsatz des deutschen Rechts, nur schwer in Einklang zu bringen.[889] Denn dem Verhältnismäßigkeitsgrundsatz entspricht die Ausgleichsfunktion des deutschen Schadensersatzrechts, wonach der Geschädigte über den Ausgleich seiner Schäden hinaus, nicht bereichert werden soll.[890] Ferner kann eine Überkompensation Durchsetzungsdefizite nicht ausgleichen, da sich hierdurch wiederum die Prozesskosten und Prozessrisiken der Kartellgeschädigten erhöhen.[891] Zudem kann eine, den Rechtsfrieden und das Wirtschaftsleben beeinträchtigende Prozessflut eintreten, weil sich die Geschädigten erhoffen, in jedem Fall etwas vom Schädiger zu erlangen, wenn auch durch Abschluss eines Vergleichs, zu dem sich die Schädiger zur Abwendung des Prozess gedrängt sehen könnte.[892]

Zwar sind repressive Elemente dem deutschen Schadensersatzrecht nicht fremd: So gewährt die Rechtsprechung etwa der Verwertungsgesellschaft musikalischer Rechte (GEMA) durch einen hundertprozentigen Zuschlag zur Lizenzgebühr einen doppelten Schadensersatz mit der Begründung, dass sich andernfalls kein Anreiz zu rechtmäßigem Verhalten erzielen ließe.[893] Dennoch will sich der Strafschadensersatz nicht in das deutsche Schadensersatzrecht

---

887 Monopolkommission, Sondergutachten 41, S. 45.

888 Offenlassend Monopolkommission, Hauptgutachten XXI, S. 41.

889 BGH, NJW 1992, 3096 (3104); *Magnus,* in: *Meurkens/Nordin* (Hrsg.), The Power of Punitive Damages, S. 249.

890 BGH, NJW 1992, 3096 (3104); *Magnus,* in: *Meurkens/Nordin* (Hrsg.), The Power of Punitive Damages, S. 249.

891 BGH, NJW 1992, 3096 (3104); *Magnus,* in: *Meurkens/Nordin* (Hrsg.), The Power of Punitive Damages, S. 249; *Wagner,* Verhandlungen 66. DJT, A 102.

892 *Benisch,* in: FS Hartmann, S. 49; Monopolkommission, Sondergutachten 41, S. 44.

893 BGH, NJW 1973, 96 (97); *Magnus,* in: *Meurkens/Nordin* (Hrsg.), The Power of Punitive Damages, S. 254; Monopolkommission, Sondergutachten 41, S. 42.

einfügen, denn er droht die Grenzen zwischen Zivil- und Strafrecht zu verwischen.[894] Das Zivilrecht möchte die Interessen der Parteien ausgleichen, das Strafrecht hingegen kriminelles Verhalten abwehren.[895] Letzterem nähert sich der Strafschadensersatz an, der weniger den entstanden Schaden, als das Verhalten des Schädigers im Blick hat.[896] Auch die Verfahrens- und Beweisregeln des Zivilrechts sind auf den Interessensausgleich abgestimmt.[897] So gilt im Zivilverfahren der Dispositionsgrundsatz, der die Parteien über Beginn, Umfang und Ende des Zivilverfahrens verfügen lässt.[898] Hier liegt es also in der Hand des Geschädigten, dass Fehlverhalten des Schädigers zu verfolgen.[899] Demgegenüber ist das Strafverfahren vom Legalitätsprinzip (§ 152 Abs. 2 StPO) einerseits, das den Staat bei Vorliegen eines Anfangsverdachtes zur Strafverfolgung zwingt und dem Offizialprinzip (§ 152 Abs. 1 StPO) andererseits, das dem Staat die alleinige Zuständigkeit für die Erhebung der öffentlichen Klage zuweist, beherrscht.[900] Anstelle des Staates schlüpft beim Strafschadensersatz der Geschädigte in die Rolle eines „privaten Staatsanwalts", was dem Gewaltmonopol des Staates zuwiderläuft.[901] Darüber hinaus gewährleistet das Strafverfahren, im Gegensatz zum Zivilprozess, dem Verdächtigen zahlreiche Verfahrensgarantien, insbesondere die Unschuldsvermutung oder den *nemo-tenetur*-Grundsatz.[902] Dem Zivilrecht zugehörend würde der Strafschadensersatz den Schädiger hingegen ohne Geltung dieser besonderen Verfahrensgarantieren „bestrafen".[903] Zwar muss der Geschädigte grundsätzlich alle seinen Anspruch begründenden Tatsachen beweisen. Die Beweisführung wird aber an zahlreichen Stellen erleichtert, etwa durch die widerlegliche Schadensvermutung (§ 33a Abs. 2 GWB).[904] Insofern

---

894 *Coffee*, The Yale Law Journal 101 (1991/92), 1875 (1875); *Hefendehl*, ZStW 119 (2007), 816 (826) m.w.N.; *Magnus*, in: *Meurkens/Nordin* (Hrsg.), The Power of Punitive Damages, S. 248.

895 *Magnus*, in: *Meurkens/Nordin* (Hrsg.), The Power of Punitive Damages, S. 248.

896 BGH, NJW 1992, 3096 (3102/3104); *Magnus*, in: *Meurkens/Nordin* (Hrsg.), The Power of Punitive Damages, S. 245; *Meurkens*, in: *Meurkens/Nordin* (Hrsg.), The Power of Punitive Damages, S. 6 f.; *Müller*, Punitive Damages, S. 72.

897 BGH, NJW 1992, 3096 (3104).

898 *Musielak*, in: *Musielak/Voit*, Einleitung ZPO Rn. 35.

899 *Magnus*, in: *Meurkens/Nordin* (Hrsg.), The Power of Punitive Damages, S. 248.

900 *Diemer*, in: Karlsruher Kommentar, StPO, § 152 StPO Rn. 1.

901 BGH, NJW 1992, 3096 (3103).

902 *Magnus*, in: *Meurkens/Nordin* (Hrsg.), The Power of Punitive Damages S. 248.

903 BGH, NJW 1992, 3096 (3103); *Magnus*, in: *Meurkens/Nordin* (Hrsg.), The Power of Punitive Damages S. 248.

904 Vgl. *Magnus*, in: *Meurkens/Nordin* (Hrsg.), The Power of Punitive Damages S. 248.

verlangt es der Strafcharakter des Strafschadensersatzes dem Schädiger einen ähnlichen Schutz wie im Strafverfahren zu bieten.[905] Vorgeschlagen wird daher, die im Strafverfahren geltenden Verfahrensgarantien auf das Zivilverfahren zu übertragen.[906] Der Strafschadensersatz fließt überdies, anders als die Geldstrafe, nicht dem Staat, sondern dem Geschädigten als Zufallsgewinn (*windfall profit*) zu und lassen den Geschädigten von der Rohheit des Schädigers profitieren.[907] Zudem könnte der Strafschadensersatz mit dem Doppelbestrafungsverbot (*ne bis in idem*) kollidieren, sollte der Schädiger neben dem Strafschadensersatz noch eine Kriminalstrafe fürchten müssen. Allerdings soll hier der Strafschadensersatz nicht neben die Kriminalstrafe treten, sondern diese gerade ersetzen, weswegen das Doppelbestrafungsverbot hier gerade nicht berührt wäre. Die Anwendung des Multiplikationsprinzips erschwert schließlich die Bestimmung des richtigen Multiplikators, denn das Durchsetzungsdefizit kartellrechtlicher Schadensersatzansprüche ist ein nur mit Schwierigkeiten zu bestimmender Faktor.[908]

(4) Direkthaftung von Leitungspersonen auf Schadensersatz

Sollte neben die Geldbuße eine persönliche Direkthaftung von Leitungspersonen im Außenverhältnis treten, könnte diese zusätzliche finanzielle Belastung die Leitungspersonen von einer Kartellbeteiligung absehen lassen.[909] Leitungspersonen, die an einem Hardcore-Kartell beteiligt waren oder ein solches nicht verhindert haben, könnten im Außenverhältnis auf Schadensersatz haften. Ob neben dem Träger des kartellrechtswidrig handelnden Unternehmens aber auch die handelnde Leitungsperson Haftungsschuldner des § 33a GWB sein kann, ist unklar.[910] Entscheidend ist, ob sich die Verweisungsziele des § 33a GWB auch auf Rechtsverstöße natürlicher Personen erstrecken. Doch selbst wenn man eine Direkthaftung von Leitungspersonen im Außenverhältnis annehmen sollte, werden die betroffenen Leitungspersonen die meist außerordentlich hohen Schadenssummen kaum bewältigen können.[911] Insbesondere dann, wenn sie neben

905 *Stächelin*, Strafgesetzgebung, S. 149.
906 *Müller*, Punitive Damages, S. 29.
907 *Magnus*, in: *Meurkens/Nordin* (Hrsg.), The Power of Punitive Damages, S. 250.
908 *Wagner*, Verhandlungen 66. DJT, A 105.
909 *Dreher*, WuW 2011, 232 (243).
910 Befürwortend *Dreher*, WuW 2009, 133 (133 ff.); *ders.*, WuW 2011, 232 (243); *Emmerich*, in: *Immenga/Mestmäcker*, Bd. II, § 33 Rn. 31; *Kapp/Gärtner*, CCZ 2008, 168 (170); ablehnend *Schmidt*, ZWeR 2010, 15 (30).
911 *Janssen*, Managerhaftung, S. 167.

der Schadenssumme noch eine Geldbuße zu begleichen hätten. Ihre Wirksamkeit mindern zudem etwaige von den Unternehmen gezahlte Ausgleichsleistungen.

bb) Passive Kartellrechtsdurchsetzung

§ 1 GWB i.V.m. § 134 BGB ordnet die Nichtigkeit von Kartellrechtsabreden an. Kartellrechtsabreden wird dadurch der Rechtschutz versagt.[912] Ziel der Nichtigkeitsfolge ist es, die zwischen den Kartellanten schwelenden Auflösungstendenzen zu verstärken.[913] Die Mitglieder eines Hardcore-Kartells sind sich jedoch von Beginn an der Nichtigkeit der von ihnen getroffenen Abrede bewusst. Hardcore-Kartelle werden trotz des Wissens um ihre Nichtigkeit von den Kartellmitgliedern eingehalten.[914] Die Kartellmitglieder verlassen sich auf ihr „Ehrenwort".[915] Die passive Kartellrechtsdurchsetzung erweist sich gegenüber Hardcore-Kartellen damit als wirkungslos.[916]

cc) Zwischenergebnis

Weder die aktive noch die passive Kartellrechtsdurchsetzung eignen sich zur wirksamen Bekämpfung von Hardcore-Kartellen.[917] Während die aktive Kartellrechtsdurchsetzung an einem Durchsetzungsdefizit leidet, dem weder durch die Einführung von Offenlegungspflichten noch durch die Erweiterung der Klagebefugnis oder durch die Vervielfachung des Ersatzbetrages abgeholfen werden kann, erweist sich die passive Kartellrechtsdurchsetzung bei Hardcore-Kartellen als unwirksam.

Hardcore-Kartelle mit den Mitteln des *Private Enforcements* zu bekämpfen, stößt überdies auf grundsätzliche Bedenken: Im Zivilrecht sind die Anspruchsberechtigten dazu berufen, Rechtsschutz zu ersuchen. Doch bereitet schon die Ermittlung der Kartellgeschädigten Schwierigkeiten.[918] Dies gilt gleichermaßen für die Kartellgeschädigten, die wegen kartellbedingter Preiserhöhungen auf den Kauf der betroffenen Waren verzichtet haben, als auch für die

---

912 *Möschel*, in: FG Kummer, S. 443.
913 *Möschel*, in: FG Kummer, S. 443; *ders.*, in: FS Bechtold, S. 330; WuW 2007, 483 (484).
914 *Meessen*, in: *Loewenheim/Meessen/Riesenkampff/Kersting/Meyer-Lindemann*, Einführung Rn. 46.
915 *Möschel*, WuW 2007, 483 (484).
916 *Möschel*, WuW 2007, 483 (484).
917 So auch *Wils*, in: *Cseres/Schinkel/Vogelaar* (Hrsg.), Criminalization, S. 87.
918 *Federmann*, Kriminalstrafen, S. 495 f.

Kartellgeschädigten, welche die Waren zu erhöhten Preisen erworben haben.[919] Doch selbst wenn sich die Kartellgeschädigten ermitteln lassen, hemmt die oft nur geringe Schadenshöhe die Kartellgeschädigten ihre Schadensersatzansprüche auch geltend zu machen.[920] Ohne die Geltendmachung von Schadensersatzansprüchen läuft die private Kartellrechtsdurchsetzung aber leer. Vorzugswürdig erscheinen daher Sanktionen, die wie die Geldbuße oder die Freiheitsstrafe nicht an den Kartellschaden, sondern an das Verhalten der Kartellanten, nämlich die Vereinbarung von Hardcore-Kartellen, anknüpfen.[921]

Zwar wird die private Kartellrechtsdurchsetzung wegen des Informationsvorsprungs der Kartellgeschädigten als vorteilhaft angesehen. Wegen der von den Kartellanten ergriffenen Geheimhaltungsvorkehrungen besteht dieser jedoch nicht im Falle von Hardcore-Kartellen.[922] Zur Informationsgewinnung sind daher die behördlichen Instrumente der Kartellrechtsdurchsetzung vorzugswürdig.[923] Des Weiteren ist die Informationsgewinnung durch Private auch kostenintensiver.[924] Der mit der privaten Kartellrechtsdurchsetzung verbundene Kostenaufwand erhöht die Vergleichsbereitschaft der Parteien.[925] Vergleichsabschlüsse können aber Leiturteile verhindern und dadurch der Kartellrechtsdurchsetzung abträglich sein.[926] Darüber hinaus trägt der Kläger ein hohes Kostenrisiko.[927] Neben seinen eigenen Kosten muss er auch die Kosten der obsiegenden Partei übernehmen. Außerdem sind die privaten Kläger nicht von Gemeinwohlinteressen, sondern von Eigeninteressen geleitet, die weniger im Schutz des Wettbewerbes oder in der Rechtsfindung als in der Verfolgung eigener Vorteile, etwa der Gewinnerzielung, der Behinderung unliebsamer Wettbewerber oder dem Abschluss einträglicher Vergleiche bestehen können.[928] Insofern kann die private

---

919 *Federmann*, Kriminalstrafen, S. 496.

920 Vgl. *Achenbach*, StV 2008, 324 (326).

921 So auch *Federmann*, Kriminalstrafen, S. 496.

922 *Hüschelrath/Peyer*, World Competition Law and Economic Review 36 (2013), 585 (603).

923 *Hüschelrath/Peyer*, World Competition Law and Economic Review 36 (2013), 585 (603).

924 *Hüschelrath/Peyer*, World Competition Law and Economic Review 36 (2013), 585 (604); *Wils*, World Competition Law and Economic Review 26 (2003), 473 (483).

925 *Wils*, World Competition Law and Economic Review 26 (2003), 473 (482).

926 BKartA, Private Kartellrechtsdurchsetzung, S. 26.

927 *Hack*, Vorstandsverantwortlichkeit, S. 198; *Möschel*, WuW 2007, 483 (488).

928 BKartA, Private Kartellrechtsdurchsetzung, S. 26; *Hack*, Vorstandsverantwortlichkeit S. 197; *Möschel*, WuW 2006, 115 (115); *Wils*, World Competition Law and Economic Review 26 (2003), 473 (483).

Kartellrechtdurchsetzung daher den Zielen der Wettbewerbspolitik zuwiderlaufen und zur missbräuchlichen Erhebung von Schadensersatzklagen ermuntern.[929]

Darüber hinaus drohen Schadensersatzklagen die betroffenen Unternehmen aus dem Markt zu drängen.[930] Mit den Worten *Achenbachs*: Auch das Zivilrecht „kann einen Menschen oder ein Unternehmen ruinieren".[931] So drohen dem Schädiger im Kartellrecht hohe Schadenssummen, die Unternehmen in die Insolvenz führen können.[932] Das Ausscheiden von Unternehmen aus dem Markt ist aber dem Wettbewerb abträglich, der doch gerade durch das Kartellrecht geschützt werden soll. Auch ist das Maß an privater Rechtsdurchsetzung – anders als die behördliche Rechtsdurchsetzung – nicht vorhersehbar.[933] Ist der individuelle Schaden eines Kartellgeschädigten gering, fehlt ihm der Anreiz, seinen Schaden beim Schädiger einzuklagen.[934] Die Erwartung hoher Schadensersatzleistungen kann diesen jedoch auch zu übertriebenen Durchsetzungsanstrengungen verleiten.[935]

Überdies erschwert die private Rechtsdurchsetzung die behördliche Rechtsdurchsetzung.[936] Für die Kartellgeschädigten ist die Inanspruchnahme des Kronzeugens besonders aussichtsreich.[937] Um Bußgeldfreiheit zu erlangen, muss der Kronzeuge Informationen offen legen, die den Kartellgeschädigten den Schadensnachweis erleichtern können. Die Bußgeldfreiheit bzw. Bußgeldminderung stellt die für die Schadensersatzleistung notwendigen finanziellen Mittel sicher.[938] Anders als die übrigen Kartellmitglieder wird der Kronzeuge die Entscheidung der Kartellbehörde regelmäßig nicht anfechten, so dass diese früher Bestandskraft entfaltet und Bindungswirkung hat.[939] Dadurch erhöht sich

929 BKartA, Private Kartellrechtsdurchsetzung, S. 26; *Möschel,* WuW 2006, 115 (115); *Pierenkemper,* Kartellbußen, S. 180.

930 BKartA, Private Kartellrechtsdurchsetzung, S. 26.

931 *Achenbach,* StV 2008, 324 (326).

932 Vgl. *Bock,* Criminal Compliance, S. 195; *Janssen,* Managerhaftung, S. 167.

933 *Federmann,* Kriminalstrafen, S. 497; *Wils,* Optimal Enforcement, S. 18 f; *ders.*, World Competition Law and Economic Review 32 (2009), 3 (8 f.).

934 *Federmann,* Kriminalstrafen, S. 497.

935 *Federmann,* Kriminalstrafen, S. 497; *Hüschelrath/Peyer,* World Competition Law and Economic Review 36 (2013), 585 (594).

936 *Wagner-von Papp,* in: *Möschel/Bien* (Hrsg.), Kartellrechtsdurchsetzung, S. 274.

937 *Wagner-von Papp,* in: *Möschel/Bien* (Hrsg.), Kartellrechtsdurchsetzung, S. 274.

938 *Beschorner/Hüschelrath,* in: *Möschel/Bien* (Hrsg.), Kartellrechtsdurchsetzung, S. 20.

939 *Wagner-von Papp,* in: *Möschel/Bien* (Hrsg.), Kartellrechtsdurchsetzung, S. 274; Europäische Kommission, Richtlinienvorschlag v. 11.06.2013, KOM(2013) 404 endg., S. 19.

für den Kronzeugen das Schadensersatzrisiko.[940] Er läuft Gefahr den gesamten Kartellschaden tragen zu müssen.[941] Zwar kann der Kronzeuge bei den anderen Kartellmitgliedern Rückgriff nehmen, dieser ist jedoch insbesondere wegen des Insolvenzrisikos der anderen Kartellmitglieder unsicher, darüber hinaus kosten- und zeitintensiv.[942] Mithin droht das Schadensersatzrisiko des Kronzeugen dessen Kooperationsbereitschaft und damit auch die Aufdeckungswahrscheinlichkeit von Kartellverstößen zu verringern.[943] Um den Konflikt zwischen Bußgeldfreiheit und Schadensersatzhaftung aufzulösen, ist die Haftung von Kronzeugen im Außenverhältnis beschränkt (§ 33e GWB). Die Haftung des Kronzeugen ist auf den Schaden seiner Abnehmer und Lieferanten sowie deren Abnehmer und Lieferanten begrenzt (§ 33e Abs. 1 S. 1 GWB). Gegenüber den anderen Kartellgeschädigten haftet der Kronzeuge nur dann, wenn diese ihren Schaden von den übrigen Kartellmitgliedern nicht vollständig ersetzt bekommen (§ 33e Abs. 1 S. 2 GWB).

Daneben ist die gerichtliche Zuständigkeit für kartellrechtliche Schadensersatzklagen weniger konzentriert als die gerichtliche Zuständigkeit für die Überprüfung von Entscheidungen der Behörde.[944] Im Übrigen ist es nicht erforderlich, das Zivilrecht um der Abschreckung willen zweckzuentfremden.[945] Um potentielle Kartellanten abzuschrecken, kann auf das Mittel der Geldbuße zurückgegriffen werden.[946] Des Weiteren können Kartellanten geneigt sein, ihnen im Falle ihrer Aufdeckung drohende Schadensersatzzahlungen in ihre Preiskalkulation miteinzubeziehen.[947] Die Kartellgeschädigten würden dann in Schadensersatzprozessen lediglich die von ihnen „vorfinanzierten Mehrerlöse" ersetzt bekommen.[948] Dadurch würde sowohl die Ausgleichs- als auch die Präventionsfunktion des Schadensersatzes abgeschwächt werden.[949] Schließlich

---

940 *Mederer,* EuZW 2013, 847 (850); *Wagner-von Papp,* in: *Möschel/Bien* (Hrsg.), Kartellrechtsdurchsetzung, S. 274.

941 *Bulst,* Bucerius Law School Journal 2008, 81 (88).

942 *Bulst,* Bucerius Law School Journal 2008, 81 (88).

943 BKartA, Private Kartellrechtsdurchsetzung, S. 31; *Hack,* Vorstandsverantwortlichkeit, S. 197; *Pierenkemper,* Kartellbußen, S. 179.

944 *Wagner-von Papp,* in: *Möschel/Bien* (Hrsg.), Kartellrechtsdurchsetzung, S. 273.

945 *Janssen,* Managerhaftung, S. 167.

946 Vgl. *Beschorner/Hüschelrath,* in: *Möschel/Bien* (Hrsg.), Kartellrechtsdurchsetzung, S. 11.

947 *Pierenkemper,* Kartellbußen, S. 178.

948 *Pierenkemper,* Kartellbußen, S. 179.

949 *Pierenkemper,* Kartellbußen, S. 178.

kann die Angst vor Vergeltungsmaßnahmen die private Kartellrechtdurchsetzung hemmen.[950] Gerade auf kleinen Märkten können gegenseitige Abhängigkeiten bestehen, welche die Kartellgeschädigten von der Geltendmachung ihrer Ansprüche absehen lässt.[951]

c) Public Enforcement

Die Dritte Alternative zum Einsatz von Strafe ist das *Public Enforcement*, also die behördliche Durchsetzung des Kartellrechts, die sich in ein Verwaltungsverfahren und in ein Bußgeldverfahren gliedert.[952]

aa) Wirtschaftsverwaltungsrecht

Die Aufgabe des Wirtschaftsverwaltungsrechts ist „das ordnende, gestaltende und leistende Einwirken des Staates" auf den Wirtschaftsverkehr.[953] Dazu kann sich der Staat der Instrumente der Wirtschaftslenkung, Wirtschaftsplanung, Wirtschaftsaufsicht und Wirtschaftsförderung bedienen. Teil der Wirtschaftsaufsicht ist die Kartellaufsicht, die von der Kartellbehörde sowie dem Bundesministerium für Wirtschaft und Energie ausgeübt wird. Es lassen sich formale und formlose Instrumente der Kartellaufsicht unterscheiden: Wesentliche formale Instrumente der Kartellaufsicht sind die Abstellungsverfügung (§ 32 GWB), die Sektoruntersuchung (§ 32e GWB), das Auskunftsverlangen (§ 59 GWB), die einstweilige Anordnung (§ 60 GWB) sowie die Vorteilsabschöpfung (§ 34 GWB).[954] Formlose Instrumente der Kartellaufsicht bilden die Marktaufsicht, die Abmahnungspraxis sowie die Beratungstätigkeit der Kartellbehörden.[955] Formale und formlose Instrumente der Kartellaufsicht können durch proaktive oder reaktive Instrumente erweitert werden, um dadurch die strafrechtliche Ahndung kartellverantwortlicher natürlicher Personen verzichtbar zu machen.[956] Zunächst kann an den Ursachen der Kartellierung angesetzt werden. Daneben kann das Unternehmen entweder von innen heraus durch einen

---

950 *Hempel*, WuW 2004, 362 (366); *Hüschelrath/Peyer*, World Competition Law and Economic Review 36 (2013), 585 (595); *Shavell*, Journal of Law and Economics 36 (1993), 255 (268).

951 *Hack*, Vorstandsverantwortlichkeit, S. 198.

952 Vgl. *Hüschelrath/Peyer*, World Competition Law and Economic Review 36 (2013), 585 (586).

953 *Tettinger/Ennuschat*, in: *Tettinger/Wank/Ennuschat*, Einleitung Rn. 2.

954 Vgl. *Bach*, in: *Immenga/Mestmäcker*, Bd. II, Vor § 54 Rn. 6.

955 Vgl. *Bach*, in: *Immenga/Mestmäcker*, Bd. II, Vor § 54 Rn. 14 ff.

956 Vgl. *Lüderssen*, StV 2009, 486 (494).

Kartellbeauftragten kontrolliert werden, um dadurch kartellrechtswidriges Verhalten zu verhindern oder zumindest zu erschweren. Oder den kartellverantwortlichen natürlichen Personen kann ihre Tätigkeit im Unternehmen untersagt werden. Schließlich kann auch die Öffentlichkeitsarbeit der Kartellbehörden durch die öffentliche Bloßstellung der kartellverantwortlichen natürlichen Personen ausgedehnt werden.

(1) Marktinformationssystem

Der Vereinbarung von Hardcore-Kartellen kann durch die präventive Versorgung der Wettbewerber mit Informationen zuvorgekommen werden.[957] Durch die Vereinbarung von Hardcore-Kartellen möchten die Kartellanten Ungewissheiten über die Entwicklung der Marktverhältnisse überwinden und die Gefahr eines Marktaustritts begrenzen.[958] Die Kartellierung dient den Kartellanten als „Informationsbeschaffungsstrategie", weshalb sich der Anreiz zur Kartellierung verringert, wenn alle Unternehmen gleichermaßen informiert sind, etwa über die Produktions- und Vertriebsdaten ihrer Konkurrenten.[959] Folglich kann einer Kartellierung durch die Kontrolle des Austauschs von Informationen entgegengewirkt werden.[960]

Besteht die ernste Besorgnis eines Kartellverstoßes, kann die Kartellbehörde Abhilfemaßnahmen, verbietenden oder gebietenden Charakters, ergreifen (§ 32 GWB), etwa Veränderungen unternehmerischen Verhaltens sowie deren Bekanntgabe.[961] Abhilfe ließe sich möglicherweise auch durch die Einführung von Marktinformationssystemen in kartellgefährdete Märkte erreichen.[962] Hierzu könnte die Kartellbehörde die Unternehmen zur Preisgabe von Informationen verpflichten (§ 32 Abs. 2 GWB) und die gewonnenen Informationen mittels einer Internetplattform den Wettbewerben verfügbar machen.[963] Um ein koordiniertes Verhalten der Wettbewerber zu verhindern, dürften die Informationen allerdings keine Rückschlüsse auf einzelne Unternehmen zulassen.[964]

---

957 *Pierenkemper,* Kartellbußen, S. 233.

958 *Pierenkemper,* Kartellbußen, S. 233.

959 *Pierenkemper,* Kartellbußen, S. 232 ff.

960 Vgl. *Pierenkemper,* Kartellbußen, S. 235.

961 *Emmerich,* in: *Immenga/Mestmäcker,* Bd. II, § 32 Rn. 9/27; *Klose,* in: *Wiedemann* (Hrsg.), Handbuch des Kartellrechts, § 51 Rn. 14; *Rehbinder,* in: *Loewenheim/Messen/Riesenkampff/Kersting/Meyer-Lindemann,* § 32 Rn. 8/16.

962 *Pierenkemper,* Kartellbußen, S. 235.

963 Vgl. *Emmerich,* in: *Immenga/Mestmäcker,* Bd. II, § 32 Rn. 41; *Pierenkemper,* Kartellbußen, S. 236.

964 *Pierenkemper,* Kartellbußen, S. 235.

Dementsprechend müssten die Informationen vor ihrer Weitergabe verfremdet werden, wodurch sie für die Unternehmen zwar an Attraktivität verlieren.[965] Den Attraktivitätsverlust gleichen aber geringere Informationskosten aus, da der Informationsbeschaffung durch staatliche Marktinformationssysteme nicht das Risiko hoher Geldbußen anhaftet.[966]

Ein kontrollierter Informationsaustausch untergräbt jedoch den Geheimwettbewerb. Die Unternehmen werden, trotz Verfremdung ausgetauschter Informationen, dazu neigen, ihr Verhalten zu koordinieren. Markttransparenz wird damit auf Kosten des Wettbewerbs erreicht.[967] Auch wäre die Informationsverarbeitung durch die Kartellbehörde aufwendig. Marktdaten unterliegen dynamischen Prozessen und müssten daher fortwährend aktualisiert werden. Zudem könnte die Kartellbehörde überfordert sein, sollten hinsichtlich aller Waren und Dienstleistungen Marktdaten eingeholt und ausgewertet werden müssen. Der kontrollierte Informationsaustausch eignet sich damit allenfalls für kartellgefährdete Waren und Dienstleistungen. Außerdem würde Deutschlands Wettbewerbsfähigkeit leiden, sollten Unternehmen ihre Standorte verlagern, um der Informationspreisgabe zu entgehen. In Anbetracht des großen Wertes von Marktdaten für die Unternehmen wäre eine solche Standortverlagerung indes nicht unwahrscheinlich.

(2) Kartellbeauftragter

Die Wirtschaftsaufsicht verfügt über eine Vielzahl an Instrumenten: Diese reichen von Auskunftsrechten über Auflagen bis hin zum Widerruf oder zur Rücknahme von Genehmigungen.[968] Sie betreffen gleichermaßen rechtmäßig wie rechtswidrig handelnde Personen. Mithin droht die Vielzahl wirtschaftsaufsichtsrechtlicher Instrumente die unternehmerische Freiheit übermäßig zu beschneiden.[969] *Stächelin* sieht gar die Gefahr, dass die Gesellschaft durch die intensive Kontrolle und Überwachung „totalitäre Züge“ annehmen könnte.[970] Erschwerend treten Besonderheiten des wirtschaftlichen Wettbewerbs hinzu. Sein Bestehen setzt unternehmerische Freiheit zwingend voraus. Die Wirtschaftsaufsicht ist daher auf ein Mindestmaß zu beschränken. Vielmehr sind

---

965 *Pierenkemper,* Kartellbußen, S. 235.
966 *Pierenkemper,* Kartellbußen, S. 235 f.
967 Vgl. *Stancke,* BB 2009, 912 (913).
968 *Achenbach,* GA 2004, 559 (562); *ders.,* StV 2008, 324 (326).
969 *Achenbach,* GA 2004, 559 (562); *ders,.* ZStW 119 (2007), 789 (813).
970 *Stächelin,* Strafgesetzgebung, S. 152.

die Unternehmen zur Selbstkontrolle anzuhalten. Soll die Einhaltung des Kartellrechts im Unternehmen durch unternehmerische Selbstkontrolle erreicht werden, kann erwogen werden, die Unternehmen zur Bestellung eines „Kartellbeauftragten“ als eine Art „obligatorische Innenrevision“[971] zu verpflichten.

Der Einsatz von Betriebsbeauftragten ist vielfältig:[972] Neben dem Datenschutzbeauftragten (§§ 4f, 4g BDSG) kennt das Wirtschaftsverwaltungsrecht insbesondere auch den Immissionsschutzbeauftragten (§ 54 BImschG), den Abfallbeauftragten (§ 54 KrW-/AbfG) und den Gewässerschutzbeauftragten (§§ 64 ff. WHG). Betriebsbeauftragte sollen das unternehmerische Handeln überwachen und kontrollieren und die Geschäftsleitung informieren (Überwachungs- und Kontrollfunktion).[973] Schwachstellen im Unternehmen sollen aufgespürt und Gegenmaßnahmen angeregt werden (Innovationsfunktion).[974] Auch soll der Betriebsbeauftragte zur Eigenkontrolle anregen und moralische Antriebe aktivieren.[975] Der Einsatz von Betriebsbeauftragten wird deshalb auch als „reflexives Instrument“ bezeichnet.[976] Darüber hinaus können Betriebsbeauftragte die behördliche Aufsichtstätigkeit entlasten. Die vorgenannten Wirkungsweisen sprechen für die Einführung eines „Kartellbeauftragten“ im Kartellrecht. Der Kartellbeauftragte könnte die Unternehmensangehörigen über das Kartellrechtrecht unterrichten und beraten sowie dessen Einhaltung überwachen. Obendrein könnte er kartellrechtliche „Gefahrenherde“ im Unternehmen ausfindig machen, die Unternehmensleitung informieren und Maßnahmen zur Gefahrenabwehr ergreifen. Eine größere Transparenz der Unternehmensabläufe erschwert die Vornahme von Kartellrechtsverstößen. Die Einsetzung eines Kartellbeauftragten verspricht, nicht nur die Aufdeckungswahrscheinlichkeit von Kartellrechtsverstößen im Unternehmen zu erhöhen, sondern auch das Bewusstsein der Unternehmensangehörigen für das Kartellrecht zu schärfen.

Der Erfolg unternehmerischer Selbstkontrolle durch den Einsatz eines Kartellbeauftragten hängt wesentlich von der Motivation der Unternehmen ab.[977] Anreize müssen geschaffen werden, damit Unternehmen der Einhaltung des

---

971 *Schünemann,* in: GS Kaufmann, S. 639.

972 *Mehle/Neumann,* NJW 2011, 360 (360 f.).

973 Vgl. *Edelbluth* am Beispiel des Betriebsbauftragten für Abfall, Gewährleistungsaufsicht, S. 86; vgl. *Schünemann,* in: GS Kaufmann, S. 639.

974 Vgl. *Edelbluth* am Beispiel des Betriebsbauftragten für Abfall, Gewährleistungsaufsicht, S. 86; vgl. *Lübbe-Wolff,* NVwZ 2001, 481 (491).

975 Vgl. *Lübbe-Wolff,* NVwZ 2001, 481 (491).

976 *Lübbe-Wolff,* NVwZ 2001, 481 (491 f.).

977 Vgl. *Edelbluth,* Gewährleistungsaufsicht, S. 95.

Kartellrechts das erforderliche Gewicht beimessen.[978] Es liegt nahe, dass der Einsatz eines Kartellbeauftragten zu seiner Wirksamkeit der Unterstützung repressiver Instrumente bedarf. Um seine Überwachungstätigkeit auszuüben, ist der Kartellbeauftragte auf Informationen angewiesen. Die Informationsgewinnung ist im Bereich von Hardcore-Kartellen schwierig. Kartellanten werden verleitet sein, sich durch verstärkte Geheimhaltungsvorkehrungen jeglicher Überwachung durch den Kartellbeauftragten zu entziehen. Es erscheint wenig wahrscheinlich, dass sich Kartellanten durch die Einführung eines Kartellbeauftragten beeindrucken ließen. Weiter ist nicht auszuschließen, dass die übrigen Unternehmensangehörigen die Tätigkeit des Kartellbeauftragten boykottieren könnten. Begleitende Maßnahmen müssten seine ungehinderte Tätigkeit im Unternehmen sicherstellen. Der Einsatz eines Kartellbeauftragten eignet sich nicht als Alternative, sondern allenfalls als Ergänzung zum Einsatz von Strafe.

(3) Tätigkeitsverbot („*Directors Disqualification*")

Leitungspersonen beeinflussen die Unternehmenskultur. Ihr Verhalten trägt damit entscheidend zur Einhaltung des Kartellrechts im Unternehmen bei.[979] Tätigkeitsverbote knüpfen an die Rolle von Leitungspersonen im Unternehmen an.[980] Sie untersagen der betroffenen Leitungsperson, ihre Position für einen bestimmten Zeitraum auszuführen. Auf diese Weise versprechen Tätigkeitsverbote einerseits die Sorgfaltsbestrebungen von Leitungspersonen zu erhöhen, andererseits bewahren sie die Öffentlichkeit vor der Teilnahme kartellverantwortlicher Leitungspersonen am Wirtschaftsverkehr und wirken so einer Wiederholungstäterschaft entgegen.[981]

Im Jahr 2002 hat Großbritannien ein Tätigkeitsverbot für kartellverantwortliche Leitungspersonen eingeführt, das deren Auschluss für eine Dauer von bis zu 15 Jahren ermöglicht (Sec. 9A Competition Disqualification Order). Das Tätigkeitsverbot setzt *erstens* voraus, dass das von der Leitungsperson geführte Unternehmen einen Wettbewerbsverstoß begeht (Sec. 9A Subsec. 2 Competition Disqualification Order). *Zweitens* muss sich die Leitungsperson als zur Unternehmensführung ungeeignet erweisen (Sec. 9A Subsec. 3 Competition Disqualification Order). Dies ist dann der Fall, wenn die Leitungsperson

978 Vgl. *Edelbluth*, Gewährleistungsaufsicht, S. 96.
979 *Khan*, World Competition Law and Economic Review 35 (2012), 77 (78).
980 Für das KWG siehe etwa *Fischer/Müller*, in: Boos/Fischer/Schulte-Mattler, § 36 Rn. 4.
981 *Hack*, Vorstandsverantwortlichkeit, S. 234; Ministry of Economic Development Newzealand, Cartel Criminalisation, Rn. 51; vgl. *Schmidt*, ZWeR 2010, 378 (384).

am Wettbewerbsverstoß beteiligt war oder trotz Kenntnis oder fahrlässiger Unkenntnis den Wettbewerbsverstoß nicht verhindert hat (Sec. 9A Subsec. 6 Competition Disqualification Order). Mithin kann daran gedacht werden, ein Tätigkeitsverbot für kartellverantwortliche Leitungspersonen nach britischem Vorbild im GWB zu verankern.[982]

Das nationale Recht sieht bereits Tätigkeitsverbote gegen Leitungspersonen vor: Die BaFin kann Leitungsorganen von Kredit- und Finanzdienstleistungsinstitutionen ein Tätigkeitsverbot wegen Unzuverlässigkeit auferlegen (§ 36 Abs. 1 S. 1 KWG). Auch in der Versicherungswirtschaft können Tätigkeitsverbote ausgesprochen werden (§ 87 Abs. 6, 8 VAG). Daneben hält das nationale Verwaltungsrecht Tätigkeitsverbote bereit: Fehlt einer Person die für die Tätigkeit erforderliche Zuverlässigkeit, kann einem Gewerbetreibenden die Beschäftigung dieser Person in seinem Gaststättenbetrieb untersagt werden (§ 21 Abs. 1 GastG). Bei Unzuverlässigkeit des Gewerbetreibenden oder einer mit der Leitung des Gewerbebetriebes beauftragten Person, kann die Ausübung des Gewerbes untersagt werden (§ 35 Abs. 1 GewO). Beiden Untersagungsmöglichkeiten ist die Unzuverlässigkeit des Handelnden gemein. Zwar sieht das deutsche Recht ein Tätigkeitsverbot aufgrund von kartellrechtswidrigem Verhalten bislang nicht vor, eine Kartellbeteiligung weist aber auf die Unzuverlässigkeit des Kartellantens hin.[983] Die Monopolkommission erwägt daher, sollte auf eine strafrechtliche Ahndung von Hardcore-Kartellen verzichtet werden, ein Tätigkeitsverbot in das GWB aufzunehmen.[984] Dabei könnte das Tätigkeitsverbot an die Verhängung einer Geldbuße geknüpft werden. Ein Verstoß gegen das Tätigkeitsverbot sollte zudem durch eine entsprechende Änderung des § 145c StGB mit Strafe bewehrt sein.[985] Dabei ist ein Tätigkeitsverbot, das an die Verhängung einer Geldbuße anknüpft, dem nationalen Recht nicht fremd: Personen, gegen

---

982 Ein Tätigkeitsverbot zur Kartellbekämpfung befürworten *Dreher*, WuW 2011, 232 (244); *ders./Kulka*, Wettbewerbs- und Kartellrecht, S. 711; *Frese*, in: *Cseres/Schinkel/Vogelaar* (Hrsg.), Criminalization, S. 200; *Ginsburg/Wright* sehen das Tätigkeitsverbot als wichtige Ergänzung zu Freiheisstrafen, Competition Policy International 6 (2010), 3 (5 f.); *Jones/Williams*, Journal of Antitrust Enforcement 2 (2014), 100 (124); *Khan*, World Competition Law and Economic Review 35 (2012), 77 (88); *Riley*, ECLR 2011, 551 (551); *Schmidt*, ZWeR 2010, 378 (394); *Wils*, Optimal Enforcement, S. 222 m.w.N. *Khan*, World Competition Law and Economic Review 35 (2012), 77 (78).

983 Monopolkommission, Hauptgutachten XX, S. 107.

984 Monopolkommission, Hauptgutachten XX, S. 107.

985 Monopolkommission, Hauptgutachten XX, S. 107 f. Hingegen sieht *Hack* Zwangsgelder als ausreichend an, Vorstandsverantwortlichkeit, S. 240.

die wegen einer Ordnungswidrigkeit wenigstens dreimal eine Geldbuße rechtskräftig verhängt worden ist, kann es verboten werden, Jugendliche zu beschäftigen oder zu betreuen (§ 25 Abs. 2 JArbSchG).

Die persönlichen und finanziellen Folgen des Tätigkeitsverbots schrecken ab.[986] Karriereaussichten und Verdienstmöglichkeiten werden beschnitten.[987] Ein gesellschaftlicher Akzeptanzverlust kann hinzutreten.[988] Gleichwohl sinkt die Abschreckungswirkung mit der Nähe zum Ruhestandsalter.[989] Weiter wird Tätigkeitsverboten teilweise eine stigmatisierende Wirkung zugesprochen.[990] Nach anderen Ansichten sind stigmatisierende Effekte unter Geschäftsleuten gering.[991] Aufgrund des überragenden Sachverstands der Kartellanten hinderten Kartellrechtsverstöße nicht an deren Neueinstellung.[992] Jedenfalls verliert die Leitungsperson während der Dauer des Tätigkeitsverbots zwangsläufig an fachlicher Kompetenz, wodurch sich ihr Wert als Arbeitskraft auf dem Arbeitsmarkt verringern wird.[993] Darüber hinaus rückt durch die Auferlegung des Tätigkeitsverbots die Sozialschädlichkeit des kartellrechtswidrigen Verhaltens in das öffentliche Bewusstsein und leistet dadurch einen Beitrag zur positiven Generalprävention.[994] Zwar können Unternehmen die Leitungsperson durch Geldzahlungen für den Verlust ihrer Tätigkeit entschädigen („*severance payment*" oder „*golden handshake*"),[995] allerdings ist die Schadloshaltung begrenzt: Die im beruflichen und sozialen Umfeld drohenden Akzeptanzverluste können nicht durch Geldzahlungen des Unternehmens ausgeglichen werden.[996] Auch werden

---

986 *Hack*, Vorstandsverantwortlichkeit, S. 235; *Khan*, World Competition Law and Economic Review 35 (2012), 77 (92); *Stephan*, UK Cartel Offence, S. 3 f.

987 *Schmidt*, ZWeR 2010, 378 (386); *Stephan*, UK Cartel Offence, S. 4; *ders.*, Journal of European Competition Law & Practice 2 (2011), 529 (530).

988 Vgl. *Riley*, ECLR 2011, 551 (562).

989 *Harding/Joshua*, Regulating Cartels, S. 356; *Stephan*, UK Cartel Offence, S. 9; *Wils*, World Competition Law and Economic Review 28 (2005), 117 (147).

990 *Hack*, Vorstandsverantwortlichkeit, S. 235; *Riley*, ECLR 2011, 551 (562); *Schmidt*, ZWeR 2010, 378 (383); *Wils*, World Competition Law and Economic Review 28 (2005), 117 (147).

991 *Stephan*, UK Cartel Offence, S. 31.

992 *Schmidt*, ZWeR 2010, 378 (387) m.w.N.

993 *Schmidt*, ZWeR 2010, 378 (387).

994 *Hack*, Vorstandsverantwortlichkeit, S. 235.

995 *Khan*, World Competition Law and Economic Review 35 (2012), 77 (95); *Wils*, Optimal Enforcement, S. 222.

996 *Hack*, Vorstandsverantwortlichkeit, S. 235; *Khan*, World Competition Law and Economic Review 35 (2012), 77 (95); *Stephan*, UK Cartel Offence, S. 4; *ders.*, Journal of European Competition Law & Practice 2 (2011), 529 (530); *Wils*, World Competition Law and Economic Review 28 (2005), 117 (147).

nicht alle Unternehmen zu Ausgleichsleistungen bereit oder in der Lage sein.[997] Um eine Schadloshaltung auszuschließen, schlägt *Stephan* vor, eine zeitlich begrenzte Einkommensgrenze für Leitungsorgane einzuführen.[998] Endlich sind Tätigkeitsverbote kostengünstiger als die Vollstreckung einer Freiheitsstrafe.[999] Insbesondere die Kosten der Resozialisierung werden gegenüber der Freiheitsstrafe als geringer eingeschätzt, da es Leitungspersonen für die Zeit des Tätigkeitsverbots möglich ist, einer anderen Tätigkeit nachzugehen.[1000]

Tätigkeitsverbote sind dennoch kostenintensiv: Wird der Leitungsperson die Ausübung ihrer Tätigkeit verboten, geht dem Wirtschaftsverkehr ihre Arbeitskraft verloren.[1001] Um abschreckend zu wirken, müssen sich Tätigkeitsverbote über einen langen Zeitraum erstrecken.[1002] Die durch ein Tätigkeitsverbot verursachten Kosten können die durch den Einsatz von Strafe verursachten Kosten übersteigen.[1003] Tätigkeitsverbote können überdies leicht umgangen werden. Unternehmen können die von einem Tätigkeitsverbot betroffenen Leitungspersonen in anderer Funktion erneut einstellen oder die durch Tätigkeitsverbote ausgelösten Verdienstausfälle ausgleichen.[1004] Des Weiteren verringert sich die Wirksamkeit von Tätigkeitsverboten auch dann, wenn die betroffene Leitungsperson dem Renteneintritt nahesteht.[1005] Wegen der Beschränkung von

997 *Khan,* World Competition Law and Economic Review 35 (2012), 77 (94 f.).

998 *Stephan,* UK Cartel Offence, S. 31.

999 *Harding/Joshua,* Regulating Cartels, S. 356; *Khan,* World Competition Law and Economic Review 35 (2012), 77 (100); *Stephan,* UK Cartel Offence, S. 4.

1000 *Schmidt,* ZWeR 2010, 378 (388).

1001 *Federmann,* Kriminalstrafen, S. 478; *Wils,* Optimal Enforcement, S. 223, Fn. 120.

1002 *Federmann,* Kriminalstrafen, S. 478; *Wils,* Optimal Enforcement, S. 223, Fn. 120.

1003 *Wils,* Optimal Enforcement, S. 223, Fn. 120.

1004 *Frese,* in: *Cseres/Schinkel/Vogelaar* (Hrsg.), Criminalization, S. 200; *Khan,* World Competition Law and Economic Review 35 (2012), 77 (94); *Stephan,* Journal of European Competition Law & Practice 2 (2011), 529 (533); *Whelan,* The Competition Law Review 4 (2007), 7 (37); *Wils,* Optimal Enforcement, S. 222 f.; *ders.;* World Competition Law and Economic Review 28 (2005), 117 (147). Gleichwohl soll ein Ausgleich wenig wahrscheinlich sein, sollte das Unternehmen selbst bebußt werden, so *Frese,* in: *Cseres/Schinkel/Vogelaar* (Hrsg.), Criminalization, S. 200. Auch kann die stigmatisierende Wirkung von Tätigkeitsverboten nicht ausgeglichen werde, so *Khan,* World Competition Law and Economic Review 35 (2012), 77 (95).

1005 *Stephan,* Journal of European Competition Law & Practice 2 (2011), 529 (533); *Whelan,* The Competition Law Review 4 (2007), 7 (37); *Wils,* in: *Cseres/Schinkel/Vogelaar* (Hrsg.), Criminalization, S. 86.

Tätigkeitsverboten auf Leitungspersonen bleiben sie in ihrer Abschreckungswirkung hinter der Abschreckungswirkung von Strafe zurück.[1006]

(4) Öffentliche Bloßstellung

Ein Instrument der Kartellaufsicht ist die Öffentlichkeitsarbeit der Kartellbehörden, die auch die Pressearbeit umfasst. Zudem ist das Bundeskartellamt neuerdings aufgerufen, Bußgeldentscheidungen spätestens nach Abschluss des behördlichen Bußgeldverfahrens auf seiner Internetseite zu veröffentlichen (§ 53 Abs. 5 S. 1 GWB). Die Veröffentlichung soll dabei nicht nur den in der Bußgeltentscheidung festgestellten Sachverhalt sowie Art und Zeitraum des Verstoßes, sondern auch die beteiligten Unternehmen und die betroffenen Waren und Dienstleistungen umfassen (§ 53 Abs. 5 S. 2 GWB).

Insbesondere die Benennung der betroffenen Unternehmen verspricht eine Präventions- und Sanktionswirkung durch Reputationsschädigung.[1007] Die wirtschaftlichen Einbußen einer Reputationsschädigung können diejenigen einer Geldbuße noch überragen.[1008] Dementsprechend fürchten die betroffenen Unternehmen die Öffentlichkeit des Bußgeldverfahrens.[1009] Den Erfolg einer solchen Veröffentlichungspraxis scheint der Bericht von *Gutzler* zu bestätigen, nach dem „in einer nicht unbeträchtlichen Zahl von Fällen [...] Unternehmen alle möglichen Zugeständnisse – vom ausdrücklichen Geständnis bis zum Verzicht auf den Einspruch – angeboten haben, falls das Bundeskartellamt von einer Presseinformation absehe oder deren Inhalt einschränke".[1010]

Anknüpfungspunkt für die Öffentlichkeitsarbeit der Kartellbehörden kann neben den Unternehmen auch die kartellverantwortliche natürliche Person sein. Als erwägenswert erscheint es, neben den Unternehmen auch die kartellverantwortliche natürliche Person öffentlich zu benennen.[1011] Durch die

---

1006 *Hack,* Vorstandsverantwortlichkeit, S. 235; *Khan,* World Competition Law and Economic Review 35 (2012), 77 (92); *Wils,* in: *Cseres/Schinkel/Vogelaar* (Hrsg.), Criminalization, S. 85.

1007 *Jüngel,* Shame Sanctions, S. 214; *Schmid,* wistra 1984, 1 (3); *Schmidt,* Kartellverfahrensrecht, S. 294; *Schünemann,* in: GS Kaufmann, S. 648; vgl. *Tiedemann,* Kartellrechtsverstöße, S. 37 f.; *Vorburgg,* WuW 1984, 371 (375).

1008 *Oldigs,* Möglichkeiten und Grenzen, S. 177.

1009 *Kartte/Portatius,* BB 1975, 1169 (1171); *Oldigs,* Möglichkeiten und Grenzen, S. 174.

1010 *Gutzler,* Tagungsberichte, S. 39.

1011 *Coffee,* Michigan Law Review 79 (1980/81), 386 (429 ff.); *Lüderssen,* Verhandlungen 49. DJT, M 132; *Noll* schlägt sogar über die Namensnennung hinaus die Veröffentlichung einer Fotographie des Täter vor, Verhandlungen 49. DJT, M 33; *Wils,* Optimal Enforcement, S. 222.

Namensnennung wird das kartellrechtswidrige Verhalten einer breiten Öffentlichkeit zugänglich gemacht, also die kartellverantwortliche natürliche Person öffentlich bloßgestellt. Damit rückt die Namensnennung in die Nähe der sogenannten „Schandstrafe“ (*shame sanction*) oder auch „Prangerstrafe“.[1012] Bei der Schandstrafe werden nicht nur Informationen über den Täter preisgegeben, zusätzlich wird noch das Verhalten des Täters einer negativen moralischen Bewertung unterzogen, also „verachtet“.[1013]

Eine öffentliche Bloßstellung vereinigt formelle und informelle Sanktionselemente.[1014] Auferlegt durch den Staat, vollzieht sich die Sanktion durch die Öffentlichkeit. Die öffentliche Bloßstellung ist nur dann wirksam, wenn sich die Öffentlichkeit angesprochen fühlt und auf sie reagiert.[1015] Reagiert die Öffentlichkeit, vermittelt die öffentliche Bloßstellung sowohl dem Betroffenen als auch der Gesellschaft eine klare Botschaft der Verachtung.[1016] Die Minderung des sozialen Status der kartellverantwortlichen natürlichen Person durch Ansehens- und Reputationsverlust kann die Folge sein.[1017] Demgegenüber entziehen Haftstrafen den Bestraften der Öffentlichkeit[1018] Sie können gegenüber dem Inhaftierten nur auf Umwegen die Verachtung seines Verhaltens zum Ausdruck bringen.[1019] Mithin ist die soziale Statusminderung nicht nur schlichte Nebenfolge oder „Kollateralschaden“, sondern Ziel der öffentlichen Bloßstellung.[1020] Die öffentliche Bloßstellung ähnelt den Ideen der positiven Generalprävention: Der Öffentlichkeit soll verdeutlicht werden, dass ihre Normen Geltung beanspruchen.[1021] Dabei sind die Möglichkeiten öffentlicher Bloßstellung vielfältig: Die Namen und Bilder der Betroffenen können in Zeitungen abgedruckt

---

1012 So auch *Schünemann*, in: GS Kaufmann, S. 648.

1013 *Dubber*, ZStW 117 (2005), 485 (495); *Kahan/Posner*, Journal of Law and Economics 42 (1999), 365 (368 f.).

1014 Vgl. *Kubiciel*, ZStW 118 (2006), 44 (47).

1015 *Jüngel* spricht in diesem Zusammenhang von einer „kollektiven Emotionalisierung“, Shame Sanctions, S. 227; *Kubiciel*, ZStW 118 (2006), 44 (71); *Massaro*, Michigan Law Review 89 (1990/91), 1880 (1921).

1016 *Dubber*, ZStW 117 (2005), 485 (496).

1017 *Dannecker*, GA 2001, 101 (127); *Federmann*, Kriminalstrafen, S. 475; *Kahan/Posner*, Journal of Law and Economics 42 (1999), 365 (369); vgl. *Nöckel*, Marktwirtschaftsstrafrecht, S. 237.

1018 *Dubber*, ZStW 117 (2005), 485 (496).

1019 *Dubber*, ZStW 117 (2005), 485 (496).

1020 *Jüngel*, Shame Sanctions, S. 218; *Kubiciel*, ZStW 118 (2006), 44 (71).

1021 *Dubber*, ZStW 117 (2005), 485 (497).

oder im Fernsehen ausgestrahlt werden.[1022] In den USA wurden Straftäter gar verpflichtet, ihr Verhalten beschreibende Kleidung zu tragen, etwa „*I'm a convicted child molester*".[1023]

Die Namensnennung verspricht besonders Wirtschaftsakteure abzuschrecken.[1024] Öffentliches Ansehen und Reputation ist für die wirtschaftliche Betätigung wesentlich.[1025] Ihr Verlust kann sich geschäftsschädigend auswirken.[1026] Wettbewerbsnachteile und Vermögenseinbußen können die Folge sein.[1027] Daneben ist die öffentliche Bloßstellung gegenüber anderen Sanktionsformen vorteilhaft: Sie ist kostengünstiger als die Freiheitsstrafe.[1028] Und anders als bei der Geldbuße versagt auch eine Schadloshaltung durch die Unternehmen.[1029] Zudem kommt die Verachtung des kartellrechtswidrigen Verhaltens aufgrund der größeren Öffentlichkeit verstärkt zum Ausdruck.[1030] Schließlich verspricht eine öffentliche Bloßstellung das Bewusstsein der Bevölkerung für die Sozialschädlichkeit von Kartellen zu schärfen:[1031] Denn während Freiheitsstrafen außerhalb der Öffentlichkeit vollstreckt werden, erfolgt die öffentliche Bloßstellung in der und durch die Öffentlichkeit.

Die öffentliche Namensnennung läuft allerdings Gefahr, mit dem allgemeinen Persönlichkeitsrecht (Art. 2 Abs. 1 GG i.V.m. Art. 1 Abs. 1 GG) der kartellverantwortlichen natürlichen Personen in Konflikt zu geraten.[1032] Zwar würde durch die Pressemitteilung weder die Intim- noch die Privatsphäre der kartellverantwortlichen natürlichen Person, dafür aber die Sozialsphäre, nämlich die wirtschaftliche Betätigung des Persönlichkeitsrechtsträgers, treffen.[1033] Auch widerspricht die Benennung der kartellverantwortlichen Personen nicht der Rechtsstaatsprinzip verankerten Unschuldsvermutung (Art. 20 Abs. 3 GG), jedenfalls dann, wenn die Pressemitteilung den Hinweis enthält, dass die

1022 *Dubber,* ZStW 117 (2005), 485 (496).
1023 *Dubber,* ZStW 117 (2005), 485 (496).
1024 So auch *Parker,* in: *Beaton-Wells/Ezrachi* (Hrsg.), Criminalising Cartels, S. 251.
1025 *Whitman,* Yale Law School 1998, 1055 (1066 f.).
1026 *Schüler-Springorum,* in FS Henkel, S. 148; *Whitman,* Yale Law School 1998, 1055 (1066 f.).
1027 *Schüler-Springorum,* in FS Henkel, S. 148.
1028 *Kahan/Posner,* Journal of Law and Economics 42 (1999), 365 (371).
1029 *Federmann,* Kriminalstrafen, S. 476.
1030 *Kubiciel,* ZStW 118 (2006), 44 (69).
1031 *Hack,* Vorstandsverantwortlichkeit S. 243.
1032 Ähnlich *Wagner-von Papp,* in: *Beaton-Wells/Ezrachi* (Hrsg.), Criminalising Cartels, S. 171.
1033 OLG Düsseldorf, NZKart 2015, 57 (60).

verhängten Geldbußen noch nicht rechtskräftig sind und gegen die Bescheide Einspruch eingelegt werden kann.[1034] Auch für die „juristisch nicht vorgebildete“ Bevölkerung wird durch den Hinweis deutlich, dass die Bußgeldentscheidung nicht die „letztinstanzlich ermittelte Wahrheit“ darstellt.[1035]

Gegen die Benennung kartellverantwortlicher natürlicher Personen als Instrument der Kartellverfolgung ist ferner die Unvorhersehbarkeit der durch sie ausgelösten Reaktionen einzuwenden.[1036] Sowohl ihr Ausmaß als auch ihre Ausprägung liegen außerhalb des staatlichen Machtbereichs. Sie werden von einer Vielzahl von Faktoren bestimmt: Zum einen hängen die Reaktionen von den Werthaltungen, Einstellungen und Gefühlslagen der Adressaten ab. Sie können von Gleichgültigkeit bis hin zu Verachtung, Spott und Häme reichen. Zum anderen richten sich das Ausmaß und die Ausprägung der Reaktionen nach dem Ort und der Dauer der Namensnennung (Fernsehen, Radio, Internet, Printmedien) sowie nach der Größe ihres Adressatenkreises. Denkbar erscheint etwa eine Benennung der kartellverantwortlichen natürlichen Person im Bundesanzeiger[1037] oder auf der Internetseite der Kartellbehörde, wobei der letztgenannte Ort der Bloßstellung eine größere Breitenwirkung erwarten lässt. Auch könnten die Namen der kartellverantwortlichen natürlichen Personen in ein öffentliches Register eingetragen werden.[1038] Um die Vorhersehbarkeit der in der Bevölkerung ausgelösten Reaktionen zu erhöhen, könnten sowohl der Ort als auch die Dauer der öffentlichen Bloßstellung begrenzt werden. Ob sich durch die Begrenzung des Bloßstellungsvorgangs die Vorhersehbarkeit der Reaktionen steigern ließe, ist allerdings zweifelhaft:[1039] Insbesondere bei einer zeitlichen Beschränkung der öffentlichen Bloßstellung bleibt die Größe des erreichten Adressatenkreises zufällig. Da die öffentliche Bloßstellung in ihrer Wirkung auf Reaktionen

---

1034 OLG Düsseldorf, NZKart 2015, 57 (59); *Erlinghagen/Zippel,* NJW 1973, 10 (12); *Federmann,* Kriminalstrafen, S. 477; *Oldigs* nimmt allerdings nur hinsichtlich der Veröffentlichung nicht rechtskräftiger Bußgeldbescheide einen Verstoß gegen die Unschuldsvermutung an, Möglichkeiten und Grenzen, S. 175; *Schmid,* wistra 1984, 1 (3); *Tiedemann,* Kartellrechtsverstöße, S. 37; *Vorburgg,* WuW 1984, 371 (378).

1035 OLG Düsseldorf, NZKart 2015, 57 (59); a.A. *Erlinghagen/Zippel,* NJW 1973, 10 (12 f.); *Vorburgg,* WuW 1984, 371 (378); *Schmid,* wistra 1984, 1 (3).

1036 *Coffee,* Michigan Law Review 79 (1980/81), 386 (427); *Jüngel,* Shame Sanctions, S. 194; vgl. *Kirch-Heim,* Sanktionen gegen Unternehmen, S. 225.

1037 *Lüderssen,* Verhandlungen 49. DJT, M 132.

1038 *Kartte/Portatius,* BB 1975, 1169 (1171); *Lüderssen,* Verhandlungen 49. DJT, M 132; *Noll,* Verhandlungen 49. DJT, M 33.

1039 *Jüngel,* Shame Sanctions, S. 226.

ihrer Adressaten angewiesen ist, wird der Bloßstellungsvorgang teilweise auf eine in ihren Reaktionen unkontrollierbare Öffentlichkeit verlagert.[1040] Mithin ist zu befürchten, dass die Reaktionen zu streng oder aber auch zu milde ausfallen. Eine Über- oder auch Unterabschreckung kann die Folge sein. Zudem wird der Öffentlichkeit eine „unbillige moralische Bürde auferlegt".[1041]

Darüber hinaus erleichtert die öffentliche Namensnennung den Zugriff auf die kartellverantwortliche natürliche Person. Sie wird der Gefahr von Racheakten ausgesetzt. Auch fügt sich eine Sanktion, die eine soziale Statusminderung zum Ziel hat, nicht in die Rechtsordnung ein:[1042] Wenn selbst die Vollziehung strafrechtlicher Sanktionen nicht zum Ausschluss, sondern zur Wiedereingliederung des Täters führen soll (§ 2 StVollzG), kann für die Vollziehung einer verwaltungsrechtlichen Sanktion nichts anderes gelten.

(5) Zwischenergebnis

Die Ausweitung der Kartellaufsicht ist keine Alternative zum Einsatz von Strafrecht: Während Marktinformationsverfahren dem Wettbewerb abträglich sind, erscheint die Einsetzung eines Kartellbeauftragten nur wirksam, wenn sie von repressiven Instrumenten begleitet wird. Die Abschreckungswirkung von Tätigkeitsverboten wird durch Umgehungsmöglichkeiten und ihre Ausrichtung auf Leitungspersonen begrenzt. Nicht nur wegen ihrer unkontrollierten Wirkungsweise verbietet sich die öffentliche Bloßstellung natürlicher kartellverantwortlicher Personen. Auch die zielgerichtete soziale Statusminderung ist der Rechtsordnung fremd. Ferner wird die Unschuldsvermutung verletzt. Schließlich ist eine Bagatellisierung kartellrechtswidrigen Verhaltens durch eine reine Beschränkung auf wirtschaftsverwaltungsrechtliche Instrumente zu befürchten.[1043]

bb) Ordnungswidrigkeitenrecht

Eine alternative Reaktionsmöglichkeit zur strafrechtlichen Ahndung von Hardcore-Kartellen kann in der Ausweitung der Kartellverfolgung durch Bußgeldverfahren bestehen. Zur Stärkung des Kartellordnungswidrigkeitenrechts könnten

---

1040 Vgl. *Jüngel,* Shame Sanctions, S. 223; *Whitman* spricht sogar von einer staatlich finanzierten Lynchjustiz, Yale Law School 1998, 1055 (1088 f.).

1041 *Jüngel,* Shame Sanctions, S. 93 m.w.N.

1042 *Jüngel,* Shame Sanctions, S. 218.

1043 *Paliero,* in: Madrid-Symposium, S. 251.

Sanktionen verschärft oder ihr Adressatenkreis ausgeweitet werden. In Betracht kommt neben der Erhöhung der Geldbuße auch die Erweiterung des § 30 OWiG.

(1) Erhöhung der Geldbuße

Die Anzahl der beim Bundeskartellamt abgeschlossenen Kartellverfahren und die Höhe der jeweils verhängten Bußgelder haben sich in den vergangenen Jahren drastisch erhöht.[1044] Konnten im Zeitraum zwischen 2006 und 2009 noch 20 Kartellverfahren beim Bundeskartellamt abgeschlossen werden, so waren es im Zeitraum zwischen 2010 und 2012 schon 41 Kartellverfahren.[1045] Während im Zeitraum zwischen 2006 und 2009 die Summe der in Kartellverfahren verhängten Bußgelder rund eine Milliarde Euro betrug, hat das Bundeskartellamt allein im Jahr 2014 Geldbußen in einer Höhe von über einer Milliarde Euro verhängt.[1046]

Doch trotz der Ausweitung der Kartellverfolgung ist die Abschreckungswirkung von Geldbußen bislang nur unzureichend: Weder der Anstieg noch die Höhe der verhängten Geldbußen lässt den Schluss auf eine Abschreckungswirkung von Geldbußen zu.[1047] Die statistischen Angaben der Kartellbehörden können täuschen, da sie sowohl für als auch gegen eine Abschreckungswirkung von Geldbußen sprechen können.[1048] Unterschiedliche Faktoren wirken sich auf die Kartellrechtsdurchsetzung aus, etwa die gesamtwirtschaftliche Entwicklung oder veränderte rechtliche Rahmenbedingungen der Kartellverfolgung, beispielsweise die Einführung der Bonusregelung oder eine intensivierte Verfolgungspraxis der Kartellbehörden.[1049]

Klar gegen eine ausreichende Abschreckungswirkung von Geldbußen deuten die nach Verhängung von Geldbußen veränderten Marktwerte der Unternehmen

---

1044 Ein starker Anstieg der Geldbußen ist auch in der EU und in den USA zu verzeichnen. So stieg die durchschnittliche Unternehmensgeldbuße in der EU von 2 Millionen Euro in 1990 – 1994 auf 46 Millionen Euro in 2005 – 2009 und in den USA von 480.000 US-Dollar in 1990 – 1994 auf gegenwärtig 44 Millionen US-Dollar an, *Ginsburg/Wright,* Competition Policy International 6 (2010), 3 (4).

1045 BKartA, Jahresbericht 2013, S. 20.

1046 BKartA, Jahresbericht 2013, S. 5; BKartA, Jahresrückblick 2014; BKartA, Erfolgreiche Kartellverfolgung, S. 8.

1047 So aber *Meyer-Lindemann,* WuW 2011, 1235 (1240); *Schünemann,* ZIS 2014, 1 (14).

1048 Monopolkommission, Sondergutachten 72, S. 42; *Stucke,* in: *Beaton-Wells/Ezrachi* (Hrsg.), Criminalising Cartels, S. 267.

1049 Monopolkommission, Hauptgutachten XX, S. 93; Monopolkommission; Sondergutachten 72, S. 42; vgl. auch *Wils,* Journal of Antitrust Enforcement 1 (2013), 52 (72).

hin.[1050] Bereits erzielte oder zu erwartende Gewinne beeinflussen den Marktwert eines Unternehmens. Wird die Kartellbeteiligung eines Unternehmens aufgedeckt, verringert sich sein Marktwert.[1051] Nicht erst die Verhängung, sondern bereits die Ankündigung von Untersuchungen lässt den Marktwert der Unternehmen fallen.[1052] Allerdings erholt sich der Marktwert bei der Mehrheit der Unternehmen binnen eines Jahres.[1053] Zudem zeigt die durchschnittliche Lebensdauer von Kartellen von etwa sechs bis sieben Jahren[1054] eine unzureichende Abschreckungswirkung von Geldbußen an.[1055]

Zwar lassen bereits die Neuregelungen der neunten GWB-Novelle, etwa durch die Inanspruchnahme weiterer Konzerngesellschaften für den Kartellrechtsverstoß oder durch die Erschwerung von Haftungsumgehungen, eine Haftungsverschärfung im Rahmen der Bußgeldbemessung erwarten.[1056] Um eine ausreichende Abschreckungswirkung von Geldbußen zu erzielen, ist darüber hinaus aber zu erwägen, die Unternehmensgeldbußen über die bisherige 10%-Grenze des Gesamtumsatzes anzuheben.[1057] Die Anhebung der Unternehmensgeldbuße verspricht, einerseits unternehmenseigene Kontrollmechanismen zu verstärken. Zum einen können die Unternehmen auf ihre Mitarbeiter einwirken, um diese von der Beteiligung an oder von der

---

1050 *Ginsburg/Wright,* Competition Policy International 6 (2010), 3 (14); *Hüschelrath,* World Competition Law and Economic Review 35 (2012), 121 (158); a.A. *Ost,* Journal of European Competition Law & Practice 2014, 125 (133).

1051 *Hüschelrath/Weigand,* Fighting Hard Core Cartels, S. 38; vgl. *Massey,* in: *Cseres/Schinkel/Vogelaar* (Hrsg.), Criminalization, S. 181.

1052 *Van den Broek/Kemp/Verschoor/Vries,* Journal of Competition Law & Economics 8 (2012), 231 (231 ff.); *Günster/Van Dijk,* The Impact of European Antitrust Policy: Evidence from the Stock Market, S. 2.

1053 *Thompson/Kaserman,* Review of Industrial Organization 19 (2001), 329 (333); *Golub/Detre/Connor,* The Profitability of Price Fixing: Have Stronger Antitrust Sanctions Deterred?, S. 11.

1054 *Werden/Simon* gehen von einer durchschnittlichen Lebensdauer von Kartellen von 73,8 Monaten aus, The Antitrust Bulletin 32 (1987), 917 (925). *Levenstein/Suslow* nehmen eine durchschnittliche Lebensdauer von sechs Jahren an, Journal of Economic Literature 44 (2006), 43 (51); *Smuda* schätzt die durchschnittliche Lebensdauer auf 5,7 Jahre, Journal of Competition Law 10 (2014), 63 (83).

1055 *Ginsburg/Wright,* Competition Policy International 6 (2010), 3 (14).

1056 Monopolkommission, Sondergutachten 72, S. 38.

1057 Befürwortet von *Riley,* ECLR 2011, 551 (561); *Spagnolo,* in: *Cseres/Schinkel/Vogelaar* (Hrsg.), Criminalization, S. 136.

Fortführung von Hardcore-Kartellen abzuhalten.[1058] Dabei bietet sich den Unternehmen eine Vielzahl von Einwirkungsmöglichkeiten:[1059] Beginnend mit der Auswahl ihrer Mitarbeiter, über die Ausbildung von Anreizstrukturen etwa durch Bonuszahlungen, bis hin zur Disziplinierung ihrer Mitarbeiter im Falle regelwidrigen Verhaltens. Zum anderen kann die Anhebung der Unternehmensgeldbuße die Unternehmen dazu anregen, durch organisatorische und unternehmenspolitische Maßnahmen kartellrechtswidriges Verhalten im Unternehmen zu unterbinden.[1060] Andererseits kann die Anhebung der Unternehmensgeldbuße das öffentliche Bewusstsein für die Schädlichkeit von Kartellen stärken.

Nach der *Theorie der optimalen Sanktion* wiegen Geldbußen in der Entscheidung über kartellrechtswidriges oder kartellrechtskonformes Verhalten schwer. Den Unternehmen wird der Anreiz zu kartellrechtswidrigem Verhalten fehlen, wenn die im Falle der Entdeckung erwarteten Kosten die erwarteten Vorteile übersteigen.[1061] Für die Frage der Höhe, auf welche die Geldbußen angehoben werden sollten, um abschreckend zu wirken, bestehen drei Ansatzpunkte: *Erstens* könnten die Geldbußen auf eine Höhe angehoben werden, die mindestens dem Kartellgewinn gleichkommt („*gain-based fine*" oder „*deterrence approach*" oder „*model of unlawful gain*").[1062] Verlieren die Kartellanten den Kartellgewinn, verlieren sie auch ihr Interesse an der Vereinbarung eines Hardcore-Kartells.[1063] Wird auf den Kartellgewinn abgestellt, wird Kartellen jegliche ökonomische Vorteilhaftigkeit abgesprochen.[1064] *Zweitens* könnten Geldbußen auch auf eine Höhe angehoben werden, die dem von dem Kartell verursachten Schaden entspricht („*harm-based fine*" oder „*internalization*

1058 Dazu *Coffee*, Michigan Law Review 79 (1980/81), 386 (407 f.); *Federmann*, Kriminalstrafen, S. 447.

1059 *Federmann*, Kriminalstrafen, S. 447; *Wils*, Optimal Enforcement, S. 197.

1060 Vgl. *Kirch-Heim*, Sanktionen gegen Unternehmen S. 70.

1061 *Becker*, Journal of Political Economy 76 (1968), 169 (169 ff.); *Bolotova*, Journal of Economic Behavior & Organization 70 (2009), 321 (338); *Bongard*, WuW 2010, 762 (767); *Landes*, University of Chicago Law Review 1983, 652 (652 ff.); *Smuda*, Journal of Competition Law & Economics 10 (2014), 63 (86); *Wils*, World Competition Law and Economic Review 29 (2006), 183 (190).

1062 *Combe/Monnier*, The Antitrust Bulletin 56 (2011), 235 (246); Monopolkommission, Hauptgutachten XX, S. 94; *Whelan*, The Competition Law Review 4 (2007), 7 (12); *Wils*, World Competition Law and Economic Review 29 (2006), 183 (191 ff.).

1063 *Wils*, Optimal Enforcement, S. 22.

1064 *Whelan*, The Competition Law Review 4 (2007), 7 (12).

approach" oder „*harm to others model*").[1065] Übersteigt der Kartellschaden den Kartellgewinn, verzichten die Kartellanten auf die Vereinbarung eines Hardcore-Kartells. Liegt der Kartellgewinn jedoch über dem Kartellschaden (ökonomisch effiziente Kartellrechtsverstöße), werden die Kartellanten an der Vereinbarung von Hardcore-Kartellen festhalten.[1066] Wird auf den Kartellschaden abgestellt, wird Kartellen trotz ihrer Schadensträchtigkeit eine ökonomische Vorteilhaftigkeit zuerkannt.[1067] Durch die Ausrichtung der Geldbuße am Kartellschaden kann die Abschreckung ökonomisch vorteilhafter Verhaltensweisen vermieden werden. *Drittens* kommt auch eine Kombination beider Ansatzpunkte in Betracht: Die Geldbußen könnten auf eine Höhe angehoben werden, die einerseits den Kartellgewinn abschöpft und andererseits den vom Kartell verursachten Schaden ausgleicht.[1068]

Schließlich gilt es, die Aufdeckungswahrscheinlichkeit zu berücksichtigen: Nicht jedes Kartell wird entdeckt und geahndet. Vielmehr wird von einem großen Dunkelfeld ausgegangen.[1069] Sowohl die Geheimhaltungsvorkehrungen der Kartellanten als auch die Verfolgungsstrategien der Kartellbehörden und die ihnen verfügbaren Ressourcen beeinflussen die Aufdeckungswahrscheinlichkeit.[1070] Die am Kartellgewinn oder am Kartellschaden ausgerichtete Geldbuße ist daher durch die Aufdeckungswahrscheinlichkeit zu dividieren.[1071] Auf dem US-amerikanischen Markt liegt die Aufdeckungswahrscheinlichkeit schätzungsweise zwischen 13% und 17%.[1072] Für den europäischen Markt wird eine Aufdeckungswahrscheinlichkeit von zwischen 12,9% und 13,2% angenommen.[1073]

1065 *Becker,* Journal of Political Economy 76 (1968), 169 (194); *Landes,* The University of Chicago Law Review 1983, 652 (656); *Wehmhörner,* in: *Cseres/Schinkel/Vogelaar* (Hrsg.), Criminalization, S. 217; *Whelan,* The Competition Law Review 4 (2007), 7 (12).

1066 *Werden/Simon,* The Antitrust Bulletin 32 (1987), 917 (919 f.).

1067 *Whelan,* The Competition Law Review 4 (2007), 7 (12).

1068 *Dreher,* WuW 2011, 232 (239); *Wagner-von Papp,* WuW 2010, 268 (270 f.).

1069 Vgl. *Harding,* in: *Beaton-Wells/Ezrachi* (Hrsg.), Criminalising Cartels, S. 362; Monopolkommission, Hauptgutachten XX, Fn. 139.

1070 *Wils,* Optimal Enforcement, S. 25

1071 *Federmann,* Kriminalstrafen, S. 378; *Ginsburg/Wright,* Competition Policy International 6 (2010), 3 (7); *Hüschelrath,* World Competition Law and Economic Review 35 (2012), 121 (154); *Polinsky/Shavell,* Journal of Economic Literature 38 (2000), 45 (70); *Wagner-von Papp,* WuW 2010, 268 (271); *Wils,* Optimal Enforcement, S. 25.

1072 *Bryant/Eckard,* The Review of Economics 1991, 531 (535).

1073 *Combe/Monnier/Legal,* Cartels: the Probability of Getting Caught in the European Union S. 17.

Die Bußgeldbemessung des Bundeskartellamts knüpft weder an den Kartellgewinn noch an den Kartellschaden an:[1074] Das Bundeskartellamt legt zunächst einen Bemessungsspielraum fest. Ausgangspunkt des Bemessungsspielraums sind 10% des Umsatzes, der mit den von der Kartellrechtsabsprache betroffenen Produkten und Dienstleistungen im Inland für die Dauer des Kartells erzielt wurde (tatbezogener Umsatz). Der ermittelte Wert wird je nach Unternehmensgröße erhöht. Anschließend können sich tat- und täterbezogene Kriterien bußgeldmindernd- oder bußgeldschärfend auswirken. Der ermittelte Wert darf die umsatzbezogene Bußgeldobergrenze in § 81 Abs. 4 S. 2 GWB nicht übersteigen.[1075] Wird die 10%-Grenze als Bußgeldobergrenze verstanden, sind die 10% des Gesamtumsatzes des letzten Geschäftsjahres das höchstmögliche zu verhängende Bußgeld. Unter Anwendung der *Theorie optimaler Sanktionen* müssten die Geldbußen jedoch, abhängig von den zugrunde gelegten Werten, auf eine Höhe von 150%[1076] oder von zwischen 75% und 450%[1077] des Gesamtumsatzes angehoben werden.[1078]

Die Anhebung der Geldbußen auf ein abschreckungswirksames Maß kann die wirtschaftliche Leistungsfähigkeit der Unternehmen überschreiten und die Zahlungsunfähigkeit der bebußten Unternehmen zur Folge haben.[1079] Jüngstes Beispiel soll das Kartell von Zulieferern für Löschfahrzeuge für kommunale

1074 Zur Erläuterung seiner Bußgeldbemessung hat das BKartA Bußgeldleitlinien erlassen, Leitlinien für die Bußgeldzumessung in Kartellordnungswidrigkeitenverfahren v. 25.06.2013.

1075 Anders als das BKartA und die Europäische Kommission versteht der BGH im *Grauzementkartell*-Beschluss vom 26.02.2013 die 10 %-Grenze des § 81 Abs. 4 S. 2 Hs. 2 GWB nicht als Kappungsgrenze, sondern als Bußgeldobergrenze, BGH, NZKart 2013, 195 (195 ff.). Hierzu *Barth/Budde,* NZKart 2013, 311 (311 ff.).

1076 *Wils,* in: *Cseres/Schinkel/Vogelaar* (Hrsg.), Criminalization, S. 87; *ders.,* World Competition Law and Economic Review 28 (2005), 117 (140).

1077 *Wagner-von Papp,* WuW 2010, 268 (271).

1078 Allerdings treten zu der Geldbuße noch weitere Kosten hinzu. Insbesondere Schadensersatzzahlungen, Reputationsverluste und Anwaltskosten. Hierzu *Hüschelrath,* World Competition Law and Economic Review 35 (2012), 121 (158).

1079 *Beaton-Wells/Parker,* Journal of Antitrust Enforcement 1 (2013), 198 (204); *Biermann,* ZWeR 2007, 1 (13); Monopolkommission, Hauptgutachten XX, S. 95; OECD, Bekämpfung von Hardcore-Kartellen, S. 3; *Wagner-von Papp,* WuW 2010, 268 (271); *Whelan,* The Competition Law Review 4 (2007), 7 (31); *Wils,* Optimal Enforcement, S. 205; *ders.,* in: *Cseres/Schinkel/Vogelaar* (Hrsg.), Criminalization, S. 80 f.; *ders.,* World Competition Law and Economic Review 29 (2006), 183 (196 f.).

Feuerwehren sein.[1080] Das Ausscheiden eines zahlungsunfähigen Unternehmens vom Markt schwächt den Wettbewerb:[1081] Eine geringere Anzahl von Unternehmen am Markt fördert die Gefahr erneuter Kartellbildung. Gegebenenfalls werden zahlungskräftige, aber nicht notwendigerweise auch effiziente Unternehmen begünstigt.[1082] Zudem entstehen soziale Kosten: Nicht nur das bebußte Unternehmen, sondern auch unbeteiligte Marktteilnehmer wie Arbeitnehmer, Gläubiger und Verbraucher werden durch die Zahlungsunfähigkeit des Unternehmens geschädigt.[1083] Und selbst wenn außerordentlich hohe Geldbußen nicht zur Zahlungsunfähigkeit des Unternehmens führen sollten, sind sie kostenintensiv: Die bebußten Unternehmen müssen eine geringere Investitions- und Wettbewerbsfähigkeit, Unternehmensangehörige den Verlust ihrer Arbeitsplätze, Kartellgeschädigte den Verlust ihrer Schadensersatzansprüche, Gläubiger Forderungsausfälle und Verbraucher Preiserhöhungen fürchten.[1084] Gerade eine verminderte Investitions- und Wettbewerbsfähigkeit läuft dem Ziel des Kartellrechts, dem Schutz des wirtschaftlichen Wettbewerbs, zuwider. Zudem entstehen den Unternehmen neben den Kosten der Geldbuße noch weitere Kosten, insbesondere Reputationsverluste.[1085]

Darüber hinaus verliert die Geldbuße an Abschreckungswirkung („Abschreckungsfalle“):[1086] Um die durch die Zahlungsunfähigkeit des Unternehmens verursachten negativen Folgen zu vermeiden, werden niedrigere, der

---

1080 *Feld/Möschel/Wieland/Wigger,* Reform der Geldbußen, S. 12; *Palzer,* NZI 2012, 67 (67).

1081 *Biermann,* ZWeR 2007, 1 (14); *Hack,* Vorstandverantwortlichkeit, S. 216; OECD, Cartel Sanctions against Individuals, S. 26; *Plazer,* NZI 2012, 67 (68 f.).

1082 *Pierenkemper,* Kartellbußen, S. 171.

1083 *Biermann,* ZWeR 2007, 1 (14); *Coffee,* Michigan Law Review 79 (1980/81), 386 (401); *Lever/Pike,* ECLR 2005, 164 (169 f.); *Massey,* in: *Cseres/Schinkel/Vogelaar* (Hrsg.), Criminalization, S. 181; Monopolkommission, Hauptgutachten XX, S. 95; *Stephan,* UK Cartel Offence, S. 6; *Wils,* Optimal Enforcement, S. 205; *ders.* World Competition Law and Economic Review 28 (2005), 117 (141); *ders.,* World Competition Law and Economic Review 29 (2006), 183 (197).

1084 *Ackermann,* ZWeR 2010, 329 (336); *Federmann,* Kriminalstrafen, S. 450; *Feld/Möschel/Wieland/Wigger,* Reform der Geldbußen, S. 12; *Whelan,* The Competition Law Review 4 (2007), 7 (32); *Wils,* Optimal Enforcement, S. 205.

1085 *Van den Broek/Kemp/Verschoor/Vries,* Journal of Competition Law & Economics 8 (2012), 231 (258).

1086 *Coffee,* Michigan Law Review 79 (1980/81), 386 (389 ff.); *Federmann,* Kriminalstrafen, S. 449; *Parker/Beaton-Wells,* Journal of Antitrust Enforcement 1 (2013), 198 (204); *Wehmhörner,* in: *Cseres/Schinkel/Vogelaar* (Hrsg.), Criminalization S. 230.

Leistungsfähigkeit des Unternehmens entsprechende Geldbußen verhängt.[1087] Sowohl nach § 17 Abs. 3 OWiG als auch nach den Bußgeldleitlinien des Bundeskartellamts ist die wirtschaftliche Leistungsfähigkeit des Unternehmens im Rahmen der Bußgeldbemessung zu beachten.[1088] Wird die Geldbuße herabgesetzt, erreichen die Geldbußen nicht die Höhe, die für eine wirksame Abschreckung notwendig wäre.[1089] Über eine verringerte Abschreckungswirkung hinaus, droht durch die Herabsetzung der Geldbuße die mit Verhängung der Geldbuße verfolgte Abschreckungswirkung in ihr Gegenteil verkehrt zu werden: Den Unternehmen wird unter Umständen ein Anreiz zur Kartellbeteiligung geboten.[1090] Auch können die Unternehmen gegebenenfalls zu noch höheren kartellbedingten Preisaufschlägen geneigt sein, um die außerordentlich hohen Geldbußen im Falle ihrer Entdeckung bewältigen zu können.[1091] Hinzu treten wettbewerbsverzerrende Effekte: Wettbewerbsschwachen Unternehmen kann es gelingen, ihren Wettbewerbsabstand zu den übrigen Kartellanten zu verkleinern.[1092]

Obendrein begrenzen die Eigeninteressen der kartellverantwortlichen natürlichen Personen die Abschreckungswirkung außerordentlich hoher Geldbußen (*Principal-Agent*-Problematik).[1093] Nicht nur unternehmerisches, sondern auch persönliches Gewinnstreben bietet Anreiz zur Beteiligung oder Fortsetzung eines Hardcore-Kartells. Die Beteiligung oder Fortsetzung eines Hardcore-Kartells verspricht durch kartellbedingt höhere Gewinne persönliche Vorteile, etwa verbesserte Aufstiegsmöglichkeiten oder finanzielle Vorzüge.[1094] Außerdem wird die Abschreckungswirkung außerordentlich hoher Geldbußen dadurch herabgesetzt, dass diese von den Unternehmen „eingepreist" und bei geringer Preiselastizität der Nachfrage an die Verbraucher weitergegeben werden.[1095] Da Absprachen meist in konzentrierten Märkten gelingen, liegt eine Weitergabe

---

1087 *Whelan*, The Competition Law Review 4 (2007), 7 (32).

1088 BKartA, Bußgeldleitlinien 2013, Rn. 16.

1089 Monopolkommission, Hauptgutachten XX, S. 95; *Wehmhörner*, in: *Cseres/Schinkel/Vogelaar* (Hrsg.), Criminalization, S. 230.

1090 *Jaeger*, EuZW 2010, 881 (881); *Palzer*, NZI 2012, 67 (71).

1091 Vgl. *Smuda*, Journal of Competition Law & Economics 10 (2014), 63 (80).

1092 *Jaeger*, EuZW 2010, 881 (881).

1093 *Federmann*, Kriminalstrafen, S. 453; *Janssen*, Managerhaftung, S. 163; Monopolkommission, Sondergutachten 72, S. 44; *Stephan*, World Competition Law and Economic Review 35 (2012), 511 (515); *Wagner-von Papp*, WuW 2010, 268 (272).

1094 *Biermann*, ZWeR 2007, 1 (16); *Wagner-von Papp*, WuW 2010, 268 (272).

1095 *Bontrup*, VDI Nr. 26–27 2010, S. 2; *Ginsburg/Wright*, Competition Policy International 6 (2010), 3 (5); Monopolkommission, Sondergutachten 72, S. 44; *Schmidt*, WuW 2012, 223 (223).

nahe.[1096] Die Verbraucher werden auf diese Weise doppelt belastet: Sie müssen nicht nur die überhöhten Kartellpreise zahlen, sondern zusätzlich die Kartellbuße.[1097]

Zweifelhaft ist auch, ob die Kartellbehörde außerordentlich hohe Geldbußen festsetzen darf.[1098] Aufgrund ihrer Höhe stehen Kartellgeldbußen strafrechtlichen Sanktionen gleich.[1099] Die Verhängung strafrechtlicher Sanktionen ist den Gerichten vorbehalten (Art. 92 GG). Kartellbußen werden jedoch von Kartellbehörden festgesetzt, die Kartelle sowohl verfolgen als auch sanktionieren. Auch ist das Bundeskartellamt als oberste Bundesbehörde nicht unabhängig, da es den Weisungen des Bundesministeriums für Wirtschaft und Technologie unterliegt. Die Verfolgung von Opferinteressen beeinträchtigt die Unparteilichkeit der Kartellbehörde. Darüber hinaus gefährdet die Vereinigung von Verfolgungs- und Sanktionsbefugnis ein faires Verfahren im Sinne von Art. 6 EMRK.[1100] Zudem wohnt außerordentlich hohen Geldbußen eine Missbrauchsgefahr inne: Kartellbehörden könnten deren Verhängung als Druckmittel gegen die Unternehmen richten, um unternehmensinterne Anpassungen zu erzwingen.[1101] Die Missbrauchsgefahr wird dadurch verstärkt, dass Kartellbußen dem öffentlichen Haushalt zufließen.[1102]

Weiterhin dürfte die Anhebung der Geldbußen auf ein abschreckungswirksames Maß Schwierigkeiten bereiten. Wegen der nur schätzungsweise möglichen Annäherung an die Aufdeckungswahrscheinlichkeit dürfte die Bestimmung der im Einzelfall optimalen Geldbuße schwierig sein.[1103] Auch sollen Kartellbußen bereits eine Höhe erreicht haben, bei der durch eine weitere Erhöhung der Geldbuße keine höhere Abschreckungswirkung mehr erzielt werden könne.[1104] Nicht durch eine weitere Erhöhung der Kartellgeldbuße, sondern allenfalls durch Erhöhung der Aufdeckungs- und Bestrafungswahrscheinlichkeit könne die Abschreckungswirkung gesteigert werden. Schließlich ist die Abschreckungswirkung

---

1096 *Schmidt,* WuW 2012, 223 (223).
1097 *Schmidt,* WuW 2012, 223 (223).
1098 *Möschel,* WuW 2010, 869 (869 ff.).
1099 Generalanwältin *Kokott,* Schlussanträge v. 28.02.2013 – C-681/11 – Schenker & Co. AG u.a, Rn. 40.
1100 Zur Problematik im europäischen Recht *Wils,* World Competition Law and Economic Review 37 (2014), 5 (5 ff.).
1101 *Möschel,* WuW 2010, 869 (870).
1102 *Wils,* Optimal Enforcement, S. 221.
1103 Monopolkommission, Hauptgutachten XX, S. 95.
1104 *Mansdörfer/Timmerbeil,* EuZW 2011, 214 (218).

von Unternehmensgeldbußen auch dadurch gemindert, dass sie in ihren Auswirkungen Unbeteiligte treffen:[1105] Vornehmlich die Anteilseigner, die Angestellten des Unternehmens sowie die Verbraucher, die auf das operative Geschäft nicht einwirken können, tragen die Last der Unternehmensgeldbuße. Schließlich erfordert eine schärfere Kartellverfolgung Ressourcen, um dem mit den höheren Geldbußen oftmals einhergehenden erhöhten Ermittlungsaufwand nachzukommen, die dann aber an anderer Stelle, etwa zur Aufrechterhaltung des Verfolgungsdrucks, verloren gehen.[1106]

Um die negativen Folgen außerordentlich hoher Bußgelder zu vermeiden, werden verschiedene Lösungsansätze angeboten: *Mandörfer/Timmerbeil* schlagen vor, die außerordentlich hohen Bußgelder zur Bewährung auszusetzen.[1107] *Spagnolo* hingegen spricht sich dafür aus, dass Unternehmen keine Geldzahlungen leisten, sondern zur Ausgabe von mindesten 2/3 ihrer Gesellschaftsanteile verpflichtet werden sollen.[1108] Er spricht damit die sogenannte *„stock dilusion"* (Anteilsverwässerung) oder *„equity fine"* (Anteilssanktion) an.[1109] Die Gesellschaftsanteile sollen dann an geeignete Nutznießer wie staatliche Entschädigungsfonds oder Verbraucherschutzverbände übertragen werden.[1110] Die Ausgabe von Gesellschaftsanteilen sei vorteilhaft, weil sie vorrangig die Leitungspersonen des Unternehmens treffe. Um die Ausgabe von Gesellschaftsanteilen abzuwenden, würden diese sich verstärkt darum bemühen, die Unternehmensangehörigen dahingehend zu beeinflussen, sich nicht an Kartellen zu beteiligen.[1111] Auch würden Investitions- und Produktionsmöglichkeiten des Unternehmens kaum beeinträchtigt und soziale Folgekosten vermieden werden.[1112] Endlich könnten neue Gesellschafter auf das Unternehmenshandeln einwirken.[1113] Neben ihrer problematischen gesellschaftsrechtlichen Umsetzung[1114] richtet sich die Ausgabe

1105 *Meyer-Lindemann*, WuW 2011, 1236 (1240); *Trüg*, wistra 2010, 241 (247).

1106 Monopolkommission, Sondergutachten 72, S. 44.

1107 *Mansdörfer/Timmerbeil*, EuZW 2011, 214 (218).

1108 *Riley*, ECLR 2011, 551 (561); *Spagnolo*, in: *Cseres/Schinkel/Vogelaar* (Hrsg.), Criminalization, S. 137.

1109 *Coffee*, Michigan Law Review 79 (1980/81), 386 (413 ff.).

1110 *Kirch-Heim*, Sanktionen gegen Unternehmen, S. 221 f.

1111 *Spagnolo*, in: *Cseres/Schinkel/Vogelaar* (Hrsg.), Criminalization, S. 137.

1112 *Spagnolo*, in: *Cseres/Schinkel/Vogelaar* (Hrsg.), Criminalization, S. 137 f.

1113 *Ehrhardt*, Unternehmensdelinquenz und Unternehmensstrafe, S. 249.

1114 Umsetzungsmöglichkeiten sind: *Erstens* könnte das Unternehmen seine eigenen Gesellschaftsanteile an den neuen Gläubiger übertragen, *zweitens* könnte eine zwangsweise Kapitalerhöhung aus Gesellschaftsmitteln durchgeführt werden (§§ 207 ff. AktG) und *drittens* könnte das Unternehmen neue Gesellschaftsanteile

von Gesellschaftsanteilen allerdings nur an Aktiengesellschaften und ist daher nicht gleichermaßen für alle Gesellschaftsformen geeignet.[1115] Einheitliche, auf alle Gesellschaftsformen anwendbare Reaktionsmittel sind jedoch vorzugswürdig. Schließlich sind die Möglichkeiten der Unternehmen, auf ihre Mitarbeiter einzuwirken, begrenzt:[1116] Selbst die Kündigung, als schärfste Waffe des Unternehmens, wird in ihrer Wirkung durch die Möglichkeit der Aufnahme einer anderen Arbeitsstelle abgeschwächt.

Anstelle der Unternehmensgeldbuße könnte daher erwogen werden, die Geldbußen natürlicher Personen anzuheben. Bislang können gegen die kartellverantwortlichen natürlichen Personen Geldbußen bis zu einer Höhe von einer Millionen Euro verhängt werden (§ 81 Abs. 4 S. 1 GWB). In Anbetracht der hohen Jahresgehälter vieler Leistungsorgane erscheint die maximale Höhe der Geldbuße zu gering.[1117] Doch werden gerade natürliche Personen die abschreckungswirksame Geldbuße nicht bewältigen können. Zudem ist bei der Verhängung außerordentlich hoher Geldbußen gegenüber natürlichen Personen mit einer nur geringen Abschreckungswirkung zu rechnen. Neben der möglichen Kompensation der Geldbuße durch das Unternehmen ist auch die Verfolgungswahrscheinlichkeit herabgesetzt.[1118] Natürliche Personen werden von der Europäischen Kommission nicht und vom Bundeskartellamt nicht in allen Fällen verfolgt.[1119] Ohne Abschreckungswirkung blieben Geldbußen gar bei bestehendem Versicherungsschutz. Zu denken wäre etwa an eine *D&O*-Versicherung. Dabei handelt es sich um eine Art „Vermögensschadenshaftpflichtversicherung für Organmitglieder juristischer Personen".[1120] Der Versicherungsschutz von *D&O*-Versicherungen ist jedoch äußerst begrenzt. Individuelle Geldbußen sind vom Versicherungsschutz regelmäßig nicht umfasst.[1121]

(2) Erweiterung des § 30 OWiG

Alternativ zur Kriminalisierung von Hardcore-Kartellen könnte die personelle Beschränkung des § 30 Abs. 1 OWiG aufgegeben und um die Haftung sämtlicher

---

ausgeben, ohne dass eine Kapitalerhöhung stattfindet. Hierzu *Kirch-Heim*, Sanktionen gegen Unternehmen, S. 222 f.

1115 *Kirch-Heim*, Sanktionen gegen Unternehmen, S. 222 f.

1116 *Whelan*, The Competition Law Review 4 (2007), 7 (24).

1117 *Hack*, Vorstandsverantwortlichkeit, S. 192.

1118 Monopolkommission, Hauptgutachten XX, S. 96; *dies.*; Sondergutachten 72, S. 44.

1119 Monopolkommission, Hauptgutachten XX, S. 96.

1120 *Janssen*, Managerhaftung, S. 119; Monopolkommission, Hauptgutachten XX, S. 96

1121 *Wilsing*, in: *Krieger/Schneider* (Hrsg.), Handbuch Managerhaftung, S. 812.

für das Unternehmen tätiger natürlicher Personen erweitert werden. Nach nationalem Recht unterliegt die Haftung des Unternehmens personellen Beschränkungen. § 30 Abs. 1 Nr. 1–5 OWiG begrenzt die Haftung des Unternehmens auf die Handlungen des vertretungsberechtigten Organs oder Mitglieds einer juristischen Person (Nr. 1), des Vorstands oder des Mitglieds eines nicht rechtfähigen Vereins (Nr. 2), des vertretungsberechtigten Gesellschafters einer rechtsfähigen Personenhandelsgesellschaft (Nr. 3), des Generalbevollmächtigten, des Prokuristen, des Handlungsbevollmächtigten (Nr. 4) und Handlungen sonstiger Person, die für die Leitung des Betriebs oder des Unternehmens verantwortlich handeln (Nr. 5). Mithin können nur die Handlungen von Leitungspersonen die Verhängung einer Unternehmensgeldbuße begründen. Dies macht die Ermittlung interner Verantwortlichkeiten erforderlich.[1122] Demgegenüber können nach europäischem Recht die Handlungen aller natürlichen Personen, die berechtigterweise für das Unternehmen handeln, die Haftung des Unternehmens auslösen. Eine § 30 Abs. 1 OWiG vergleichbare personelle Beschränkung auf Leitungspersonen besteht im europäischen Recht nicht. Das europäische Recht stellt nicht auf das Fehlverhalten einzelner natürlicher Personen ab. Vielmehr sollen fehlerhafte Strukturen im Unternehmen erfasst werden.[1123] § 30 OWiG könnte dahingehend geändert werden, dass die personelle Beschränkung des § 30 Abs. 1 OWiG aufgegeben und der Kreis der Personen, deren Handlungen die Haftung des Unternehmens begründen können, erweitert wird. Dem europäischen Vorbild folgend, könnte das Unternehmen für die Handlungen sämtlicher für das Unternehmen handelnder Personen haftbar gemacht werden.[1124] Nach *Möschel* könnte eine erweiterte Haftung die Nachdrücklichkeit der Bußgelddrohung steigern. Ist die Haftung des Unternehmens nicht auf die Handlungen von Leitungsorganen beschränkt, kann darüber hinaus auch die Gefahr einer personellen Umgehung ausgeschlossen und Haftungslücken vermieden werden. Auch durch die Trennung sanktionsgeneigter Aufgabenbereiche von sanktionsadressierten Leitungspersonen können sich Unternehmen ihrer Haftung nicht entledigen.[1125] Aber auch nach geltendem Recht können die Handlungen natürlicher Personen unterhalb der Leitungsebene bereits eine Haftung des Unternehmens auslösen, wenn eine Leitungsperson eine Aufsichtspflichtverletzung nach § 130 OWiG begangen hat.[1126] Die Haftung für Aufsichtspflichtverletzungen

1122 BKartA, Kartellbußgeldverfahren, S. 5.
1123 *Ransiek,* Unternehmensstrafrecht, S. 329.
1124 So auch schon *Möschel,* Submissionsabsprachen, S. 55.
1125 *Muders,* wistra 2011, 405 (409).
1126 *Hirsch,* ZStW 107 (1995), 285 (310 f.).

schließt Haftungslücken.[1127] Dadurch werden im Wesentlichen die gleichen Folgen wie im europäischen Recht erzielt werden. Die Aufgabe der personellen Beschränkung in § 30 OWiG verspricht daher keine Ausweitung des Kartellordnungswidrigkeitenrechts durch das Bußgeldverfahren.

(3) Zwischenergebnis

Eine Ausweitung der Kartellverfolgung durch Bußgeldverfahren kann weder durch eine Erhöhung der Kartellbußen noch durch eine Haftungserweiterung erreicht werden. Kartellbußen sind zu niedrig, um von einer Kartellbeteiligung abzuschrecken. Eine Anhebung der Kartellbußen wäre zum Schutz des wirtschaftlichen Wettbewerbs kontraproduktiv, da außerordentlich hohe Geldbußen in die Unternehmen Zahlungsunfähigkeit treiben können. Weiter ist problematisch, dass Kartellbehörden im Ordnungswidrigkeitenverfahren zugleich Verfolger und Entscheider sind.

Schließlich ist auch die alternative Erhöhung von Geldbußen gegenüber Individualpersonen nicht aussichtsreich. Auch eine Haftungserweiterung ist nicht erfolgversprechend: Durch die Haftung für Aufsichtspflichtverletzungen können Haftungslücken geschlossen werden (§ 130 OWiG). Gegen eine Ausweitung der Kartellverfolgung durch Bußgeldverfahren spricht auch, dass sich Hardcore-Kartelle nicht in das Ordnungswidrigkeitenrecht einfügen.[1128] Ordnungswidrigkeiten betreffen bagatellhafte Rechtsverstöße von geringem Handlungs- und Erfolgsunrecht.[1129] Hardcore-Kartelle werden hingegen mit außerordentlich hohen Bußgeldern bewehrt, was verdeutlicht, dass es sich bei diesen nicht um bagatellhafte Rechtsverstöße handelt.[1130] Hinzu kommt, dass das OWiG-Verfahren auf bagatellhafte Rechtsverstöße ausgerichtet ist und sich daher kaum für die Ahndung von Kartellrechtsverstößen eignet.[1131]

1127 *Rogall*, in: Karlsruher Kommentar, OWiG, § 130 Rn. 4; *Muders*, wistra 2011, 405 (410).

1128 *Biermann*, ZWeR 2007, 1 (4); *ders./ Dannecker*, in: *Immenga/Mestäcker*, Bd. II, Vor § 81 Rn. 37; *Dannecker*, in: NK, Bd. III, Vor §§ 298 ff. Rn. 26; *Dannecker*, in: FS Tiedemann, S. 802; *Hack*, Vorstandsverantwortlichkeit, S. 192; *Tiedemann*, Kartellrechtsverstöße, S. 4.

1129 *Möschel*, WuW 2010, 869 (870).

1130 *Biermann*, ZWeR 2007, 1 (19); *Dannecker*, in: FS Tiedemann, S. 801.

1131 BKartA, Kartellbußgeldverfahren, S. 27; *Lüderssen*, Verhandlungen 49. DJT, M 130.

3. Angemessenheit

Zuletzt dürfen die in der Strafbewehrung des Verhaltens liegenden Beeinträchtigungen der Grundrechte des Betroffenen den Zuwachs an Rechtsgüterschutz nicht überwiegen.[1132] Strafe darf also dann nicht zum Einsatz kommen, wenn sie den Betroffenen übermäßig belastet.[1133] Innerhalb der Abwägung kann weitgehend auf die im Rahmen der Strafwürdigkeit von Hardcore-Kartellen gefundenen Ergebnisse verwiesen werden.[1134] Denn hier, bei der Frage der Angemessenheit der Strafbewehrung eines Verhaltens kommt es insbesondere auf das Gewicht des geschützten Rechtsguts, die Sozialschädlichkeit des strafbewehrten Verhaltens sowie Art und Gewicht der beeinträchtigten Rechtspositionen an.[1135] In Anbetracht der Bedeutung des Rechtguts Wettbewerb als marktwirtschaftliches Steuerungsmittel und der hohen Sozialschädlichkeit von Hardcore-Kartellen auf der einen Seite und den Eingriffen in die Grundrechte des Betroffenen auf der anderen Seite, erscheint die Strafbewehrung von Hardcore-Kartellen als angemessen.[1136] Denn der Wettbewerb nimmt in der sozialen Marktwirtschaft eine herausragende Stellung ein, in der er zugleich wirtschaftliche und gesellschaftliche Funktionen erfüllt. Da Hardcore-Kartelle wesentliche Funktionen des Wettbewerbs ausschalten, sind ihre Folgewirkungen für Gemeinwohlbelange, etwa den Preis von Waren und Dienstleistungen, massiv.

III. Ergebnis

Als strafwürdiges und strafbedürftiges Verhalten darf der Gesetzgeber Hardcore-Kartelle mit Strafe bewehren, mithin von der Ordnungswidrigkeit zur Straftat erheben. Hardcore-Kartelle stellen ein strafwürdiges Verhalten dar, denn ihre Strafbewehrung ist – in Anbetracht der ungeheuren Sozialschädlichkeit – sachgerecht. Der Wettbewerb stellt ein bedeutsames Rechtsgut dar, das gleichzeitig wirtschaftliche und gesellschaftliche Funktionen erfüllt. So stellt Wettbewerb einerseits das Gleichgewicht von Angebot und Nachfrage sowie eine gerechte Einkommensverteilung her, sorgt für einen wirtschaftlichen Einsatz von

---

1132 BVerfG, NJW 2008, 1137 (1138); *Appel* Verfassung und Strafe, S. 582; *Selmer*, Verfassungsrechtliche Probleme einer Kriminalisierung des Kartellrechts, S. 40.

1133 BVerfG, NJW 2008, 1137 (1138).

1134 Siehe hierzu unter B. I.

1135 *Kaspar*, Verhältnismäßigkeit, S. 431.

1136 So auch *Federmann*, Kriminalstrafen, S. 268; a.A. *Selmer*, Verfassungsrechtliche Probleme einer Kriminalisierung des Kartellrechts, S. 40.

Produktionsmitteln und treibt den technischen Fortschritt voran.[1137] Andererseits ist Wettbewerb in einer freien Gesellschaft bedeutsam, da er einer Vermachtung der Märkte vorbeugt und es dadurch den Marktteilnehmern ermöglicht, ihre wirtschaftlichen Handlungsfreiheiten zu gebrauchen. Hardcore-Kartelle wirken sich gravierend auf den Wettbewerb aus und richten hohe Schäden an. Zu nennen sind volkswirtschaftliche Schäden, bestehend aus allokativen, produktiven und dynamischen Effizienzverlusten. Hinzu kommen Preisschirmeffekte und *Rent-Seeking*-Aktivitäten. Zahlreiche empirische Studien belegen Preissteigerungen von durchschnittlich 20%. Zu den wirtschaftlichen Schäden treten eine Sog- und Spiralwirkung sowie ein Vertrauensverlust der Wirtschaftssubjekte in einen ungestörten Wettbewerbsprozess. Hardcore-Kartelle stellen überdies auch ein strafbedürftiges Verhalten dar, ihre Strafbewehrung ist also verhältnismäßig. Die Präventionswirkung der Strafe erhöht den Schutz des Wettbewerbs. Mildere Reaktionsmittel gleicher Wirksamkeit sind nicht vorhanden. Allein die Stärkung des gegenwärtigen Sanktionensystems reicht zur wirksamen Bekämpfung von Hardcore-Kartellen nicht aus. Zwar sind vielfältige Reaktionsmittel verfügbar, doch vermag keines von ihnen die Strafbewehrung von Hardcore-Kartellen zu ersetzen, sondern allenfalls zu ergänzen. Dem Regelungsgegenstand entsprechend sollten besonders umfassend wirkende Reaktionsmittel vermieden werden, da sich wirtschaftliche Handlungsfreiheiten am besten durch punktuelle Eingriffe sicherstellen lassen. In Anbetracht der Bedeutung des Rechtguts Wettbewerb als marktwirtschaftliches Steuerungsmittel und der außerordentlichen Sozialschädlichkeit von Hardcore-Kartellen einerseits und den Eingriffen in die Grundrechte des Betroffenen andererseits, ist die Strafbewehrung von Hardcore-Kartellen schließlich auch angemessen.

1137 *Baur*, ZHR 134 (1970), 97 (99); *Dannecker*, in: NK, Bd. III, Vor §§ 298 ff. Rn. 15; *Emmerich*, Kartellrecht, S. 3.

C. Europäisches Effektivitätsgebot

Als strafwürdiges und strafbedürftiges Verhalten dürfen Hardcore-Kartelle von Verfassung wegen mit Strafe bewehrt werden. Aber darf bei der Frage nach der Strafbewehrung von Hardcore-Kartellen allein auf die deutsche Verfassung abgestellt werden? Schließlich ist das Kartellrecht ein Bereich, der weitgehend durch unionsrechtliche Vorgaben geprägt ist. So enthält das GWB eine Bußgeldvorschrift (§ 81 GWB), die auf eine unionsrechtliche Verbotsnorm (Art. 101 AEUV) verweist. Dabei unterscheidet das GWB nicht zwischen Verstößen gegen deutsche oder unionsrechtliche Vorschriften, sondern gliedert die Verstöße gegen unionsrechtliche Vorschriften in das deutsche Kartellordnungswidrigkeitenrecht ein. Muss also wegen der unionsrechtlichen Durchdringung des Kartellrechts der nationale Grundrechtsschutz womöglich dem unionsrechtlichen Grundrechtsschutz zur Wahrung des Effektivitätsgebots („*effet utile*") weichen?

Weist ein Kartellrechtsverstoß einen grenzüberschreitenden Bezug auf, gilt es für den nationalen Gesetzgeber, die Vorgaben des Unionsrechts, wie sie insbesondere aus der VO (EG) 1/2003 sowie aus den allgemeinen Grundsätzen des Unionsrechts folgen, zu beachten.[1138] Zwar sind den Mitgliedstaaten in der Ausgestaltung ihres kartellrechtlichen Sanktionensystems weite Entscheidungsspielräume eröffnet: So können die Mitgliedstaaten zwischen Geldbußen, Zwangsgeldern und sonstigen im nationalen Recht vorgesehenen Sanktionen wählen (Art. 5 VO (EG) 1/2003), so dass ihnen auch die Einführung von Individualsanktionen einschließlich strafrechtlicher Sanktionen offen steht.[1139] Allerdings fordern die allgemeinen Grundsätze des Unionsrechts (Art. 4 Abs. 3 EUV) einerseits, dass nationale Sanktionen die Wirksamkeit des europäischen Wettbewerbsrechts sicherstellen müssen (Effektivitätsgebot) und andererseits, dass Verstöße dagegen nach ähnlichen sachlichen und verfahrensrechtlichen Regeln geahndet werden wie nach Art und Schwere gleichartige Verstöße gegen

1138 BKartA, Zwischenbereicht Expertenkreis Sanktionenrecht, S. 4.

1139 Für die Möglichkeit eines nationalen Kartellstrafrechts ist ferner der achte Erwägungsgrund der VO (EG) 1/2003 sowie Art. 12 Abs. 3 VO (EG) 1/2003 anzuführen. Siehe hierzu *Heinemann,* in: FS v. Büren, S. 622; Monopolkommission, Hauptgutachten XX, S. 88; *Wils,* World Competition Law and Economic Review 28 (2005), 117 (129).

nationales Wettbewerbsrecht (Äquivalenzgebot).[1140] Dabei müssen Sanktionen jedenfalls wirksam, abschreckend und verhältnismäßig sein.[1141] Darüber hinaus hat der nationale Gesetzgeber bei der Ausgestaltung seines Sanktionenrechts die Unionsgrundrechte zu beachten. Art. 51 Abs. 1 S. 1 GRC ordnet die Geltung der Grundrechtecharta bei der „Durchführung des Rechts der Union" durch die Mitgliedstaaten an. In seiner *Åkerberg-Fransson*-Entscheidung aus dem Jahr 2013 versteht der EuGH den Begriff der „Durchführung" denkbar weit.[1142] Hiernach sind die Mitgliedstaaten „in allen unionsrechtlich geregelten Fallgestaltungen" an die Unionsgrundrechte gebunden.[1143] Nach Auffassung des EuGH gilt die Grundrechtecharta in ihrem Anwendungsbereich umfassend,[1144] also auch dann, wenn den Mitgliedstaaten bei der Durchführung des Unionsrechts Entscheidungsspielräume eröffnet sind.[1145] Obwohl dem nationalen Gesetzgeber insoweit Entscheidungsspielräume zukommt, ist damit auch ein nationales Kartellstrafrecht an den Unionsgrundrechten zu messen.[1146]

Das Verhältnis zwischen Unionsgrundrechten und nationalen Grundrechten regelt die Vorschrift des Art. 53 GRC, die klarstellt, dass Unionsgrundrechte und nationale Grundrechte nebeneinander, mithin kumulativ anwendbar sind.[1147] Gelten nationale und unionsrechtliche Grundrechte kumulativ, gilt der jeweils höhere Grundrechtsstandard (Meistbegünstigtengrundsatz), dessen Geltung jedoch unter Effektivitätsgesichtspunkten beschränkt sein kann.[1148] So führt der EuGH in seiner *Melloni*-Entscheidung aus, dass der Meistbegünstigtengrundsatz nur dann gelte, wenn „weder das Schutzniveau der Charta [...] noch der Vorrang, die Einheit und die Wirksamkeit des Unionsrechts beeinträchtigt

---

1140 EuGH, Urt. v. 08.06.1994, Rs. C-383/92 – Kommission/Vereinigtes Königreich, Rn. 40; EuGH, Urt. v. 07.12.2000, Rs. C-213/99 – de Andrade, Rn. 19; *Dannecker/Biermann*, in: *Immenga/Mestmäcker*, Bd. II, Vor § 81 Rn. 23.

1141 EuGH, Urt. v. 10.07.1990, Rs. C-326/88 – Hansen, Rn. 17; EuGH, Urt. v. 07.12.2000, Rs. C-213/99 – de Andrade, Rn. 19.

1142 *Thym*, NVwZ 2013, 889 (890).

1143 EuGH, Urt. v. 26.02.2013, Rs. C-617/10 – Åkerberg Fransson, Rn. 19.

1144 *Eckstein*, ZIS 2013, 220 (222).

1145 *Dannecker*, NZKart 2015, 25 (26); *Thym*, NVwZ 2013, 889 (890).

1146 Siehe zum Kartellordnungswidrigkeitenrecht *Dannecker*, NZKart 2015, 26 (26).

1147 So die herrschende Meinung, *Dannecker*, NZKart 2015, 25 (26); *Jarass*, EuR 2013, 29 (38).

1148 *Dannecker*, NZKart 2015, 25 (27); *ders.*, ZIS 2016, 723 (729); *Jarass*, Grundrechtecharta, Art. 53 Rn. 11; *ders.*, EUR 2013, 29 (38).

werden“[1149] und verneint in seiner *Schenker*-Entscheidung zum Kartellsanktionenrecht einen Verbotsirrtum aus Gründen der „Wirksamkeit des Unionsrechts“.[1150]

Die Strafbewehrung von Hardcore-Kartellen auf mitgliedstaatlicher Ebene lässt bei der Durchführung von Unionsrecht keine Effektivitätsbeeinträchtigung befürchten. Mitgliedstaatliche Sanktionen sind gerade dann effektiv, wenn sie schärfer sind, also in ihrer Wirkung über die der Geldbuße hinausgehen.[1151] Dies gilt insbesondere für die Einführung von Individualstrafen.[1152] Die Mitgliedstaaten sind überdies nicht nur mit der Strafverfolgung von Wirtschaftsstraftätern vertraut, sondern verfügen auch über die entsprechende Infrastruktur und die notwendigen Ressourcen.[1153] Hierauf kann für die Strafverfolgung von Kartelltätern zurückgegriffen werden.[1154] Auch könnte eine Strafbewehrung auf nationaler Ebene eine Strafbewehrung auf europäischer Ebene vorantreiben und dadurch die Problematik des *„forum shoppings“*, die durch unterschiedliche Ahndung von Hardcore-Kartellen in den einzelnen Mitgliedstaaten entsteht und Kartellanten dazu verleitet, sich darum zu bemühen, in dem Staat wegen des Kartellverstoßes belangt zu werden, in dem sie keine Freiheitsstrafen fürchten müssen, lösen.[1155] Sollten sich weitere Mitgliedstaaten einer Strafbewehrung von Hardcore-Kartellen anschließen, könnte der Informationsaustausch zwischen den Mitgliedstaaten und damit die Kartellverfolgung insgesamt gestärkt werden, da Art. 12 Abs. 3 VO (EG) 1/2003 die Verwendung ausgetauschter Informationen für die Verhängung von Freiheitsstrafen ausschließt, wenn der Mitgliedstaat, aus dem die Information stammt, Freiheitsstrafen nicht vorsieht.[1156] Insofern lässt die Einführung eines nationalen Kartellstrafrechts weniger Effizienzbeeinträchtigungen als Effizienzsteigerungen erwarten, so dass der nationale Grundrechtsschutz dem europäischen Effektivitätsgrundsatz nicht weichen muss.

1149 EuGH, Urt. v. 26.02.2013, Rs. 399/11 - Melloni, Rn. 60.

1150 EuGH, Urt. v. 18.06.2013, Rs. 681/11 - Schenker; *Dannecker*, NZKart 2015, 25 (26).

1151 *Frenz*, wrp 2014, 367 (371).

1152 *Frenz*, wrp 2014, 367 (371).

1153 *Biermann*, ZWeR 2007, 1 (42); *Reindl*, in: *Cseres/Schinkel/Vogelaar* (Hrsg.), Criminalization, S. 126.

1154 *Reindl*, in: *Cseres/Schinkel/Vogelaar* (Hrsg.), Criminalization, S. 126.

1155 Vgl. *Biermann*, ZWeR 2007, 1 (42). Zur Problematik des *„forum shoppings“*, *Dannecker*, in FS Tiedemann, S. 806.

1156 *Gussone/Michalczyk*, EuZW 2011, 130 (133).

D. Strafrechtliche Systemstimmigkeit

Das Sanktionensystem muss in sich stimmig und gleichmäßig sein, also Wertungswidersprüche zu anderen Teilbereichen der Rechtsordnung vermeiden.[1157] Denn nicht nur die Akzeptanz und die Funktionsfähigkeit des Sanktionensystems setzen ein in sich stimmiges Gesamtsystem voraus, die Gleichbehandlung vergleichbarer Sachverhalte ist auch von Verfassung wegen geboten (Art. 3 Abs. 1 GG).[1158] Insofern verlangt das BVerfG, dass das Sanktionensystem über ein gewisses Maß an Stimmigkeit verfügt.[1159] Zwar muss das Sanktionensystem nicht völlig gleichmäßig, wohl aber nachvollziehbar, plausibel und widerspruchsfrei sein.[1160] Unstimmigkeiten im Sanktionensystem und ein Verstoß gegen das Gleichbehandlungsgebot (Art. 3 Abs. 1 GG) können also auftreten, wenn einzelne Verhaltensweisen trotz vergleichbarer Aus- und Folgewirkungen ohne sachlichen Grund unterschiedlich behandelt werden.[1161] Für die Strafbewehrung eines Verhaltens bedeutet dies, dass der Gesetzgeber ohne nachvollziehbaren Grund nicht ein Verhalten mit Strafe bewehren, ein anderes, vergleichbares Verhalten hingegen straflos stellen darf.[1162]

I. Auf nationaler Ebene

Der Straftatbestand der wettbewerbsbeschränkenden Absprachen bei Ausschreibungen (§ 298a StGB) schützt die Institution Wettbewerb nicht umfassend, sondern allein gegen den Sonderfall der Submissionsabsprache. Hardcore-Kartelle hingegen, stuft der Gesetzgeber, auch nach der Novellierung des Kartellrechts durch die neunte GWB-Novelle, als Ordnungswidrigkeit ein. Das BVerfG ordnet

---

1157 *Appel*, Verfassung und Strafe, S. 197; *Frisch*, in: FS Stree und Wessels, S. 88; *Möschel*, Submissionsabsprachen, S. 45; *Schünemann*, ZIS 2016, 654 (655); *Tiedemann*, Kartellrechtsverstöße, S. 3.

1158 *Appel*, Verfassung und Strafe, S. 585; BKartA, Kartellbußgeldverfahren, S. 24.

1159 Nach Ansicht des BVerfG soll allein die Systemwidrigkeit keinen Verstoß gegen den Gleichheitsgrundsatz begründen, wohl aber einen solchen Verstoß indizieren, BVerfGE 68, 237, 253). In einer anderen Entscheidung geht das BVerfG jedoch davon aus, dass Wertungswiderprüche zu einem Verstoß gegen den Gleichheitsgrundsatz führen können, BVerfGE 65, 377, 382 ff.; *Appel*, Verfassung und Strafe, Fn. 189.

1160 *Appel*, Verfassung und Strafe, S. 197.

1161 *Appel*, Verfassung und Strafe, S. 197.

1162 *Appel*, Verfassung und Strafe, S. 588.

„alle bedeutsamen Unrechtstatbestände" dem Strafrecht zu.[1163] Straftaten und Ordnungswidrigkeiten sind demnach nicht nach ihrer Qualität, sondern nach ihrer Quantität, also abhängig von ihrer Sozialschädlichkeit, voneinander abzugrenzen.[1164] Dementsprechend betreffen Ordnungswidrigkeiten Bagatellunrecht, Straftaten hingegen schwere Unrechtstatbestände.[1165] Wegen dieser quantitativen Abgrenzung von Ordnungswidrigkeit und Straftat sind Hardcore-Kartelle nicht dem Ordnungswidrigkeitenrecht, sondern dem Strafrecht zuzuschlagen. Hardcore-Kartelle sind von außerordentlich großer Sozialschädlichkeit für die Wirtschaftsordnung, weil sie den Wettbewerb beeinträchtigen oder beseitigen, wodurch wirtschaftliche Handlungsfreiheiten und fundamentale Funktionen der Wirtschaftssteuerung entfallen.[1166] Darüber hinaus erfassen Ordnungswidrigkeiten Verhaltensweisen, die typischerweise massenhaft auftreten und Bagatellunrecht darstellen, wie etwa Verstöße gegen das Straßenverkehrsrecht oder gegen Melde-, Auskunfts- und Buchführungspflichten.[1167] Mit einer Bußgeldandrohung von bis zu 1 Millionen Euro und bei Zuwiderhandlungen durch Unternehmen und Unternehmensvereinigungen bis zu 10% des von diesen erzielten Gesamtumsatzes (§ 81 Abs. 4 GWB) fügen sich Hardcore-Kartelle als Fremdkörper nicht in das Ordnungswidrigkeitenrecht ein.[1168] Auch lässt die Höhe der Bußgeldandrohung den Schluss zu, dass auch der Gesetzgeber das Verhalten in besonderem Maße missachtet.[1169]

Weiter ist fraglich, ob die Einstufung von Hardcore-Kartellen als Ordnungswidrigkeit richtig sein kann, wenn ausschließlich Submissionsabsprachen dem Strafrecht zugeschlagen werden.[1170] Werden Verhaltensweisen nur segmenthaft mit Strafe bewehrt, können Wertungswidersprüche innerhalb der Strafrechtsordnung entstehen.[1171] Mit der Strafbewehrung von Submissionsabsprachen,

---

1163 BVerfG, NJW 1969, 1619 (1621).

1164 *Biermann/Dannecker,* in: *Immenga/Mestmäcker,* Bd. II, Vor § 81 Rn. 41; *Tiedemann,* Kartellrechtsverstöße, S. 101.

1165 Monopolkommission, Hauptgutachten XX, S. 99.

1166 Siehe hierzu B. I. 2.; Monopolkommission, Hauptgutachten XX, S. 100; *Stockmann,* in: FS Bechtold, S. 566.

1167 *Biermann/Dannecker,* in: *Immenga/Mestmäcker,* Bd. II, Vor § 81 Rn. 42; Monopolkommission, Hauptgutachten XX, S. 100.

1168 *Biermann/Dannecker,* in: *Immenga/Mestmäcker,* Bd. II, Vor § 81 Rn. 42; Monopolkommission, Hauptgutachten XX, S. 100.

1169 *Wagner-von Papp,* WuW 2010, 268 (276).

1170 *Wagner-von Papp,* WuW 2010, 268 (277).

1171 *Frisch,* in: FS Stree und Wessels, S. 88 f.

der Korruption im Geschäftsverkehr und Gesundheitswesen (§§ 299 ff. StGB) sowie den Strafvorschriften im UWG hat der Gesetzgeber bereits zum Ausdruck gebracht, dass der Wettbewerb in der Marktwirtschaft eine herausragende Rolle einnimmt.[1172] Ebenso wie Submissionsabsprachen schaden Hardcore-Kartelle dem Wettbewerb jedoch, da sie wichtige Marktmechanismen außer Kraft setzen.[1173] Dabei richten sie mindestens genauso hohe Schäden an wie Submissionsabsprachen.[1174] Insofern stehen Hardcore-Kartelle in ihrem Unrechtsgehalt nicht hinter Submissionsabsprachen zurück. Wertungsgesichtspunkte aufgrund derer sich der Gesetzgeber zur Strafbewehrung von Submissionsabsprachen entschlossen hat, wie der Schutz des freien Wettbewerbs vor besonders strafwürdigen Verhaltensweisen, gelten überdies auch für Hardcore-Kartelle.[1175] Eine Strafbewehrung von Submissionsabsprachen auf der einen Seite und eine ordnungswidrigkeitenrechtliche Behandlung von Hardcore-Kartellen auf der anderen Seite fördert darüber hinaus die Wahrnehmung von Hardcore-Kartellen als „Kavaliersdelikte".[1176] Die unterschiedliche Einordnung von Hardcore-Kartellen als Ordnungswidrigkeiten einerseits und Submissionsabsprachen als Straftaten andererseits ist weder plausibel noch nachvollziehbar. Dementsprechend ist eine Neubewertung erforderlich: Unter Wertungsgesichtspunkten sind Hardcore-Kartelle von der Ordnungswidrigkeit zur Strafe zu erheben.[1177]

II. Auf europäischer Ebene

Bestandteil der Wettbewerbsordnung der Bundesrepublik Deutschland ist nicht nur das GWB, sondern auch der AEUV als Bestandteil des innerstaatlichen Rechts.[1178] Nationale Wettbewerbsregelungen dürfen daher dem Unionsrecht

---

1172 *Hombrecher,* NZKart 2017, 143 (143).

1173 Siehe hierzu B. I. 2.

1174 *Biermann,* ZWeR 2007, 1 (20); *ders./Dannecker,* in: *Immenga/Mestmäcker,* Bd. II, Vor § 81 Rn. 37; *Dannecker,* in: FS Tiedemann, S. 802; Monopolkommission, Hauptgutachten XX, S. 100.

1175 BT-Dr 13/5584, S. 12.

1176 *Möschel,* Submissionsabsprachen, S. 51.

1177 *Baumann/Arzt,* ZHR 134 (1970), 24 (25 f.); *Dannecker,* in: FS Tiedemann, S. 802; *ders./Biermann,* in: *Immenga/Mestmäcker,* Bd. II, Vor § 81 Rn. 37; *Klocker/Ost,* in: FS Bechtold, S. 241; *Möschel,* WuW 2006, 115 (115); vgl. *Otto,* GA 1978, 218 f.; *Säcker,* WuW 2009, 3 (3); *Schmidt,* WuW 2012, 223 (223); *Tiedemann,* Kartellrechtsverstöße, S. 26 ff.; *Weinmann,* in: FS Pfeiffer, S. 96.

1178 *Möschel,* Submissionsabsprachen, S. 52; *ders.,* in: FG Kummer, S. 439.

nicht zuwiderlaufen, müssen also mit dem Unionsrecht in Einklang stehen.[1179] Gleiches gilt für die Fortentwicklung der Rechtsordnungen innerhalb der EU-Mitgliedstaaten.[1180] Eine unterschiedliche Behandlung gleichartiger Sachverhalte schwächt die Glaubwürdigkeit kartellrechtlicher Regelungen und damit die Kartellverfolgung insgesamt.[1181] Aufgrund der Unternehmensbezogenheit der europäischen Wettbewerbsregeln könnte die Strafbewehrung von Hardcore-Kartellen auf europäischer Ebene einen Systembruch erzeugen.[1182] Die europäischen Kartellbußen knüpfen ausschließlich an das Verhalten von Unternehmen an.[1183] So bildet nicht nur der Unternehmensumsatz die Bemessungsgrundlage der Kartellbußen.[1184] Auch richtet sich die Schwere der Zuwiderhandlung nach bestimmten unternehmerischen Verhaltensweisen.[1185] Gleichwohl ist den Mitgliedstaaten die Wahl ihres kartellrechtlichen Sanktionensystems freigestellt: Die Mitgliedstaaten können zwischen Geldbußen, Zwangsgeldern und sonstigen im nationalen Recht vorgesehenen Sanktionen wählen (Art. 5 VO (EG) 1/2003). Den Mitgliedstaaten ist es daher erlaubt, neben Geldbußen und Zwangsgeldern auch andere, unter Umständen schärfere Sanktionsformen festzusetzen. Folglich können sich die Mitgliedstaaten für die Einführung von Individualsanktionen einschließlich strafrechtlicher Sanktionen entscheiden.[1186] Sind strafrechtliche Sanktionen nach europäischem Wettbewerbsrecht erlaubt, können sie nicht systemfremd sein.

Darüber hinaus ist die Strafbewehrung von Hardcore-Kartellen auch im Interesse einer gleichmäßigen und gerechten Rechtsdurchsetzung innerhalb der Mitgliedstaaten zu fordern. In der Vergangenheit haben bereits zahlreiche Mitgliedstaaten, darunter Großbritannien[1187],

---

1179 *Möschel,* Submissionsabsprachen, S. 52.

1180 *Möschel,* Submissionsabsprachen, S. 52.

1181 *Möschel,* Submissionsabsprachen, S. 52; *ders.,* in: FG Kummer, S. 439.

1182 *Frenz,* wrp 2014, 367 (372); a.A. *Wils,* in: *Cseres/Schinkel/Vogelaar* (Hrsg.), Criminalization, S. 72.

1183 *Frenz,* wrp 2014, 367 (372).

1184 Europäische Kommission, Leitlinien für das Verfahren zur Festsetzung von Geldbußen gemäß Art. 23 Absatz 2 Buchstabe a) der VO (EG) 1/2003, Abl. 2006, Nr. C 210/2, Rn. 13.

1185 *Frenz,* wrp 2014, 367 (372).

1186 *Federmann,* Kriminalstrafen, S. 84; *Stephan,* Journal of Antitrust Enforcement 2 (2014), 333 (354); *Wils,* in: *Cseres/Schinkel/Vogelaar* (Hrsg.), Criminalization, S. 71 f.; *ders.,* World Competition Law and Economic Review 28 (2005), 117 (129).

1187 Sec. 188 Enterprise Act 2002 geändert 2013, http://www.legislation.gov.uk/ukpga/2002/40/contents (Stand: 27.04.2015).

Irland[1188], Frankreich[1189] und Norwegen[1190], Hardcore-Kartelle mit Strafe bewehrt. Die Freiheit der europäischen Mitgliedstaaten über die Ausgestaltung ihres nationalen Kartellsanktionensystems zu entscheiden, hat ein Nebeneinander verschiedener Sanktionsformen – wie Strafe, Geldbuße oder verwaltungsrechtlicher Sanktionen – für Hardcore-Kartelle innerhalb der Europäischen Union entstehen lassen.[1191] Die uneinheitliche Ahndung und Verfolgung von Hardcore-Kartellen löst nicht nur ein Gleichheits- und Gerechtigkeitsproblem aus.[1192] Sie ist aus Gründen der Rechtspolitik fraglich, weil sie dem erklärten Ziel der Europäischen Union, der Schaffung eines Binnenmarktes (Art. 3 Abs. 3 EUV) zuwiderläuft.[1193] Insofern sollte Deutschland dem Beispiel anderer Mitgliedstaaten folgen und Hardcore-Kartellen ebenfalls mit Strafe bewehren. Möglichweise könnten weitere Mitgliedstaaten folgen und so – trotz des Fehlens vereinheitlichter Sanktionenrechte – eine einheitliche Sanktionspraxis in den Mitgliedstaaten erreicht werden.

III. Ergebnis

Die Strafbewehrung von Hardcore-Kartellen ist im Sinne eines stimmigen und gleichmäßigen Sanktionensystems. Angesichts ihrer außerordentlichen Sozialschädlichkeit stellen Hardcore-Kartelle im System des Ordnungswidrigkeitenrechts einen Fremdkörper dar. Überdies hat der Gesetzgeber mit der Strafbewehrung von Submissionsabsprachen, von Korruption im Geschäftsverkehr und Gesundheitswesen (§§ 299 ff. StGB) sowie den Strafvorschriften im UWG gezeigt, dass der Wettbewerb in der Marktwirtschaft eine herausragende Rolle einnimmt.[1194] Da Hardcore-Kartelle in ihrem Unrechtsgehalt nicht hinter Submissionsabsprachen zurückstehen, ist die Teilkriminalisierung von Submissionsabsprachen weder plausibel noch nachvollziehbar. Um Wertungswidersprüche im System des staatlichen Strafens zu vermeiden, sollten Hardcore-Kartelle

---

1188 Sec. 8 Competion Act 2002 geändert 2012, http://www.tca.ie/images/uploaded/documents/Competition%20(Amendment)%20Act%202012.pdf (Stand: 27.04.2012).

1189 Art. 420–6 Commercial Code, http://www.autoritedelaconcurrence.fr/doc/code_commerce_gb.pdf (Stand: 27.04.2015).

1190 Sec. 32 Norwegian Competition Act, http://www.konkurransetilsynet.no/Global/English/Oversettelse%20av%20konkurranseloven.pdf (Stand: 27.04.2015).

1191 *Biermann*, ZWeR 2007, 1 (20 f.).

1192 *Biermann*, ZWeR 2007, 1 (21); *Dannecker*, wistra 2004, 361 (367); *ders.*, in: FS Tiedemann, S. 806.

1193 *Dannecker*, in: FS Tiedemann, S. 806.

1194 *Hombrecher*, NZKart 2017, 143 (143).

dem Strafrecht zugeschlagen werden. Auch auf der Ebene des Unionsrechts erzeugt die Strafbewehrung trotz der Unternehmensbezogenheit des europäischen Wettbewerbsrechts keinen Systembruch. Vielmehr ist die Strafbewehrung von Hardcore-Kartellen ausdrücklich erlaubt und im Sinne einer gleichmäßigen und gerechten Rechtsdurchsetzung innerhalb der EU-Mitgliedstaaten auch wünschenswert.

E. Kriminalpolitische Effektivität

Die Verfassung erlaubt es, Hardcore-Kartelle als strafwürdiges und strafbedürftiges Verhalten mit Strafe zu bewehren. Aber sollen sie es auch? Besteht für die Strafbewehrung von Hardcore-Kartellen eine kriminalpolitische Notwendigkeit? Auch wenn der Gesetzgeber ein Verhalten mit Strafe bewehren darf, muss die Strafbewehrung nicht zwangsläufig auch effektiv sein, also den gewünschten Erfolg herbeiführen.[1195] Vielmehr können schädliche Nebenwirkungen auftreten und einer Strafbewehrung entgegenstehen.[1196] Was die Kartellverfolgung anbelangt, so ist diese nur effektiv, wenn die Wirtschaftssubjekte davon ausgehen können, dass sich eine Kartellbildung für sie nicht lohnt, weil sie mit ihrer Entdeckung und Ahndung rechnen müssen.[1197] Zu berücksichtigen sind hierbei auch die Kosten, die dem Staat und den Wirtschaftssubjekten im Rahmen der Kartellverfolgung anfallen.[1198] Die Strafbewehrung von Hardcore-Kartellen wird zum Teil wegen Effektivitätsrisiken infrage gestellt.[1199] So wird etwa befürchtet, der Zuständigkeitsübergang von der Kartell- auf die Strafverfolgungsbehörde könnte letztere mangels kartellrechtlicher Erfahrung überfordern und das Verfahren verlangsamen oder gar zum Erliegen bringen.[1200] Sollen Hardcore-Kartelle also mit Strafe bewehrt werden, ist danach zu fragen, ob die Strafbewehrung die Effektivität der Kartellverfolgung steigern oder sogar schwächen könnte.

I. Zuständigkeitsübergang

Bislang ist primär die Kartellbehörde für die Kartellverfolgung zuständig (§ 81 Abs. 10 Nr. 3 GWB). Besteht hingegen der Verdacht einer Submissionsabsprache (§ 298 StGB), gibt die Kartellbehörde das Verfahren gegen die betroffene natürliche Person an die Staatsanwaltschaft ab (§ 41 Abs. 1 OWiG). Für die Verfolgung der juristischen Person oder Personenvereinigung bleibt die Kartellbehörde aber weiterhin zuständig (§ 82 GWB). Infolge der Strafbewehrung von

---

1195 *Kohlhoff*, Kartellstrafrecht, S. 351.

1196 *Kohlhoff*, Kartellstrafrecht, S. 352 f.

1197 BKartA, Kartellbußgeldverfahren, S. 9.

1198 BKartA, Kartellbußgeldverfahren, S. 9; *Dreher/Kulka*, Wettbewerbs- und Kartellrecht, S. 711.

1199 BKartA, Erfolgreiche Kartellverfolgung, S. 11/26; *Dreher*, WuW 2011, 232 (240 ff.); *Hombrecher*, NZKart 2017, 143 (149).

1200 So etwa *Dreher*, WuW 2011, 232 (241).

Hardcore-Kartellen würde sich die Zuständigkeit zur Kartellverfolgung verstärkt von der Kartellbehörde auf die Staatsanwaltschaft verlagern.[1201]

Der Zuständigkeitsübergang könnte die Ahndungswahrscheinlichkeit von Kartellverstößen verringern, da, so wird befürchtet, es der Staatsanwaltschaft nicht nur an Sachkunde und Erfahrung, sondern auch an den für die Kartellverfolgung erforderlichen Ressourcen fehle.[1202] Der Zuständigkeitsübergang auf die ohnehin schon überlasteten Staatsanwaltschaften verzögere nicht nur das Verfahren, sondern begünstige auch Verfahrensabsprachen und Verfahrenseinstellungen,[1203] dies auch deshalb, weil Staatsanwaltschaften tagtäglich mit den Straftaten ganz anderer Tätergruppen beschäftigt seien, weshalb sie die Strafverfolgung von Hardcore-Kartellen nicht interessiere.[1204] Außerdem drohen wegen der Verteilung der Verfahren auf alle mit Wirtschaftsstrafsachen befassten Staatsanwaltschaften im ganzen Bundesgebiet bundesweite Verflechtungen und Kartellstrukturen nicht erkannt und nicht einheitlich verfolgt zu werden.[1205] Darüber hinaus leide auch die Verfolgung von Unternehmen und Unternehmensvereinigungen unter der Verfahrensspaltung.[1206] Abstimmungsschwierigkeiten zwischen der Kartell- und der Strafverfolgungsbehörde könnten wichtige Ressourcen binden und widersprüchliche Entscheidungen einer einheitlichen Wettbewerbspolitik entgegenstehen.[1207] Eine parallele ordnungswidrigkeitenrechtliche Ahndung von Unternehmen sei ferner dem sozialethischen Unwerturteil kartellrechtswidrigen Individualverhaltens abträglich.[1208]

Sowohl die fehlende Eignung der Staatsanwaltschaft zur Kartellverfolgung als auch die durch die Verfahrensspaltung hervorgerufenen Reibungsverluste können jedoch durch eine „verstärkte […] und institutionalisierte […] Zusammenarbeit zwischen der Kartell- und Strafverfolgungsbehörde“ überwunden

---

1201 BT-Dr 13/7900, S. 33; *Dreher,* WuW 2011, 232 (241); Monopolkommission, Hauptgutachten XX, S. 106; *Wagner-von Papp,* in: *Beaton-Wells/Ezrachi* (Hrsg.), Criminalising Cartels, S. 175.

1202 BT-Dr 13/7900, S. 33; *Dreher,* WuW 2011, 232 (241); *Hombrecher,* NZKart 2017, 143 (146).

1203 *Klocker/Ost,* in: FS Bechtold, S. 242 m.w.N; *Möschel,* Submissionsabsprachen, S. 48; *Tiedemann,* Kartellrechtsverstöße, S. 180.

1204 *Möschel,* Submissionsabsprachen, S. 48; *Wagner-von Papp,* in: *Beaton-Wells/Ezrachi* (Hrsg.), Criminalising Cartels, S. 175.

1205 BT-Dr 13/7900, S. 34; *Hombrecher,* NZKart 2017, 143 (146).

1206 *Bräunig,* HRRS 2011, 425 (433).

1207 *Bräunig,* HRRS 2011, 425 (433); vgl. *Klocker/Ost,* in: FS Bechtold, S. 245; *Möschel,* Submissionsabsprachen, S. 48.

1208 Vgl. *Jones/Williams,* Journal of Antitrust Enforcement 2 (2014), 100 (122).

werden, da so das Kartellstrafverfahren vom Sachverstand und den Ressourcen der Kartellbehörde profitieren würde.[1209] Dabei kann die Kartellbehörde auf vielfältige Weise in das Kartellstrafverfahren eingebunden werden. Zunächst könnte die Stellung der Kartellbehörde im Kartellstrafverfahren an die Stellung der Finanzbehörde im Steuerstrafverfahren angepasst werden.[1210] Im Steuerstrafverfahren leitet die Finanzbehörde das Ermittlungsverfahren selbstständig (§ 386 Abs. 2 AO), wobei die Staatsanwaltschaft das Verfahren jederzeit übernehmen kann (§ 386 Abs. 4 AO). Im Ermittlungsverfahren verfügt die Finanzbehörde über Teilnahme-, Informations- und Anhörungsrechte (§ 403 AO), in der Hauptverhandlung über Beteiligungsrechte (§ 407 AO). Für die Kartellverfolgung bedeutet dies, dass die Kartellbehörde auch bei Verdacht einer Straftat die Ermittlungen selbstständig führen würde. Um auch dann vom Sachverstand der Kartellbehörde zu profitieren, wenn die Staatsanwaltschaft das Verfahren übernimmt, sollte die Staatsanwaltschaft zur vorherigen Einholung einer schriftlichen Stellungnahme der Kartellbehörde verpflichtet werden.[1211] Durch die Angleichung der Stellung der Kartellbehörden im Kartellstrafverfahren an die Stellung der Finanzbehörde im Steuerstrafverfahren könnten widersprüchliche Ergebnisse und eine unsinnige Doppelarbeit vermieden werden.[1212]

Daneben könnte die Kartellbehörde die Aufgabe der Staatsanwaltschaft aber auch vollständig übernehmen, also die Staatsanwaltschaft im Kartellstrafverfahren gewissermaßen „entmachten".[1213] Die Auflösung des Verfolgungsmonopols der Staatsanwalt im Strafverfahren hätte zwar ein „Sonderverfahrensrecht" zur Folge.[1214] Aber auch in anderen Bereichen, etwa was die Höchstbeträge der Geldbußen anbelangt, schlägt das deutsche Kartellsanktionenrecht schon heute eigene Wege ein.[1215] Eine „Entmachtung" der Staatsanwaltschaft könnte jedoch einer einheitlichen Strafverfolgung von Wirtschaftsstraftaten zuwiderlaufen, weil die Kartellbehörde dazu neigen könnte, wirtschaftliche Belange im

---

1209 *Dannecker,* in: FS Tiedemann, S. 803; Monopolkommission, Hauptgutachten XX, S. 107; *Tiedemann,* Kartellrechtsverstöße, S. 180; *Wagner- von Papp,* WuW 2010, 268 (279).

1210 *Dannecker,* in: FS Tiedemann, S. 803; *Heinemann,* in: FS von Büren, S. 611; *Tiedemann,* Verhandlungen 49. DJT, C 39; *ders.,* Kartellrechtsverstöße, S. 180 f.; *Wagner-von Papp,* in: *Beaton-Wells/Ezrachi* (Hrsg.), Criminalising Cartels, S. 175.

1211 *Tiedemann,* Kartellrechtsverstöße, S. 181.

1212 *Janssen,* Managerhaftung, S. 162.

1213 *Achenbach,* wistra 2006, 2 (7); *ders.,* in: FS Kühl, S. 665; *Biermann,* ZWeR 2007, 1 (43).

1214 *Biermann,* ZWeR 2007, 1 (43).

1215 *Biermann,* ZWeR 2007, 1 (44).

Kartellstrafverfahren überzubewerten.[1216] Überdies fehlt es der Kartellbehörde in strafrechtlichen Ermittlungsverfahren an Erfahrung, was über Verfahrensverzögerungen hinaus auch die Einhaltung von Beschuldigtenrechten im Strafverfahren gefährden könnte.[1217]

Janssen zieht daher den umgekehrten Weg vor. Um widersprüchlichen Entscheidungen vorzubeugen, schlägt er vor, dass die Staatsanwaltschaft auch die Verfolgung von Unternehmen übernehmen solle.[1218] Eine solche Änderung der verfahrensrechtlichen Stellungen erscheint jedoch wegen der untragbaren Mehrbelastung der Staatsanwaltschaft kaum durchsetzbar.[1219] Als Notlösung erwägt *Hack* entweder Sonderabteilungen für Kartellstraftaten der Staatsanwaltschaften in die Organisation des Bundeskartellamts einzugliedern oder in den Bundesländern Schwerpunktstaatsanwaltschaften einzuführen.[1220] Eine weitere Möglichkeit einer verstärkten Zusammenarbeit könnte in einer überregionalen Konzentration der Strafverfolgung liegen. So könnte eine für das gesamte Bundesgebiet zuständige Zentralstelle eingerichtet werden.[1221] Schließlich könnte ergänzend die Einführung von Wirtschaftsschöffen dazu beitragen, die komplexe Materie des Kartellrechts zu bewältigen.[1222]

Neben einer verstärkten Einbindung der Kartellbehörde in das Kartellstrafverfahren sollten auch die gerichtlichen Zuständigkeiten gebündelt werden, also der Kartellstraftatbestand entweder im Katalog des § 74c GVG verankert oder die Zuständigkeit noch weiter räumlich konzentriert werden.[1223] Erwägenswert ist etwa, die erstinstanzliche Zuständigkeit für Kartellstrafsachen beim OLG zu konzentrieren.[1224] Ein solcher Sonderrechtsweg ist dem Kartellrecht nicht fremd. Vielmehr besteht eine solche einheitliche sachliche Zuständigkeit der OLG bereits für Rechtsmittel gegen Bußgeldbescheide (§ 83 GWB). Durch die Konzentration der gerichtlichen Zuständigkeit könnte über eine einheitliche

---

1216 *Tiedemann,* Kartellrechtsverstöße, S. 180.

1217 ICN, Defining Hard Core Cartel Conduct, S. 29.

1218 *Janssen,* Managerhaftung, S. 160 f.

1219 Vgl. *Tiedemann,* Kartellrechtsverstöße, S. 180.

1220 *Hack,* Vorstandsverantwortlichkeit, S. 232.

1221 Vgl. *Tiedemann,* Verhandlungen 49. DJT, C 92; *Wagner-von Papp,* in: *Beaton-Wells/ Ezrachi* (Hrsg.), Criminalising Cartels, S. 175.

1222 *Biermann,* ZWeR 2007, 1 (44); *Tiedemann,* Verhandlungen 49. DJT, C 94.

1223 *Tiedemann,* Kartellrechtsverstöße, S. 181.

1224 Bundesministerium der Justiz, Schlussbericht der Sachverständigenkommission zur Bekämpfung der Wirtschaftskriminalität 1980, S. 143.

Rechtsprechung hinaus, auch das Vorhandensein kartellrechtlicher Sachkunde sichergestellt werden.[1225]

II. Legalitätsprinzip

Da Hardcore-Kartelle nach geltendem Recht als Ordnungswidrigkeiten ausgestaltet sind, gilt das Opportunitätsprinzip (§ 47 Abs. 1 OWiG). Hiernach ist die Kartellbehörde zur Verfolgung und Ahndung von Kartellordnungswidrigkeiten nicht verpflichtet, sondern entscheidet nach pflichtgemäßen Ermessen.[1226] Im Strafrecht hingegen gilt das Legalitätsprinzip, das die Staatsanwaltschaft bei Verdacht einer Straftat zur Strafverfolgung zwingt (§ 152 Abs. 2 StPO). Es wird befürchtet, die Geltung des Legalitätsprinzips könnte die Kartellverfolgung lähmen, weil es der Staatsanwaltschaft verwehrt wäre, ihre Verfolgungstätigkeit im Ermittlungsverfahren allein auf bedeutende Verfahren zu konzentrieren.[1227]

Die Furcht ist jedoch unbegründet. Das pflichtgemäße Ermessen im Rahmen von § 47 OWiG konkretisieren die Kriterien der strafprozessualen Einstellung (§§ 153 f. StPO), insbesondere die geringe Schuld, der geringe Schaden, das geringe Aufsehen sowie die geringe Verantwortlichkeit.[1228] Insofern würden die strafprozessualen Einstellungsmöglichkeiten (§§ 153 f. StPO) es der Staatsanwaltschaft ermöglichen, die Kartellverfolgung auf gewichtige Fälle zu beschränken, weshalb mit dem Übergang vom Opportunitäts- zum Legalitätsprinzip kein Flexibilitätsverlust verbunden ist.[1229] Darüber hinaus ist äußerst fraglich, ob die Geltung des Opportunitätsprinzips bei Hardcore-Kartellen überhaupt sachgerecht ist.[1230] Denn hinter dem Opportunitätsprinzip steht der Gedanke, dass Ordnungswidrigkeiten die Rechtsordnung weit weniger gefährden und einen geringeren Unrechtsgehalt aufweisen als Straftaten.[1231] Hardcore-Kartelle

---

1225 Vgl. *Dannecker/Biermann*, in: *Immenga/Mestmäcker*, Bd. II, § 83 Rn. 1; *Meyer-Lindemann*, in: *Loewenheim/Meessen/Riesenkampff/Kersting/Meyer-Lindemann*, § 83 Rn. 2.

1226 *Mitsch*, in: Karlsruher Kommentar, OWiG, § 47 Rn. 2.

1227 *Federmann*, Kriminalstrafen, S. 509 f.; *Götting/Götting*, ZfBR 2003, 341 (341); *Hombrecher*, NZKart 2017, 143 (146); *Kartte/Portatius*, BB 1975, 1169 (1171); *Möschel*, Submissionsabsprachen, S. 45; *ders.*, in: FG Kummer, S. 434.

1228 *Bohnert*, OWiG, § 47 Rn. 5.

1229 Monopolkommission, Hauptgutachten XX, S. 103; *Wagner-von Papp*, in: *Beaton-Wells/Ezrachi* (Hrsg.), Criminalising Cartels, S. 176; *ders.*, WuW 2010, 268 (279).

1230 Monopolkommission, Hauptgutachten XX, S. 103; *Tiedemann*, Kartellrechtsverstöße, S. 177.

1231 *Seitz/Bauer*, in: Beck'sche Kurz-Kommentare, OWiG, § 47 Rn. 2.

hingegen sind von äußerster Sozialschädlichkeit, stellen also kein bloßes Bagatellunrecht dar.

III. Überlastung der Strafgerichtsbarkeit

Der Übergang vom Ordnungswidrigkeiten- zum Strafverfahren könnte wegen gesteigerter Verfahrens- und Beweisanforderungen im Strafverfahren arbeits- und zeitintensive „Monsterprozesse“ zur Folge haben.[1232] Das Strafverfahren prägen Verfahrensgrundsätze: So verlangt etwa der Mündlichkeitsgrundsatz, dass das Gericht nur den Inbegriff der mündlichen Hauptverhandlung dem Urteil zugrunde legen darf, weshalb sich ein Kartellverfahren leicht über 100 Verhandlungstage erstrecken kann.[1233] Außerdem verbietet es der Unmittelbarkeitsgrundsatz (§ 250 StPO), die Vernehmung von Zeugen durch die Verlesung von Urkunden zu ersetzen, was in Kartellverfahren auf die Vernehmung zahlreicher Zeugen hinauslaufen kann.[1234] Eine lange Verfahrensdauer beeinträchtigt jedoch die Effektivität der Kartellverfolgung, da die zeitnahe Aburteilung eine wichtige Voraussetzung der Abschreckungswirkung von Strafe ist.[1235] Die Möglichkeit des Selbstleseverfahrens (§ 249 Abs. 2 StPO) schafft hier kaum Abhilfe.[1236]

Das Ordnungswidrigkeitenverfahren hingegen ermöglicht es den Gerichten das Kartellverfahren zu beschleunigen, etwa durch eine vereinfachte Beweisaufnahme, die insbesondere die Verlesung von Urkunden gestattet (§§ 77 f. OWiG).[1237] Angesichts der Höhe der verhängten Kartellbußen erscheint eine gegenüber dem Strafverfahren vereinfachte Beweisaufnahme unter rechtsstaatlichen Gesichtspunkten jedoch nicht unbedenklich.[1238] Eine effektive Kartellverfolgung darf nicht zu Lasten der berechtigten Rechtsschutzansprüche des Betroffenen gehen.[1239] Vom gelockerten Ablauf der Beweisaufnahme

---

1232 BKartA, Kartellbußgeldverfahren, S. 16; *Hombrecher,* NZKart 2017, 143 (146); *Kartte/Portatius,* BB 1975, 1169 (1179 f.); *Möschel,* Submissionsabsprachen, S. 48; *ders.,* in: FG Kummer, S. 437; *Mundt,* WuW 2012, 376 (378); *Spagnolo,* in: *Cseres/Schinkel/Vogelaar* (Hrsg.), Criminalization, S. 135.

1233 BKartA, Kartellbußgeldverfahren, S. 17; *Ott,* in: Karlsruher Kommentar, StPO, § 261 Rn. 1.

1234 BKartA, Kartellbußgeldverfahren, S. 19; *Ganter,* in: Beck'scher Online-Kommentar, StPO, § 250 Rn. 1.

1235 BKartA, Kartellbußgeldverfahren, S. 19.

1236 *Federmann,* Kriminalstrafen, S. 511 Fn. 6.

1237 *Hombrecher,* NZKart 2017, 143 (146); *Möschel,* Submissionsabsprachen, S. 48.

1238 *Schwarze,* WuW 2009, 6 (9); *Wagner-von Papp,* WuW 2010, 268 (279).

1239 *Schwarze,* WuW 2009, 6 (7).

abgesehen, entsprechen die Anforderungen des Bußgeldverfahrens ansonsten aber weitgehend denen des Strafverfahrens (§ 46 Abs. 1 OWiG).[1240] Wirtschaftliche „Monsterprozesse" drohen folglich sowohl im Straf- als auch im Ordnungswidrigkeitenverfahren.[1241] Um der Gefahr wirtschaftlicher „Monsterprozesse" abzuhelfen, sollte das Prozessrecht in Kartellverfahren daher insgesamt vereinfacht werden.[1242] Der Sorge, die Erörterung komplexer wirtschaftlicher Zusammenhänge und ökonomischer Bewertungen in dem vom Mündlichkeitsprinzip geprägten Strafverfahren überfordere die Beteiligten,[1243] kann demgegenüber entgegengehalten werden, dass die Strafbewehrung entsprechende Kompetenzen bei den Beteiligten aufbauen wird.[1244]

IV. Umgehungshandlungen

Um ihrer Bestrafung zu entgehen, und gedrängt durch den Druck Gewinnsteigerungen erzielen zu müssen, könnten Kartellanten geneigt sein, den Kartellstraftatbestand zu umgehen.[1245] Dazu könnten die Kartellanten einerseits rechtliche Gestaltungsmöglichkeiten missbrauchen.[1246] Gerade die zumeist überdurchschnittlich ausgebildeten Wirtschaftsstraftäter werden in der Lage sein, etwaige Schwachstellen in Straftatbeständen zu durchschauen und sich zunutze zu machen.[1247] Andererseits könnten die Kartellanten auf eine verbesserte Kartellorganisation oder subtilere Verhaltensweisen ausweichen.[1248] Gleichwohl ließen sich Umgehungshandlungen gegebenenfalls durch eine weite Auslegung des Kartellstraftatbestandes erfassen.[1249] Aber auch eine weite Auslegung des

---

1240 Monopolkommission, Hauptgutachten XX, S. 103.

1241 BKartA, Kartellbußgeldverfahren, S. 16 ff.; *Dreher*, WuW 2011, 232 (242); *Janssen*, Mangerhaftung, S. 156 f.; *Wagner-von Papp*, in: *Beaton-Wells/Ezrachi* (Hrsg.), Criminalising Cartels, S. 177 f.

1242 *Mundt*, WuW 2012, 376 (378); *Tiedemann*, Kartellrechtsverstöße, S. 172.

1243 BKartA, Kartellbußgeldverfahren, S. 16.

1244 Monopolkommission, Hauptgutachten XX, S. 103.

1245 *Bräunig*, HRRS 2011, 425 (434); *Kohlhoff*, Kartellstrafrecht, S. 354; *Parker*, in: *Beaton-Wells/Ezrachi* (Hrsg.), Criminalising Cartels, S. 259; *Spagnolo*, in: *Cseres/Schinkel/Vogelaar* (Hrsg.), Criminalization, S. 143; *Stächelin*, Strafgesetzgebung, S. 131; *Tiedemann*, Kartellrechtsverstöße, S. 172 f.; vgl. *Vogel*, in: Madrid-Symposium, S. 153; *Wagner-von Papp*, WuW 2010, 268 (279).

1246 Vgl. *Vogel*, in: Madrid-Symposium, S. 160.

1247 *Vogel*, in: Madrid-Symposium, S. 153.

1248 *Pierenkemper*, Kartellbußen, S. 222; *Tiedemann*, Kartellrechtsverstöße, S. 172.

1249 *Vogel*, in: Madrid-Symposium, S. 168.

Kartellstraftatbestandes ist nur soweit möglich, wie es der Wortlauft der Strafnorm erlaubt.[1250] Eine Ausdehnung des Straftatbestandes über seinen Wortlaut hinaus, widerspricht dem Analogieverbot (Art. 103 Abs. 2 GG).[1251] Kann auch durch Auslegung die Umgehungshandlung nicht strafrechtlich erfasst werden, bietet sich entweder eine gesetzliche Typisierung bestimmter Umgehungshandlungen (z.B. § 145c StGB) oder die Einführung genereller Umgehungstatbestände (z.B. § 42 AO) an.[1252] Umgehungshandlungen sollten bei der Ausgestaltung des Kartellstraftatbestands berücksichtigt werden. Werden nur einzelne Wettbewerbsparameter genannt und auf eine Eingrenzung der Tatbestandshandlung verzichtet, so bleibt der Tatbestand ausreichend weit, um Umgehungen verhindern zu können.

Neben der Vornahme von Umgehungshandlungen könnten die Kartellanten ihre Geheimhaltungsvorkehrungen noch ausweiten oder zur Stärkung der Kartelldisziplin Gewalt anwenden.[1253] Insofern wird befürchtet, der Einsatz von Strafe würde Kartelle weniger schwächen, sondern ihren Bestand sogar noch festigen.[1254] Allerdings besteht die Gefahr von Verdeckungshandlungen gleichermaßen im gesamten Strafrecht und kann damit nicht eigens gegen einen etwaigen Kartellstraftatbestand eingewendet werden. Schließlich könnte der Einsatz von Strafe sein Ziel verfehlen und sein Gegenteil bewirken: Kartellanten könnten, um die Aufdeckung des Kartells zu verhindern, zur Begehung weiterer Straftaten veranlasst werden („*marginal deterrence*").[1255] Jedoch schrecken erhebliche Strafschärfungen von der Verwirklichung weiterer Straftaten ab.[1256] Auch würde die in diesen Fällen zusätzlich aufgewendete kriminelle Energie gerade für eine Bestrafung der Kartellanten sprechen.[1257]

1250 *Tiedemann,* Tatbestandsfunktionen, S. 57 ff.; *Vogel,* in: Madrid-Symposium, S. 167.

1251 *Vogel,* in: Madrid-Symposium, S. 167.

1252 *Vogel,* in: Madrid-Symposium, S. 167 f.; *Tiedemann,* Tatbestandsfunktionen, S. 54.

1253 *Bräunig,* HRRS 2011, 425 (434); *Hack,* Vorstandsverantwortlichkeit, S. 215; *Parker,* in: *Beaton-Wells/Ezrachi* (Hrsg.), Criminalising Cartels, S. 258; *Pierenkemper,* Kartellbußen, S. 220; *Spagnolo,* in: *Cseres/Schinkel/Vogelaar* (Hrsg.), Criminalization S. 144; *Wagner-von Papp,* WuW 2010, 268 (280).

1254 *Wagner-von Papp,* WuW 2010, 268 (280).

1255 *Wagner-von Papp,* WuW 2010, 268 (280).

1256 *Wagner-von Papp,* WuW 2010, 268 (280).

1257 *Hack,* Vorstandverantwortlichkeit, S. 215.

V. Beweis- und Zurechnungsschwierigkeiten

Droht, mit den Worten des ehemaligen Präsidenten des Bundeskartellamtes *Wolf*, durch die Bestrafung von Kartellanten „das falsche Schwein geschlachtet zu werden"?[1258] Eine arbeitsteilige Organisation in Unternehmen kann der Ermittlung der einzelnen kartellverantwortlichen natürlichen Person entgegenstehen. Insofern erschweren komplexe Unternehmensstrukturen die Beweisbarkeit unternehmensbezogener Straftaten (organisierte Unverantwortlichkeit).[1259] Sie können gezielt zur „Verschleierung, Verwirrung und Lückenbildung" genutzt werden.[1260] Oftmals wird sich dann allenfalls die strafrechtliche Verantwortlichkeit der unmittelbar handelnden Person nachweisen lassen.[1261] Auch können Leitungspersonen geneigt sein, sich ihrer Handlungs- und Entscheidungsmacht zu entledigen, um so die strafrechtliche Verantwortung auf die unteren Unternehmensebenen zu verlagern.[1262] Einzelne Unternehmensangehörige drohen dann als „Bauernopfer" herhalten zu müssen.[1263] Komplexe Unternehmensstrukturen begründen mithin die Gefahr, einer zufälligen Zuschreibung strafrechtlicher Verantwortung.[1264] Insbesondere im Kartellrecht verstärkt die Komplexität kartellrechtlicher Sachverhalte die Beweisschwierigkeiten. Da Kartellabsprachen kaum jemals schriftlich festgehalten werden, müssen häufig unzählige beschlagnahmte Akten und Dateien gesichtet und bewertet werden.[1265] Zu den Beweis- treten Zurechnungsschwierigkeiten. Komplexe Unternehmensstrukturen lassen „Informationsbesitz, Entscheidungsmacht und Ausführungstätigkeit"

1258 So der ehemalige Präsident des Bundeskartellamts *Dieter Wolf*, in: *Schwarz*, Süddeutsche Zeitung v. 09.10.1996, S. 32.

1259 *Dannecker*, GA 2001, 101 (102); *Heine*, Strafrechtliche Verantwortlichkeit von Unternehmen, S. 45; *Hirsch*, ZStW 107 (1995), 285 (287); *Klocker/Ost*, in: FS Bechtold, S. 242; *Schünemann*, Unternehmenskriminalität, S. 34.

1260 *Kirch-Heim*, Sanktionen gegen Unternehmen, S. 56.

1261 *Steindorff*, ZHR 138 (1974), 504 (507 f.).

1262 *Heine*, Strafrechtliche Verantwortlichkeit von Unternehmen, S. 42; *Schünemann*, Unternehmenskriminalität, S. 35; *ders.*, wistra 1982, 41 (42); *Tiedemann*, Verhandlungen 49. DJT, C 55.

1263 *Frenz*, wrp 2014, 367 (371); *Pierenkemper*, Kartellbußen, S. 220; *Rönnau/Wegner*, ZRP 2014, 158 (160).

1264 Vgl. *Bosch*, Organisationsverschulden in Unternehmen, S. 11; *Seelmann*, NJW 1990, 1257 (1260).

1265 *Tiedemann*, Kartellrechtsverstöße, S. 170.

auseinanderfallen, wodurch Verantwortungslücken entstehen können (strukturelle Unverantwortlichkeit)[1266]

Zur Lösung der Beweis- und Zurechnungsschwierigkeiten kann an die Einführung eines Verbandsstrafrechts gedacht werden.[1267] Erst kürzlich wurde die Debatte durch den Entwurf eines „Verbandsstrafgesetzbuches“ vom Justizministerium des Landes Nordrhein-Westfalen aus dem Jahr 2013 wiederbelebt.[1268] Die Einführung eines Verbandsstrafrechts könnte insbesondere deswegen angezeigt sein, weil oftmals die Unternehmen die Nutznießer des Kartells sind.[1269] Als Strafgrund käme entweder das Fehlverhalten nicht nur der Leitungsperson, sondern sämtlicher Unternehmensangehöriger, das dem Unternehmensträger zuzurechnen wäre (akzessorisches Haftungsmodell), oder ein selbstständiges Unternehmensunrecht (Modell der originären Verbandsstrafbarkeit) in Betracht.[1270]

Unabhängig von der Frage, ob sich die Einführung eines Verbandsstrafrechts empfiehlt, wäre dessen Einführung kein Gewinn für die Kartellverfolgung.[1271] Zwar kann die mit der Öffentlichkeitswirksamkeit strafrechtlicher Sanktionen verbundene Gefahr einer Rufschädigung abschreckend wirken.[1272] Gegen die Einführung eines Verbandsstrafrechts spricht aber, dass ein Verbandsstrafrecht weiterhin an die Haftung von Rechtsträgern anknüpfen und damit dem durch die neunte GWB-Novelle eingeführten Konzepts der Haftung des Unternehmens als wirtschaftliche Einheit zuwiderlaufen würde.[1273] Zudem erfolgt eine öffentlichkeitswirksame Kartellberichterstattung schon heute durch die Kartellbehörden.[1274] Auch würde eine Verbandsstrafe zwar unmittelbar den Unternehmensträger, mittelbar jedoch die Anteilseigner treffen.[1275] Die Anteilseigner stehen außerhalb der Unternehmensorganisation.[1276] Damit ist es ihnen nicht möglich, kartellrechtswidriges Verhalten im Unternehmen zu unterbinden. Um

1266 *Kirch-Heim,* Sanktionen gegen Unternehmen, S. 58; *Schünemann,* Madrid-Symposium, S. 271 f.

1267 So *Vogel,* StV 2012, 427 (429).

1268 Gesetzesantrag Land NRW, Entwurf eines Gesetzes zur Einführung der strafrechtlichen Verantwortlichkeit von Unternehmen und sonstigen Verbänden.

1269 *Federmann,* Kriminalstrafen, S. 445.

1270 Hierzu *Trüg,* wistra 2010, 241 (242).

1271 A.A. *Kohlhoff,* Kartellstrafrecht, S. 289 ff.

1272 *Kubiciel,* ZRP 2014, 133 (135); Monopolkommission, Hauptgutachten XX, S. 112.

1273 Monopolkommission, Hauptgutachten XXI, S. 46.

1274 Monopolkommission, Hauptgutachten XX, S. 112.

1275 *Kubiciel,* ZRP 2014, 133 (135); *Schünemann,* ZIS 2014, 1 (11); *Trüg,* wistra 2010, 241 (247).

1276 Vgl. *Trüg,* wistra 2010, 241 (242).

abschreckend zu sein, müssten Verbandsstrafen die das Unternehmenshandeln bestimmenden Personen treffen. Dazu muss der Normbefehl an sie weitergetragen werden.[1277]

Den Umweg über die strafrechtliche Haftbarmachung des Unternehmens vermeidend, erscheint es zweckmäßiger, unmittelbar die verantwortlichen natürlichen Personen strafrechtlich zu verfolgen. Beweisschwierigkeiten bestehen trotz der Möglichkeit, die unternehmensinterne Kommunikation und Dokumentation auszuwerten.[1278] Gerade komplexe Unternehmensstrukturen erfordern eine umfassende Kommunikation und Dokumentation unternehmerischen Handelns. Insbesondere der unternehmensinterne E-Mail-Verkehr, aber auch die Geschäftskorrespondenz und innerbetriebliche Informationssysteme, wie Zeiterfassung, Reiseplanung oder Spesenabrechnungen, verschaffen tiefe Einblicke in das Unternehmensgeschehen.[1279] Beweisschwierigkeiten bestehen dennoch wegen der eingeschränkten Möglichkeiten der Ermittlungsbehörden fort.[1280]Die von den Kartellanten getroffenen Geheimhaltungsvorkehrungen erschweren die Beweisführung bei Kartellverstößen zusätzlich.[1281] Kartellanten verzichten häufig auf eine schriftliche Dokumentation ihrer Absprachen bzw. verstecken oder vernichten entsprechende Dokumente.[1282] Kartellanten kommunizieren vielmehr per Telefon, Telefax oder E-Mail.[1283] Zwar verfügt die Kartellbehörde im Kartellbußgeldverfahren weitgehend über dieselben Ermittlungsmöglichkeiten wie die Staatsanwaltschaft (§ 46 Abs. 1 OWiG), ausgenommen sind aber Auskunftsersuchen über Umstände, die dem Post- und Fernmeldegeheimnis unterliegen (§ 46 Abs. 3 OWiG). Die Staatsanwaltschaft dagegen kann die Telekommunikation der Kartellanten überwachen und aufzeichnen (§ 100a StPO). Vorausgesetzt der Kartellstraftatbestand würde in den Katalog des § 100a StPO aufgenommen werden, was wegen der Aufnahme der Submissionsabsprache nahe liegt (§ 100a Abs. 1, 2 lit. r StPO), könnten die erweiterten Ermittlungsmöglichkeiten der Staatsanwalt im Strafverfahren die Beweisführung gegenüber dem Ordnungswidrigkeitenverfahren erleichtern und so die Aufdeckung und

1277 *Kubiciel*, ZRP 2014, 133 (135).
1278 *Schmitt-Leonardy*, ZIS 2015, 11 (13); *Schünemann*, ZIS 2014, 1 (13).
1279 *Schünemann*, ZIS 2014, 1 (13).
1280 *Schmitt-Leonardy*, ZIS 2015, 11 (13); *Schünemann*, ZIS 2014, 1 (13).
1281 *Tiedemann*, Kartellrechtsverstöße, S. 170.
1282 BKartA, Bonusregelung Infotext.
1283 *Böhme/Röske*, NStZ 2014, 69 (71); *Hack*, Vorstandsverantwortlichkeit, S. 216 m.w.N.

Ahndung von Hardcore-Kartellen vorantreiben.[1284] Darüber hinaus können verdeckte Ermittler eingesetzt werden (§ 110a StPO). Allerdings werden Kartellabsprachen oftmals zwischen einander bekannten und sich vertrauten Personen getroffen, weswegen sich die Einschleusung verdeckter Ermittler als schwierig erweisen würde.[1285]

Die Zurechnungsproblematik kann durch die Ausweitung der herkömmlichen strafrechtlichen Institute bewältigt werden:[1286] In Betracht kommt einerseits eine mittelbare Täterschaft kraft Organisationsherrschaft und andererseits eine strafrechtliche Geschäftsherrenhaftung. Die mittelbare Täterschaft kraft Organisationsherrschaft kann eine eigene mittelbare Täterschaft von Leitungspersonen (§ 25 Abs. 1 S. 2 StGB) auch dann begründen, wenn die Ausführungsperson verantwortlich gehandelt hat. Nach *Roxin*[1287] liegt eine mittelbare Tatherrschaft kraft Organisationsherrschaft vor, wenn der Hintermann einen vom Recht gelösten und hierarchisch gesteuerten und kontrollierten Machtapparat bestehend aus austauschbaren Ausführungspersonen (Fungibilität)[1288] zur Begehung von Straftaten nutzt.[1289] Demgegenüber verzichtet der BGH sowohl auf das Merkmal der Rechtsgelöstheit des Machtapparats als auch auf die Fungibilität der Ausführungspersonen.[1290] Die Begründung einer Organisationsherrschaft setzt nach Ansicht des BGH lediglich voraus, dass ein Hintermann unternehmerische oder geschäftsähnliche Organisationsstrukturen mit regelhaften Abläufen ausnutzt.[1291] Eine mittelbare Tatherrschaft kraft Organisationsherrschaft in Unternehmen ist allerdings problematisch: Komplexe organisatorische Unternehmensstrukturen schließen regelhafte Abläufe in Unternehmen und eine der Begründung einer mittelbaren Täterschaft genügende Machtstellung von Leitungspersonen

1284 *Böhme/Röske*, NStZ 2014, 69 (71); *Hack*, Vorstandsverantwortlichkeit, S. 216/221; *Janssen*, Managerhaftung, S. 157; *Wagner-von Papp*, WuW 2010, 268 (276).

1285 Vgl. *Dölling*, Verhandlungen 61. DJT, C 101.

1286 *Trüg*, wistra 2010, 241 (245).

1287 *Roxin*, GA 1963, 193 (200).

1288 *Roxin*, Strafrecht AT II, S. 47.

1289 *Heine*, Strafrechtliche Verantwortlichkeit von Unternehmen, S. 102; *Rotsch*, ZStW 112 (2000), 518 (523).

1290 Nach Ansicht des BGH kommt eine mittelbare Täterschaft kraft Organisationsherrschaft dann in Betracht, wenn der räumliche, zeitliche und hierachische Abstand zwischen der die Befehle verantwortenden Organisationsspitze und den unmittelbar Handelnden gegen eine arbeitsteilige Mittäterschaft spricht, BGH, NJW 2008, 89 (90).

1291 BGH, NStZ 2008, 89 (89).

regelmäßig aus.[1292] Auch wenn Unternehmen unter Umständen kriminell anfällig sein sollten, so sind sie nicht an sich kriminell.[1293] Vielmehr werden sich ihre Unternehmensangehörigen grundsätzlich rechtstreu verhalten.[1294] Die Begehung von Straftaten wird meist nur eine Randerscheinung sein.[1295]

Die Unterlassungstäterschaft kraft strafrechtlicher Geschäftsherrenhaftung beschreibt die Pflicht von Leitungspersonen, betriebsbezogene Straftaten nachgeordneter Unternehmensangehöriger zu verhindern.[1296] Begründen lässt sich die strafrechtliche Geschäftsherrenhaftung entweder mit dem unternehmensinternen Autoritäts- und Weisungsverhältnis oder mit der Herrschaft über die Gefahrenquelle Betrieb.[1297] Beide Ansätze der Verantwortungsbegründung erfordern einen Betriebsbezug der Straftat.[1298] Straftaten, die Unternehmensangehörige lediglich bei Gelegenheit ihrer Tätigkeit im Unternehmen begehen, werden von der strafrechtlichen Geschäftsherrenhaftung nicht erfasst.[1299] Da zur Absprache von Kartellen unternehmerische Wirkungsmöglichkeiten ausgenutzt werden, weisen Kartellrechtsabsprachen den erforderlichen Betriebsbezug auf. Sollten Kartellrechtsabsprachen zu Straftaten erhoben werden, käme folglich eine strafrechtliche Geschäftsherrenhaftung von Leitungsorganen in Betracht,

---

1292 *Heine,* Strafrechtliche Verantwortlichkeit von Unternehmen, S. 105; *ders./Weißer,* in: *Schönke/Schröder,* § 25 Rn. 29; *Rotsch,* ZStW 112 (2000), 518 (532 f.); *Urban,* Organisationsherrschaft, S. 210 f.

1293 *Bock,* Criminal Compliance, S. 302; *Lampe,* ZStW 106 (1994), 683, (697, 707).

1294 *Ambos,* GA 1998, 226 (239); *Bosch,* Organisationsverschulden in Unternehmen, S. 230; *Heine,* Strafrechtliche Verantwortlichkeit von Unternehmen, S. 104; *Heine/Weißer,* in: *Schönke/Schröder,* § 25 Rn. 29; *Roxin,* Strafrecht AT II, S. 55; *Schünemann,* ZIS 2014, 1 (13).

1295 *Ambos,* GA 1998, 226 (239); *Lampe,* ZStW 106 (1994), 683, (708).

1296 Eine solche wurde bereits vom RG anerkannt: u.a. RGSt 15, 58 f.; 19, 204 ff.; 33, 261 ff.; jetzt BGH, NZWiSt 2012, 182 ff.; teilweise wird eine strafrechtliche Geschäftsherrenhaftung wegen des Grundsatzes der Eigenverantwortlichkeit kritisiert u.a. *Heine,* Strafrechtliche Verantwortlichkeit von Unternehmen, S. 116 ff.

1297 *Dannecker/Dannecker,* JZ 2010, 981 (990); *Dannecker,* NZWiSt 2012, 441 (443); *Mansdörfer/Trüg,* StV 2012, 432 (432); *Roxin;* Strafrecht AT II, S. 757; *Schünemann,* Unternehmenskriminalität, S. 62 ff; *Tiedemann,* Wirtschaftsstrafrecht AT, S. 127. Teilweise wird die Geschäftsherrenhaftung auch mit dem Gedanken der Ingerenz begründet. So *Spring,* Strafrechtliche Geschäftsherrenhaftung, S. 240 ff.

1298 *Dannecker,* NZWiSt 2012, 441 (445); a.A. *Bülte,* NZWiSt 2012, 176 (176): Betriebsbezogenheit spricht für die Verantwortungsbegründung durch unternehmensinterne Autorität und Weisungsbefugnis.

1299 BGH, NZWiSt 2012, 182 ff.

sollten diese Kartellrechtsabsprachen nachgeordneter Unternehmensangehöriger nicht verhindern.[1300]

Überdies ist die Zurechnungsproblematik im Kartellrecht gegenüber anderen Bereichen der Unternehmenskriminalität gering: Eine unklare Verantwortungslage infolge von Arbeitsteilung besteht nicht gleichermaßen.[1301] Das Unternehmenshandeln wird im Kartellrecht maßgeblich durch die Leitungspersonen geprägt. Die Leitungspersonen bestimmen die Unternehmensstrategie und die Unternehmenspolitik.[1302] Um mit anderen Unternehmen in Verhandlungen einzutreten, um Preise, Gebiete, Kunden, Konditionen und Mengen abzusprechen, müssen der kartellverantwortlichen Person im Unternehmen zudem wesentliche Befugnisse zugewiesen worden sein.[1303] Insofern werden Kartellrechtsverstöße überwiegend von Leitungspersonen begangen.[1304]

Neben der Bestrafung der Kartellanten sollte aber die Möglichkeit der Verhängung von Sanktionen gegen Unternehmen bestehen bleiben:[1305] Nur so kann vermieden werden, dass Unternehmen ihre Mitarbeiter zur Vornahme von Kartellrechtsabsprachen ermutigen („*perverse incentives*“). Auch kann durch Sanktionierung der Unternehmen auf diese eingewirkt und veranlasst werden, durch das Ergreifen entsprechender Maßnahmen eine „kriminelle Verbandsattitüde“ zu unterbinden bzw. gar nicht erst entstehen zu lassen. Sollte die Zuordnung des Kartellrechtsverstoßes nicht gelingen, können Verantwortungslücken geschlossen und die Ahndung schwerwiegender Rechtsverstöße sichergestellt werden.

VI. Bonusregelung

Für die Aufdeckung und Aufklärung des Kartells ist die Kooperation von Kartellanten mit der Kartellbehörde bedeutend:[1306] Aufgrund ihrer geheimen Vorgehensweise besteht ein hohes Dunkelfeld, weshalb die Auswertung von

---

1300 Der BGH hat bereits eine Garantenpflicht des Geschäftsherrn zur Verhinderung von Kartellordnungswidrigkeiten seiner Angestellten angenommen, WuW/E BGH 2394 (2396).

1301 *Kohlhoff,* Kartellstrafrecht, S. 199; *Ransiek,* Unternehmensstrafrecht, S. 329.

1302 *Wils,* Optimal Enforcement, S. 193.

1303 Vgl. *Kohlhoff,* Kartellstrafrecht, S. 199.

1304 *Stephan,* Company Lawyer 2010, 231 (235 ff.); *Wils,* Optimal Enforcement, S. 193; *ders.* Journal of Antitrust Enforcement 1 (2013), 52 (56) m.w.N.

1305 *Werden/Simon,* The Antitrust Bulletin 32 (1987), 917 (930 f.); vgl. *Wils,* Optimal Enforcement, S. 217 f.

1306 BKartA, Erfolgreiche Kartellverfolgung, S. 19 f.; vgl. *Dannecker/Biermann,* in: *Immenga/Mestmäcker,* Bd. II, § 81 Rn. 540; *Lutz,* BB 2000, 677 (677); *Stephan,*

Marktdaten oder von Hinweisen durch Wettbewerber oder Kunden meist nicht zur Aufklärung und Aburteilung von Hardcore-Kartellen ausreicht.[1307] Für die Kartellanten muss daher ein Anreiz bestehen, das Kartell von innen heraus aufzudecken. Einen solchen Anreiz schaffen die Bonusregelungen des Bundeskartellamtes[1308] und der Europäischen Kommission[1309], da sie Haftungserleichterungen für den Fall versprechen, dass ein Kartellant das Kartell offenbart und mit der Kartellbehörde zusammenarbeitet.[1310] Bislang wird etwa die Hälfte der vor dem Bundeskartellamt geführten Verfahren durch Hinweise von Kartellanten angestoßen, die sich durch die Inanspruchnahme der Bonusregelung Bußgeldfreiheit versprechen.[1311]

Dabei macht sich die Bonusregelung die Erkenntnisse des sogenannten „Gefangenendilemmas“ zu Nutze:[1312] Das Kartell ist nur solange stabil, wie sich die Kartellmitglieder gegenseitig vertrauen. Besteht eine Bonusregelung, die es den Kartellanten ermöglicht, Bußgeldfreiheit oder Bußgeldreduktion zu erlangen, müssen die Kartellanten fortwährend die Anzeige des Kartells bei der Kartellbehörde durch einen Kartellbruder fürchten.[1313] Die Bonusregelung schürt so Unsicherheit unter den Kartellanten.[1314] Unter dem Druck einer möglichen Aufdeckung des Kartells entsteht eine Wettlaufsituation, die das einzelne Kartellmitglied zum Ausstieg aus dem Kartell und zur Zusammenarbeit mit der Kartellbehörde motivieren kann.[1315]

Muss der anzeigende Kartellant hingegen mit einer strafrechtlichen Verurteilung rechnen, wird er von einer Zusammenarbeit mit der Kartellbehörde

---

Journal of Antitrust Enforcement 2 (2014), 333 (344 f.); *Wils*, World Competition Law and Economic Review 26 (2003), 567 (581).

1307 Monopolkommission, Hauptgutachten XX, S. 104.

1308 BKartA, Bonusregelung 2006.

1309 Europäische Kommission, Mitteilung der Kommission über den Erlass und die Ermäßigung von Geldbußen, Abl. 2006, Nr. C 298 v. 08.12.2006..

1310 BKartA, Bonusregelung 2006, B/C; Europäische Kommission, Mitteilung der Kommission über den Erlass und die Ermäßigung von Geldbußen, Abl. 2006, Nr. C 298 v. 08.12.2006, Rn. 8.

1311 BKartA, Tätigkeitsbericht 2016, S. 39; *Hombrecher*, NZKart 2017, 143 (147).

1312 *Massey*, in: *Cseres/Schinkel/Vogelaar* (Hrsg.), Criminalization, S. 187; *Schroll*, Kronzeugenprogramme, S. 33 f.

1313 *Wils*, Competition Law and Economic Review 26 (2003), 567 (586 f.).

1314 *Saller*, BB 2013, 1160 (1160 f).

1315 *Federmann*, Kriminalstrafen, S. 483; *Frese*, in: *Cseres/Schinkel/Vogelaar* (Hrsg.), Criminalization, S. 199.

zurückschrecken.[1316] Um die Wirksamkeit der Bonusregelung sicherzustellen, ist deshalb die gesetzliche Verankerung einer strafbefreienden Kronzeugenregelung unerlässlich.[1317] Unter der Voraussetzung, dass dem anzeigenden Kartellanten durch die Teilnahme an der Bonusregelung die Strafe erlassen werden würde, kann eine drohende strafrechtliche Verurteilung die Kartellanten sogar stärker als bisher zur Zusammenarbeit mit der Kartellbehörde antreiben.[1318] Einen solchen Schluss lassen Studien zu, welche die Wirksamkeit der US-amerikanischen Bonusregelungen, die Strafffreiheit verspricht, untersucht haben.[1319] Hier konnte die Aufdeckungswahrscheinlichkeit um 60% gesteigert werden.[1320]

Kronzeugenregelungen stehen jedoch wegen des Verstoßes gegen das Legalitätsprinzip in der Kritik, da die Strafverfolgungsbehörden bei Vorliegen zureichender tatsächlicher Anhaltspunkte zur Strafverfolgung verpflichtet sind (§ 152 Abs. 2 StPO).[1321] Allerdings gilt auch das Legalitätsprinzip nicht ausnahmslos.[1322] Das geltende Recht kennt Kronzeugenregelungen: Neben deliktsspezifischen Kronzeugenregelungen im Betäubungsmittelrecht (§ 31 BtMG), in der organisierten Kriminalität (§ 129 Abs. 6 StGB und § 261 Abs. 9 StGB) sowie im Bereich terroristischer Straftaten (§ 129a Abs. 7 StGB) besteht mit § 46b StGB eine deliktsübergreifende Kronzeugenregelung. Darüber hinaus kann ein Kooperationsbeitrag des Täters in die Strafzumessung (§ 46 Abs. 2 StGB) und in die Entscheidung über die Aussetzung des Strafrests einer zeitigen Freiheitsstrafe zur

1316 *Dreher,* WuW 2011, 232 (242); *Federmann,* Kriminalstrafen, S. 484; *Hombrecher,* NZKart 2017, 143 (147); *Janssen,* Managerhaftung, S. 159; Monopolkommission, Hauptgutachten XX, S. 103.

1317 *Biermann,* ZWeR 2007, 1 (46); BKartA, Kartellbußgeldverfahren, S. 26; *Federmann,* Kriminalstrafen, S. 485; *Klocker/Ost,* in: FS Bechtold, S. 242; Monopolkommission, Hauptgutachten XX, S. 103; vgl. *Stephan,* Journal of Antitrust Enforcement 2 (2014), 333 (360); *Wagner-von Papp,* in: *Beaton-Wells/Ezrachi* (Hrsg.), Criminalising Cartels, S. 176; *ders.,* WuW 2010, 268 (276).

1318 *Connor,* The Antitrust Bulletin 56 (2011), 311 (317); *ders./Lande,* Cardozo Law Review 34 (2012/13), 427 (436); vgl. *Frese,* in: *Cseres/Schinkel/Vogelaar* (Hrsg.), Criminalization, S. 199; *Janssen,* Managerhaftung, S. 160; *Spagnolo,* in: *Cseres/Schinkel/Vogelaar* (Hrsg.), Criminalization, S. 135; *Stephan,* UK Cartel Offence, S. 22; *Wagner-von Papp,* WuW 2010, 268 (275); *Werden/Hammond/Barnett,* The Antitrust Bulletin 56 (2011), 207 (215).

1319 Vgl. *Brenner,* International Journal of Industrial Organization 27 (2009), 639 (644).

1320 *Miller,* American Economic Review 2009, 750 (760).

1321 Ausführlich *Kinzig,* in: *Schönke/Schröder,* § 46 Rn. 2.

1322 Das lässt sich bereits dem Wortlaut des § 152 Abs. 2 StGB entnehmen („soweit nicht gesetzlich ein anderes bestimmt ist“).

Bewährung (§ 57 StGB) einfließen.[1323] Den vorgenannten Regelungen ist jedoch gemein, dass sie keinen automatischen Straferlass vorsehen. Vielmehr liegt der Straferlass im Ermessen der zuständigen Stelle. Demgegenüber ermöglichen einzelne persönliche Strafaufhebungsgründe wie die Selbstanzeige im Steuerecht (§ 371 AO) sowie einzelne persönliche Strafaufhebungsgründe im Besonderen Teil des Strafgesetzbuches in § 298 Abs. 3 StGB (Submissionsbetrug), § 261 Abs. 9 StGB (Geldwäsche) sowie in § 266a Abs. 6 S. 2 StGB (Vorenthalten und Veruntreuen von Arbeitsentgelt) Straffreiheit.

Daneben wird Kronzeugenregelungen ein Verstoß gegen den Gleichheitssatz (Art. 3 GG) vorgeworfen: In der Bevorzugung von Tätern mit Information gegenüber Tätern ohne Information liege eine nicht zu rechtfertigende Ungleichbehandlung.[1324] Dabei seien die Täter mit Information anders als die Täter ohne Information zumeist tief in das kriminelle Milieu verstrickt.[1325] Eine Kronzeugenregelung im Kartellrecht biete sogar die Gefahr gleich zweier Ungleichbehandlungen: Einerseits würde der Kronzeuge gegenüber den übrigen Kartellmitgliedern ungleich behandelt werden. Andererseits wäre eine Ungleichbehandlung darin zu sehen, dass Kartellanten eine Kronzeugenregelung zur Verfügung stünde, Straftätern anderer Delikte hingegen nicht. Die Ungleichbehandlungen würde jedoch der Aufklärungsbeitrag des Kronzeugen rechtfertigen, der oftmals erst die Aufdeckung und Aufklärung von Kartellen ermöglicht.[1326]

Auch wenn der Verzicht auf Strafe das Rechtsbewusstsein der Bevölkerung berühren sollte, liegt kein Verstoß gegen den Grundsatz des schuldangemessenen Strafens vor.[1327] Denn einerseits steigert eine höhere Aufdeckungs- und Ahndungswahrscheinlichkeit die Abschreckungswirkung von Strafe und ermöglicht anderseits die Bestrafung ansonsten unentdeckter Kartellanten.[1328] Um dennoch „schwere Verwerfungen“ mit dem Schuldgrundsatz zu vermeiden, schlägt die Monopolkommission vor, bei der Ausgestaltung der Kronzeugenregelung im Kartellrecht, der Bonusregelung entsprechend, dem alleinigen Anführer des Kartells und demjenigen, der andere zur Kartellbeteiligung gezwungen hat,

1323 *Frank/Titz*, ZRP 2009, 137 (138).

1324 *Frank/Titz*, ZRP 2009, 137 (138).

1325 *Frank/Titz*, ZRP 2009, 137 (139).

1326 Vgl. *Dölling*, Verhandlungen 61. DJT, C 74; Monopolkommission, Hauptgutachten XX, S. 104; vgl. *Schroll*, Kronzeugenprogramme, S. 39; *Wiesner*, WuW 2005, 606 (614).

1327 Monopolkommission, Hauptgutachten XX, S. 104.

1328 Monopolkommission, Hauptgutachten XX, S. 104.

einen Erlass der Strafe zu verwehren.[1329] Daneben wird auch der *nemo tenetur*-Grundsatz nicht verletzt, weil die Kartellanten in ihrer Entscheidung über die Teilnahme an der Bonusregelung frei sind.[1330] Letzte Bedenken gegen die Einführung einer kartellrechtlichen Kronzeugenregelung könnten schließlich durch eine europäische Regelung ausgeräumt werden. Derzeit überlegt die Europäische Kommission eine Regelung einzuführen, die gewährleisten soll, dass individuelle und insbesondere strafrechtliche Sanktionen die Inanspruchnahmen von Kronzeugenprogrammen nicht negativ beeinflussen.[1331]

VII. *Settlement*-Verfahren

Die Strafbewehrung von Hardcore-Kartellen darf auch nicht das *Settlement*-Verfahren beeinträchtigen. Das *Settlement*-Verfahren, also die „einvernehmliche Verfahrensbeendigung", zu der es lediglich der Abgabe einer geständigen Einlassung (*Settlement*-Erklärung) bedarf, ist ein junges Instrument der Kartellverfolgung.[1332] Dennoch findet schon heute der Großteil der Bußgeldverfahren vor dem Bundeskartellamt ein einvernehmliches Ende.[1333] Auf der einen Seite winkt den Kartellanten eine Bußgeldermäßigung.[1334] Auf der anderen Seite empfehlen sich *Settlement*-Verfahren als zeit- und ressourcensparend.[1335] So kann nach Angaben der Europäischen Kommission das Verfahren um bis zu zwei Jahre verkürzt werden.[1336] Dabei können eine geringe Zeitspanne zwischen Verstoß

1329 Monopolkommission, Hauptgutachten XX, S. 104; Monopolkommission, Sondergutachen 72, S. 50.

1330 Monopolkommission, Hauptgutachten XX, S. 104.

1331 Europäische Kommission, Mitteilung der Kommission an das Europäische Parlament und den Rat, Zehn Jahre Kartellrechtsdurchsetzung auf der Grundlage der VO (EG) 1/2003 – Ergebnisse und Ausblick, KOM(2014) 453 endg., Rn. 41/41/46; *Wagner-von Papp*, WuW 2014, 1155 (1155).

1332 BKartA, Settlement-Verfahren, S. 2; *Bunte/Bornkamm*, in: *Langen/Bunte*, Vor §§ 32 ff. Rn. 14; *Polley/Heinz*, WuW 2012, 14 (14). Wegen der Gefahr einer verringerten gerichtlichen Überprüfung der Entscheidungen einerseits und des Missbrauchs andererseits bleibt das *Settlement*-Verfahren nicht ohne Kritik. *Brenner*, WuW 2011, 590 (599 f.); *Weitbrecht/Mühle*, EuZW 2014, 209 (209).

1333 Monopolkommission, Hauptgutachten XX, S. 105.

1334 Im Falle von Hardcore-Kartellen kann die Geldbuße jedoch um höchtens 10% gemindert werden, BKartA, Settlement-Verfahren, S. 3.

1335 BKartA, Settlement-Verfahren, S. 2; *Brenner*, WuW 2011, 590 (592); *Wils*, World Competition Law and Econonic Review 31 (2008), 335 (342).

1336 *Italianer*, Fighting cartels in Europe and in the US: different systems, common goals, S. 6.

und Sanktion die Abschreckungswirkung der Geldbuße vergrößern.[1337] Überdies streben die Betroffenen im *Settlement*-Verfahren weniger Rechtsmittelverfahren an.[1338] Die durch ein verkürztes Verfahren eingesparten Ressourcen kann die Kartellbehörde für die Verfolgung weiterer Kartelle aufwenden.[1339]

Da einer *Settlement*-Erklärung faktisch eine präjudizielle Wirkung zukommen dürfte, könnten die Erfolgsaussichten der kartellverantwortlichen natürlichen Person im Strafverfahren sinken.[1340] Mithin droht durch die strafrechtliche Ahndung der kartellverantwortlichen natürlichen Personen die Bereitschaft der in den Unternehmen zur Abgabe von *Settlement*-Erklärungen zuständigen Leitungspersonen zur Teilnahme am Kartellvergleichsverfahren abzunehmen.[1341] Ob die Unternehmen allerdings angesichts der Vorteile des Kartellvergleichsverfahren von ihrer Teilnahme ablassen werden, nur um die kartellverantwortliche natürliche Person vor einer Strafverfolgung zu schützen, ist mehr als zweifelhaft.[1342] Als Lösung böte sich dennoch an, die *Settlement*-Erklärung als Strafmilderungsgrund im Sinne des § 49 Abs. 1 Nr. 2 StGB zu werten.[1343]

VIII. Leerlauf strafrechtlicher Regelungen

Die Effektivität des Kartellstraftatbestandes könnte durch seine fehlende Anwendung in der Praxis beschnitten werden. Einen drohenden Leerlauf des Kartellstrafrechts könnten ausländische Erfahrungen mit einem Kartellstrafrecht anzeigen: Mit dem *Enterprise Act 2002* führte Großbritannien im Jahr 2002 ein Kartellstrafrecht ein. Doch auch mehr als zehn Jahre nach dessen Einführung wurden bislang nur zwei Kartellstrafverfahren abgeschlossen.[1344] Und alleine im *Marineschläuchekartell* („*Marine Hose Cartel*") wurden die Angeklagten strafrechtlich verurteilt.[1345] Dagegen platzte im *Luftfrachtkartell* („*British Airways*")

1337 BKartA, Settlement-Verfahren, S. 2; *Wils,* World Competition Law and Economic Review 31 (2008), 335 (342).

1338 Vgl. Monopolkommission, Hauptgutachten XX, S. 105.

1339 *Mundt,* Alternative Instrumente der Kartellbehörden, S. 16; *Wils,* Competition Law and Economic Review 31 (2008), 335 (343).

1340 Monopolkommission, Hauptgutachten XX, S. 106.

1341 Monopolkommission, Hauptgutachten XX, S. 105 f.

1342 Monopolkommission, Hauptgutachten XX, S. 106.

1343 So der Gesetzesentwurf der Monopolkommission, Sondergutachten 72, S. 50.

1344 *Jones/Williams,* Journal of Antitrust Enforcement 2 (2014), 100 (106 f.); Monopolkommission, Hauptgutachten XX, S. 102; *Stephan,* Journal of Antitrust Enforcement 2 (2014), 333 (333 f.).

1345 OFT, Pressemittelung vom 11.06.2008.

die Verurteilung der Angeklagten, weil der Kartellbehörde aufgrund von Ermittlungsfehlern die Beweisführung misslang.[1346] Für die fehlende Anwendungspraxis wurde im Übrigen das Tatbestandsmerkmal „*dishonesty*“[1347] verantwortlich gemacht, das mittlerweile durch das *Enterprise and Regulatory Reform Act 2013* entfernt wurde.[1348] Auch Irland schuf im Jahr 2002 mit dem *Irish Competition Act 2002* ein Kartellstrafrecht.[1349] Trotz zahlreicher Verurteilungen wurden allerdings sämtliche verhängte Haftstrafen zur Bewährung ausgesetzt.[1350] Als Grund wird eine fehlende richterliche Bereitschaft zur Verhängung von Haftstrafen angeführt.[1351] Außerhalb der USA zeigt sich das Kartellstrafrecht demnach als wenig durchsetzungsstark.[1352] Dennoch lässt sich mit den Erfahrungen in Großbritannien und Irland kein Leerlauf eines deutschen Kartellstrafrechts begründen.[1353] Wegen Unterschieden im Rechtssystem, in der Rechtskultur sowie in der Wirtschaftsgröße sind Rückschlüsse auf die Effektivität eines deutschen Kartellstrafrechts kaum möglich.[1354] Auch findet das für die schleppende Rechtsdurchsetzung in Großbritannien zur Verantwortung gezogene Tatbestandsmerkmal „*dishonesty*“ im deutschen Kartellrecht keine Entsprechung.[1355] Daneben verhängen irische Gerichte im Allgemeinen, mit Ausnahme von schwerwiegenden Straftaten, nur widerwillig Freiheitsstrafen.[1356] Insoweit fällt die Gefangenenrate in Irland im internationalen Vergleich mit 79 Inhaftierten pro 100.000 Einwohner gering aus.[1357] Demgegenüber beträgt die Gefangenenrate in den USA 666

1346 *Jones/Williams,* Journal of Antitrust Enforcement 2 (2014), 100 (106 f.); Monopolkommission, Hauptgutachten XX, S. 102;

1347 Das Tatbestandsmerkmal „*dishonesty*“ kann im Deutsche mit „unredlich“ übersetzt und einer Schädigungsabsicht nahe kommen, siehe Monopolkommission, Hauptgutachten XX, S. 102.

1348 http://www.legislation.gov.uk/ukpga/2013/24/section/47/enacted (Stand: 11.08.2017); *Jones/Williams,* Journal of Antitrust Enforcement 2 (2014), 100 (107); *Stephan,* Journal of Antitrust Enforcement 2 (2014), 333 (334).

1349 *Calvani/Carl,* Journal of Antitrust Enforcement 1 (2013), 296 (297).

1350 *Calvani/Carl,* Journal of Antitrust Enforcement 1 (2013), 296 (309); Monopolkommission, Hauptgutachten XX, S. 102.

1351 *Calvani/Carl,* Journal of Antitrust Enforcement 1 (2013), 296 (323).

1352 Monopolkommission, Hauptgutachten XX, S. 102.

1353 Monopolkommission, Hauptgutachten XX, S. 102.

1354 *Janssen,* Managerhaftung, S. 156; Monopolkommission, Hauptgutachten XX, S. 102.

1355 Monopolkommission, Hauptgutachten XX, S. 102.

1356 *Calvani/Carl,* Journal of Antitrust Enforcement 1 (2013), 296 (316).

1357 http://www.prisonstudies.org/highest-to-lowest/prison_population_rate?field_region_taxonomy_tid=All (Stand: 11.08.2017); *Calvani/Carl,* Journal of Antitrust Enforcement 1 (2013), Fn. 79.

Inhaftierte pro 100.000 Einwohner.[1358] Die zögerliche Haltung irischer Richter Freiheitsstrafen in Kartellstrafverfahren zu verhängen, wird insbesondere auf das Fehlen von *Sentencing Guidelines*, die den Richtern die Schwere der Straftat verdeutlichen könnten, zurückgeführt.[1359] Eine solche Wirkung wird sich nun von der Anhebung der maximalen Freiheitsstrafe von fünf auf zehn Jahre versprochen.[1360] In Anbetracht der geringen Wirtschaftsgröße Irlands im Vergleich zu Deutschland sind hierzulande schließlich deutlich höhere Strafen zu erwarten.[1361]

IX. Übermäßige Abschreckung

Der durch die Androhung von Strafe erzielten Abschreckungswirkung wird eine nachteilige Wirkung auf den wirtschaftlichen Wettbewerb unterstellt. Im Rahmen von Kartellrechtsverstößen ließe sich rechtmäßiges und rechtswidriges Wettbewerbsverhalten oft nur mit Schwierigkeiten voneinander abgrenzen.[1362] Daher wird befürchtet, Unsicherheiten hinsichtlich einer möglichen Strafbarkeit einzelner Wettbewerbshandlungen ließe Wirtschaftssubjekte aus Angst vor Strafe auch von rechtmäßigen Wettbewerbshandlungen absehen („*chilling*-Effekt").[1363] Die Gefahr eines *chilling*-Effekts ist bei Hardcore-Kartellen als gering einzuschätzen. Hardcore-Kartelle unterliegen keinen schwierigen Abwägungsprozessen.[1364] Rechtmäßiges Wettbewerbsverhalten lässt sich leicht von rechtswidrigem Wettbewerbsverhalten abgrenzen.[1365] Zusätzlich kann einem *chilling*-Effekt durch eine präzise Umschreibung des strafbaren Verhaltens im Kartellstraftatbestand entgegengewirkt werden. Können die Wirtschaftssubjekte im Kartellstraftatbestand das strafbare Verhalten erkennen, können sie auch ihre Strafbarkeit leicht abschätzen.

1358 http://www.prisonstudies.org/highest-to-lowest/prison_population_rate?field_region_taxonomy_tid=All (Stand: 11.08.2017).

1359 *Calvani/Carl*, Journal of Antitrust Enforcement 1 (2013), 296 (315/320).

1360 *Calvani/Carl*, Journal of Antitrust Enforcement 1 (2013), 296 (320).

1361 Monopolkommission, Hauptgutachten XX, S. 102.

1362 *Dreher*, WuW 2011, 232 (241); *Hack*, Vorstandsverantwortlichkeit, S. 211; *Wagner-von Papp*, WuW 2010, 268 (277).

1363 *Bräunig*, HRRS 2011, 425 (434); *Dreher*, WuW 2011, 232 (241); *Ginsburg/Wright*, Competition Policy International 6 (2010), 3 (8).

1364 *Biermann*, ZWeR 2007, 1 (32); *Dannecker*, in: FS Tiedemann, 789 (812); Monopolkommission, Hauptgutachten XX, S. 87.

1365 Vgl. *Hüschelrath/Peyer*, World Competition Law and Economic Review 36 (2013), 585 (604); Monopolkommission, Hauptgutachten XX, S. 87.

X. Rechtsfortbildung

Werden Kartellrechtsabsprachen zu Straftatbeständen erhoben, wird vorgebracht, die Gerichte müssten dann die Tatbestandsmerkmale eng auslegen.[1366] Die enge Auslegung der Tatbestandsmerkmale begründe die Gefahr, auf die Auslegung von GWB-Normen auszustrahlen und die kartellbehördliche Rechtsfortbildung zu erschweren.[1367] Ein Gebot, Straftatbestände eng auszulegen, besteht jedoch nicht.[1368] Vielmehr ist auch eine extensive Tatbestandsauslegung möglich.[1369]

Sodann wird die Entwicklung eines Kartellnebenstrafrechts angemahnt.[1370] Kartellrecht und Kartellnebenstrafrecht drohen auseinanderzufallen:[1371] Während das Kartellrecht auf Unternehmen, ist das Strafrecht auf natürliche Personen ausgerichtet.[1372] Eine Kriminalisierung von Hardcore-Kartellen rücke hingegen die natürliche Person in den Vordergrund.[1373] Ein solches Auseinanderfallen von Kartellrecht und Kartellstrafrecht sei der Fortentwicklung des Kartellrechts abträglich.[1374] Allerdings steht schon heute die kartellverantwortliche natürliche Person im Blickfeld des Kartellrechts. Denn auch gegen sie kann eine Geldbuße verhängt werden. Sollte dennoch ein Auseinanderfallen von Kartellrecht und Kartellstrafrecht befürchtet werden, kann, um eine einheitliche Auslegung der Normen des StGB und GWB sicherzustellen, bei der Formulierung kartellrechtlicher Straftatbestände auf die Begrifflichkeiten des GWB zurückgegriffen werden.[1375]

1366 *Dreher,* WuW 2011, 232 (241); *Kartte/Portatius,* BB 1975, 1169 (1170); *Möschel,* Submissionsabsprachen, S. 51; *Steindorff,* ZHR 138 (1974), 504 (507).

1367 *Dreher,* WuW 2011, 232 (241); *Tiedemann,* Kartellrechtsverstöße, S. 167 m.w.N.

1368 *Tiedemann,* Kartellrechtsverstöße, S. 168.

1369 *Tiedemann,* Kartellrechtsverstöße, S. 168.

1370 *Dreher,* WuW 2011, 232 (241); *Möschel,* Submissionsabsprachen, S. 51.

1371 *Möschel,* Submissionsabsprachen, S. 47/50.

1372 *Kartte/Portatius,* BB 1975, 1169 (1170); *Zimmer,* in: *Immenga/Mestmäcker,* Bd. II, § 1 Rn. 1.

1373 *Möschel,* in: FG Kummer, S. 435.

1374 *Dreher,* WuW 2011, 232 (241); *Möschel,* Submissionsabsprachen, S. 47; *ders.,* in: FG Kummer, S. 435.

1375 *Tiedemann,* Kartellrechtsverstöße, S. 168.

XI. Beratungsfunktion der Kartellbehörde

Werden Kartellrechtsabsprachen von Ordnungswidrigkeiten- zu Straftatbeständen erhoben, könnte dadurch die Beratungsfunktion der Kartellbehörde leiden.[1376] Denn eine Kriminalisierung, so wird befürchtet, rücke die Kartellbehörde in die Nähe von Polizei und Staatsanwaltschaft.[1377] Insofern seien Unternehmen weniger geneigt, sich an die Kartellbehörde zu wenden.[1378] Dies belaste das Verhältnis von Kartellbehörde und Unternehmen.[1379] Dieser Gefahr kann die Kartellbehörde jedoch begegnen, indem sie den Unternehmen ihr Vorgehen im Bereich von Hardcore-Kartellen eindeutig kommuniziert.[1380] Ohnehin werden die Kartellbehörden im Bereich von Hardcore-Kartellen nur selten beratend tätig.[1381] Negative Auswirkungen auf das Verhältnis von Kartellbehörde und Unternehmen sind daher nicht zu erwarten.

XII. Kosten

Ob durch die Strafbewehrung von Hardcore-Kartellen für den Staat Mehrkosten anfallen, ist schwer vorhersehbar. Die Einführung von Kriminalstrafen ist wohl mit Kosten verbunden.[1382] Sowohl die Verfahrensgarantien und die hohen Beweisanforderungen des Strafverfahrens als auch die Freiheitsentziehung legen Mehrkosten nahe.[1383] Auch spricht das Nebeneinander von einem Bußgeldverfahren für Unternehmen und einem Strafverfahren für natürliche Personen für die Entstehung zusätzlicher Kosten. Sollten sich durch die Verhängung von Freiheitstrafen die Geldbußen verringern, würden zudem weniger Gelder dem Bundeshaushalt zufließen. Die durch die Strafbewehrung von Hardcore-Kartellen anfallenden Mehrkosten, könnten allerdings mit den durch die Verhängung von Geldbußen erwirtschafteten Gelden finanziert werden.[1384]

1376 *Bräunig,* HRRS 2011, 425 (434); *Möschel,* Submissionsabsprachen, S. 51.

1377 *Möschel,* Submissionsabsprachen, S. 51.

1378 *Hack,* Vorstandsverantwortlichkeit, S. 215.

1379 *Wagner-von Papp,* WuW 2010, 268 (280).

1380 *Wagner-von Papp,* WuW 2010, 268 (280).

1381 *Hack,* Vorstandsverantwortlichkeit, S. 215.

1382 *Dreher,* WuW 2011, 232 (242); *Federmann,* Kriminalisierung, S. 462; *Khan,* World Competition Law and Economic Review 35 (2012), 77 (86); *Reindl,* in: *Cseres/Schinkel/Vogelaar* (Hrsg.), Criminalization, S. 121 ff.; *Rosochovicz,* ECLR 2004, 752 (755); *Stephan,* Journal of Antitrust Enforcement 2 (2014), 333 (348 f.).

1383 *Furse,* Criminal Law, S. 43; *Pierenkemper,* Kartellbußen, S. 222.

1384 Vgl. *Whelan,* der sich sogar für eine weitere Erhöhung der Geldbußen ausspricht, The Competition Law Review 4 (2007), 7 (33).

Auf Seiten der Wirtschaftssubjekte tragen die Kosten der Geldbuße größtenteils die Unternehmen, weil der Wert des Unternehmens um den Wert der Geldbuße abnimmt.[1385] Überdies werden einerseits die Unternehmensmitarbeiter belastet, sollte die Geldbuße Umstrukturierungen im Unternehmen auslösen und andererseits die Gläubiger des Unternehmens, sollte die Geldbuße die Zahlungsfähigkeit des Unternehmens verschlechtern.[1386] Individualstrafen hingegen, wirken sich nur auf die betroffene Person aus und können einen weiteren Anstieg der Kosten durch Anhebung der Geldbuße auf eine abschreckungswirksame Höhe abwenden.[1387]

XIII. Internationale Rechtsdurchsetzung

Am 3. April 2014 lieferte Deutschland erstmals einen Kartellanten – den italienischen Staatsbürger *Romano Pisciotti* – an die USA aus. Die USA ermittelten gegen ihn unter anderem wegen des Verdachts auf Submissionsabsprachen. Er soll gemeinsam mit einer Gruppe anderer Personen im Zeitraum von 1999 bis Ende 2006 bei Ausschreibungen die Preise für Gummischläuche im *Marineschläuchekartell*[1388] abgesprochen haben. Insgesamt soll er sich an 131 Vertragsabschlüssen mit einem Gesamtvolumen von mehr als 73 Millionen US-Dollar beteiligt haben.[1389] Nachdem das OLG Frankfurt a.M.[1390] seine Auslieferung in die USA für zulässig erklärte, ersuchte er erfolglos das BVerfG[1391], das LG Berlin[1392], den EGMR sowie die Europäische Kommission um Hilfe.[1393] Am 24. April 2014 einigte er sich in den USA mit dem US-Justizministerium auf eine zweijährige Freiheitsstrafe und eine Geldstrafe von 50.000 US-Dollar.[1394]

Eine Auslieferung setzt eine beiderseitige Strafbarkeit voraus.[1395] Einerseits muss das Verhalten, das dem Betroffenen zur Last gelegt wird, in dem

1385 *Heinemann,* in: FS v. Büren, S. 607.

1386 *Heinemann,* in: FS v. Büren, S. 607.

1387 *Heinemann,* in: FS v. Büren, S. 607.

1388 Europäische Kommission, Entscheidung v. 28.01.2009, COMP/39406 – Marineschläuche.

1389 OLG Frankfurt a.M., NStZ-RR 2014, 288 (289); *Grützner,* Anm. z. BVerfG, Beschluss v. 17.02.2014 – 2 BvQ 4/14, BB 2014, 1299 (1300).

1390 OLG Frankfurt a.M., NStZ-RR 2014, 288.

1391 BVerfG, NJW 2014, 1945.

1392 LG Berlin, Beschluss v. 20.03.2014 – 28 O 111/14, unveröff.

1393 *Grützner,* Anm. z. BVerfG, Beschluss v. 17.02.2014 – 2 BvQ 4/14, BB 2014, 1299 (1300).

1394 *Jungermann,* WUW 2014, 563 (563); *Stancke,* CCZ 2014, 217 (217).

1395 *Weigend,* JuS 2000, 105 (107).

ersuchenden Staat mit Strafe bedroht sein (§ 2 IRG). Andererseits muss das Verhalten auch nach deutschem Recht einen Straftatbestand erfüllen (§ 3 IRG).[1396] Sollten Hardcore-Kartelle auch in Deutschland strafrechtlich verfolgt werden, wäre eine Auslieferung nicht länger nur bei Submissionsabsprachen möglich. Vielmehr würde der Kreis derjenigen Kartellrechtsverstöße, die eine Auslieferung ermöglichen, ausgeweitet werden.[1397] Den Kartellanten würde auf diese Weise ein sicherer Zufluchtsort vor Strafverfolgung verwehrt werden, wodurch sich die Ahndungswahrscheinlichkeit von Hardcore-Kartellen für die Kartellanten erhöhen ließe. Die Ausweitung der Strafbarkeit verspricht damit auch die internationale Kartellrechtsdurchsetzung zu stärken.[1398]

XIV. Ergebnis

Der Gesetzgeber darf nicht nur, er sollte Hardcore-Kartelle auch unter Strafe stellen. Die Strafbewehrung von Hardcore-Kartellen verspricht die Kartellverfolgung zu stärken, da die Kartellanten mehr als je zuvor ihre Entdeckung und Ahndung fürchten müssen. So würden, die Schaffung einer kartellrechtlichen Kronzeugenregelung vorausgesetzt, Kooperationsanreize gesetzt, die das Aufdeckungsrisiko erhöhen. Wäre die Auslieferung von Kartellanten nicht länger nur bei Submissionsabsprachen, sondern auch bei Hardcore-Kartellen möglich, entfiele Deutschland als sicherer Zufluchtsort, wodurch die Kartellverfolgung auch international vorangetrieben werden könnte. Schädliche Nebenwirkungen, sofern vorhanden, können überdies bewältigt werden. So ließe sich etwa der Zuständigkeitsübergang von der Kartell- auf die Strafverfolgungsbehörde durch eine verstärkte Einbindung der Kartellbehörde in das Kartellstrafverfahren abfedern. Denkbar wäre es insbesondere, die Stellung der Kartellbehörde im Kartellstrafverfahren an die Stellung der Finanzbehörde im Steuerstrafverfahren anzupassen oder der Kartellbehörde die Stellung der Staatsanwaltschaft als Strafverfolgungsbehörde vollständig zu übertragen. Die strafprozessualen Einstellungsmöglichkeiten (§§ 153 f. StPO) lassen es zu, die Kartellverfolgung auf bedeutende Fälle zu beschränken, weshalb mit dem Übergang vom

---

1396 Daneben muss die Gegenseitigkeit der Rechtshilfe generell oder aufgrund einer Zusicherung im Einzelfall verbürgt sein (§ 5 IRG).

1397 *Stancke*, CCZ 2014, 217 (223).

1398 Nach *Connor* ist die Anzahl flüchtiger Kartellanten in den USA in den letzten Jahren stark angestiegen, The Antitrust Bulletin 56 (2011), 311 (337); *Harding/Joshua*, Regulating Cartels, S. 345; vgl. *Stephan*, Journal of Antitrust Enforcement 2 (2014), 333 (353 f.); *Wils*, Optimal Enforcement, S. 232.

Opportunitäts- zum Legalitätsprinzip kein Flexibilitätsverlust zu befürchten ist. Die im Strafverfahren erhöhten Beweisanforderungen können durch erweiterte Ermittlungsbefugnisse der Staatsanwaltschaft, etwa durch die Möglichkeit der Telekommunikationsüberwachung (§ 100a StPO), ausgeglichen werden. Auch sind Zurechnungsschwierigkeiten im Gegensatz zu anderen Bereichen der Unternehmenskriminalität gering, weil Kartellrechtsverstöße überwiegend von Leitungspersonen begangen werden, unklare Verantwortungslagen also nicht gleichermaßen gegeben sind. Weiterhin drohen wirtschaftliche „Monsterprozesse“ im Straf- ebenso wie im Ordnungswidrigkeitenverfahren, weshalb das Kartellverfahren insgesamt erleichtert werden sollte.

F. Strafrechtliche Grundprinzipien

Strafrechtliche Grundprinzipien, könnten die Entscheidung des Gesetzgebers, die als strafwürdig und strafbedürftig erkannten Hardcore-Kartelle mit Strafe zu bewehren, beeinflussen.[1399] Zwar sind die strafrechtlichen Grundprinzipien nicht in der Verfassung verankert, so dass sie den Gesetzgeber bei seiner Entscheidung ein Verhalten unter Strafe zu stellen nicht binden können.[1400] In der strafrechtlichen Literatur aber als überzeugend anerkannt, können die strafrechtlichen Grundprinzipien als „Diskussionsmaterial" die kriminalpolitische Debatte lenken.[1401]

I. Das Ultima-Ratio-Prinzip

Ein Grundprinzip des Strafrechts bildet das strafverfassungsrechtliche[1402] Ultima-Ratio-Prinzip, wonach der Gesetzgeber ein Verhalten nur dann mit Strafe bewehren darf, wenn andere Reaktionsmittel nicht hinreichend wirksam sind.[1403] Damit ähnelt das strafverfassungsrechtliche Ultima-Ratio-Prinzip dem Erforderlichkeitsprinzip, demzufolge Strafe nur dann eingesetzt werden darf, wenn keine weniger belastenden Reaktionsmittel von zumindest gleicher Wirksamkeit zur Verfügung stehen.[1404] Handelt es sich bei dem Ultima-Ratio-Prinzip also um eine bloße Reformulierung des Erforderlichkeitsprinzips oder um einen eigenständigen kriminalpolitischen Grundsatz?

Aus der Rechtsprechung des BVerfG ist dem strafverfassungsrechtlichen Ultima-Ratio-Prinzip keine über das Erforderlichkeitsprinzip hinausgehende

---

1399 *Kühl*, in: FS Tiedemann, S. 29 ff.; *Nakamichi*, ZIS 2016, 324 (325).

1400 Die Grenzen der Strafgesetzgebung ergeben sich also allein aus der Verfassung, *Nakamichi*, ZIS 2016, 324 (325).

1401 *Achenbach*, GA 2004, 559 (562); *Kühl*, in: FS Tiedemann, S. 46; *Nakamichi*, ZIS 2016, 324 (325).

1402 Bei dem Begriff des „Strafverfassungsrechts" handelt es sich nicht um einen dogmatischen Begriff. Vielmehr definieren *Jahn* und *Brodowski* den Begriff des „Strafverfassungsrechts" als „die Summe derjenigen Rechtsstätze, die die Anforderungen an ein rechtsstaatliches materielles Strafrecht unter der Geltung des Grundgesetzes beschreiben". Siehe hierzu *Jahn*, in: Die Verfassung moderner Strafrechtspflege, S. 65; *Burchard*, in: Die Verfassung moderner Strafrechtspflege, S. 28; *Jahn/Brodowski*, JZ 2016, 969 (970).

1403 *Gärditz*, JZ 2016, 641 (644); *Kaspar*, Verhältnismäßigkeit, S. 243.

1404 *Appel*, Verfassung und Strafe, S. 142; *Kaspar*, Verhältnismäßigkeit, S. 243.

Bedeutung abzugewinnen.[1405] In seinen Entscheidungen zur Strafbarkeit von Cannabis und zur Strafbarkeit des Inzests führt das BVerfG wortgleich aus, „wegen seines am stärksten eingreifenden Charakters ist das Strafrecht nicht das primäre Mittel des strafrechtlichen Schutzes; sein Einsatz ist vielmehr als „ultima ratio" nur dann erforderlich, wenn ein bestimmtes Verhalten über sein Verbotensein hinaus in besonderer Weise sozial schädlich und für das geordnete Zusammenleben der Menschen unerträglich, seine Verhinderung daher besonders dringlich ist".[1406] Das BVerfG legt dar, dass die Sozialschädlichkeit eines Verhaltens als ultima ratio den Einsatz von Strafe verlangen kann.[1407] Damit liefert das Ultima-Ratio-Prinzip in der Rechtsprechung des BVerfG die Begründung für die Strafbewehrung eines Verhaltens.[1408] Eine kriminalpolitische Richtschnur oder gar eine Grenze seines gesetzgeberischen Ermessens zeigt es dem Gesetzgeber hingegen nicht auf. Hieran vermag auch die jüngste Entscheidung des BVerfG zur Verfassungswidrigkeit der Strafvorschrift im Rindfleischetikettierungsgesetz[1409] nichts zu ändern.[1410] Trotz der vom Vorsitzenden des Zweiten Senats nach dem Vorlagebeschluss des LG Berlin vom 16. April 2015[1411] aufgeworfenen Frage[1412], nach der verfassungsrechtlichen Wirkkraft des Ultima-Ratio-Prinzips, hat das BVerfG dem Ultima-Ratio-Prinzip keine Kontur verliehen, sondern begnügt sich wiederholt mit der Feststellung, „der Gesetzgeber [übernehme] mit der Entscheidung über strafwürdiges Verhalten die demokratisch legitimierte Verantwortung für eine Form hoheitlichen Handelns, die zu den intensivsten Eingriffen zählt; es ist eine grundlegende Entscheidung, in welchem Umfang und in welchen Bereichen ein politisches Gemeinwesen gerade das Mittel des Strafrechts als Instrument sozialer Kontrolle einsetzt".[1413] Einer Entscheidung über die verfassungsrechtliche Wirkkraft des Ultima-Ratio-Prinzips hat sich das BVerfG hingegen enthalten. Das Ultima-Ratio-Prinzip verkommt daher in der Rechtsprechung des BVerfG weiterhin zum schlichten „Argumentationstopos".[1414]

1405 *Appel*, Verfassung und Strafe, S. 142; *Gärditz*, JZ 2016, 641 (644).
1406 BVerfG, NJW 1994, 1577 (1585); NJW 2008, 1137 (1138).
1407 *Gärditz*, JZ 2016, 641 (644).
1408 *Gärditz*, JZ 2016, 641 (644).
1409 BVerfG, NJW 2016, 3648.
1410 *Kempf*, AnwBl 2017, 34 (35 f.).
1411 LG Berlin, NZWiSt 2016, 112.
1412 Schreiben des Vorsitzenden des Zweiten Senats des BVerfG v. 21.10.2015. Hierzu *Jahn/Brodowski*, JZ 2016, 969 (971); *Kempf*, AnwBl 2017, 34 (34).
1413 BVerfG, NJW 2016, 3648 (3649); *Kempf*, AnwBl 2017, 34 (34).
1414 *Appel*, Verfassung und Strafe, S. 143; *Landau*, ZStW 121 (2009), 965 (972).

Fraglich ist daher, ob sich Ultima-Ratio-Prinzip als kriminalpolitischer Grundsatz nutzbar machen ließe. Soll sich das strafverfassungsrechtliche Ultima-Ratio-Prinzip nicht auf eine bloße Ausprägung des Erforderlichkeitsprinzips beschränken, kann das Ultima-Ratio-Prinzip nur dahingehen verstanden werden, dass Strafe als letztes möglicher Reaktionsmittel eingesetzt werden soll.[1415] Ultima ratio wäre Strafe also nicht erst dann abzulehnen, wenn das mit der Strafvorschrift „verfolgte Regulierungsziel für jeden Sachkundigen ohne längere Prüfung erkennbar durch andere, mildere Instrumente als Kriminalstrafrecht hinreichend effektiv erreichbar ist; der Makel eines Verstoßes gegen Ultima Ratio [...] dem Straftatbestand gleichsam auf die Stirn geschrieben [steht]" (Offensichtlichkeitsmaßstab).[1416] Ein solcher Offensichtlichkeitsmaßstab ist überdies auch wegen seiner inhaltlichen Vagheit abzulehnen. Denn ab wann ist ein Verstoß gegen das Ultima-Ratio-Prinzip „offensichtlich", so dass es den Entscheidungsspielraum des Gesetzgebers begrenzen kann?

Aber auch ein Verständnis des Ultima-Ratio-Prinzips, das Strafe zum letzten Reaktionsmittel macht, also den Rückgriff auf Strafe in all denjenigen Fällen sperrt, in denen andere Reaktionsmittel vorhanden sind, bildet kein praktikables Kriterium der Kriminalpolitik.[1417] Gegenüber dem Erforderlichkeitsprinzip, das den Einsatz von Strafe nur unter gewissen Bedingungen (Vorhandensein gleich wirksamer und milderer Reaktionsmittel) ausschließt, wären nach dem Ultima-Ratio-Prinzip andere Reaktionsmittel der Strafe selbst dann vorzuziehen, wenn diese nicht gleich wirksam, also weniger abschreckend wären.[1418] Vor allem müsste vom Einsatz von Strafe aber auch dann abgesehen werden, wenn andere Reaktionsmittel zwar gleich abschreckend, in ihrer Wirkung jedoch, etwa aufgrund der umfassenden Überwachung, die Normadressaten stärker belasten würden.[1419] Nach jedem anderen Verständnis würde sich das Ultima-Ratio-Prinzip in einer schlichten Reformulierung des Verhältnismäßigkeitsgrundsatzes erschöpfen.[1420] Ein Verständnis des Ultima-Ratio-Grundsatzes, wonach Strafe der letztmögliche Weg sei, ist überdies für den Bereich des Wirtschaftsstrafrechts höchst zweifelhaft.[1421] Hier kann sich der Einsatz von Strafe, die sich

---

1415 *Frisch,* NStZ 2016, 16 (23); *Hamm,* NJW 2016, 1537 (1541); *Maas,* AnwBl 2016, 546 (546).

1416 *Jahn/Brodowski,* JZ 2016, 969 (970, 978).

1417 Vgl. *Frisch,* NStZ 2016, 16 (23 f.).

1418 *Frisch,* NStZ 2016, 16 (23).

1419 *Frisch,* NStZ 2016, 16 (23).

1420 *Frisch,* NStZ 2016, 16 (23).

1421 *Tiedemann,* Wirtschaftsstrafrecht AT, S. 82.

unmittelbar nur auf den Betroffenen auswirkt, als weniger belastend erweisen, als der Einsatz eines umfassender Kontrollen oder Genehmigungspflichten, die alle Wirtschaftsakteure gleichermaßen treffen.[1422] Abzustellen ist also nicht darauf, wie sich Strafe auf den einzelnen Betroffenen, sondern auf die Gesamtheit der Betroffenen des jeweiligen Wirtschaftsbereichs auswirkt.[1423] Denn die Gesetzgebung hat weniger die am Ende ausgeurteilte Strafe, als den Straftatbestand und die Strafandrohung im Blick.[1424]

II. Fragmentarität des Strafrechts

Die Fragmentarität des Strafrechts beschreibt weniger ein „Prinzip" oder einen „Grundsatz" als vielmehr den „Charakter" des Strafrechts.[1425] Das Strafrecht soll kein „allumfassendes System [...] staatlicher Alltagsfürsorge" sein.[1426] Im Gegenteil, der Begriff „fragmentarisch" verlangt eine gewisse „Lückenhaftigkeit" oder „Bruchstückhaftigkeit" des Strafrechts.[1427] Mithin wird bislang kaum ein Rechtsgut gegen jedwede Art des Angriffs strafrechtlich geschützt.[1428] Wie etwa das Vermögen, das keinen Schutz gegen fahrlässige Angriffe erhält.[1429] Die Fragmentarität des Strafrechts charakterisiert also die Strafrechtsordnung.[1430] Überdies ruft sie den Gesetzgeber dazu auf, sich vor jeder Lückenschließung zu fragen, ob die Lücke nicht bestehen – oder mit den Worten *Kühls* – ob „man nicht mit dieser Lücke leben kann".[1431] Der fragmentarische Charakter des Strafrechts soll den Gesetzgeber also auch zu einem sparsamen Einsatz des Strafrechts anhalten, ihm insoweit eine kriminalpolitische Leitlinie bieten.[1432] Es stellt sich die Frage, ob

---

1422 *Achenbach,* GA 2004, 559 (562); *Appel,* Verfassung und Strafe, S. 407 ff.; *Frisch,* NStZ 2016, 16 (23); *Theile,* wistra 2012, 285 (287); *Tiedemann,* Wirtschaftsstrafrecht AT, S. 82.

1423 *Prittwitz,* in: FS Roxin, S. 25; *Tiedemann,* Wirtschaftsstrafrecht AT, S. 82 f.

1424 *Prittwitz,* in: FS Roxin, S. 24.

1425 *Kühl,* in: FS Tiedemann, S. 35.

1426 *Leutheusser-Schnarrenberger,* ZStW 123 (2011), 651 (651).

1427 *Appel,* Verfassung und Strafe, S. 411; *Hefendehl,* JA 2011, 401 (401); *Kühl,* in: FS Tiedemann, S. 32; *Leutheusser-Schnarrenberger,* ZStW 123 (2011), 651 (651); *Maurach/Zipf,* Strafrecht AT, S. 24; *Peters,* ZStW 77 (1965), 470 (475).

1428 *Dannecker,* NStZ 1985, 49 (54); *Kühl,* in: FS Tiedemann, S. 41.

1429 *Kühl,* in: FS Tiedemann, S. 36.

1430 *Appel,* Verfassung und Strafe, S. 411; *Kaspar,* Verhältnismäßigkeit, S. 253 f; *Kühl,* in: FS Tiedemann, S. 36.

1431 *Kühl,* in: FS Tiedemann, S. 32/41.

1432 *Kühl,* in: FS Tiedemann, S. 41; *Kaspar,* Verhältnismäßigkeit, S. 253; *Tiedemann,* Tatbestandsfunktionen, S. 136.

der Schließung der Lücke – die Strafbewehrung von Hardcore-Kartellen – nicht die Fragmentarität des Strafrechts entgegensteht? Es muss also der Frage nachgegangen werden, ob es der Gesetzgeber bei den bisherigen Fragmenten – zu den Submissionsabsprachen zählen – belassen soll. Die Frage ist zu verneinen. Werden Submissionsabsprachen mit Strafe bewehrt, so muss der Gesetzgeber auch Hardcore-Kartelle unter Strafe stellen, denn insoweit handelt es sich um gleichgewichtige Rechtsgutsbeeinträchtigen, die den Gesetzgeber zur Lückenschließung zwingen.[1433]

III. Subsidiarität des Strafrechts

Das Prinzip der Subsidiarität des Strafrechts fordert den Gesetzgeber auf, ein Verhalten nur dann mit Strafe bewehren, wenn andere „Mittel der sozialen Problemlösung – wie die zivilrechtliche Klage, polizei- oder gewerberechtliche Anordnungen, nichtstrafrechtliche Sanktionen usw. – versagen“.[1434] Strafe, so *Roxin*, darf nur „an letzter Stelle in Betracht kommen“.[1435] Inhaltlich entspricht das Subsidiaritätsprinzip damit dem strafverfassungsrechtlichen Ultima-Ratio-Prinzip, so dass auf die hierzu ergangenen Ausführungen verwiesen werden kann.[1436]

IV. Ergebnis

Werder dem Ultima-Ratio-Prinzip noch dem Subsidiaritätsprinzip kommt eine über das Verhältnismäßigkeitsprinzip hinausgehende Bedeutung zu. Jedes andere Verständnis von Strafe, mithin also ihr Verständnis als letztes Reaktionsmittel, kann nicht überzeugen. So ist bereits fraglich, ob Strafe im Wirtschaftsstrafrecht gegenüber einem umfassenden Netz verwaltungsrechtlicher Kontrollen das schärfere Schwert darstellt. Die Fragmentarität des Strafrechts beschreibt die Lückenhaftigkeit der Strafrechtsordnung. Eine Lückenschließung im 26. Abschnitt des StGB – also die Strafbewehrung von Hardcore-Kartellen – ist in Anbetracht ihrer mit Submissionsabsprachen vergleichbaren Schädlichkeit angezeigt.

1433 Vgl. *Kühl,* in: FS Tiedemann, S. 39.

1434 *Roxin,* Strafrecht AT, S. 45; *ders.;* JuS 1966, 377 (383). So auch *Kühl,* in: FS Tiedemann, S. 41.

1435 *Roxin,* JuS 1966, 377 (383).

1436 Siehe zum strafverfassungsrechtlichen Ultima-Ratio-Prinzip unter F. I. Auch *Achenbach, Kühl* und *Roxin* setzen das Subsidiaritätsprinzip und das Ultima-Ratio-Prinzip gleich, *Achenbach,* GA 2004, 559 (562); *Kühl,* in: FS Tiedemann, S. 41.

G. Ausgestaltung des Kartellstraftatbestands

Der Gesetzgeber darf und soll Hardcore-Kartelle mit Strafe bewehren. Wie also könnte ein Kartellstraftatbestand nun ausgestaltet werden? Die Ausgestaltung von Straftatbeständen muss dem verfassungsrechtlichen Bestimmtheitsgebot (Art. 103 Abs. 2 GG) genügen. Eine dem Bestimmtheitsgebot genügende Ausgestaltung von Straftatbeständen ist einerseits dem Demokratie- und Gewaltenteilungsprinzip geschuldet, wonach allein der Gesetzgeber über die Strafbarkeit eines Verhaltens entscheidet soll.[1437]Andererseits aber auch der generalpräventiven Wirkungsweise des Strafrechts, die nach einer klaren gesetzlichen Fixierung des strafbaren Verhaltens verlangt.[1438] Das Bestimmtheitsgebot gliedert sich in eine Tatbestandsbestimmtheit (*nullum crimen sine lege*) und in eine Strafandrohungsbestimmtheit (*nulla poena sine lege*).[1439] Jedermann soll vorhersehen können, welches Verhalten mit welcher Strafe bedroht ist.[1440] Dies kann er nur dann, wenn die Tragweite und der Anwendungsbereich des Straftatbestandes für ihn erkennbar sind oder sich durch Auslegung ermitteln lassen.[1441]

I. Täterkreis

Der Kartellstraftatbestand kann sowohl als Allgemeindelikt als auch als Sonderdelikt ausgestaltet werden. Während Allgemeindelikte sich an jedermann wenden, betreffen Sonderdelikte nur einen begrenzten Personenkreis.[1442] Da es sich bei den Kartellordnungswidrigkeitentatbestände des GWB überwiegend um Sonderdelikte handelt, könnte um der Rechtseinheit willen erwogen werden, auch den Kartellstraftatbestand als Sonderdelikt auszugestalten.[1443] Als

---

1437 *Dannecker,* in: FS Roxin, S. 287; *Eser/Hecker,* in: Schönke/Schröder, § 1 Rn. 16; *Theile,* wistra 2012, 285 (288).

1438 *Dannecker,* in: FS Roxin, S. 288; *Landau,* ZStW 121 (2009), 965 (973).

1439 *Schmidt-Aßmann,* in: *Maunz/Dürig,* Bd. VI, Art. 103 Abs. 2 Rn. 178.

1440 *Radtke/Hagemeier,* in: Beck'scher Online-Kommentar, GG, Art. 103 Rn. 24; *Tiedemann,* Verfassungsrecht und Strafrecht, S. 118.

1441 BVerfGE 75, 329 (341); *Schmidt-Aßmann,* in: *Maunz/Dürig,* Bd. VI, Art. 103 Abs. 2 Rn. 184.

1442 *Rotsch,* ZIS 2014, 579 (588).

1443 Bundesministerium der Justiz, Schlussbericht der Sachverständigenkommission zur Bekämpfung der Wirtschaftskriminalität 1980, S. 139; *Heinemann,* in: FS v. Büren, S. 615; 1980, S. 139; *Tiedemann,* Kartellrechtsverstöße, S. 185.

taugliche Täter kämen dann der Unternehmensinhaber sowie die für ihn verantwortlich handelnden Leitungspersonen (§ 14 StGB) in Betracht.[1444] Gegen eine Ausgestaltung als Sonderdelikt spricht aber, dass zwar viele, jedoch längst nicht alle Kartelle von Leitungspersonen vereinbart werden.[1445] Kartellrechtsabsprachen werden auch auf der Vertriebsebene getroffen.[1446] Um seine präventive Wirkung zu entfalten, sollte sich der Kartellstraftatbestand an alle potentiellen Kartellanten wenden, unabhängig davon, ob sie der Leitungsebene oder der Vertriebsebene angehören.[1447] Die Ausgestaltung des Kartellstraftatbestandes als Allgemeindelikt stellt sicher, dass dessen Pflichtenmahnung alle potentiellen Kartellanten erreicht und Haftungsumgehungen vermeidet.[1448]

II. Deliktsnatur

Der Kartellstraftatbestand kann sowohl als Gefährdungs- oder als Verletzungsdelikt ausgestaltet werden. Verletzungsdelikte setzen die Schädigung eines Rechtsguts im Sinne einer tatsächlich eingetretenen Rechtsgutsbeeinträchtigung voraus, wohingegen Gefährdungsdelikte bereits die Wahrscheinlichkeit einer zukünftigen Rechtsgutsbeeinträchtigung genügen lassen.[1449] Je nach Gefährdungsgrad lassen sich weiterhin abstrakte und konkrete Gefährdungsdelikte unterscheiden.[1450] Reicht bei abstrakten Gefährdungsdelikten die generelle Gefährlichkeit der Angriffshandlung aus, muss bei konkreten Gefährdungsdelikten eine konkrete Gefahr für das Rechtsgut verursacht worden sein.[1451] Teilweise

1444 *Achenbach,* in: FS Kühl, S. 661; Bundesministerium der Justiz, Schlussbericht der Sachverständigenkommission zur Bekämpfung der Wirtschaftskriminalität 1980, S. 139; *Hack,* Vorstandsverantwortlichkeit, S. 229 f.; *Tiedemann,* Kartellrechtsverstöße, S. 185.

1445 Siehe hierzu A. III.

1446 BKartA, Fallbericht v. 04.05.2012, B12-15/09 – Betonrohr und -schacht, S. 2; BKartA, Fallbericht v. 18.02.2011, B12-11/09 – Feuerwehrlöschfahrzeuge, S. 2; BKartA, Fallbericht v. 31.01.2013, B11-11/08 – Süßwaren.

1447 *Biermann,* ZWeR 2007, 1 (34 f.); *Hack,* Vorstandsverantwortlichkeit, S. 230; *Hombrecher,* NZKart 2017, 143 (146); Einschränkend die Monopolkommission, die den Kartellstraftatbestand auf die Unternehmensangehörigen begrenzt, Sondergutachten 72, S. 48.

1448 *Biermann,* ZWeR 2007, 1 (35); *Hack,* Vorstandsverantwortlichkeit, S. 230; *Hombrecher,* NZKart 2017, 143 (147); Monopolkommission, Sondergutachten 72, S. 48.

1449 *Roxin,* Strafrecht AT I, S. 338.

1450 *Arzt/Weber/Heinrich/Hilgendorf,* Strafrecht BT, S. 1021.

1451 *Lenckner/Eisele,* in: *Schönke/Schröder,* Vor §§ 13 ff. Rn. 129.

wird angenommen, Gefährdungsdelikte seien bei Universalrechtsgütern der einzig denkbare Deliktstyp, denn ein Universalrechtsgut könne nur verletzt werden, wenn es in seiner Gesamtheit vernichtet werde.[1452] Doch auch bei Straftatbeständen zum Schutz von Individualrechtsgütern wird das geschützte Rechtsgut durch die Verletzungshandlung nicht notwendigerweise vernichtet.[1453] So stellt auch eine Ohrfeige eine Körperverletzung dar, obwohl der Körper des Opfers kaum spürbaren Schaden nimmt.[1454] Insofern ist nicht einzusehen, weshalb für die Annahme einer Verletzungshandlung bei Straftatbeständen zum Schutz von Individualrechtsgütern die Beeinträchtigung des geschützten Rechtsguts ausreichen soll, bei Straftatbeständen zum Schutz von Universalrechtsgütern hingegen die Vernichtung des geschützten Rechtsgutes gefordert wird.[1455] Für eine derartige Ungleichbehandlung besteht kein Grund. Selbst wenn nur eine einzelne, „punktuelle" Verletzung des Universalrechtsgutes ermittelt werden kann, kann also ein Verletzungsdelikt in Betracht kommen.[1456] Mithin kann ein den Wettbewerb schützender Straftatbestand sowohl als Gefährdungs- als auch als Verletzungsdelikt ausformuliert werden.

III. Tatbestand

Die Formulierung des Kartellstraftatbestands muss dem verfassungsrechtlichen Bestimmtheitsgebot genügen (Art. 103 Abs. 2 GG).[1457] Hiernach sind Strafvorschriften so auszugestalten, dass Normadressaten bereits dem Wortlaut der Vorschrift entnehmen können, ob ein Verhalten mit Strafe bedroht ist oder nicht.[1458] Im Sinne des Bestimmtheitsgebotes sollen ausschließlich Hardcore-Kartelle, also horizontale Preis-, Gebiets-, Kundenkreis-, Mengen- und Konditionenkartelle, pönalisiert werden.[1459] Für diese schwerwiegenden Wettbewerbsbeeinträchtigungen lassen sich klar umgrenzte Straftatbestände formulieren. Insbesondere lässt sich, anders als bei den vertikalen Wettbewerbsbeschränkungen, verbotenes

1452 *Hefendehl*, JR 1996, 352 (353).

1453 *Anastasopoulou*, Deliktstypen, S. 209.

1454 *Anastasopoulou*, Deliktstypen, S. 203.

1455 *Anastasopoulou*, Deliktstypen, S. 203.

1456 *Federmann*, Kriminalstrafen, S. 353; *Kohlhoff*, Kartellstrafrecht, S. 153; *Roxin*, Strafrecht AT I, S. 39; *Walter*, GA 2001, 131 (136 f.).

1457 BVerfG, NJW 2016, 3648 (3649 f.); Monopolkommission, Hauptgutachten XX, S. 87.

1458 BVerfG, NJW 2016, 3648 (3651).

1459 *Dreher*, WuW 2011, 232 (240); *Heinemann*, in: FS v. Büren, S. 613; *Kartte/Portatius*, BB 1975, 1169 (1171); Monopolkommission, Hauptgutachten XX, S. 87.

von erlaubtem Verhalten leicht unterscheiden, so dass bei den Normadressaten keine Zweifel über das Verbot horizontaler Hardcore-Kartelle und das damit einhergehende Bestrafungsrisiko entstehen können.[1460]

Um der Vielgestaltigkeit des Lebens und dem Wandel der Verhältnisse gerecht zu werden, dürfen die Anforderungen, die das Gebot der Gesetzesbestimmtheit an die Ausgestaltung von Strafvorschriften stellt, nicht überspannt werden.[1461] Der Gesetzgeber ist nicht gezwungen, Strafvorschriften bis ins letzte Detail auszuformulieren, sondern kann sich auf die wesentlichen Bestimmungen zu den Voraussetzungen sowie Art und Maß der Strafe beschränken.[1462] Selbst die ergänzende Verweisung auf andere Vorschriften ist dem Gesetzgeber nicht verwehrt.[1463] Insofern bieten sich dem Gesetzgeber zwei Ausgestaltungsmöglichkeiten:[1464] Er kann zur Umschreibung des strafbaren Verhaltens einerseits auf das Kartellverbot (§ 81 GWB, Art. 101 AEUV) verweisen (Blankettstrafgesetz) oder andererseits einen eigenständigen Kartellstraftatbestand ausformulieren (Vollstrafgesetz).[1465]

1. Blankettstrafgesetz

Ein Blankettstraftatbestand ist ein unvollständiger Straftatbestand, der erst durch den Verweis auf andere Gebots- oder Verbotsnormen ausgefüllt wird.[1466] Um Vollständigkeit zu erlangen, muss das Blankettstrafgesetz und die Ausfüllungsnorm zusammengelesen werden.[1467] Dabei müssen das Blankettstrafgesetz und die Ausfüllungsnorm zusammengenommen dem verfassungsrechtlichen Bestimmtheitsgebot genügen (Art. 103 Abs. 2 GG).[1468] Dies ist dann der Fall, wenn die Voraussetzungen der Strafbarkeit für den Normadressaten entweder im Blankettstrafgesetz selbst oder in der Ausfüllungsnorm hinreichend deutlich umschrieben sind.[1469]

1460 Monopolkommission, Hauptgutachten XX, S. 87.

1461 BVerfG, NJW 1978, 1423 (1423).

1462 BVerfG, NJW 1978, 1423 (1423); NJW 2016, 3648 (3650).

1463 BVerfG, NJW 2016, 3648 (3650).

1464 *Federmann,* Kriminalstrafen, S. 271; vgl. *Tiedemann,* Verhandlungen 49. DJT, C 60.

1465 *Heinemann,* in: FS v. Büren, S. 611; *Tiedemann,* Verhandlungen 49. DJT, C 60.

1466 *Dannecker,* in: Leipziger Kommentar, StGB, § 1 Rn. 148; *Enderle,* Blankettstrafgesetze, S. 7.

1467 Vgl. *Tiedemann,* Tatbestandsfunktionen, S. 244.

1468 BVerfGE 14, 245 (252); 41, 314 (318); 48, 48 (60); 78, 205 (213); *Dannecker,* in: Leipziger Kommentar, StGB, § 1 Rn. 151; *Schmidt-Aßmann,* in: *Maunz/Dürig,* Bd. VI, Art. 103 Abs. 2 Rn. 201.

1469 BVerfG, NJW 2016, 3648 (3651); *Hoven,* NStZ 2016, 377 (379).

Als Ausfüllungsnorm des Kartellblankettstraftatbestandess kommt zunächst der Ordnungswidrigkeitentatbestand des § 81 GWB in Betracht, der in seinem Absatz 2 auf deutsche Kartellverbot (§ 1 GWB) verweist.[1470] Hiernach sind Vereinbarungen zwischen Unternehmen, Beschlüsse von Unternehmensvereinigungen und aufeinander abgestimmte Verhaltensweise, die eine Verhinderung, Einschränkung oder Verfälschung des Wettbewerbs bezwecken oder bewirken, verboten. Gegenüber seiner Vorgängernorm (§ 1 GWB a.F.) erfasst das deutsche Kartellverbot seinem Wortlaut nach nicht nur horizontale, sondern auch vertikale Wettbewerbsbeschränkungen.[1471] Auch wird der Begriff der Wettbewerbsbeschränkung nicht durch die Aufzählung einzelner Wettbewerbsparameter konkretisiert. Ein Verweis auf das deutsche Kartellverbot ließe den Normadressaten damit im Unklaren, welches Verhalten strafbar sein soll, da nur Hardcore-Kartelle, also Preis-, Gebiets-, Kunden-, Konditionen- und Mengenkartelle zwischen Wettbewerbern mit Strafe bewehrt werden sollen. Diese möglichen Fälle der Strafbarkeit lassen sich jedoch nicht klar erkennbar dem deutschen Kartellverbot (§ 1 GWB) entnehmen. Vielmehr erfasst es auch andere Arten der Verhaltenskoordination, insbesondere vertikale Wettbewerbsbeschränkungen. Der Ordnungswidrigkeitentatbestand des § 81 GWB ist somit zu unbestimmt, um Ausfüllungsnorm eines Blankettstrafgesetzes zu sein.

Blankettstrafgesetze können zur Beschreibung des Straftatbestandes aber nicht nur auf nationales Recht, sondern auch auf europäisches Recht verweisen.[1472] Zwar bilden das europäische und das nationale Recht zwei verschiedene Teilrechtsordnungen, die aber vielfach miteinander verschränkt sind.[1473] Entstammt die Ausfüllungsnorm dem Unionsrecht wird dem Rechtsanwender jedoch die Rechtsfindung dadurch erschwert, dass er sich bei unterschiedlichen Publikationsorganen informieren und die komplexe unionsrechtliche Regelungstechnik verstehen muss.[1474] Ausfüllungsnorm des Blankettstrafgesetzes könnte das europäische Kartellverbot (Art. 101 AEUV) sein. Anders als das deutsche Kartellverbot, nimmt es durch seinen Beispielskatalog auf einzelne Wettbewerbsparameter Bezug. Doch trennt auch das europäische Kartellverbot nicht zwischen horizontalen und vertikalen Wettbewerbsbeeinträchtigungen, so dass es ebenfalls nicht als Verweisungsobjekt eines Kartellblankettstrafgesetzes

---

1470 Hierzu *Federmann*, Kriminalstrafen, S. 278.

1471 *Zimmer*, in: *Immenga/Mestmäcker*, Bd. I, § 1 Rn. 5.

1472 BVerfG, NJW 2016, 3648 (3650).

1473 BVerfG, NJW 2016, 3648 (3650).

1474 *Hoven*, NStZ 2016, 377 (382).

taugt. Mithin fehlt es für die Ausgestaltung eines Blankettstrafgesetzes an einer ausreichend bestimmten Ausfüllungsnorm.[1475]

2. Vollstrafgesetz

Zur Wahrung des verfassungsrechtlichen Bestimmtheitsgrundsatz sollte ein Kartellstraftatbestand eigenständig formuliert (Vollstrafgesetz), also das strafbare Verhalten abschließend im Tatbestand ausformuliert werden.[1476] Denkbar ist sowohl eine weite als auch enge Umschreibung des strafbaren Verhaltens. Bei weiter Umschreibung kann die Tathandlung generalklauselartig verfasst werden. Bei enger Umschreibung können einzelne, besonders sozialschädliche Verhaltensweisen benannt werden. Ein Blick auf die Rechtsordnungen anderer Staaten zeigt die Anwendung beider Ausgestaltungsmöglichkeiten. Im *Sherman Act* wählten die USA eine weite Umschreibung des strafbaren Verhaltens.[1477] Letztlich verfolgt werden aber auch in den USA überwiegend *per se*-Verbote wie Preis- und Submissionsabsprachen sowie Gebiets- und Kundenaufteilungen.[1478] Demgegenüber entschieden sich sowohl Großbritannien im *Enterprise Act 2002* als auch Irland im *Competition Act 2002* für eine detaillierte Aufzählung einzelner strafbarer Verhaltensweisen.[1479] Zwar verspricht eine generalklauselartige Ausgestaltung des Kartellstraftatbestands ein hohes Maß an Flexibilität, da neue Verhaltensweisen erfasst werden können, ohne dass es einer Gesetzesänderung bedarf.[1480] Die Aufzählung einzelner, besonders sozialschädlicher Verhaltensweisen kann aber die präventive Wirksamkeit des Kartellstraftatbestandes

1475 *Dreher,* WuW 2011, 232 (240); *Federmann,* Kriminalstrafen, S. 280; *Kohlhoff,* Kartellstrafrecht, S. 186; Monopolkommission, Hauptgutachten XX, S. 87; *Dreher/Kulka,* Wettbewerbs- und Kartellrecht, S. 711.

1476 Befürwortend *Dreher/Kulka* Wettbewerbs- und Kartellrecht, S. 711; *Heinemann,* in: FS v. Büren, S. 611; *Rittner/Dreher,* Europäisches- und deutsches Wirtschaftsrecht, § 23 Rn. 132; *Tiedemann,* Verhandlungen 49. DJT, C 60. Ablehnend *Federmann,* Kriminalstrafen, S. 272 ff.

1477 Sec. 1 Sherman Act 1890, http://www.justice.gov/atr/public/divisionmanual/chapter2.pdf (Stand: 27.04.2015). Hierzu *Furse,* Criminal Law, S. 62 f.

1478 *Biermann,* ZWeR 2007, 1 (30); *Furse,* Criminal Law, S. 78; Hack, Vorstandsverantwortlichkeit, S. 228; *Werden/Hammond/Barnett,* The Antitrust Bulletin 56 (2011), 207 (210); *Wils,* World Competition Law and Economic Review 28 (2005), 117 (123).

1479 Sec. 188 Enterprise Act 2002 geändert 2013, http://www.legislation.gov.uk/ukpga/2002/40/contents (Stand: 27.04.2015); [1479] Sec. 8 Competion Act 2002 geändert 2012, http://www.tca.ie/images/uploaded/documents/Competition%20(Amendment)%20Act%202012.pdf (Stand: 27.04.2012).

1480 ICN, Defining Hard Core Cartel Conduct, S. 13.

verstärken, weil auf diese Weise das strafbare Verhalten für die Normadressaten erkenn- und berechenbar wird und sie ihr Verhalten entsprechend ausrichten können.[1481]Auch kann verhindert werden, dass rechtmäßiges Wettbewerbsverhalten übermäßig abgeschreckt wird.[1482] Hingegen müssen Jurisdiktionen, die sich für eine generalklauselartige Verfassung ihres Kartellstraftatbestandes entschieden haben, einer übermäßigen Abschreckung rechtmäßigen Wettbewerbsverhaltens – etwa durch eine Ausübung von Ermessen – entgegenwirken. Eine solche Ermessenausübung wäre in Deutschland wegen der Geltung des Legalitätsprinzips schwierig.[1483] Zudem könnte es den Rechtsanwender überfordern, eine Kasuistik des im einzelnen strafbaren Wettbewerbsverhaltens zu erarbeiten.[1484] Demnach sollten die strafbaren Handlungen nicht generalklauselartig, sondern konkret und kasuistisch aufgezählt werden.[1485] Bei der Ausformulierung muss überdies einem Auseinanderfallen des Kartellstrafrechts und des Kartellrechts entgegengesteuert werden.[1486] Um der Entstehung eines Nebenkartellrechts entgegenzuwirken, das die Weiterentwicklung des Kartellrechts eher hemmen als vorantreiben könnte, sind einheitliche Begrifflichkeiten zu verwenden.[1487] Insofern soll bei der Ausformulierung des Kartellstraftatbestandes an die Begrifflichkeiten des GWB und AEUV angeknüpft werden.[1488]

a) Ausführung einer vereinbarten, von einer Unternehmensvereinigung beschlossenen oder aufeinander abgestimmten Wettbewerbsbeschränkung

Zur Umschreibung des strafbaren Verhaltens soll auf die sowohl in § 1 GWB als auch in Art. 101 AEUV genannten Formen der Verhaltenskoordinierung zurückgegriffen werden. Das Abstellen auf eine vereinbarte, eine von einer Unternehmensvereinigung beschlossene oder aufeinander abgestimmte Wettbewerbsbeschränkung soll den Gleichlauf von kartellrechtlicher und strafrechtlicher

---

1481 *Hack,* Vorstandsverantwortlichkeit, S. 229; vgl. ICN, Defining Hard Core Cartel Conduct, S. 13; vgl. OECD, Cartel Sanctions against Individuals, S. 9.

1482 OECD, Cartel Sanctions against Individuals, S. 9.

1483 Vgl. *Biermann,* ZWeR 2010, 1 (30).

1484 Vgl. *Biermann,* ZWeR 2010, 1 (30).

1485 *Homsbrecher,* NZKart 2017, 143 (147).

1486 *Dreher,* WuW 2011, 232 (241); *Tiedemann,* Kartellrechtsverstöße, S. 168.

1487 *Federmann,* Kriminalstrafen, S. 276; *Möschel,* Submissionsabsprachen, S. 47.

1488 Bundesministerium der Justiz, Schlussbericht der Sachverständigenkommission zur Bekämpfung der Wirtschaftskriminalität 1980, S. 137; *Dreher,* WuW 2011, 232 (241);; *Tiedemann,* Kartellrechtsverstöße, S. 168.

Auslegung sicherstellen und so Friktionen – etwa zum Kartellordnungswidrigkeitenrecht – ausschließen.[1489] Um ausschließlich erhebliche Rechtsverstöße unter Strafe zu stellen, ist über die bloße Beteiligung hinaus, die „Ausführung“ der Wettbewerbsbeschränkung – also die Ergreifung von Umsetzungsmaßnahmen – zu verlangen.[1490] Die bloße Teilnahme an kollusiven Treffen soll hingegen eine Versuchsstrafbarkeit auslösen.[1491]

b) Rechtswidrigkeit der Ausführung

Das GWB stellt bestimmte Kartelle (§§ 2 f. GWB) vom Kartellverbot (§ 1 GWB) frei. Auch der Bereich der Landwirtschaft (§ 28 GWB) ist vom Kartellverbot (§ 1 GWB) ausgenommen. Verhaltensweisen, die nach dem GWB erlaubt sind, können schwerlich mit Strafe bewehrt werden.[1492] Aus Gründen der inneren Gleichmäßigkeit gesetzlicher Regelungen sind deshalb die Ausnahmen vom Kartellverbot aus dem Anwendungsbereich des Kartellstraftatbestands auszuschließen.[1493] Auf diese Weise wird das Recht von Widersprüchen freigehalten, was die Vorhersehbarkeit strafrechtlicher Folgen gewährleistet.[1494] Dem Beispiel Großbritanniens folgend, könnte eine umfangreiche Ausnahmeregelung geschaffen werden (Sec. 188a EA). Denkbar ist auch, die Ausnahmen vom Kartellverbot als Rechtsfertigungsgrund zu erfassen.[1495] So schlägt *Kohlhoff* vor, eigens für die Ausnahmen vom Kartellverbot eine „neue Kategorie der Rechtfertigung aufgrund des Schutzverzichts freiheitlicher Institutionen“ zu schaffen.[1496]

1489 Bundesministerium der Justiz, Schlussbericht der Sachverständigenkommission zur Bekämpfung der Wirtschaftskriminalität 1980, S. 140; *Tiedemann,* Kartellrechtsverstöße, S. 168.

1490 *Biermann,* ZWeR 2007, 1 (33), Bundesministerium der Justiz, Schlussbericht der Sachverständigenkommission zur Bekämpfung der Wirtschaftskriminalität 1980, S. 140; *Dannecker,* in: FS Tiedemann, S. 812; *Tiedemann,* Kartellrechtsverstöße, S. 190; a.A. *Heinemann,* in: FS v. Büren, S. 615. Auch die Monopolkommission sowie die Justizminister der Länder lassen bereits die bloße Beteiligung an der Wettbewerbsbeschräkung ausreichen, siehe hierzu *Hombrecher,* NZKart 2017, 143 (147); Monopolkommission, Sondergutachten 72, S. 48.

1491 *Dannecker,* in: FS Tiedemann, S. 812.

1492 *Tiedemann,* Kartellrechtsverstöße, S. 191.

1493 *Janssen,* Managerhaftung, S. 155; *Kohlhoff,* Kartellstrafrecht, S. 184; *Tiedemann,* Kartellrechtsverstöße, S. 163.

1494 Vgl. *Kubiciel,,* Stellungnahme zum Regierungsentwurf eines Gesetzes zur Bekämpfung der Korruption im Gesundheitswesen S. 9.

1495 *Kohlhoff,* Kartellstrafrecht, S. 184 f.

1496 *Kohlhoff,* Kartellstrafrecht, S. 185.

Charakterisieren die herkömmlichen Rechtsfertigungsgründe regelmäßig einfach strukturierte Konflikte, so sei das Kartellrecht durch komplexe wirtschaftliche Zusammenhänge gekennzeichnet. Auch weil ein unmittelbares Handeln nicht erforderlich wäre, solle die Abwägung nicht vom Einzelnen, sondern von einer neutralen staatlichen Stelle vorgenommen werden.[1497] Ein zusätzliches gesetzgeberisches Tätigwerden kann jedoch vermieden werden, wenn wie bei Submissionsabsprachen (§ 298 StGB) die Ausnahmen vom Kartellverbot durch das Tatbestandsmerkmal der „rechtswidrigen Ausführung" aus dem Kartellstraftatbestand ausgesondert werden.[1498] Eine solche kartellrechtsakzessorische Ausgestaltung des Kartellstraftatbestandes stellt sicher, dass wettbewerbsrechtlich zulässiges Verhalten nicht strafbewehrt ist.[1499] Dabei soll die Ausführung der Wettbewerbsbeschränkung rechtswidrig sein, wenn sie gegen das Kartellverbot (§ 1 GWB, Art. 101 AEUV) verstößt. Das Merkmal der „rechtswidrigen Ausführung" ist also ein normatives Tatbestandsmerkmal, zu dessen Auslegung auf die Vorschriften des GWB und des AEUV zurückzugreifen ist.[1500] Eine solche Ausgestaltung ist wegen des zwangsläufigen abstrakt-generellen Charakters von Strafvorschriften verfassungsrechtlich unbedenklich.[1501] Das verfassungsrechtliche Bestimmtheitsgebot zwingt den Gesetzgeber nicht, Strafvorschriften „ausschließlich mit unmittelbar in ihrer Bedeutung für jedermann erschließbaren dekriptiven Tatbestandsmerkmalen zu umschreiben".[1502] Vielmehr kann der Gesetzgeber Straftatbestände auch so ausgestalten, dass es zu ihrer Auslegung eines Rückgriffs auf außerstrafrechtliche Vorschriften bedarf.[1503]

c) Wettbewerber

Das Tatbestandsmerkmal des „Wettbewerbers" entspricht dem Merkmals „miteinander im Wettbewerb stehend" des § 1 GWB a.F.[1504] Hierbei handelt es sich zwar um einen unbestimmten Rechtsbegriff, zu dessen Auslegung kann aber auf die zu § 1 GWB a.F ergangene Rechtsprechung zurückgegriffen werden.[1505]

1497 *Kohlhoff,* Kartellstrafrecht, S. 186.
1498 Vgl. *Tiedemann,* Kartellrechtsverstöße, S. 163.
1499 *Tiedemann,* Kartellrechtsverstöße, S. 163.
1500 Zu Submissionsabsprachen siehe *Dannecker*, in: NK, Bd. III, § 298 Rn. 68.
1501 BVerfG, NJW 2010, 3209 (3210).
1502 BVerfG, NJW 2010, 3209 (3210 f.).
1503 BVerfG, NJW 2010, 3209 (3211).
1504 *Federmann,* Kriminalstrafen, S. 273.
1505 A.A. *Federmann,* Kriminalstrafen, S. 273.

d) Wettbewerbsparameter

Die Aufzählung besonders sozialschädlicher Verhaltensweisen erleichtert den Normadressaten das strafbare Verhalten zu erkennen und ihr Verhalten daran auszurichten.[1506] Im Interesse einer für die Normadressaten vorhersehbaren Rechtsanwendung soll daher die kasuistische Aufzählung typischer Begehungsformen (Wettbewerbsparameter) das strafbare Verhalten eingrenzen.[1507] Hierzu könnte einseits an das europäische Kartellverbot (Art. 101 AEUV) angeknüpft werden, das anders als das deutsche Kartellverbot (§ 1 GWB) in seinem Absatz 1 Regelbeispiele erheblicher Wettbewerbsstörungen auflistet.[1508] Andererseits benennen die Empfehlungen der OECD und des ICN die Wettbewerbsparameter Preis, Gebiet, Kundenstamm, Konditionen und Menge.[1509] Hieran sollte sich die Abfassung ausrichten.[1510] Denn Preis-, Gebiets-, Kunden-, Konditionen-, und Mengenkartelle sind nicht nur von besonderer Sozialschädlichkeit, sondern werfen gegenüber vertikalen Absprachen oder Marktmachtmissbräuchen auch keine wirtschaftlich schwierigen Abgrenzungsfragen auf.[1511] Überdies zeichnet sie ein hohes Handlungsunrecht aus, da sie regelmäßig organisatorisch aufwendig sind und umfangreiche Geheimhaltungsvorkehrungen erfordern.[1512]

e) Geringfügigkeits- oder Bagatellgrenze

Um die Strafbewehrung von Bagatellunrecht zu vermeiden, möchte *Tiedemann* die Anwendung des Kartellstraftatbestandes vom Vorliegen einer erheblichen

---

1506 Vgl. ICN, Defining Hard Core Cartel Conduct, S. 13; vgl. OECD, Cartel Sanctions against Individuals, S. 9.

1507 Bundesministerium der Justiz, Schlussbericht der Sachverständigenkommission zur Bekämpfung der Wirtschaftskriminalität 1980, S. 137; *Dreher,* WuW 2011, 232 (241); *Heinemann,* in: FS v. Büren, S. 613; *Hombrecher,* NZKart 2017, 143 (147); a.A. *Kartte/ Portatius,* BB 1975, 1169 (1171).

1508 *Hombrecher,* NZKart 2017, 143 (147).

1509 OECD, Hard Core Cartels: Third report on the implementation of the 1998 Council Recommendation, S. 47 f.; ICN, Defining Hard Core Cartel Conduct, S. 10.

1510 *Biermann,* ZWeR 2007, 1 (32); *Dannecker,* in: FS Tiedemann, S. 812; *Hombrecher,* NZKart 2017, 143 (147).

1511 *Biermann,* ZWeR 2007, 1 (32); *Dannecker,* in: FS Tiedemann, S. 812; *Hack,* Vorstandsverantwortlichkeit, S. 229; Monopolkommission, Hauptgutachten XX, S. 87; *Wagner-von Papp,* WuW 2010, 168 (278); *Whelan,* The Competition Law Review 4 (2007), 7 (35 f.); *ders.,* The Cambridge Law Journal 71 (2012), 677 (683).

1512 *Dannecker,* in: FS Tiedemann, S. 812.

Wettbewerbsbeeinträchtigung abhängig machen.[1513] Um eine erhebliche Wettbewerbsbeeinträchtigung zu ermitteln, schlägt er vor, auf das betroffene Gebiet, die betroffenen Waren oder Dienstleistungen oder auf die durch die Wettbewerbsbeschränkung erzielten außergewöhnlich hohen Vermögensvorteile abzustellen.[1514] Die Beschränkung des Kartellstraftatbestandes auf „erhebliche Wettbewerbsbeeinträchtigungen" ist allerdings nicht die einzige Möglichkeit Bagatellunrecht auszusondern. So bietet auch *Tiedemann* zur Aussonderung von Bagatellunrecht zusätzlich materiellrechtliche und verfahrensrechtliche Lösungsmöglichkeiten an.[1515] Materiellrechtlich könnten Bagatellkartelle etwa als sozialadäquat aus dem Kartellstraftatbestand ausgenommen werden.[1516] Verfahrensrechtlich könnten Bagatellverstöße durch ihre Einstellung (§§ 153 ff. StPO) aus dem Straftatbestand verbannt werden.[1517] Des Weiteren ist die Beschränkung des Kartellstraftatbestandes auf „erhebliche Wettbewerbsbeeinträchtigungen" allenfalls bei einer generalklauselartigen Abfassung des Kartellstraftatbestands sinnvoll. Bei Aufzählung einzelner, besonders sozialschädlicher Verhaltensweisen ist das Erfordernis einer „erheblichen" Wettbewerbsbeeinträchtigung hingegen entbehrlich. Der Verzicht auf das Erfordernis einer „erheblichen" Wettbewerbsbeeinträchtigung vermeidet überdies schwierige ökonomische Abwägungsprozesse, wodurch nicht nur die Anwendung des Kartellstraftatbestandes erleichtert, sondern auch die präventive Wirkungsweise des Kartellstraftatbestandes erhöht wird.[1518] Denn was unter einer „erheblichen" Wettbewerbsbeschränkung zu verstehen ist, geht für die Normadressaten aus dem Tatbestand nicht eindeutig hervor, wodurch es ihnen erschwert wird, ihr Verhalten am Kartellstraftatbestand auszurichten.

f) Schädigungsabsicht

In subjektiver Hinsicht sollte der Kartellstraftatbestand Vorsatz verlangen.[1519] Darüber hinaus sind beim Täter keine besonderen Absichten, etwa eine

1513 Befürwortend *Tiedemann,* Kartellrechtsverstöße, S. 152 ff.

1514 *Tiedemann,* Kartellrechtsverstöße, S. 155 ff.

1515 *Tiedemann,* Kartellrechtsverstöße, S. 153 ff.

1516 *Kohlhoff,* Kartellstrafrecht, S. 183.

1517 *Tiedemann,* Kartellrechtsverstöße, S. 153; *Kohlhoff,* Kartellstrafrecht, S. 182.

1518 *Biermann,* ZWeR 2007, 1 (32).

1519 *Biermann,* ZWeR 2010, 1 (33); *Dannecker,* in: FS Tiedemann, S. 812; *Hack,* Vostandsverantwortlichkeit, S. 229; *Heinemann,* in: FS v. Büren, S. 615; *Wils,* in: *Cseres/Schinkel/Vogelaar* (Hrsg.), Criminalization, S. 85. Hingegen fordert *Janssen* ein absichtliches Vorgehen, Managerhaftung, S. 150.

Schädigungsabsicht, zu fordern. Das lehren die Erfahrungen aus Großbritannien. Weil es die Kartellrechtsdurchsetzung erschwerte, wurde in Großbritannien unlängst das Tatbestandsmerkmal „*dishonesty*" aus dem Tatbestand entfernt (Sec. 47 (2) ERRA 2013).

III. Strafrahmen

Die Strafrahmen sollte sich an den Wertungen der Submissionsabsprachen (§ 298 StGB) orientieren und eine Freiheitsstrafe von bis zu fünf Jahren oder Geldstrafe vorsehen.[1520] Im internationalen Vergleich wäre eine Freiheitsstrafe von bis zu fünf Jahren im unteren Bereich angesiedelt. So haben die USA im Jahr 2004 die gesetzliche Höchststrafe von vier auf zehn Jahre angehoben (Sec. 1 Sherman Act). Eine Freiheitsstrafe von bis zu zehn Jahren ist auch in Australien vorgesehen (Sec. 44 ZZRE Competition and Comsumer Act 2010). In Kanada droht Kartellanten sogar eine Freiheitsstrafe von bis zu 14 Jahren (Sec. 45 (2) Competition Act). Im Hinblick auf eine einheitliche europäische Rechtsdurchsetzung wären einheitliche Strafandrohungen erstrebenswert. So kann in Großbritannien eine Freiheitsstrafe von bis zu fünf Jahren verhängt werden (Sec. 188 EA 2002 geändert 2013). Eine ähnliche Strafandrohung ist in Frankreich vorgesehen. Hier beträgt die Strafandrohung Freiheitsstrafe vier Jahre (Art. L-420–6 Code de Commerce). Alleine Irland fällt aus dem Rahmen. Hier wurde im Jahr 2012 die Strafdrohung von fünf auf zehn Jahre verschärft (Sec. 8 Competion Act 2002 geändert 2012).

IV. Bonusregelung

Um Kooperationsanreize zu setzen, sollte der Zusammenarbeit der Kartellanten mit der Kartellbehörde im Kartellstraftatbestand Rechnung getragen werden.[1521] Eine Kooperation soll dann strafbefreiend wirken, wenn nach der Bonusregelung ein Bußgelderlass in Betracht kommt, die Kartellbehörde also durch die Informationsweitergabe in die Lage versetzt wird, den Kartellverstoß nachzuweisen.[1522] Ein Straferlass sollte aus rechtsstaatlichen Gründen jedoch

---

1520 So auch der Entwurf der Monopolkommission, Sondergutachten 72, S. 48. Im Hinblick auf die breit gestreuten Schäden hält die Monopolkommission auch ein höheres Strafmaß für denkbar, siehe Sondergutachten 72, S. 48.

1521 *Homsbrecher,* NZKart 2017, 143 (147); Monopolkommission, Sondergutachten 72, S. 50.

1522 BKartA, Bonusregelung 2006; Monopolkommission, Sondergutachten 72, S. 50.

ausgeschlossen sein, wenn der offenbarungsfreudige Kartellant das Kartell selbst ins Rollen gebracht hat.[1523] Gleiches gilt für die Fälle der bloßen Bußgeldreduktion.[1524] Hier stellen die Regelungen der §§ 46b StGB, 153 ff. StPO einen angemessenen Ausgleich dar.[1525]

V. *Settlement*-Verfahren

Mit Blick auf die Effektivität des *Settlement*-Verfahrens schlägt die Monopolkommission vor, die Mitarbeiter vergleichsbereiter Unternehmen in den Genuss einer gesetzlichen Strafmilderung kommen zu lassen.[1526] Zwar gibt die Monopolkommission zu bedenken, dass das *Settlement*-Verfahren im Gegensatz zur Bonusregelung weniger der Aufdeckung von Kartellen als der Entlastung der Kartellbehörde dient, die Einführung einer gesetzlichen Strafmilderung daher entbehrlich erscheint.[1527] Die durch das *Settlement*-Verfahren erzielte Verfahrensbeschleunigung trägt aber entscheidend zur Abschreckungswirkung der Geldbuße bei, weshalb auf die Einführung einer gesetzlichen Strafmilderung nicht verzichtet werden sollte.

VI. Strafantrag

Von der Einführung eines Strafantragserfordernisses soll abgesehen werden.[1528] Eine Ausgestaltung als Antragdelikt kommt bei personenbezogenen Rechtsgütern, nicht jedoch bei Universalrechtsgütern in Betracht.[1529] So empfiehlt sich eine Ausgestaltung als Antragsdelikt zum Schutz von Opferinteressen, etwa bei der Sachbeschädigung (§ 303 StGB), dem Diebstahl (§ 242 StGB) und dem Hausfriedensbruch (§ 123 StGB), oder zum Schutz zwischenmenschlicher Beziehungen, wie bei den Indiskretionsdelikten (§ 201 StGB) und der Nachstellung (§ 238 StGB).[1530] Den Antragsdelikten gemein ist mithin die personenbezogene

---

1523 *Homsbrecher,* NZKart 2017, 143 (148); Monopolkommission, Sondergutachten 72, S. 50.

1524 *Homsbrecher,* NZKart 2017, 143 (148); Monopolkommission, Sondergutachten 72, S. 50.

1525 *Homsbrecher,* NZKart 2017, 143 (148); Monopolkommission, Sondergutachten 72, S. 50.

1526 Monopolkommission, Sondergutachten 72, S. 50.

1527 Monopolkommission, Sondergutachten 72, S. 50.

1528 Monopolkommission, Sondergutachten 72, S. 48.

1529 Vgl. *Mitsch,* JA 2014, 1 (2).

1530 *Dallmeyer,* in: Beck'scher Online-Kommentar, StGB, § 77 Rn. 5; *Mitsch,* JA 2014, 1 (3); *Sternberg-Lieben/Bosch,* in: *Schönke/Schröder,* § 77 Rn. 5.

Qualität ihrer Rechtsgüter.[1531] Hingegen schützt der Kartellstraftatbestand mit dem Wettbewerb ein universales Rechtsgut, das für das Funktionieren der Marktwirtschaft von so großer Bedeutung ist, dass dessen Schutz in die Hand der Staatsanwaltschaft gelegt werden sollte.[1532]

Für eine Ausgestaltung als Antragdelikt könnte hingegen die Entlastung der Strafverfolgungsbehörde sprechen.[1533] Um die Zusammenarbeit der Kartellbehörden mit den Strafverfolgungsbehörden zu erleichtern, könnte die Strafverfolgung an ein Strafantragserfordernis geknüpft werden.[1534] Antragsberechtigt könnten etwa die Schadensersatzberechtigten sein, weil der Kartellstraftatbestand zwar primär den Wettbewerb als Institution schützt, darüber hinaus aber auch die Markteilnehmer und ihr Interesse an einem von Absprachen unbeeinflussten Marktgeschehen.[1535] Allerdings erscheint eine Antragsbefugnis der Schadensersatzberechtigten nicht zielführend, fehlt ihnen doch oftmals die hierfür erforderliche Kenntnis vom Kartellrechtsverstoß.[1536] Auch eine Antragsbefugnis der Kartellbehörde stößt auf Bedenken, da hierdurch die Neutralität der Kartellbehörde beeinträchtigt werden könnte.[1537] Insofern sollte von der Einführung eines Strafantragserfordernisses aus Praktikabilitätsgründen abgesehen werden. Sollte ein Strafantragerfordernis dennoch erwogen werden, so sollte die Staatsanwaltschaft wegen des besonderen Interesses an der Strafverfolgung auch ohne Strafantrag ein Strafverfahren durchführen können.[1538]

VI. Kodifikation im StGB

Der Kartellstraftatbestand kann sowohl im StGB als auch im GWB als Nebenstrafrecht verankert werden. Im Unterschied zu den Tatbeständen des StGB knüpfen die Tatbestände des Nebenstrafrechts mehrheitlich an bestehende Verhaltensregeln an.[1539] Insofern wird das StGB als „unabhängiges“, das Nebenstrafrecht

---

1531 Vgl. *Mitsch,* JA 2014, 1 (2).

1532 Siehe hierzu B. I. 1.

1533 *Sternberg-Lieben/Bosch,* in: *Schönke/Schröder,* § 77 Rn. 5; *Mitsch,* JA 2014, 1 (2).

1534 Vgl. Monopolkommission, Sondergutachten 72, S. 48; *Tiedemann,* Kartellrechtsverstöße, S. 153.

1535 Monopolkommission, Sondergutachten 72, S. 48; a.A. *Tiedemann,* Kartellrechtsverstöße, S. 153.

1536 A.A. Monopolkommission, Sondergutachten 72, S. 48.

1537 *Tiedemann,* Kartellrechtsverstöße, S. 153.

1538 Monopolkommission, Sondergutachten 72, S. 48; *Tiedemann,* Kartellrechtsverstöße, S. 154.

1539 *Buddendiek/Rutkowski,* in: *Rutkowski* (Bearb.), Strafrechtliche Nebengesetze Rn. 5;

hingegen als „abhängiges“ Strafrecht beschrieben, weshalb es zu einer verständlichen Umschreibung des strafbaren Verhaltens nicht selten einer Wiedergabe des Inhalts der Verhaltensnorm bedarf.[1540] Das StGB enthält überdies, etwa mit dem Mord (§ 211 StGB) und Totschlag (§ 212 StGB) die gewichtigeren Tatbestände mit den schwersten Strafandrohungen.[1541] Die Tatbestände des Nebenstrafrechts richten sich oftmals nur an einen bestimmten Personenkreis und stellen sich als Folgeentwicklungen unterschiedlichster Lebensbereiche, etwa der Wirtschaft oder des Europäisches Rechts, dar.[1542]

Die Einstellung des Kartellstraftatbestandes in das StGB könnte der Anschaulichkeit des Kartellstraftatbestandes abträglich sein, weil die Herauslösung des Kartellstraftatbestandes aus dem GWB Verweisungen und Bezugnahmen auf das GWB erforderlich macht.[1543] Für eine Verankerung des Kartellstraftatbestandes im StGB spricht hingegen die außerordentliche Bedeutung des Schutzes des Wettbewerbs und die Ausgestaltung des Kartellstraftatbestandes als Allgemeindelikt.[1544] Für eine Einordnung in das StGB spricht überdies, dass Straftatbestände außerhalb des StGB nur eine geringe kommunikative Wirkung erzeugen.[1545] Mithin könnte die Einordnung des Kartellstraftatbestandes in das GWB bei den Normadressaten den Eindruck erwecken, der Unrechtsgehalt von Hardcore-Kartellen reiche anders als bei Submissionsabsprachen für eine Einstellung in das StGB nicht aus.[1546] Innerhalb des StGB sollte der Kartellstraftatbestand aufgrund seiner Schutzrichtung, dem Schutz des freien Wettbewerbes, im 26. Abschnitt des StGB (Straftaten gegen den Wettbewerb) im Umfeld des § 298 StGB verortet werden.

1540 *Buddendiek/Rutkowski*, in: *Rutkowski* (Bearb.), Strafrechtliche Nebengesetze Rn. 5.

1541 *Buddendiek/Rutkowski*, in: *Rutkowski* (Bearb.), Strafrechtliche Nebengesetze Rn. 5.

1542 *Buddendiek/Rutkowski*, in: *Rutkowski* (Bearb.), Strafrechtliche Nebengesetze Rn. 5.

1543 Vgl. *Buddendiek/Rutkowski*, in: *Rutkowski* (Bearb.), Strafrechtliche Nebengesetze Rn. 5; vgl. *Tiedemann*, Tatbestandsfunktionen, S. 65.

1544 Vgl. *Buddendiek/Rutkowski*, in: *Rutkowski* (Bearb.), Strafrechtliche Nebengesetze, Rn. 5

1545 Vgl. *Kubiciel*, Kölner Papiere zur Kriminalpolitik, S. 7.

1546 Vgl. *Kubiciel*, Kölner Papiere zur Kriminalpolitik, S. 7.

VII. Formulierungsvorschlag – § 298a StGB

§ 298a StGB kann wie folgt gefasst werden:

§ 298 a

Wettbewerbsbeschränkende Absprachen

(1) Wer mit einem Wettbewerber eine vereinbarte, von einer Unternehmensvereinigung beschlossene oder aufeinander abgestimmte Wettbewerbsbeschränkung über

1. die unmittelbare oder mittelbare Festsetzung von Preisen
2. die Aufteilung von Absatzgebieten oder Kundenkreisen oder
3. die Festlegung von Mengen oder Konditionen

rechtswidrig ausführt, wird mit einer Freiheitsstrafe von bis zu fünf Jahren oder mit Geldstrafe bestraft.

(2) Der Versuch ist strafbar.

(3) [1547] Nach Absatz 1 wird der Täter nicht bestraft, wenn die Kartellbehörde dem Unternehmen die nach § 81 GWB wegen eines Verstoßes gegen Art. 101 AEUV oder § 1 GWB festgesetzte Geldbuße erlässt. Dies gilt nicht, wenn das Unternehmen alleiniger Anführer des Verstoßes war oder andere zur Teilnahme an dem Verstoß gezwungen hat.

(4) [1548] Die Strafe kann nach § 49 Abs. 1 StGB gemildert werden, wenn das Unternehmen, dem der Täter zum Zeitpunkt des Verstoßes gegen Art. 101 AEUV oder § 1 GWB angehörte, eine *Settlement*-Erklärung abgegeben hat.

1547 Entsprechend dem Vorschlag der Monopolkommission, Sondergutachten 72, S. 50.

1548 Entsprechend dem Vorschlag der Monopolkommission, Sondergutachten 72, S. 50.

Schlussbetrachtung

Die Zeiten eines lebendigen und werterfüllten Wettbewerbs sind längst Wirklichkeit. Während das Bundeskartellamt an seiner ablehnenden Haltung gegenüber einer Strafbewehrung von Hardcore-Kartellen festhält, wird eine Strafbewehrung von der Monopolkommission nicht nur befürwortet, darüber hinaus hat die Monopolkommission in ihrem 72. Sondergutachten einen Gesetzesentwurf ausgearbeitet. Zwar hat die Bundesregierung im Koalitionsvertrag noch ausgeführt, dass das „Wettbewerbsrecht [...] so zu optimieren [ist], dass Wettbewerbsverstöße weitgehend ausgeschlossen sind".[1549]

Zu einer Strafbewehrung von Hardcore-Kartellen hat sie sich jüngst aber zurückhaltend geäußert. Gleichwohl kann das Wettbewerbsrecht durch die strafrechtliche Ahndung von Hardcore-Kartellen, die verspricht, die nationale wie internationale Kartellrechtsdurchsetzung zu stärken, optimiert werden.

1. Als strafwürdiges und strafbedürftiges Verhalten darf der Gesetzgeber Hardcore-Kartelle mit Strafe bewehren. Ausgehend von der Eigenart der Strafe als ein mit staatlicher Autorität versehenes, sozialethisches Unwerturteil knüpft die Strafwürdigkeit eines Verhaltens an die Sachgerechtigkeit von Strafe an. Das Verhalten muss Strafe verdienen, weil es sozialschädlich genug ist, um in ein angemessenes Verhältnis zur Strafe zu treten. Voraussetzung einer solchen Sozialschädlichkeit ist eine gravierende Rechtsgutsbeeinträchtigung. In Anbetracht der mit der Strafbewehrung eines Verhaltens einhergehenden Grundrechtseingriffe muss das Verhalten überdies strafbedürftig, die Strafbewehrung also verhältnismäßig sein. Hardcore-Kartelle stellen ein strafwürdiges Verhalten dar. Sie sind von äußerster Sozialschädlichkeit, da sie das Rechtsgut Wettbewerb erheblich beeinträchtigen. Seine wirtschaftlichen und gesellschaftlichen Funktionen erheben den Wettbewerb zum wesentlichen Steuerungsinstrument der Marktwirtschaft. Hardcore-Kartelle beeinträchtigen oder beseitigen die Steuerungsfunktionen des Wettbewerbs durch allokative, produktive und dynamische Ineffizienzen. Es drohen beträchtliche wirtschaftliche Schäden. Empirische Studien bestätigen kartellbedingte Preisaufschläge von mindestens 20%. Daneben sind Nachahmungshandlungen anderer Marktteilnehmer und eine Ausdehnung wirtschaftskriminellen

1549 Koalitionsvertrag zwischen CDU, CSU und SPD, 18. Legislaturperiode, S. 13.

Verhaltens zu befürchten. Hinzu treten Vertrauensverluste in das ungehinderte Funktionieren des Wettbewerbs.

Hardcore-Kartelle stellen überdies auch ein strafbedürftiges Verhalten dar. Die Strafbewehrung von Hardcore-Kartellen eignet sich zum Schutz des Wettbewerbs, weil sie die Abschreckungswirkung des Kartellsanktionenrechts steigert. So treffen Strafen den Täter unmittelbar. Er hat keine Möglichkeit, sich ihrer Wirkung zu entziehen. Geldbußen hingegen können von den Unternehmen, offen oder verdeckt, *ex ante* oder *ex post* im Gewand einer Gehaltserhöhung, einer Scheinbeförderung, einer Provision oder eines Darlehens ausgeglichen werden. Gesellschaftlich integriert und sozial angepasst sind Kartellanten für die stigmatisierende Wirkung von Strafe außerdem besonders empfindlich. Kartellrechtsverstöße stellen ferner rational geplante Taten dar, deren Vorteile (Gewinnsteigerung) und Nachteile (Aufdeckung, Verfolgung und Sanktionierung) die Kartellanten gegeneinander abwiegen, so dass die Bedingungen einer wirkungsvollen Abschreckung vielversprechender als bei Tätern anderer, etwa affektgeladener Straftaten sind. Die Strafbewehrung von Hardcore-Kartellen lässt obendrein die Verhängung von Berufsverboten (§ 70 StGB) zu, welche die Abschreckungswirkung steigern können, weil sie durch die Unternehmen nur schwer zu kompensieren sind. Die strafrechtliche Ahndung von Hardcore-Kartellen kann schließlich dazu beitragen, in der Bevölkerung ein Bewusstsein für die sozialethische Verwerflichkeit von Hardcore-Kartellen zu wecken und die Akzeptanz von Gegenmaßnahmen zu fördern. Der Einsatz von Strafe ist auch erforderlich, da keine weniger belastenden Reaktionsmittel von zumindest gleicher Wirksamkeit zur Verfügung stehen. Zwar kann auf die Frage, wie Hardcore-Kartelle zu bekämpfen sind, mit einer Vielzahl an Reaktionsmöglichkeiten geantwortet werden. Jedoch kann keine von ihnen den Einsatz von Strafe ersetzen. Einige Reaktionsmöglichkeiten vermögen die Kartellrechtsdurchsetzung zwar zu stärken, reichen aber in ihrer Wirksamkeit nicht an die Wirksamkeit einer strafrechtlichen Ahndung heran oder stellen sich gegenüber der Strafe als nicht weniger belastend dar. Sie können den Einsatz von Strafe allenfalls ergänzen. Zunächst vermögen kriminalpräventive Maßnahmen den Einsatz von Strafe nicht entbehrlich zu machen: Die kartellrechtliche Compliance beeinflusst die Normkonformität der Unternehmensangehörigen kaum. Maßnahmen situativer Prävention verlangen nach einer hohen Kontrolldichte und Flexibilität, die insbesondere planmäßig handelnde Täter zu umgehen suchen. Belohnungen beeinträchtigen das Unternehmensklima. Auch haftet ihnen eine Missbrauchsgefahr an. Eine Freigabe von Hardcore-Kartellen würde den Wettbewerb schutzlos stellen. Selbstschutzmaßnahmen von Wettbewerbern werden meist an ihrer fehlenden Marktmacht scheitern. Verbrauchern hingegen, fehlt es an Informationen bzw. am Interesse zur Ergreifung von Selbstschutzmaßnahmen. Sodann kann auch die private Kartellrechtsdurchsetzung Hardcore-Kartellen nicht wirkungsvoll bekämpfen. Erweist sich die passive private Kartellrechtsdurchsetzung bei Hardcore-Kartellen als wirkungslos, leidet die aktive private Kartellrechtsdurchsetzung an einem Durchsetzungsdefizit, das weder durch die Einführung von Offenlegungspflichten noch durch die Erweiterung der Klagebefugnis oder durch die Vervielfachung des Ersatzbetrages behoben werden kann. Überdies stößt die Bekämpfung von Hardcore-Kartellen mittels der privaten Kartellrechtsdurchsetzung auf grundsätzliche Bedenken: Nicht nur ist die Ermittlung der Kartellgeschädigten schwierig. Selbst wenn sich die Kartellgeschädigten ermitteln lassen sollten, hemmt die oft nur geringe Schadenshöhe die Durchsetzung der Schadensersatzansprüche, ohne die aber die private Kartellrechtsdurchsetzung wirkungslos bleibt. Zudem drohen hohe Schadenssummen die betroffenen Unternehmen aus dem Markt zu drängen, was den Wettbewerb beeinträchtigt, der durch das Kartellrecht gerade geschützt werden soll. Des Weiteren werden Kartellanten dazu neigen, drohende Schadensersatzzahlungen einzupreisen, so dass die Kartellgeschädigten am Ende nur die von ihnen „vorfinanzierten Mehrerlöse" erstattet bekommen, worunter die Ausgleichs- und Präventionsfunktion des Schadensersatzes leidet. Schließlich lässt sich die Kartellverfolgung auch nicht durch eine weitere Erhöhung der Geldbuße stärken. Bislang sind die verhängten Geldbußen zu niedrig, als dass sie von einer Kartellbeteiligung abschrecken könnten. Die Erhöhung der Geldbuße auf ein abschreckungswirksames Maß bereitet jedoch nicht nur wegen der im Einzelfall mühsamen Bestimmung der „optimalen" Geldbuße Schwierigkeiten. Eine Erhöhung der Geldbuße läuft überdies dem Schutz des Wettbewerbs zuwider, da hohe Geldbußen, wenn nicht die Zahlungsunfähigkeit, doch eine geringere Investitions- und Wettbewerbsfähigkeit der Unternehmen zur Folge haben können. Die Abschreckungswirkung hoher Geldbußen ist aber auch wegen der von den Kartellanten verfolgten Eigeninteressen beschränkt, da neben unternehmerischen Gewinnstreben, auch persönliche Vorteile – wie verbesserte Aufstiegschancen oder finanzielle Vorzüge – zur Beteiligung oder Fortsetzung eines Hardcore-Kartells herausfordern. Letztlich ist die Abschreckungswirkung von Unternehmensgeldbußen auch deswegen gering, da sie in ihren Auswirkungen vornehmlich Anteilseigner, Angestellte und Verbraucher treffen, also Unbeteiligte, die nicht in der Lage sind, das operative Geschäft zu beeinflussen. Zuletzt ist, angesichts der Bedeutung des Rechtguts Wettbewerb als marktwirtschaftliches Steuerungsmittel und der außerordentlichen Sozialschädlichkeit von Hardcore-Kartellen auf der einen

Seite und den Eingriffen in die Grundrechte des Betroffenen auf der anderen Seite, die Strafbewehrung von Hardcore-Kartellen auch angemessen.

2. Trotz der unionsrechtlichen Durchdringung des Kartellrechts muss der nationale Grundrechtsschutz dem europäischen Effektivitätsgrundsatz nicht weichen, weil die Strafbewehrung von Hardcore-Kartellen auf mitgliedstaatlicher Ebene die Effektivität des Unionsrechts nicht beeinträchtigt.

3. Die Strafbewehrung von Hardcore-Kartellen ist im Sinne eines stimmigen und gleichmäßigen Sanktionensystems. Bislang werden Hardcore-Kartelle im GWB dem Ordnungswidrigkeitenrecht zugeschlagen. Diese Einordnung von Hardcore-Kartellen als bloße Ordnungswidrigkeit entspricht jedoch nicht der herrschenden quantitativen Abgrenzung von Straftat und Ordnungswidrigkeit. In Anbetracht ihrer außerordentlichen Sozialschädlichkeit stellen Hardcore-Kartelle im System des Ordnungswidrigkeitenrechts einen Fremdkörper dar. Vielmehr kommen Hardcore-Kartelle in ihrem Unrechtsgehalt den Submissionsabsprachen gleich. Eine Teilkriminalisierung von Submissionsabsprachen ist also weder plausibel noch nachvollziehbar. Um Wertungswidersprüche im System des staatlichen Strafens zu vermeiden, sind Hardcore-Kartelle somit dem Strafrecht zuzuschlagen. Die Strafbewehrung von Hardcore-Kartellen ist überdies auch im Interesse einer gleichmäßigen und gerechten Rechtsdurchsetzung innerhalb der EU-Mitgliedstaaten zu fordern. Die Möglichkeit der einzelnen Mitgliedstaaten über die Ausgestaltung ihres nationalen Kartellsanktionensystems zu entscheiden, hat ein Nebeneinander verschiedener Sanktionsformen für Hardcore-Kartelle innerhalb der Europäischen Union entstehen lassen. Die uneinheitliche Ahndung vergleichbarer Wettbewerbsverstöße stellt nicht nur ein Gleichheits- und Gerechtigkeitsproblem dar, sie ist rechtpolitisch ungünstig, weil sie der Schaffung eines einheitlichen europäischen Wirtschaftsraums abträglich ist.

4. Der Gesetzgeber darf nicht nur, er soll Hardcore-Kartelle auch mit Strafe bewehren. Die Strafbewehrung stärkt die Kartellverfolgung, denn die Kartellanten müssen mehr als je zuvor ihre Entdeckung und Ahndung fürchten. Schädliche Nebenwirkungen, sofern vorhanden, können bewältigt werden. So können etwa die fehlende Sachkunde der Staatsanwaltschaft als auch die durch die Verfahrensspaltung hervorgerufenen Reibungsverluste durch eine verstärkte Einbindung der Kartellbehörde in das Kartellstrafverfahren überwunden werden. Die strafprozessualen Einstellungsmöglichkeiten (§§ 153 f. StPO) stellen die erforderliche Flexibilität der Kartellverfolgung sicher.

Wirtschaftliche „Monsterprozesse" drohen im Straf- wie im Ordnungswidrigkeitenverfahren gleichermaßen, weshalb das Kartellverfahren insgesamt erleichtert werden sollte.

5. Strafrechtliche Grundprinzipien – etwa das Ultima-Ratio-Prinzip, die Fragmentarität des Strafrechts oder das Subsidiaritätsprinzip – können zwar den Gesetzgeber bei seiner Entscheidung ein Verhalten mit Strafe zu bewehren mangels ihrer verfassungsrechtlichen Verankerung nicht binden. Sie können ihm aber eine kriminalpolitische Richtschnur sein. Doch kommt weder dem Ultima-Ratio-Prinzip noch dem Subsidiaritätsprinzip eine über das Verhältnismäßigkeitsprinzip hinausgehende Bedeutung zu. Die Fragmentarität des Strafrechts beschreibt das Wesen der Strafrechtsordnung als lückenhaft. Die den Submissionsabsprachen vergleichbare Schädlichkeit von Hardcore-Kartellen verlangt nach einer Schließung der Lücke, also nach der Strafbewehrung von Hardcore-Kartellen.

Als strafwürdiges und strafbedürftiges Verhalten dürfen und sollen Hardcore-Kartelle mithin vom Gesetzgeber von der Ordnungswidrigkeit zur Straftat erhoben werden.

Literaturverzeichnis

Achenbach, Hans, Zur aktuellen Lage des Wirtschaftsstrafrechts in Deutschland, GA 2004, S. 559 ff.

Achenbach, Hans, Wirtschaftskriminalität und Wirtschaftsstrafrecht – Gedanken zu einer terminologischen Bereinigung, in: *Feltes, Thomas/Pfeiffer, Christian/Steinhilper, Gernot* (Hrsg.), Kriminalpolitik und ihre wissenschaftlichen Grundlagen, Festschrift für Professor Dr. Hans-Dieter Schwind zum 70. Geburtstag, Heidelberg 2006, S. 177 ff. (zit.: *Achenbach,* in: FS Schwind).

Achenbach, Hans, Neuigkeiten im Recht der Kartellordnungswidrigkeiten, wistra 2006, S. 2 ff.

Achenbach, Hans, Strafrecht als Mittel der Wirtschaftslenkung, ZStW 119 (2007), S. 789 ff.

Achenbach, Hans, „Ordnungsfaktor Wirtschaftsstrafrecht", StV 2008, S. 324 ff.

Achenbach, Hans, Auf ein Neues: Weitere „Kriminalisierung" des Kartellrechts?, in: *Heger, Martin/Kelker, Brigitte/Schramm, Edward* (Hrsg.), Festschrift für Kristian Kühl zum 70. Geburtstag, München 2014, S. 653 ff. (zit.: *Achenbach,* in: FS Kühl).

Achenbach, Hans/Ransiek, Andreas/Rönnau, Thomas (Hrsg.), Handbuch Wirtschaftsstrafrecht, 4. Auflage, Heidelberg u.a. 2015, (zit.: *Bearbeiter,* in: *Achenbach/Ransiek/Rönnau* (Hrsg.), Handbuch Wirtschaftsstrafrecht).

Ackermann, Thomas, Zur Verteidigung eines effektiven kartellrechtlichen Sanktionensystems, ZWeR 2010, S. 329 ff.

Ahn, Sanghoom, Competition, innovation and productivity growth: A review of theorie and evidence, 2002, http://papers.ssrn.com/sol3/papers.cfm?abstract_id=318059 (Stand: 21.04.2015) (zit.: *Ahn,* Competition, Innovation and Productivity Growth).

Alexy, Robert, Recht, Vernunft, Diskurs Studien zur Rechtsphilosophie, Frankfurt am Main 1995 (zit.: *Alexy,* Recht, Vernunft, Diskurs).

Ambos, Kai, Tatherrschaft durch Willensherrschaft kraft organisatorischer Machtapparate, GA 1998, S. 226 ff.

Ambos, Kai/Steiner, Christian, Vom Sinn des Strafens auf innerstaatlicher und supranationaler Ebene, JuS 2001, S. 9 ff.

Anastasopoulou, Ioanna, Deliktstypen zum Schutz kollektiver Rechtsgüter, München 2005 (zit.: *Anastasopoulou,* Deliktstypen).

Appel, Ivo, Verfassung und Strafe. Zu den verfassungsrechtlichen Grenzen staatlichen Strafens, Berlin 1998 (zit.: *Appel,* Verfassung und Strafe).

Arzt, Gunther/Weber, Ulrich/Heinrich, Bernd/Hilgendorf, Eric, Strafrecht Besonderer Teil, 3. Auflage, Bielefeld u.a. 2015 (zit.: *Arzt/Weber/Heinrich/Hilgendorf*, Strafrecht BT).

Baker, Wayne E./Faulkner, Robert R., The social organization of conspiracy: Illegal networks in the heavy electrical equipment industry, American Sociological Review 58 (1993), S. 837 ff.

Bannenberg, Britta, Korruption in Deutschland und ihre strafrechtliche Kontrolle, Neuwied u.a. 2002 (zit.: *Bannenberg*, Korruption).

Barth, Christoph/Budde, Stefanie, „Die Strafe soll nicht größer sein als die Schuld". Zum Urteil des BGH in Sachen Grauzement und den neuen Leitlinien der Bußgeldbemessung, NZKart 2013, S. 311 ff.

Baumann, Jürgen/Arzt, Gunther, Kartellrecht und allgemeines Strafrecht, ZHR 134 (1970), S. 24 ff.

Baur, Jürgen, Das Tatbestandsmerkmal „Wettbewerb", ZHR 134 (1970), S. 97 ff.

Beaton-Wells, Caron/Haines, Fiona/Parker, Christine/Platania-Phung, Chris, The cartel project, report on a survey of the Australian public regarding anticartel law and enforcement, 2010, http://www.austlii.edu.au/au/journals/UMelbLRS/2010/13.pdf (Stand: 07.04.2015).

Beaton-Wells, Caron/Parker, Christine, Justifying criminal sanctions for cartel conduct: A hard case, Journal of Antitrust Enforcement 1 (2013), S. 198 ff.

Beck'sche Kurz-Kommentare, EUV/AEUV, Vertrag über die Europäische Union und Vertrag über die Arbeitsweise der Europäischen Union, hrsg. v. *Streinz, Rudolf*, Band 57, 2. Auflage, München 2012 (zit.: *Bearbeiter*, in: Streinz).

Beck'sche Kurz-Kommentare, Gesetz über Ordnungswidrigkeiten, begr. *Göhler*, Erich, Band 18, 17. Auflage, München 2017 (zit.: *Bearbeiter*, in: Beck'sche Kurz-Kommentare, OWiG).

Beck'scher Online-Kommentar, GG, hrsg. v. *Epping, Volker/Hillgruber, Christian*, Edition 33, München, Stand: Juni 2017 (zit.: *Bearbeiter*, in: Beck'scher Online-Kommentar, GG).

Beck'scher Online-Kommentar, OWiG, hrsg. v. *Graf, Jürgen-Peter*, Edition 15, München, Stand: April 2017 (zit.: *Bearbeiter*, in: Beck'scher Online-Kommentar, OWiG).

Beck'scher Online-Kommentar, StGB, hrsg. v. *Heintschel-Heinegg, Bernd*, Edition 34, München, Stand: Mai 2017 (zit.: *Bearbeiter*, in: Beck'scher Online-Kommentar, StGB).

Beck'scher Online-Kommentar, Strafprozessordnung mit RiStBV und MiStra, hrsg. v. *Graf, Jürgen Peter*, Edition 27, München, Stand: Januar 2017, (zit.: *Bearbeiter*, in: Beck'scher-Online Kommentar, StPO).

Beckenstein, Alan R./Gabel, H. Landis, Antitrust compliance: Results of a survey of legal opinion, Antitrust Law Journal 51 (1982), S. 459 ff.

Becker, Gary S., Crime and punishment: An economic approach, Journal of Political Economy 76 (1968), S. 169 f.

Becker, Gary S., Ökonomische Erklärungen menschlichen Verhaltens, 2. Auflage, Tübingen 1993.

Bender, Johannes, Straftatbestände gegen Submissionsabsprachen, Herbolzheim 2005 (zit.: *Bender*, Straftatbestände).

Benisch, Werner, Private Verfolgung von Wettbewerbsbeschränkungen und Allgemeininteresse, in: *Forschungsinstitut für Wirtschaftsverfassung und Wettbewerb* (Hrsg.), Wettbewerbsordnung im Spannungsfeld von Wirtschafts- und Rechtswissenschaft, Festschrift für Gunter Hartmann, Köln u.a. 1976, S. 37 ff. (zit.: *Benisch*, in: FS Hartmann).

Berndt, Thomas/Hoppler, Ivo, Whistleblowing – ein integraler Bestandteil effektiver Corporate Governance, BB 2005, S. 2623 ff.

Beschorner, F.E./Hüschelrath, Kai, Ökonomische Aspekte der privaten Durchsetzung des Kartellrechts, in: *Möschel, Wernhard/Bien, Florian* (Hrsg.), Kartellrechtsdurchsetzung durch private Schadensersatzklagen?, Baden-Baden 2010, S. 9 ff. (zit.: *Beschorner/Hüschelrath*, in: *Möschel/Bien* (Hrsg.), Kartellrechtsdurchsetzung).

Beth, Hannes/Pinter, Cora-Marie, Preisschirmeffekte: Wettbewerbliche Implikationen für kartellrechtliche Bußgeld- und Schadensersatzverfahren, WuW 2013, S. 228 ff.

Bettermann, Karl August/Nipperdey, Hans Carl/Scheuner, Ulrich (Hrsg.), Die Grundrechte, Handbuch der Theorie und Praxis der Grundrechte, Band 3/2, Rechtspflege und Grundrechtsschutz, Berlin 1959 (zit.: *Bearbeiter*, in: Bettermann/Nipperdey/Scheunder, Die Grundrechte).

Biermann, Jörg, Country analysis – Germany, in: *Dannecker, Gerhard/Jansen, Oswald* (Hrsg.), Competition law sanctioning in the European Union. The EU-law influence on the national law system of sanctions in the European area, Den Haag u.a. 2004, S. 481 ff. (zit.: *Biermann*, in: *Dannecker/Jansen* (Hrsg.), Competition Law Sanctioning in the European Union).

Biermann, Jörg, Neubestimmung des deutschen und europäischen Kartellsanktionenrechts: Reformüberlegungen, Determinanten und Perspektiven einer Kriminalisierung von Verstößen gegen das Kartellrecht, ZWeR 2007, S. 1 ff.

Binding, Karl, Die Normen und ihre Übertretung. Eine Untersuchung über die rechtmäßige Handlung und die Arten des Delikts, 2. Auflage, Leipzig 1890.

Bock, Dennis, Strafrechtlich gebotene Unternehmensaufsicht (Criminal Compliance) als Absenkung des Schadenserwartungswerts aus unternehmensbezogenen Straftaten, HRRS 2010, http://www.hrr-strafrecht.de/hrr/archiv/10-07/hrrs-7-10.pdf (Stand: 22.04.2015). S. 316 ff.

Bock, Dennis, Criminal Compliance, 2. Auflage, Baden-Baden 2013.

Boers, Klaus, Wirtschaftskriminologie, Mschrkrim 2001, S. 335 ff.

Böhme, Frank/Röske, Markus, Überwachung der Telekommunikation gemäß § 100a StPO bei fortgesetzt begangenen Straftaten – Eine Untersuchung am Beispiel des § 298 StGB, NStZ 2014, S. 69 ff.

Bohnert, Joachim (Begr.), OWiG, Kommentar zum Ordnungswidrigkeitengesetz, 4. Auflage, München 2016 (zit.: *Bohnert*, OWiG).

Bolotova, Yuliya/Connor, John M./Miller, Douglas J., Factors influencing the magnitude of cartel overcharges: An empirical analysis of the U.S. market, Journal of Competition Law & Economics 5 (2008), S. 361 ff.

Bolotova, Yuliya V., Cartel overcharges: An empirical analysis, Journal of Economic Behavior & Organization 70 (2009), S. 321 ff.

Bongard, Christian, Mehrerlöse, Mengeneffekte und volkswirtschaftliche Kartellschäden, WuW 2010, S. 762 ff.

Bontrup, Heinz J., „Haftstrafen für Kartellsünder", VDI Nr. 26–27 2010, S. 2.

Bontrup, Heinz-J., Das Kartellrecht novellieren: Strafrechtliche Konsequenzen für Kartelltäter!, Orientierungen zur Wirtschafts- und Gesellschaftspolitik 125 (2010), S. 17 ff.

Boos, Karl-Heinz/Fischer, Reinfrid/Schulte-Mattler, Hermann (Hrsg.), Kommentar zu Kreditwesengesetz, VO (EU) Nr. 575/2013 (CRR) und Ausführungsvorschriften, Band I, 5. Auflage, München 2016 (zit: *Bearbeiter*, in: *Boos/Fischer/Schulte-Mattler*).

Bosch, Nikolaus, Organisationsverschulden in Unternehmen, Baden-Baden 2002.

Bosch, Wolfgang/Colbus, Birgit/Harbusch, Antonia, Berücksichtigung von Compliance-Programmen in Kartellbußgeldverfahren, WuW 2009, S. 740 ff.

Bottke, Wilfried, Zur Legitimität des Wirtschaftsstrafrechts im engeren Sinne und seiner spezifischen Deliktsbeschreibung, in: *Schünemann, Bernd/Gonzalez, Carlos Suärez* (Hrsg.), Bausteine des europäischen Wirtschaftsstrafrecht, Madrid Symposium für Klaus Tiedemann, Köln u.a. 1994, S. 109 ff. (zit.: *Bottke*, in: Madrid-Symposium).

Bräunig, Alexander, Wider die Strafbarkeit von „Hardcore-Kartellen" de lege ferenda, HRRS 2011, http://www.hrr-strafrecht.de/hrr/archiv/11-10/hrrs-10-11.pdf (Stand: 22.04.2015), S. 425 ff.

Brenner, Steffen, An empirical study of the European corporate leniency program, International Journal of Industrial Organization 27 (2009), S. 639 ff.

Brenner, Tobias, „Settlement" in Kartellverfahren des Bundeskartellamtes –Perspektiven und Grenzen, WuW 2011, S. 590 ff.

Brömmelmeyer, Christoph, Corporate Compliance im Kartellrecht – besteht Regelungsbedarf?, NZKart 2014, S. 478 ff.

Bryant, Peter G./Eckard, Woodrow, Price fixing: The probability of getting caught, The Review of Economics and Statistics 1991, S. 531 ff.

Buchert, Christoph, Der Irrweg der EU-Kommission – Zu den Überlegungen über die Einführung einer staatlichen Whistleblower-Prämie, CCZ 2013, S. 144 ff.

Bulst, Friedrich Wenzel, Of arms and amour – The European Commission's White Paper on damages actions for breach of EC antitrust law, Bucerius Law School Journal 2008, S. 81 ff.

Bulst, Friedrich Wenzel, Zu den Bemühungen der Kommission um eine Effektivierung der privaten Kartellrechtsdurchsetzung, in: *Behrens,Peter/Hartmann-Rüppel, Marco/Herrlinger, Justus* (Hrsg.), Schadensersatzklagen gegen Kartellmitglieder, Baden-Baden 2010, S. 11 ff. (zit.: *Bulst*, in: *Behrens/Hartmann-Rüppel/Herrlinger* (Hrsg.), Schadensersatzklagen gegen Kartellmitglieder).

Bülte, Jens, Die Beschränkung der strafrechtlichen Geschäftsherrenhaftung auf die Verhinderung betriebsbezogener Straftaten, NZWiSt 2012, S. 176 ff.

Bundeskartellamt, Private Kartellrechtsdurchsetzung. Stand, Probleme, Perspektiven. Diskussionspapier für die Sitzung des Arbeitskreises Kartellrecht am 26. September 2005, http://www.bundeskartellamt.de/SharedDocs/Publikation/DE/Diskussions_Hintergrundpapier/Bundeskartellamt%20-%20Private%20Kartellrechtsdurchsetzung.pdf?__blob=publicationFile&v=4 (Stand: 08.04.2015) (zit.: BKartA, Private Kartellrechtsdurchsetzung).

Bundeskartellamt, Bekanntmachung Nr. 9/2006 über den Erlass und die Reduktion von Geldbßen in Kartellsachen – Bonusregelung – vom 7. März 2006, http://www.bundeskartellamt.de/SharedDocs/Publikation/DE/Bekanntmachungen/Bekanntmachung%20-%20Bonusregelung.pdf?__blob=publicationFile&v=7 (Stand: 08.04.2015) (zit.: BKartA, Bonusregelung 2006).

Bundeskartellamt, Tätigkeitsbericht 2011/2012, http://www.bundeskartellamt.de/SharedDocs/Publikation/DE/Taetigkeitsberichte/Bundeskartellamt%20-%20Tätigkeitsbericht%202012.pdf?__blob=publicationFile&v=5 (Stand: 08.04.2015) (zit: BKartA, Tätigkeitsbericht 2011/2012).

Bundeskartellamt, Kartellbußgeldverfahren zwischen deutschem Systemdenken und europäischer Konvergenz, Tagung des Arbeitskreises Kartellrecht am 4. Oktober 2012, Hintergrundpapier, http://www.bundeskartellamt.de/SharedDocs/Publikation/DE/Diskussions_Hintergrundpapier/Bundeskartellamt%20-%20Kartellbußgeldverfahren%20zwischen%20deutschem%20 Systemdenken%20und%20europäischer%20Konvergenz.pdf?__blob=publicationFile&v=4 (Stand: 08.04.2015) (zit.: BKartA, Kartellbußgeldverfahren).

Bundeskartellamt, Tätigkeitsbericht 2013/2014, https://www.bundeskartellamt.de/SharedDocs/Publikation/DE/Taetigkeitsberichte/Bundeskartellamt%20-%20Tätigkeitsbericht%202014.pdf;jsessionid=19FCBCB74F78B802DBE2D7A5E1DB79F6.1_cid362?__blob=publicationFile&v=2 (Stand: 13.03.2015) (zit: BKartA, Tätigkeitsbericht 2013/2014).

Bundeskartellamt, Jahresbericht 2013, http://www.bundeskartellamt.de/SharedDocs/Publikation/DE/Jahresbericht/Jahresbericht_2013.pdf?__blob=publicationFile&v=7 (Stand: 08.04.2015) (zit.: BKartA, Jahresbericht 2013).

Bundeskartellamt, Leitlinien für die Bußgeldbemessung in Kartellordnungswidrigkeitenverfahren vom 25. Juni 2013, http://www.bundeskartellamt.de/SharedDocs/Publikation/DE/Leitlinien/Bekanntmachung%20-%20Bußgeldleitlinien-Juni%202013.pdf?__blob=publicationFile&v=5 (Stand: 08.04.2015) (zit.: BKartA, Bußgeldleitlinien 2013).

Bundeskartellamt, Vertikale Beschränkungen in der Internetökonomie, http://www.bundeskartellamt.de/SharedDocs/Publikation/DE/Diskussions_Hintergrundpapier/Bundeskartellamt%20-%20Vertikale%20Beschränkungen%20in%20der%20Internetökonomie.pdf?__blob=publicationFile&v=2 (Stand: 01.02.2016) (zit.: BKartA, Vertikale Beschränkungen).

Bundeskartellamt, Jahresrückblick 2014, http://www.bundeskartellamt.de/SharedDocs/Meldung/DE/Pressemitteilungen/2014/23_12_2014_Jahresrückblick.html?nn=3591568 (Stand: 08.04.2015) (zit.: BKartA, Jahresrückblick 2014).

Bundeskartellamt, Bonusregelung Infotext, http://www.bundeskartellamt.de/DE/Kartellverbot/Bonusregelung/bonusregelung_artikel.html (Stand: 08.04.2015).

Bundeskartellamt, Merkblatt das Settlement-Verfahren des Bundeskartellamtes in Bußgeldsachen, http://www.bundeskartellamt.de/SharedDocs/Publikation/DE/Merkblätter/Merkblatt-Settlement.pdf?__blob=publicationFile&v=2 (Stand: 08.04.2015) (zit.: BKartA, *Settlement*-Verfahren).

Bundeskartellamt, Zwischenbericht des Bundeskartellamts zum Expertenkreis Kartellsanktionenrecht. Reformimpulse für das Kartellbußgeldverfahren, http://www.bundeskartellamt.de/SharedDocs/Publikation/DE/Berichte/AG_Kartellsanktionenrecht_Zwischenbericht.pdf?__blob=publicationFile&v=2 (Stand: 25.03.2016) (zit.: BKartA, Zwischenbereicht Expertenkreis Kartellsanktionenrecht).

Bundeskartellamt, Erfolgreiche Kartellverfolgung – Nutzen für Wirtschaft und Verbraucher, Stand 2016, https://www.bundeskartellamt.de/SharedDocs/Publikation/DE/Broschueren/Informationsbroschüre%20-%20Erfolgreiche%20Kartellverfolgung.pdf?__blob=publicationFile&v=12 (Stand: 30.08.2017) (zit.: BKartA, Erfolgreiche Kartellverfolgung).

Bundeskartellamt, Jahresbericht 2016, http://www.bundeskartellamt.de/SharedDocs/Publikation/DE/Jahresbericht/Jahresbericht_2016.pdf?__blob=publicationFile&v=4 (Stand: 30.08.2017) (zit. BKartA, Jahresbericht 2016).

Bundeskartellamt, Hinweisgebersystem, https://www.bkms-system.net/bkwebanon/report/clientInfo?cin=2bkarta151&language=ger (Stand: 05.09.2017) (zit.: BKartA, Hinweisgebersystem).

Bundesmininisterium der Justiz, Bekämpfung der Wirtschaftskriminalität. Schlussbericht der Sachverständigenkommission zur Bekämpfung der Wirtschaftskriminalität – Reform des Wirtschaftsstrafrechts – über die Beratungsergebnisse, Bonn 1980.

Bung, Jochen, Grundlagenprobleme der Privatisierung von Sanktions- und Präventionsaufgaben, ZStW 2013 (125), S. 536 ff.

Bürkle, Jürgen (Hrsg.), Compliance in Versicherungsunternehmen. Rechtliche Anforderungen und praktische Umsetzung, 2. Auflage, München 2015 (zit.: *Bearbeiter*, in: *Bürkle* (Hrsg.), Compliance in Versicherungsunternehmen).

Bussmann, Kai-D., Business Ethics und Wirtschaftsstrafrecht, MschrKrim 2003, S. 89 ff.

Bussmann, Kai-D., Kriminalprävention durch Business Ethics Ursachen von Wirtschaftskriminalität und die besondere Bedeutung von Werten, zfwu 2004, S. 35 ff.

Bussmann, Kai-D./Salvenmoser, Steffen, Internationale Studie zur Wirtschaftskriminalität, NStZ 2006, S. 203 ff.

Bussmann, Kai-D./Salvenmoser, Steffen/Jeker, Marc, Compliance ist im Markt, aber noch nicht im Recht – Ergebnisse einer Unternehmensbefragung, CCZ 2016, S. 235 ff.

Calvani, Terry/Carl, Kaethe M., The Competition Act 2002, ten years later: Lessons from the Irish experience of prosecuting cartels as criminal offences, Journal of Antitrust Enforcement 1 (2013), S. 296 ff.

CEPS/EUR/LUISS, Making antitrust damages more effective in the EU: welfare impact and potential scenarios, 2007, http://ec.europa.eu/competition/antitrust/actionsdamages/files_white_paper/impact_study.pdf (Stand: 08.04.2015) (zit.: *CEPS/EUR/LUISS*, Making antitrust damages more effective in the EU).

Christiansen, Per, Selbstregulierung, regulatorischer Wettbewerb und staatliche Eingriffe im Internet, MMR 2000, S. 123 ff.

Clarke, Julian L./Evenett, Simon J., The deterrent effect of national antitcartel laws: Evidence from the international vitamins cartel, The Antitrust Bulletin 48 (2003), S. 689 ff.

Cloward, Richard, A./Ohlin, Lloyd E., Delinquency and opportunity. A theory of delinquent gangs, London 1961.

Coffee, John C., Jr., „No soul to damm: No body to kick": An unscandalized inquiry into the problem of corporate punishement, Michigan Law Review 79 (1980/81), S. 387 ff.

Coffee, John C., Jr., Rescuing the private attorney general: Why the model of the lawyer as bounty hunter is not working, Maryland Law Review 42 (1983), S. 215 ff.

Coffee, John C., Jr., Paradigms lost: The blurring of the criminal and civil law models – and what can be done about it, Yale Law Journal 101 (1991/92), S. 1875 ff.

Coleman, James William, Toward an integrated theory of white-collar crime, American Journal of Sociology 93 (1987), S. 406 ff.

Combe, Emmanuel/Monnier, Constance/Legal, Renaud, Cartels: the probability of getting caught in the European Union, 2008, http://papers.ssrn.com/sol3/papers.cfm?abstract_id=1015061 (Stand: 08.04.2015).

Combe, Emmanuel/Monnier, Constance, Fines against hard core cartels in Europe: The myth of over-enforcement, The Antitrust Bulletin 56 (2011), S. 235 ff.

Connor, John Murray/Lande, Robert H., How high do cartels raise prices? Implications for optimal cartel fines, Tulane Law Review 80 (2005/06), S. 513 ff.

Connor, John M./Bolotova, Yuliya, Cartel overcharges: Survey and meta analysis, International Journal of Industrial Organization 24 (2006), S. 1109 ff.

Connor, John M./Lande, Robert H., The size of cartel overcharges: Implication for U.S. and EU fining policy, The Antitrust Bulletin 51 (2006), S. 983 ff.

Connor, John M., Global Price Fixing, 2. Auflage, Berlin u.a. 2007.

Connor, John M., Problems with prison in international cartel cases, The Antitrust Bulletin 56 (2011), S. 311 ff.

Connor, John M./Lande, Robert H., Cartels as rational business strategy: Crime pays, Cardozo Law Review 34 (2012/13), S. 427 ff.

Dannecker, Christoph, Die Folgen der strafrechtlichen Geschäftsherrenhaftung der Unternehmensleitung für die Haftungsverfassung juristischer Personen, NZWiSt 2012, S. 441 ff.

Dannecker, Gerhard, Die Verfolgungsverjährung bei Submissionsabsprachen, NStZ 1985, S. 49 ff.

Dannecker, Gerhard, Zur Notwendigkeit der Einführung kriminalrechtlicher Sanktionen gegen Verbände, GA 2001, S. 101 ff.

Dannecker, Gerhard, Der strafrechtliche Schutz des Wettbewerbs: Notwendigkeit und Grenzen einer Kriminalisierung von Kartellrechtsverstößen, in: *Sieber, Ulrich/Dannecker, Gehard/Kindhäuser, Urs/Vogel, Joachim/Walter, Tonio* (Hrsg.), Strafrecht und Wirtschaftsstrafrecht, Dogmatik, Rechtsvergleich und Rechtstatsachen, Festschrift für Klaus Tiedemann zum 70. Geburtstag, Köln 2008, S. 789 ff. (zit.: *Dannecker,* in: FS Tiedemann).

Dannecker, Gerhard/Dannecker, Christoph, Die „Verteilung" der strafrechtlichen Geschäftsherrenhaftung, JZ 2010, S. 981 ff.

Dannecker, Gerhard, Das Verbot unbestimmter Strafen. Der Bestimmtheitsgrundsatz im Bereich der Deliktsfolgen, in: *Heinrich, Manfred/Jäger, Christian/Achenbach, Hans/Amelung, Knut/Bottke, Wilfried/Haffke, Bernhard/Schünemann, Bernd/Wolter, Jürgen* (Hrsg.) Strafrecht als Scienta Universalis, Festschrift für Claus Roxin zum 80. Geburtstag am 15. Mai 2011, Bd. I, Berlin u.a. 2011, S. 285 ff. (zit.: *Dannecker,* in: FS Roxin).

Dannecker, Gerhard, Die Straflosigkeit der Korruption niedergelassener Ärtzte als Herausforderung für den Gesetzgeber, ZRP 2013, S. 37 ff.

Dannecker, Gerhard, Der Grundrechtsschutz im Kartellordnungswidrigkeitenrecht im Lichte der neueren Rechtsprechung des EuGH, NZKart 2015, S. 25 ff.

Dannecker, Gerhard, Anforderungen des nationales Strafverfassungsrechts an die Inbezugnahme EU-rechtlicher Verhaltensnormen und an Rückverweisungsklauseln in nationalen Rechtsverordnungen. Begrenzung nationalen Grundrechtsschutzes durch den unionsrechtlichen „effet utile"?, ZIS 2016, S. 723 ff.

Davies, Stephen, A survey of the approaches and methods used to assess the economic effects of a Competition Authority's work, 2012, http://www.kkv.se/globalassets/english/publications-and-decisions/a-survey-of-the-approaches-and-methods-used-to-assess-the-economic-effects-of-a-competition-authoritys-work.pdf (Stand: 08.04.2015).

Deiseroth, Dieter/Derleder, Peter, Whistleblower und Denunziatoren, ZRP 2008, S. 248 ff.

Deloitte, The deterrent effect of competition enforcement by the OFT. A report prepared fort he OFT by Deloitte, 2007, http://webarchive.nationalarchives.gov.uk/20140402141250/http:/www.oft.gov.uk/shared_oft/reports/Evaluating-OFTs-work/oft962.pdf (Stand: 29.04.2015).

Deutlmoser, Ralf, Die Büchse der Pandora: Kollektiver Rechtsschutz in Europa, EuZW 2013, S. 652 ff.

Di Fabio, Udo, Verlust der Steuerungskraft klassischer Rechtsquellen, NZS 1998, S. 449 ff.

Di Fabio, Udo, Grundrechte als Werteordnung, JZ 2004, S. 1 ff.

Di Fabio, Udo, Wettbewerbsprinzip und Verfassung, ZWeR 2007, S. 266 ff.

Dittrich, Johannes/Linsmeier, Petra, Compliance-Defence im Kartellrecht, NZKart 2014, S. 485 ff.

Dölling, Dieter, Generalprävention durch Strafrecht: Realität oder Illusion?; ZStW 102 (1990), S. 1 ff.

Dölling, Dieter, Empfehlen sich Änderungen des Straf- und Strafprozessrechts, um der Gefahr von Korruption in Staat, Wirtschaft und Gesellschaft wirksam zu begegnen? Gutachen C, Verhandlungen des 61. Deutschen Juristentages, Karlsruhe 1996, Ständige Deputation des deutschen Juristentages (Hrsg.), Band I, München 1996 (zit.: *Dölling,* Verhandlungen 61. DJT).

Dreher, Meinrad, Die persönliche Außenhaftung von Geschäftsleitern auf Schadensersatz bei Kartellrechtsverstößen, WuW 2009, S. 133 ff.

Dreher, Meinrad, Wider die Kriminalisierung des Kartellrechts, WuW 2011, S. 232 ff.

Dreher, Meinrad/Kulka, Michael (Hrsg.), Wettbewerbs- und Kartellrecht. Eine systematische Darstellung des deutschen und europäischen Rechts, 9. Auflage, Heidelberg 2016 (zit.: *Dreher/Kulka,* Wettbewerbs- und Kartellrecht).

Dubber, Markus Dirk, Positive Generalprävention und Rechtsgutstheorie: Zwei zentrale Errungenschaften der deutschen Strafrechtswissenschaft aus amerikanischer Sicht, ZStW 117 (2005), S. 485 ff.

Ebbing, Frank, Class Action. Die Gruppenklage – ein Vorbild für das deutsche Recht?, ZVglRWiss 103 (2004), S. 31 ff.

Eckstein, Ken, Im Netz des Unionsrechts – Anmerkungen zum Fransson-Urteil des EuGH, ZIS 2013, S. 220 ff.

Edelbluth, Markus, Gewährleistungsaufsicht, Baden-Baden 2008.

Ehrhardt, Anne, Unternehmensdelinquenz und Unternehmensstrafe. Sanktionen gegen juristische Personen nach deutschem und US-amerikanischem Recht, Berlin 1994.

Eichholtz, Stephanie, Die US-amerikanische Class Action und ihre deutschen Funktionsäquivalente, Tübingen 2002 (zit.: *Eichholtz,* Die US-amerikanische Class Action).

Eidam, Gerd, Unternehmen und Strafe, 4. Auflage, Köln 2014.

Eisenberg, Ulrich, Kriminologie, 6. Auflage, München 2005.

Emmerich, Volker, Kartellrecht, 13. Auflage, München 2014.

Enderle, Bettina, Blankettstrafgesetze. Verfassungs- und strafrechtliche Probleme von Wirtschaftsstraftatbeständen, Frankfurt am Main 2000.

Engelhart, Marc, Sanktionierung von Unternehmen und Compliance. Eine rechtsvergleichende Analyse des Straf- und Ordnungswidrigkeitenrechts in Deutschland und den USA; 2. Auflage, Berlin 2012.

Engländer, Armin, Revitalisierung der materiellen Rechtsgutslehre durch das Verfassungsrecht?, ZStW 127 (2015), S. 616 ff.

Erlinghagen, Peter/Zippel, Klaus, „Presseinformationen" des Bundeskartellamtes über Bußgeldfestsetzungen, NJW 1973, S. 10 ff.

Europäische Kommission, Leitlinien für das Verfahren zur Festsetzung von Geldbußen gemäß Artikel 23 Absatz 2 Buchstabe a der Verordnung (EG) Nr. 1/2003, Abl. 2006, Nr. C 210/2 vom 01.09.2006.

Europäische Kommission, Mitteilung der Kommission über den Erlass und die Ermäßigung von Geldbußen in Kartellsachen, Abl. 2006, Nr. C 298 vom 08.12.2006.

Europäische Kommission, Weissbuch. Schadensersatzklagen wegen Verletzung des EG-Wettbewerbsrechts, 02.04.2008, KOM(2005) 165 endgültig.

Europäische Kommission, Mitteilung der Organe, Einrichtungen und sonstigen Stellen der Europäischen Union, Leitlinien für vertikale Beschränkungen, Abl. 2010, Nr. C 130/1 vom 19.05.2010.

Europäische Kommission, Vorschlag für eine Richtlinie des Europäischen Parlaments und des Rates über bestimmte Vorschriften für Schadensersatzklagen nach einzelstaatlichem Recht wegen Zuwiderhandlungen gegen wettbewerbsrechtliche Bestimmungen der Mitgliedstaaten und der Euopäischen Union, 11.06.2013, KOM(2013) 404 endgültig.

Europäische Kommission, Empfehlung der Kommission vom 11. Juni 2013. Gemeinsame Grundsätze für kollektive Unterlassungs- und Schadensersatzverfahren in den Mitgliedstaaten bei Verletzung von durch Unionsrecht garantierten Rechten, Abl. 2013, Nr. L 201/60 vom 27.06.2013.

Europäische Kommission, Mitteilung der Kommission an das Europäische Parlament und den Rat. Zehn Jahre Kartellrechtsdurchsetzung auf der Grundlage der Verordnung (EG) Nr. 1/2003 – Ergebnisse und Ausblick, KOM(2014) 453 endgültig.

Europäische Kommission, Cartel Statistics, http://ec.europa.eu/competition/cartels/statistics/statistics.pdf (Stand: 30.08.2017).

Federmann, Bernd A., Kriminalstrafen im Kartellrecht. Eine rechtsvergleichende Untersuchung zur Frage der Kriminalisierung von Hardcore-Kartellen, Baden-Baden 2006 (zit.: *Federmann*, Kriminalstrafen).

Feinberg, Robert M., Antitrust enforcement and subsequent price behaviour, The Review of Economics and Statistics 1980, S. 609 ff.

Feinberg, Robert M., Strategic and deterrent pricing responses to antitrust investigations, International Journal of Industrial Organization 2 (1984), S. 75 ff.

Feinberg, Robert M., The enforcement and effects of European Competition policy: Results of a survey of legal opinion, Journal of Common Market Studies 23 (1985), S. 373 ff.

Feld, Lars P./Möschel, Wernhard/Wieland, Volker/Wigger, Berthold U., Reform der Geldbußen im Kartellrecht überfällig, Research Report, Kronberger Kreis-Studien, Stiftung Marktwirtschaft 2012, http://www.stiftung-marktwirtschaft.de/uploads/tx_ttproducts/datasheet/KK_54_Kartellrecht-Geldbussen_2012.pdf (Stand: 11.04.2015) (zit.: *Feld/Möschel/Wieland/Wigger,* Reform der Geldbußen).

Fiedler, Lilly, Class Actions zur Durchsetzung des europäischen Kartellrechts. Nutzen und mögliche prozessuale Ausgestaltung von kollektiven Rechtsschutzverfahren im deutschen Recht zur privaten Durchsetzung des europäischen Kartellrechts, Tübingen 2010 (zit.: *Fiedler,* Class Actions).

Fikentscher, Wolfgang, Neuere Entwicklungen der Theorie zum Tatbestandsmerkmal der Wettbewerbsbeschränkung § 1 GWB, WuW 1961, S. 788 ff.

Fleischer, Holger, Haftungsfreistellung, Prozesskostenersatz und Versicherung für Vorstandsmitglieder, WM 2005, S. 909 ff.

Frank, Christopher Titz, Andrea, Die Kronzeugenregelung zwischen Legalitätsprinzip und Rechtstaatlichkeit, ZRP 2009, S. 137 ff.

Frenz, Walter, Ausreichendes Kartellbußgeldsystem – keine Notwendigkeit von Haftstrafen, wrp 2014, S. 367 ff.

Frese, Michael J., The negativ interplay between national custodial sanctions and leniency, in: *Cseres, Katalin J./Schinkel, Maarten Pieter/Vogelaar, Floris O.W.* (Hrsg.), Criminalization of competition law enforcement, Cheltenham/Northampton 2006, S. 196 ff. (zit.: *Frese,* in: *Cseres/Schinkel/Vogelaar* (Hrsg.), Criminalization).

Frisch, Wolfgang, An den Grenzen des Strafrechts, in: *Küper, Wilfried* (Hrsg.), Beiträge zur Rechtswissenschaft, Festschrift für Walter Stree und Johannes Wessels zum 70. Geburtstag, Heidelberg 1993, S. 69 ff. (zit.: *Frisch,* in: FS Stree und Wessels).

Frisch, Wolfgang, Voraussetzungen und Grenzen staatlichen Strafens, NStZ 2016, S. 16 ff.

Furse, Mark, The criminal law of competition in the UK and in the US. Failure and success, Cheltenham u.a. 2012 (zit.: *Furse,* Criminal Law).

Gänßle, Peter, Der Whistleblower im Spannungsfeld zwischen Korruptionsbekämpfung und arbeitsrechtlichen Pflichten, KJ 2007, S. 265 ff.

Geradin, Damien, Antitrust compliance programmes and optimal antitrust enforcement: a reply to Wouter Wils, Journal of Antitrust Enforcement 1 (2013), S. 325 ff.

Gärditz, Klaus Ferdinand, Demokratizität des Strafrechts und Ultima Ratio-Grundsatz, JZ 2016, S. 641 ff.

Gesetzesantrag des Landes Nordrhein-Westfalen, Entwurf eines Gesetzes zur Einführung der strafrechtlichen Verantwortlichkeit von Unternehmen und sonstigen Verbänden, https://www.justiz.nrw.de/JM/justizpolitik/jumiko/beschluesse/2013/herbstkonferenz13/zw3/TOP_II_5_Gesetzentwurf.pdf (Stand: 25.04.2015).

Ginsburg, Douglas H./Wright, Joshua D., Antitrust Sanctions, Competition Policy International 6 (2010), S. 3 ff.

Golub, Alla/Detre, Joshua/Connor, John M., The profitability of price fixing: Have stronger antitrust sanction deterred?, 2005, http://papers.ssrn.com/sol3/papers.cfm?abstract_id=1188515 (Stand: 22.04.2015).

Göppinger, Hans, Kriminologie, hrsg. v. *Bock, Michael*, 6. Auflage, München 2008.

Gordon, Fiammetta/Squires, David, The deterrent effect of the UK competition enforcement, DE ECONOMIST 156 (2008), S. 411 ff.

Götting, Susanne/Götting, Bert, Kriminalisierung des Kartellrechts? Eine Analyse von Gesetzgebung und Rechtsprechung – zugleich eine Anmerkung zu BGH – Urteil vom 11.7.2001, 1 StR 575/00, ZfBR 2003, S. 341 ff.

Greco, Luis, Was lässt das BVerfG von der Rechtsgutslehre übrig? Gedanken anlässlich der Inzestentscheidung des BVerfG, ZIS 2008, S. 234 ff.

Grünhut, Max, Methodische Grundlagen des heutigen Strafrechtswissenschaft, in: *Hegler, August* (Hrsg.), Beiträge zur Strafrechtswissenschaft, Band I, Festgabe für Reinhard von Frank. Zum 70. Geburtstag, 16. August 1930, Tübingen 1930, S. 1 ff. (zit.: *Grünhut*, in: FG Frank, Bd. I).

Grützner, Thomas, Anmerkung zu BVerfG, Beschluss vom 17.02.2014 – BvQ 4/14, BVergG: Rechtshilfe in Kartellsachen – Auslieferung eines EU-Bürgers an die USA, BB 2014, S. 1299 f.

Grzesiek, Mathias/Sauerwein, Theresa Was lange währt, wird endlich gut: §§ 299a und b StGB als „Allheilmittel" zur Bekämpfung von Korruption im Gesundheitswesen?, NZWiSt 2016, S. 369 ff.

Günster, Andrea/Van Dijk, Mathijs A., The impact of european antitrust policy: Evidence from the stock market, 2011, http://ssrn.com/abstract=1598387 (Stand: 11.04.2015).

Gurkmann, Jutta, Stellungnahme zur Anhörung des Wirtschaftsausschusses des Deutschen Bundestages am 23. Januar 2017 zur Neunten GWB-Novelle, https://www.bundestag.de/blob/489218/af79bd197c1d9b8af209d4420c943dd2/gurkmann-data.pdf (Stand: 27.03.2014).

Gussone, Peter/Michalczyk, Roman, Der Austausch von Informationen im ECN – wer bekommt was wann zu sehen? EuZW 2011, S. 130 ff.

Gussone, Peter, Kartellrechtliche Fragen nach Aufdeckung des Brauereikartells Chancen für Schadensersatz, Lebensmittel Zeitung 2014, S. 28.

Gutzler, Helmut, Mängel bei de Durchsetzung des Kartellrechts und mögliche Maßnahmen zu ihrer Behebung, in: Band VIII, Tagungsberichte der Sachverständigenkommission zur Bekämpfung der Wirtschaftskriminalität, Reform des Wirtschaftsstrafrechts, Anlage 7, Bonn 1975 (zit.: *Gutzler*, in: Tagungsberichte).

Hack, Frank Sebastian, Vorstandsverantwortlichkeit bei Kartellrechtsverstößen, Frankfurt am Main u.a. 2012 (zit.: *Hack*, Vorstandsverantwortlichkeit).

Haltiwanger, John/Harrington, Joseph, The impact of cyclical demand movements on collusive behaviour, RAND Journal of Economics 22 (1991), S. 89 ff.

Hamann, Andreas, Grundgesetz und Strafgesetzgebung, Neuwied u.a. 1963.

Hamm, Rainer, Richten mit und über Strafrecht, NJW 2016, S. 1537 ff.

Harding, Christopher, Business collusion as a criminological phenomenon: Exploring the global criminalisation of business cartells, Critical Criminology 2006, S. 181 ff.

Harding, Christopher/Joshua, Julien, Regulating cartels in Europe, 2. Auflage, New York 2010 (zit.: *Harding/Joshua*, Regulating Cartels).

Harding, Christopher, The anti-cartel enforcement industry: Criminological perspectives on cartel criminalisation, in: *Beaton-Wells, Caron/Ezrachi, Ariel* (Hrsg.), Criminalising cartels. Critical studies of an international regulatory movement, Oxford 2011, S. 359 ff. (zit.: *Harding*, in: *Beaton-Wells/Ezrachi* (Hrsg.), Criminalising Cartels).

Hassemer, Winfried, Theorie und Soziologie des Verbrechens. Ansätze zu einer praxisorientierten Rechtsgutslehre, Frankfurt am Main 1973 (zit.: *Hassemer*, Theorie und Soziologie).

Hassemer, Winfried, Aktuelle Perspektiven der Kriminalpolitik, StV 1994, S. 333 ff.

Hassemer, Winfried, Perspektiven einer neuen Kriminalpoltik, StV 1995, S. 483 ff.

Haucap, Justus/Stühmeier, Thorben, Wie hoch sind durch Kartelle verursachte Schäden: Antworten aus Sicht der Wirtschaftstheorie, WuW 2008, S. 413 ff.

Hauschka, Christoph E., Compliance, Compliance-Manager, Compliance-Programme: Eine geeignete Reaktion auf gestiegene Haftungsrisiken für Unternehmen und Management?, NJW 2004, S. 254 ff.

Hauschka, Christoph E./Mossmayer, Klaus/Lösler, Thomas (Hrsg.), Corporate Compliance. Handbuch der Haftungsvermeidung im Unternehmen, 3. Auflage, München 2016 (zit.: *Bearbeiter*, in: *Hauschka/Mossmayer/Lösler* (Hrsg.), Corporate Compliance).

Hay, George A./Kelley, Daniel, An empirical survey of price fixing conspiracies, Journal of Law and Economics 17 (1974), S. 13 ff.

Hayek, F.A., Der Wettbewerb als Entdeckungsverfahren, Kiel 1968.

Hefendehl, Roland, Zur Vorverlagerung des Rechtsgutsschutzes am Beispiel der Geldfälschungstatbestände, JR 1996, S. 352 ff.

Hefendehl, Roland, Kollektive Rechtsgüter im Strafrecht, Köln u.a. 2002.

Hefendehl, Roland, Die Materialisierung von Rechtsgut und Deliktsstruktur, GA 2002, S. 21 ff.

Hefendehl, Roland, Enron, Worldcom, and the consequences: Business criminal law between doctrinal requirements and the hopes of crime policy, Buffalo Criminal Law Review 8 (2004), S. 51 ff.

Hefendehl, Roland, Die technische Prävention und das Strafrecht. Äpfel und Birnen oder Steine statt Steine, NJ 2006, S. 17 ff.

Hefendehl, Roland, Corporate Governance und Business Ethics: Scheinberuhigung oder Alternativen bei der Bekämpfung der Wirtschaftskriminalität, JZ 2006, S. 119 ff.

Hefendehl, Roland, Außerstrafrechtliche und strafrechtliche Instrumentarien zur Eindämmung der Wirtschaftskriminalität, ZStW 119 (2007), S. 816 ff.

Hefendehl, Roland, Der fragmentarische Charakter des Strafrechts, JA 2011, S. 401 ff.

Heine, Günter, Die strafrechtliche Verantwortlichkeit von Unternehmen. Von individuellem Fehlverhalten zu kollektiven Fehlentwicklungen, insbesondere bei Großrisiken, Baden-Baden 1995.

Heinemann, Andreas, Kriminalrechtliche Individualsanktionen im Kartellrecht?, in: *Kunz, Peter V./Herren, Dorothea/Cottier, Thomas/Matteotti, René* (Hrsg.), Wirtschaftsrecht und Theorie, Festschrift für Roland von Büren, Basel 2009, S. 595 ff. (zit.: *Heinemann*, in: FS v. Büren)

Heinrich, Manfred, Strafrecht als Rechtsgüterschutz – ein Auslaufmodell? Zur Unverbrüchlichkeit des Rechtsgutsdogmas, in: *Heinrich, Manfred/Jäger, Christian/Achenbach, Hans/Amelung, Knut/Bottke, Wilfried/Haffke, Bernhard/Schünemann, Bernd/Wolter, Jürgen* (Hrsg.) Strafrecht als Scienta

Universalis, Festschrift für Claus Roxin zum 80. Geburtstag am 15. Mai 2011, Band I, Berlin u.a. 2011, S. 131 ff. (zit.: *Heinrich,* in: FS Roxin).

Heinz, Wolfgang, Konzeption und Grundsätze des Wirtschaftsstrafrechts, ZStW 96 (1984), S. 417 ff.

Heinz, Wolfgang, Begriffliche und strukturelle Besonderheiten des Wirtschaftsstrafrechts – Eine Übersicht über die Entwicklung des Wirtschaftsstrafrechts in der Bundesrepublik Deutschland, in: *Gropp, Walter* (Hrsg.), Wirtschaftskriminalität und Wirtschaftsstrafrecht in einem Europa auf dem Weg zu Demokratie und Privatisierung, Leipzig 1998.

Hellwig, Martin, Effizienz oder Wettbewerbsfreiheit? Zur normativen Grundlegung der Wettbewerbspolitik, in: *Engel, Christoph/Möschel, Wernhard* (Hrsg.), Recht und spontane Ordnung, Festschrift für Ernst-Joachim Mestmäcker zum achtzigsten Geburtstag, Baden-Baden 2006, S. 231 ff. (zit.: *Hellwig,* in: FS Mestmäcker).

Hempel, Rolf, Privater Rechtsschutz im Kartellrecht. Eine rechtsvergleichende Analyse, Baden-Baden 2002.

Hempel, Rolf, Privater Rechtsschutz im deutschen Kartellrecht nach der 7. GWB-Novelle, WuW 2004, S. 362 ff.

Hempel, Rolf, Kollektiver Rechtsschutz im Kartellrecht, in: *Möschel, Wernhard/ Bien, Florian* (Hrsg.), Kartellrechtsdurchsetzung durch private Schadensersatzklagen?, Baden-Baden 2010, S. 71 ff. (zit.: *Hempel,* in: *Möschel/Bien* (Hrsg.), Kartellrechtsdurchsetzung).

Hempel, Rolf, War da nicht noch etwas? – Zum kollektiven Rechtsschutz im Kartellrecht, NZKart 2013, S. 494 ff.

Hess, Burkhard, Kartellrechtliche Kollektivklagen in der Europäischen Union, WuW 2010, S. 493 ff.

Hirsch, Hans Joachim, Strafrechtliche Verantwortlichkeit von Unternehmen, ZStW 107 (1995), S. 285 ff.

Hirschi, Travis, Causes of delinquency, Berkeley 1969.

Hoerster, Norbert, Muss Strafe sein. Positionen der Philosophie, München 2012.

Hombrecher, Lars, Strafbarkeit von Hardcore-Kartellen?, NZKart 2017, S. 143 ff.

Honig, Richard, Die Einwilligung des Verletzten, Teil I, Die Geschichte des Einwilligungsproblems und die Methodenfrage, Mannheim u.a. 1919 (zit.: *Honig,* Einwilligung).

Hoppmann, Erich, Wirtschaftsordnung und Wettbewerb, Baden-Baden 1988.

Hörnle, Tatjana/von Hirsch, Andrew, Positive Generalprävention und Tadel, in: *Schünemann, Bernd/Von Hirsch, Andrew/Jareborg, Nils* (Hrsg.), Positive Generalprävention. Kritische Analysen im deutsch-englischen Dialog,

Heidelberg 1998 (zit.: *Hörnle/von Hirsch*, in: *Schünemann/von Hirsch/Jareborg*, (Hrsg.), Positive Generalprävention).

Hörnle, Tatjana, Grob anstößiges Verhalten, Frankfurt am Main 2005.

Hoven, Elisa, Zur Verfassungsmäßigkeit von Blankettstrafgesetzen – Eine Betrachtung der aktuellen Rechtsprechung zu § 52 Abs. 2 VTabakG und § 10 RiFlEtikettG, NStZ 2016, S. 377 ff.

Hüschelrath, Kai, The cost and benefits of antitrust enforcement: Indentification and measurement, World Competition Law and Economic Review 35 (2012), S. 121 ff.

Hüschelrath, Kai/Leheyda, Nina/Schweitzer Heike/Veith, Tobias, Schadensermittlung und Schadensersatz bei Hardcore-Kartellen, Ökonomische Methoden und rechtlicher Rahmen, Baden-Baden 2012.

Hüschelrath, Kai/Peyer, Sebastian, Public and private enforcement of competition law: A differentiated approach, World Competition Law and Economic Review 36 (2013), S. 585 ff.

Hüschelrath, Kai/Weigand, Jürgen, Fighting hard core cartels, ftp://ftp.zew.de/pub/zew-docs/dp/dp10084.pdf (Stand: 31.03.2015).

Immenga, Ulrich/Mestmäcker, Ernst-Joachim (Hrsg.), Wettbewerbsrecht, Band I EU/Teil 1, Kommentar zum Europäischen Kartellrecht, 5. Auflage, München 2012, (zit.: *Bearbeiter*, in: *Immenga/Mestmäcker*, Bd. I).

Immenga, Ulrich/Mestmäcker, Ernst-Joachim (Hrsg.), Wettbewerbsrecht, Band II GWB, Kommentar zum Deutschen Kartellrecht 5. Auflage, München 2014 (zit.: *Bearbeiter*, in: *Immenga/Mestmäcker*, Bd. II).

Inderst, Roman Maier-Rigaud, Frank/Schwalbe, Ulrich, Quantifizierung von Schäden durch Wettbewerbsverstöße, 2013, http://papers.ssrn.com/sol3/papers.cfm?abstract_id=2231962 (Stand: 30.03.2015).

Inderst, Roman/Schwalbe, Ulrich, Das kontrafaktische Szenario bei Berechnung von Kartellschäden, WuW 2012, S. 122 ff.

Inderst, Roman/Zlata, Jakubovic, Nachwirkungen von Kartellen, WuW 2013, S. 5 ff.

Inderst, Roman/Maier-Rigaud, Frank P./Schwalbe, Ulrich, Preisschirmeffekte, WuW 2014, S. 1043 ff.

International Competition Network, Defining hard core cartel conduct. Effective institutions. Effective penalities, 2005, http://www.internationalcompetitionnetwork.org/uploads/library/doc346.pdf (23.04.2015) (zit.: ICN, Defining Hard Core Cartel Conduct).

Italianer, Alexander, Fighting cartels in Europe and in the US: different systems, common goals, 2013, http://ec.europa.eu/competition/speeches/text/sp2013_09_en.pdf (Stand: 25.04.2015).

Jäger, Herbert, Strafgesetzgebung und Rechtsgüterschutz bei Sittlichkeitsdelikten, Stuttgart 1957 (zit.: *Jäger*, Strafgesetzgebung).

Jaeger, Thomas, Rennaissance der Krisenkartelle, EuZW 2010, S. 881.

Jahn, Matthias/Brodowski, Dominik, Krise und Neuaufbau eines strafverfassungsrechtlichen Ultima Ratio-Prinzips, JZ 2016, S. 969 ff.

Jakobs, Günther, Strafrecht, Allgemeiner Teil, Die Grundlagen und die Zurechungslehre, Lehrbuch, Part. 1, 2. Auflage, Berlin u.a. 1991 (*Jakobs*, Strafrecht AT).

Janssen, Maximilian, Managerhaftung bei Kartellrechtsverstößen. Die persönliche Verantwortung natürlicher Personen für Kartellrechtsverstöße aus ordnungswidrigkeitsrechtlicher, zivilrechtlicher und strafrechtlicher Sicht, Marburg 2013 (zit.: *Janssen*, Managerhaftung).

Jarass, Hans D., Charta der Grundrechte der Europäischen Union unter Einbeziehung von der vom EuGH entwickelten Grundrechte, der Grundrechtsregelungen der Verträge und der EMRK, 2. Auflage, München 2013 (zit.: *Jarass*, Grundrechtecharta).

Jarass, Hans D., Zum Verhältnis von Grundrechtecharta und sonstigem Recht, EUR 2013, S. 29 ff.

Jescheck, Hans-Heinrich/Weigend, Thomas, Lehrbuch des Strafrechts. Allgemeiner Teil, 5. Auflage, Berlin 1996 (zit. *Jescheck/Weigend*, Strafrecht AT).

John, Stefan, Stellungnahme zur Anhörung des Wirtschaftsausschusses des Deutschen Bundestages am 23. Januar 2017 zur Neunten GWB-Novelle, https://www.bundestag.de/blob/489192/30cf175cef8fbc257f99fccb8524be29/john-data.pdf (Stand: 24.03.2017).

Jones, Alison/Williams, Rebecca, The UK response to the global effort against cartels: Is criminalization really the solution?, Journal of Antitrust Enforcement 2 (2014), S. 100 ff.

Jungbluth, Armin, Berücksichtigung von Compliance bei Kartellverstößen, NZKart 2015, S. 13 ff.

Jüngel, Marc, Shame Sanctions Wiedergeburt der Schandstrafe?: Generalpräventive Publizität und materieller Strafbegriff, Langenfeld 2011 (zit.: *Jüngel*, Shame Sanctions).

Jungermann, Sebastian, US-Discovery zur Unterstützung deutscher Kartellschadensersatzklagen, WuW 2014, S. 4 ff.

Jungermann, Sebastian, Weltweit erste Auslieferung an die USA wegen Kartellverstoß – aus Deutschland, WuW 2014, S. 563.

Kahan, Dan/Posner, Eric, Shaming white-collar criminals: Proposal for reform of the federal sentencing guidelines, Journal of Law and Economics 42 (1999), S. 365 ff.

Kaiser, Günther, Kriminologie, 10. Auflage, Heidelberg 1997.

Kapp, Thomas/Gärtner, Daniel, Die Haftung von Vorstand und Aufsichtsrat bei Verstößen gegen das Kartellrecht, CCZ 2009, S. 168 ff.

Karlsruher Kommentar zum Gesetz über Ordnungswidrigkeiten, hrsg. v. *Senge, Lothar*, 4. Auflage, München 2014 (zit.: *Bearbeiter*, in: Karlsruher Kommentar, OWiG).

Karlsruher Kommentar zur Strafprozessordnung, hrsg. v. *Hannich, Rolf*, 7. Auflage, München 2013 (zit.: *Bearbeiter*, in: Karlsruher Kommentar, StPO).

Kartte, Wolfgang/Portatius, Alexander, Kriminalisierung des Kartellrechts?, BB 1975, S. 1169 ff.

Kaspar, Johannes, Verhältnismäßigkeit und Grundrechtsschutz im Präventionsstrafrecht, Baden-Baden 2014 (zit.: *Kasper*, Verhältnismäßigkeit).

Kempf, Eberhard, Ultima Ratio? – Ultima Ratio! Der Beschluss des BVerfG vom 21. September 2016 zur Nichtigkeit einer Blankettstrafnorm, AnwBl 2017, S. 34 ff.

Kersting, Christian, Die Rechtsprechung des EuGH zur Bußgeldhaftung der wirtschaftlichen Einheit, WuW 2014, S. 1156 ff.

Khan, Aaron, Rethinking sanctions for breaching EU competition law: Is director disqualification the answer?, World Competition Law and Economic Review 35 (2012), S. 77 ff.

Kindhäuser, Urs, Strafrecht Allgemeiner Teil, 7. Auflage, Baden-Baden 2015 (zit.: *Kindhäuser*, Strafrecht AT).

Kindhäuser, Urs/Neumann, Ulfrid/Paeffgen, Hans-Ullrich (Hrsg.), Nomos Kommentar, Strafgesetzbuch, Band I, Allgemeiner Teil, §§ 1 – 79b StGB, 5. Auflage, Baden-Baden 2017 (zit.: *Bearbeiter*, in: NK, Bd. I).

Kindhäuser, Urs/Neumann, Ulfrid/Paeffgen, Hans-Ullrich (Hrsg.), Nomos Kommentar, Strafgesetzbuch, Band II, Besonderer Teil, §§ 80 – 231 StGB, 5. Auflage, Baden-Baden 2017 (zit.: *Bearbeiter*, in: NK, Bd. II).

Kindhäuser, Urs/Neumann, Ulfrid/Paeffgen, Hans-Ullrich (Hrsg.), Nomos Kommentar, Strafgesetzbuch, Band III, Besonderer Teil, §§ 232 – 358 StGB, 5. Auflage, Baden-Baden 2017 (zit.: *Bearbeiter*, in: NK, Bd. III).

Kirch-Heim, Claudio, Sanktionen gegen Unternehmen. Rechtsinstrumente zur Bekämpfung unternehmensbezogener Straftaten, Berlin 2007.

Klindt, Thomas, Nicht börsliches Compliance-Management als zukünftige Aufgabe von Inhouse-Juristen, NJW 2006, S. 3399 ff.

Kling, Michael/Thomas, Stefan, Kartellrecht, 2. Auflage, München 2016.

Klocker, Peter/Ost, Konrad, Nach der Novelle ist vor der Novelle – Themen einer 8. GWB-Novelle, in: *Brinker, Ingo/Scheuing, Dieter H./Stockmann, Kurt* (Hrsg.), Recht und Wettbewerb, Festschrift für Rainer Bechtold zum 65. Geburtstags, München 2006, S. 229 ff., (zit.: *Klocker/Ost,* in: FS Bechtold).

Knöpfle, Robert, Kann der Inhalt des Wettbewerbs i.S. des GWB bestimmt werden? DB 1991, S. 1433 ff.

Koalitionsvertrag zwischen CDU, CSU und SPD, Deutschlands Zukunft gestalten, 18. Legislaturperiode, https://www.cdu.de/sites/default/files/media/dokumente/koalitionsvertrag.pdf (Stand: 18.04.2015).

Koch, Arndt, Korruptionsbekämpfung durch Geheimnisverrat? Strafrechtliche Aspekte des Whistleblowing, ZIS 2008, S. 500 ff.

Koch, Harald, Die Präventions- und Steuerungswirkung des Schuld- und Wettbewerbsrecht, JZ 1999, S. 922 ff.

Koch, Harald, Europäischer kollektiver Rechtsschutz vs. amerikanischer ‚class action': Die gebändigte Sammelklage in Europa?, WuW 2013, S. 1059 ff.

Köhler, Helmut/Bornkamm, Joachim (Bearb.), Gesetz gegen den unlauteren Wettbewerb. Preisangabenverordnung, Unterlassungsklagengesetz, Dienstleistungs-Informationspflichten-Verordnung, 33. Auflage, München 2015 (zit.: *Bearbeiter,* in: *Köhler/Bornkamm*).

Kohlhoff, Christian, Kartellstrafrecht und Kollektivstrafe. Die Begründung eines Kollektivstrafrechts – zugleich eine Untersuchung zur grundsätzlichen Bedeutung der kollektiven Dimension im Strafrecht, Berlin 2003 (zit.: *Kohlhoff,* Kartellstrafrecht).

Kölbel, Ralf, Criminal Compliance – ein Missverständnis des Strafrecht?, ZStW 2013 (125), S. 499 ff.

87. Konferenz der Justizministerinnen und Justizminister, 87. Konferenz der Justizministerinnen und Justizminister am 17. November 2016, Beschluss zu Top II.3, https://mdjev.brandenburg.de/media_fast/6228/top_ii.3_-_strafbarkeit_von_kartellverstoessen_herbstkonferenz.pdf (Stand: 12.03.2017).

Kovacic, William E., Private monitoring and antitrust enforcement: Paying informants to reveal cartels, George Washington Law Review 69 (2000/01), S. 766 ff.

Kovacic, William E., Competition policy and cartels: the design of remedies, in: *Cseres, Katalin J./Schinkel, Maarten Pieter/Vogelaar, Floris O.W.* (Hrsg.), Criminalization of competition law enforcement, Cheltenham/Northampton

2006, S. 41 ff. (zit.: *Kovacic,* in: *Cseres/Schinkel/Vogelaar* (Hrsg.), Criminalization).

Krieger, Gerd/Schneider, Uwe H., Handbuch Managerhaftung. Vorstand. Geschäftsführer. Aufsichtsrat. Pflichten und Haftungsfolgen. Typische Risikobereiche, 2. Auflage, Köln 2010 (zit.: *Bearbeiter,* in: *Krieger/Schneider* (Hrsg.), Handbuch Managerhaftung).

Kubiciel, Michael, Shame Sanction – Ehrenstrafen im Lichte der Straftheorie, ZStW 118 (2006), S. 44 ff.

Kubiciel, Michael, Verbandsstrafe – Verfassungskonformität und Systemkonfirmität, ZRP 2014, S. 133 ff.

Kubiciel, Michael, Schriftliche Fassung der Stellungnahme in der öffentlichen Anhörung vor dem Rechtsausschuss des Deutschen Bundestages am 2.12.2015 zum Regierungsentwurf eines Gesetzes zur Bekämpfung der Korruption im Gesundheitswesen, https://www.bundestag.de/blob/397590/60c0dc306c5668ef82833b159194eb58/kubiciel-data.pdf (Stand: 04.09.2017) (zit.: *Kubiciel,* Stellungnahme zum Regierungsentwurf eines Gesetzes zur Bekämpfung der Korruption im Gesundheitswesen).

Kubiciel, Michael, Kölner Papiere zur Kriminalpolitik. Bestechlichkeit und Bestechung im Gesundheitswesen (§ 299a StGB), http://kubiciel.jura.uni-koeln.de/fileadmin/sites/strafrecht_steinberg/Koelner_Papiere_zur_Kriminalpolitik/BESTECHLICHKEIT_UND_BESTECHUNG

Kühl, Kristian, Fragmentarisches und subsidiäres Strafrecht, in: *Sieber, Ulrich/Dannecker, Gehard/Kindhäuser, Urs/Vogel, Joachim/Walter, Tonio* (Hrsg.), Strafrecht und Wirtschaftsstrafrecht, Dogmatik, Rechtsvergleich und Rechtstatsachen, Festschrift für Klaus Tiedemann zum 70. Geburtstag, Köln 2008, S. 29 ff. (zit.: *Kühl,* in: FS Tiedemann).

Kühl, Kristian, Der Umgang des Strafrechts mit Moral und Sitte, JA 2009, S. 833 ff.

Kühl, Kristian, Von der gerechten Strafe zum legitiminen Bereich des Strafbaren, in: *Bloy, René/Böse, Martin/Hillenkamp, Thomas/Momsen, Carsten/Rackow, Peter* (Hrsg.), Gerechte Strafe und legitimes Strafrecht, Festschrift für Manfred Maiwald zum 75. Geburtstag, Berlin 2010, S. 433 ff. (zit.: *Kühl,* in: FS Maiwald).

Kühling, Jürgen, Stellungnahme zur Anhörung des Wirtschaftsausschusses des Deutschen Bundestages am 23. Januar 2017 zur Neunten GWB-Novelle, https://www.bundestag.de/blob/489200/0d0d36ed3b6b79150e07bf420c2e7934/kuehling-data.pdf (Stand: 24.03.2017).

Kwasniewski, Nicolai, Deutsche Bahn wehrt sich selbst gegen Kartelle, Spiegel Online, 24.03.2014.

Laitenberger, Ulrich/Smuda, Florian, Estimating consumer damages in cartel cases, Journal of Competition Law & Economics 11 (2015), S. 955 ff.

Lampe, Ernst-Joachim, Systemunrecht und Unrechtssysteme, ZStW 106 (1994), S. 683 ff.

Lampe, Ernst-Joachim, Überindividuelle Rechtsgüter, Institutionen, Interessen, in: *Sieber, Ulrich/Dannecker, Gehard/Kindhäuser, Urs/Vogel, Joachim/Walter, Tonio* (Hrsg.), Strafrecht und Wirtschaftsstrafrecht. Dogmatik, Rechtsvergleich und Rechtstatsachen, Festschrift für Klaus Tiedemann zum 70. Geburtstag, Köln 2008, S. 79 ff. (zit.: *Lampe,* in: FS Tiedemann).

Lampert, Thomas, Gestiegenes Unternehmensrisiko Kartellrecht – Risikoreduzierung durch Competition-Compliance-Programme, BB 2002, S. 2237 ff.

Lampert, Thomas/Götting, Susanne, Startschuss für die Kriminalisierung des Kartellrechts, WuW 2002, S. 1069 ff.

Landau, Herbert, Die Pflicht des Staates zum Erhalt einer funktionstüchtigen Strafrechtspflege, NStZ 2007, S. 121 ff.

Landau, Herbert, Die deutsche Strafrechtsdogmatik zwischen Anpassung und Selbstbehauptung – Grenzkontrolle der Kriminalpolitik durch die Dogmatik?, ZStW 121 (2009), S. 965 ff.

Landau, Herbert, Das Strafrecht in seinen europäischen Bezügen – Gemeinsamkeiten, Diskrepanzen, Entscheidungen und Impulse, NStZ 2013, S. 194 ff.

Landes, William M., Optimal Sanctions for Antitrust Violations, The University of Chicago Law Review 1983, S. 652 ff.

Langen/Bunte, Kartellrecht Kommentar, hrsg. v. *Bunte, Hermann-Josef*, Band I, Deutsches Kartellrecht, 12. Auflage, Köln 2014, (zit.: *Bearbeiter,* in: *Langen/ Bunte).*

Leibenstein, Harvey, Allocative Efficiency vs. „x-efficiency", Amercian Economic Review 56 (1966), S. 392 ff.

Leipziger Kommentar, StGB, hrsg. v. *Laufhütte, Heinrich Wilhelm/Rissing-van Saan, Ruth/Tiedemann, Klaus*, Band I, §§ 1–31, 12. Auflage, Berlin 2007 (zit.: *Bearbeiter,* in: Leipziger Kommentar, StGB).

Lettl, Tobias, Schadensersatz bei Kartellverstößen in der 9. GWB-Novelle, WM 2016, S. 1961 ff.

Leutheusser-Schnarrenberger, Sabine, Fragmentarisches Strafrecht in einer global vernetzten Welt?, ZStW 123 (2011), S. 651 ff.

Levenstein, Margaret C./Suslow, Valerie Y., What determines cartel success?, Journal of Economic Literature 44 (2006), S. 42 ff.

Lever, Jeremy/Pike, John, Cartel agreement, criminal conspiracy and the statutory „cartel offence": Part 2, ECLR 2005, S. 164 ff.

Loewenheim, Ulrich/Meessen, Karl/Riesenkampff, Alexander/Kersting, Christian/ Meyer-Lindemannm, Hans Jürgen (Hrsg.), Kartellrecht Kommentar, 3. Auflage, München 2016 (zit.: *Bearbeiter,* in: *Loewenheim/Meessen/Riesenkampff/ Kersting/Meyer-Lindemann*).

Lübbe-Wolff, Gertrude, Instrumente des Umweltrechts – Leistungsfähigkeit und Leistungsgrenzen, NVwZ 2001, S. 481 ff.

Lüderssen, Klaus, Welche Strafrechtlichen Mittel empfehlen sich für die wirksamere Bekämpfung der Wirtschaftskriminalität, Verhandlung 49. Deutscher Juristentag, Düsseldorf 1972, Ständige Deputation des Deutschen Juristentages (Hrsg.), Bd. II (Sitzungsberichte), München 1972 (zit.: *Lüderssen,* Verhandlungen 49. DJT).

Lüderssen, Klaus, Die strafrechtsgestaltende Kraft des Strafrechts, ZStW 85 (1973), S. 288 ff.

Lüderssen, Klaus, Die Symbiose von Markt und Staat – auseinanderdividiert durch Strafrecht?, StV 1997, S. 318 ff.

Lüderssen, Klaus, Finanzmarktkrise, Risikomanagement und Strafrecht, StV 2009, S. 486 ff.

Lüdke,Steffen, Maas will Musterklagen möglich machen, Spiegel Online, 31.07.2017.

Lutz, Martin, Amnestie für aufklärungsbereite Kartellanten, BB 2000, S. 677 ff.

Maas, Heiko, Wenn das Strafrecht alles richten soll …dann wären wir im autoritären Staat. Ein rationales Strafrecht als Ziel der Rechtspolitik bewahren, AnwBl 2016, S. 546 ff.

Magnus, Ulrich, Punitive damages and German law, in: *Meurkens, Lotte/Nordin, Emily* (Hrsg.), The power of punitive damages – is Europe missing out?, Cambridge u.a. 2012, S. 245 ff. (zit.: *Magnus,* in: *Meurkens/Nordin* (Hrsg.), The Power of Punitive Damages).

Maiwald, Manfred, Zum fragmentarischen Charakter des Strafrechts, in: *Schröder, Friedrich-Christian/Zipf, Heinz* (Hrsg.), Festschrift für Reinhart Maurach zum 70. Geburtstag, Karlsruhe 1972, S. 9 ff. (zit.: *Maiwald,* in: FS Maurach).

Makowski, Gösta Christian, Kartellrechtliche Grenzen der Selbstregulierung, Baden-Baden 2007 (zit.: *Makowski,* Kartellrechtliche Grenzen).

Mansdörfer, Marco, Zur Theorie des Wirtschaftsstrafrechts. Zugleich eine Untersuchung zu funktionalen Steuerungs- und Verantwortlichkeitsstrukturen bei ökonomischem Handeln, Heidelberg u.a. 2011.

Mansdörfer, Marco/Timmerbeil, Sven, Das Modell der Verbandshaftung im europäischen Kartellbußrecht, EuZW 2011, S. 214 ff.

Mansdörfer, Marco/Trüg, Gerson, Umfang und Grenzen strafrechtlicher Geschäftsherrenhaftung, StV 2012, S. 432 ff.

Marx, Michael, Zur Definition des Begriffs „Rechtsgut“, Köln u.a. 1972 (zit.: *Marx*, Rechtsgut).

Massaro, Toni M., Shame, culture, and American criminal law, Michigan Law Review 89 (1990/91), S. 1880 ff.

Massey, Patrick, Criminalization and leniency: will the combination favourably affect cartel stability?, in: *Cseres, Katalin J./Schinkel, Maarten Pieter/Vogelaar, Floris O.W.* (Hrsg.), criminalization of competition law enforcement, Cheltenham/Northampton 2006, S. 176 ff. (zit.: *Massey*, in: *Cseres/Schinkel/Vogelaar* (Hrsg.), Criminalization).

Maunz/Theodor/Dürig, Günter (Begr.), Grundgesetz Kommentar, hrsg. v. *Herzog, Roman/Herdegen, Matthias/Scholz, Rupert/Klein, Hans* (Hrsg.), Band I, Texte, Art. 1–5, Loseblattsammlung, Stand: Dezember 2016 (zit.: *Bearbeiter*, in: *Maunz/Dürig*, Bd. I).

Maunz/Theodor/Dürig, Günter (Begr.), Grundgesetz Kommentar, hrsg. v. *Herzog, Roman/Herdegen, Matthias/Scholz, Rupert/Klein, Hans* (Hrsg.), Band VI, Art. 86–106a, Loseblattsammlung, Stand: Dezember 2016 ((zit.: *Bearbeiter*, in: *Maunz/Dürig*, Bd. VI).

Maurach, Reinhart/Zipf, Heinz, Strafrecht Allgemeiner Teil, Teilband 1, Grundlehren des Strafrechts und Aufbau der Straftat, 8. Auflage, Heidelberg 1992 (zit.: *Maurach/Zipf*, Strafrecht AT).

Mayer, Markus A., Geschäfts- und Betriebsgeheimnis oder Geheimniskrämerei?, GRUR 2011, S. 884 ff.

Mechler, Achim, Der Verbrecher als Sündenbock der Gesellschaft, ZRP 1971, S. 1 ff.

Mederer, Wolfgang, Richtlinienvorschlag über Schadensersatzklagen im Bereich des Wettbewerbsrechts, EuZW 2013, S. 847 ff.

Mehle, Bastian/Neumann, Nils, Die Bestellung von Betriebsbeauftragten, NJW 2011, S. 360 ff.

Meier, Bernd-Dieter, Kriminologie, 4. Auflage, München 2010.

Meier, Bernd-Dieter, Strafrechtliche Sanktionen, 4. Auflage, Berlin u.a. 2015.

Merton, Robert K., Social structure and anomie, American Sociological Review 3 (1938), S. 672 ff.

Mestmäcker, Ernst-Joachim/Schweitzer, Heike, Europäisches Wettbewerbsrecht, 3. Auflage, München 2014 (zit.: *Mestmäcker/Schweizer*, Europäisches Wettbewerbsrecht).

Meurkens, Lotte/Nordin, Emily (Hrsg.), The punitive damages debate in continental Europe: Food for thought, in: *Meurkens, Lotte/Nordin, Emily* (Hrsg.), The power of punitive damages – is Europe missing out?, Cambridge u.a. 2012, S. 3 ff. (zit.: *Meurkens,* in: *Meurkens/Nordin* (Hrsg.), The Power of Punitive Damages).

Meyer-Lindemann, Hans Jürgen, Durchsetzung des Kartellverbots durch Bußgeld und Schadensersatz, WuW 2011, S. 1235 ff.

Miller, Nathan H., Strategic Leniency and Cartel Enforcement, American Economic Review 2009, S. 750 ff.

Ministry of Economic Development Newzealnd, Cartel criminalisiation. Discussion document, 2010, http://www.med.govt.nz/business/competition-policy/pdf-docs-library/cartel-criminalisation-discussion-document.pdf (Stand: 18.04.2015).

Mitsch, Wolfgang, Strafantragsdelikte, JA 2014, S. 1 ff.

Momsen, Carsten/Grützner, Thomas (Hrsg.), Wirtschaftsstrafrecht. Handbuch für die Unternehmens- und Anwaltspraxis, München 2013 (zit.: *Bearbeiter,* in: *Momsen/Grützner* (Hrsg.) Wirtschaftsstrafrecht).

Monopolkommission, Sondergutachten 41. Das allgemeine Wettbewerbsrecht in der Siebten GWB-Novelle, http://www.monopolkommission.de/images/PDF/SG/s41_volltext.pdf (Stand: 28.03.2017).

Monopolkommission, Hauptgutachten XX (2012/2013). Eine Wettbewerbsordnung für die Finanzmärkte, http://www.monopolkommission.de/index.php/de/gutachten/hauptgutachten/271-hauptgutachten-xx (Stand: 18.04.2015).

Monopolkommission, Sondergutachten 72, Strafrechtliche Sanktionen bei Kartellverstößen, 2015, http://www.monopolkommission.de/images/PDF/SG/s72_volltext.pdf (Stand: 08.04.2016).

Monopolkommission, Hauptgutachten XXI: Wettbewerb 2016, http://www.monopolkommission.de/index.php/de/homepage/84-pressemitteilungen/324-xxi-gesamt (Stand: 28.03.2017).

Möschel, Wernhard, Zur Problematik einer Kriminalisierung von Submissionsabsprachen, Köln u.a. 1980 (zit.: *Möschel,* Submissionsabsprachen).

Möschel, Wernhard, Zur Kriminalisierung von Kartellrechtsverstößen, in: *Merz, Hans/Schluep, Walter R.* (Hrsg.), Recht und Wirtschaft heute, Festgabe zum 65. Geburtstag von Max Kummer, Bern 1980, S. 431 ff. (zit.: *Möschel,* in: FG Kummer).

Möschel, Wernhard, Die Wettbewerbsordnung als Grundelement der Sozialen Marktwirtschaft, in: *Ascherie, Mario/Ebel, Friedrich/Heckel, Martin/Padoa-Schioppa, Antonio/Pöggeler, Wolfgang/Ranieri, Filippo/Rütten, Wilhelm* (Hrsg.),

„Ins Wasser geworfen und Ozeane durchquert", Festschrift für Knut Wolfgang Nörr, Köln u.a. 2003, S. 609 ff. (zit.: *Möschel,* in: FS Nörr).

Möschel, Wernhard, Privatrechtsschutz bei Verstößen gegen das Kartellgesetz, in: *Brinker, Ingo/Scheuing, Dieter H./Stockmann, Kurt* (Hrsg.), Recht und Wettbewerb, Festschrift für Rainer Bechtold zum 65. Geburtstag, München 2006, S. 329 ff. (zit.: *Möschel,* in: FS Bechtold).

Möschel, Wernhard, Erweiterter Privatrechtsschutz im Kartellrecht, WuW 2006, S. 115.

Möschel, Wernhard, Behördliche oder privatrechtliche Durchsetzung des Kartellrechts, WuW 2007, S. 483 ff.

Möschel, Wernhard, Kartellbußen und Artikel 92 Grundgesetz, WuW 2010, S. 869 ff.

Motta, Massimo, Competition Policy. Theory and Practice, Cambridge 2004.

Muders, Christian, Zur Haftung juristischer Verbände für das Verhalten natürlicher Personen im europäischen Kartellrecht, wistra 2011, S. 405 ff.

Müller, Peter, Punitive damages und deutsches Schadensersatzrecht, Berlin 2000 (zit.: *Müller,* Puntive Damages).

Müller-Dietz, Heinz, Integrationsprävention und Strafrecht. Zum positiven Aspekt der Generalprävention, in: *Vogler, Theo* (Hrsg.), Festschrift für Hans-Heinrich Jescheck zum 70. Geburtstag, Band II, Berlin 1985, S. 813 ff. (zit.: *Müller-Dietz,* in: FS Jescheck).

Müller-Gugenberger, Christian (Hrsg.), Wirtschaftsstrafrecht. Handbuch des Wirtschaftsstraf- und -ordnungswidrigkeitenrecht, 6. Auflage, 2015 (zit.: *Bearbeiter,* in: *Müller-Gugenberger* (Hrsg.), Wirtschaftsstrafrecht).

Münchener Kommentar, Europäisches und Deutsches Wettbewerbsrecht, hrsg. v. *Bornkamm, Joachim/Montag, Frank/Säcker, Franz Jürgen*, Band I, Europäisches Wettbewerbsrecht, 2. Auflage, München 2015 (zit.: *Bearbeiter,* in: MünchKomm, Kartellrecht).

Münchener Kommentar zum Strafgesetzbuch, hrsg. v. *Hefendehl, Roland/Hohmann, Olaf*, Band V, §§ 263–358 StGB, 2. Auflage, München 2014 (zit.: *Bearbeiter,* in: MünchKomm, StGB).

Mundt, Andreas, Alternative Instrumente der Kartellbehörden. 44. Innsbrucker Symposium des FIW, 2011, http://www.bundeskartellamt.de/SharedDocs/Publikation/DE/Reden/L1/Andreas%20Mundt%20-%20Alternative%20Instrumente%20der%20Kartellbehörden.pdf?__blob=publicationFile&v=6 (Stand: 25.04.2015).

Mundt, Andreas, Die freiheitliche Grundordnung in der Europäischen Union, WuW 2012, S. 376 ff.

Mundt, Andreas, Die Bedeutung der Wettbewerbs-Compliance, Compliance Praxis 2014, S. 12 ff.

Mundt, Andreas, Die wettbewerbspolitischen Vorgaben des Koalitionsvertrages, wrp 2014, Editorial.

Mundt, Andreas, „Die Behörden tun sich mit der Frage der Berücksichtigung von Compliance nicht leicht", Compliance Manager 1/15, S. 92 ff.

Mundt, Andreas, Stellungnahme des Bundeskartellamts zum Regierungsentwurf zur 9. GWB-Novelle, Bonn 2017, https://www.bundestag.de/blob/489188/71864fe8e7d3683c8954b6094308eadc/mundt-data.pdf (Stand: 31.08.2017).

Musielak, Hans-Joachim/Voit, Wolfgang (Hrsg.), Zivilprozessordnung mit Gerichtsverfassungsgesetz, 12. Auflage, München 2015 (zit.: *Bearbeiter*, in: *Musielak/Voit*).

Nakamichi, Yuki, Grenzen der Gesetzgebung im Kontext des § 217 StGB. Darf man die Beteiligung am Suizid nicht bestrafen?, ZIS 2016, S. 324 ff.

Nettesheim, Martin (Hrsg.); Das Recht der Europäischen Union, Band I, EUV/AEUV, Stand: Oktober 2016 (zit.: *Bearbeiter*, in: *Grabitz/Hilf/Nettesheim*).

Nickell, Stephen, Competition and Corporate Performance, Journal of Political Economy 104 (1996), S. 724 ff.

Nöckel, Anja, Grund und Grenzen eines Marktwirtschaftsstrafrechts, Heidelberg u.a. 2012 (zit.: *Nöckel*, Marktwirtschaftsstrafrecht).

Noll, Peter, Welche Strafrechtlichen Mittel empfehlen sich für die wirksamere Bekämpfung der Wirtschaftskriminalität, Verhandlung 49. Deutscher Juristentag, Düsseldorf 1972, Ständige Deputation des Deutschen Juristentages (Hrsg.), Band II (Sitzungsberichte), München 1972 (zit.: *Noll*, Verhandlungen 49. DJT).

Noltenius, Bettina, Grenzenloser Spielraum des Gesetzgebers im Strafrecht? Kritische Bemerkungen zur Inzestentscheidung des BVerfG vom 26. Febraur 2008, ZJS 2009, S. 15 ff.

o.N., Trends Wirtschaft. Die Bahn entwickelt Frühwarnsystem, Der Spiegel, 27.05.2013, S. 66.

OECD, Bekämpfung von Hardcore-Kartellen. Verursachter Schaden, wirksame Sanktionen und Bonusregelung, 2002, http://www.oecd-ilibrary.org/docserver/download/9789264174993-sum-de.pdf?expires=1429364002&id=id&accname=guest&checksum=52CA31D7BCAFC8804D74941F6F078AA2 (Stand: 18.04.2015).

OECD, Report on the nature and impact of hard core cartels and sanctions against under national competition law, 2002, http://www.oecd.org/competition/cartels/2081831.pdf (Stand: 18.04.2015).

OECD, Cartel sanctions against individuals, 2003, http://www.oecd.org/competition/cartels/34306028.pdf (Stand: 18.04.2015).

OECD, Hard core crtels: Third report on the implementation of the 1998 Council Recommendation. 2005, http://www.oecd.org/competition/cartels/35863307.pdf (Stand: 18.04.2015).

Ohly, Ansgar/Sosnitza, Olaf (Hrsg.), Gesetz gegen den unlauteren Wettbewerb mit Preisangabenverordnung, 6. Auflage, München 2014 (zit.: *Bearbeiter,* in: *Ohly/Sosnitza*).

Oldigs, Dirk, Möglichkeiten und Grenzen der strafrechtlichen Bekämpfung von Submissionsabsprachen, Heidelberg 1998 (zit.: *Oldigs,* Möglichkeiten und Grenzen).

Ost, Konrad, From regulation 1 to regulation 2: National enforcement of EU cartel prohibition and the need for further convergence, Journal of European Competition Law & Practice 5 (2014), S. 125 ff.

Ost, Konrad/Kallfaß, Gunnar/Roesen, Katrin, Einführung einer Unternehmensverantwortlichkeit im deutschen Kartellsanktionenrecht – Anmerkungen zum Entwurf der 9. GWB-Novelle, NZKart 2016, S. 446 ff.

Otto, Harro, Strafwürdigkeit und Strafbedürftigkeit als eigenständige Deliktskategorien? Überlegungen zum Deliktsaufbau, in: *Stree, Walter/Lenckner, Theodor/Eser, Albin* (Hrsg.), Gedächtnisschrift für Horst Schröder, München 1978, S. 53 ff. (zit.: *Otto,* in: GS Schröder).

Otto, Harro, Schrifttum, Klaus Tiedemann, Kartellrechtsverstöße und Strafrecht, GA 1978, S. 218 f.

Otto, Harro, Konzeption und Grundsätze des Wirtschaftsstrafens (einschließlich Verbraucherschutz), ZStW 96 (1984), S. 339 ff.

Oxera, Quantifying antitrust damages. Towards non-binding guidance for courts, Study prepared for the European Commission, 2009, http://ec.europa.eu/competition/antitrust/actionsdamages/quantification_study.pdf (Stand: 18.04.2014).

Paliero, Carlo Enrico, Die Verwaltungssanktionen als modernes Mittel im Kampf gegen die Wirtschaftskriminalität, in: *Schünemann, Bernd/Gonzalez, Carlos Suärez* (Hrsg.), Bausteine des europäischen Wirtschaftsstrafrecht, Madrid Symposium für Klaus Tiedemann, Köln u.a. 1994, S. 245 ff., (zit.: *Paliero,* in: Madrid-Symposium).

Palzer, Christoph, Kartellbußen als Insolvenzauslöser – Oder: Was tun, wenn's brennt?, NZI 2012, S. 67 ff.

Papier, Hans-Jürgen, Grundgesetz und Wirtschaftsverfassung, WM 2009, S. 1869 ff.

Parker, Christine/Nielsen Lehmann, Vibeke, How much does it hurt? How Australien business think about the costs and gains of compliance and noncompliance With The *Trade Practices Act*, Melbourne University Law Review 32 (2008), S. 554 ff.

Parker, Christine, Criminal cartel sanctions and compliance: The gap between rhetoric and reality, in: *Beaton-Wells, Caron/Ezrachi, Ariel* (Hrsg.), Criminalising cartels. Critical studies of an international regulatory movement, Oxford 2011, S. 239 ff. (zit.: *Parker*, in: *Beaton-Wells/Ezrachi* (Hrsg.), Criminalising Cartels).

Parker, Christine, Economic rationalities of governance and ambiguity in the criminalization of cartels, British Journal of Criminology 52 (2012), S. 974 ff.

Pasewaldt, David, Zehn Jahre Strafbarkeit wettbewerbsbeschränkender Absprachen bei Ausschreibungen gemäß § 298 StGB, ZIS 2008, S. 84 ff.

Paternoster,Raymond/Simpson, Sally, Sanctions threats and appeals tom: Testing a rational choice model of corporate crime, Law & Society Review 30 (1996), S. 549 ff.

Pera, Alberto/Pisanelli Codacci, Giulia, Prevention of antitrust violations: which role for compliance programs?, ECLR 2013, S. 267 ff.

Peters, Karl, Beschränkung der Tatbestände im Besonderen Teil, ZStW 77 (1965), S. 470 ff.

Pierenkemper, Roger, Kartellbußen aus ökonomischer und rechtlicher Sicht. Der Problemfall der Zementkartelle, Tübingen 2012 (zit.: *Pierenkemper*, Kartellbußen).

Podszun, Rupprecht, Stellungnahme zur Anhörung des Wirtschaftsausschusses des Deutschen Bundestages am 23. Januar 2017 zur Neunten GWB-Novelle, https://www.bundestag.de/blob/489168/effffe1ad50da2f28f43442b2d8be7c1/podszun-data.pdf (Stand: 05.04.2017).

Podszun, Rupprecht, Wortprotokoll der 101. Sitzung des Ausschusses für Wirtschaft und Energie vom 23.01.2017, https://www.bundestag.de/blob/489168/effffe1ad50da2f28f43442b2d8be7c1/podszun-data.pdf (Stand: 28.03.2017).

Podszun, Rupprecht/Kreifels, Stephan, Kommt der Ausforschungsanspruch? – Anmerkungen zum geplanten § 33g GWB, GWR 2017, S. 67 ff.

Polinsky, Mitchell A./Shavell, Steven, The economic theory of public enforcement of law, Journal of Economic Literature 38 (2000), S. 45 ff.

Polley, Romina/Heinz, Silke, Settlements bei der Europäischen Kommission und beim Bundeskartellamt – ein Praxisvergleich, WuW 2012, S. 14 ff.

PriceWaterhouseCoopers/Martin-Luther-Universität Halle-Wittenberg, Wirtschaftskriminalität 2009 Sicherheitslage in deutschen Großunternehmen (zit.: *PWC*, Wirtschaftskriminalität).

PriceWaterhouseCoopers/Martin-Luther-Universität Halle-Wittenberg, Wirtschaftskriminalität in der analogen und digitalen Wirtschaft 2016, http://www.pwc.de/de/risiko-management/assets/studie-wirtschaftskriminalitaet-2016.pdf (Stand: 22.03.2017) (zit.: *PWC*, Wirtschaftskriminalität 2016).

PriceWaterhouseCoopers, Compliance und Unternehmenskultur. Zur aktuellen Situation in deutschen Großunternehmen, https://www.pwc.de/de/risiko-management/assets/studie_compliance-und-unternehmenskultur.pdf (Stand: 16.03.2017) (zit.: *PWC*, Compliance und Unternehmenskultur).

Prittwitz, Cornelius, Strafrecht als propra ratio, in: in: *Heinrich, Manfred/Jäger, Christian/Achenbach, Hans/Amelung, Knut/Bottke, Wilfried/Haffke, Bernhard/Schünemann, Bernd/Wolter, Jürgen* (Hrsg.) Strafrecht als Scienta Universalis, Festschrift für Claus Roxin zum 80. Geburtstag am 15. Mai 2011, Band 1, Berlin u.a. 2011, S. 23 ff. (zit.: *Prittwitz*, in: FS Roxin).

Pustlauk, Maria, Wohlfahrtsverluste durch Kartelle und deren Kompensation durch Schadensersatzklagen, EWeRK 2011, S. 127 ff.

Ransiek, Andreas, Unternehmensstrafrecht. Strafrecht, Verfassungsrecht, Regelungsalternativen, Heidelberg 1996 (zit.: *Ransiek*, Unternehmensstrafrecht).

Rathgeber, Christian, Criminal Compliance. Kriminalpräventive Organisations- und Aufsichtspflichten am Beispiel der Wirtschaftskorruption, Baden-Baden 2012 (zit.: *Rathgeber*, Criminal Compliance).

Reihe Alternativkommentare. Kommentar zum Strafgesetzbuch, hrsg. v. *Wassermann, Rudolf*, Band I, §§ 1–21, Neuwied 1990 (zit.: *Bearbeiter*, in: Alternativkommentar, StGB).

Reimers, Thilo/Hainz, Josef, Die neue DICO-Leitlinie „Kartellrechtliche Compliance" – Zugleich ein Diskussionsbeitrag zur vergaberechtlichen Selbstreinigung und kartellrechtlichen Bußgeldbemessung, CCZ 2016, S. 188 ff.

Reindl, Andreas P., How strong is the case for criminal sanctions in cartel cases? in: *Cseres, Katalin J./Schinkel, Maarten Pieter/Vogelaar, Floris O.W.* (Hrsg.), Criminalization of competition law enforcement, Cheltenham/Northampton 2006, S. 110 ff. (zit.: *Reindl*, in: *Cseres/Schinkel/Vogelaar* (Hrsg.), Criminalization).

Riley, Alan, Modernising cartel sanctions: Effective sanctions for price fixing in the European Union, ECLR 2011, S. 551 ff.

Rittner, Fritz/Dreher, Meinrad, Europäsiches und deutsches Wirtschaftsrecht. Eine systematische Darstellung, Heidelberg 2008 (zit.: *Rittner/Dreher*, Europäisches und deutsches Wirtschaftsrecht).

Rodger, Barry J., Competition law compliance programmes: A study of motivations and practice, World Competition Law and Economic Review 28 (2005), S. 349 ff.

Rönnau, Thomas, Grundwissen – Strafrecht: Der strafrechtliche Rechtsgutsbegriff, JuS 2009, S. 209 ff.

Rönnau, Thomas/Wegner, Kilian, Reform des Rechts der Verbandssanktionen – europäische und internationale Vorgaben, ZRP 2014, S. 158 ff.

Rosenboom, N.S.R., Career development after cartel prosecution: Cartel versus non-cartel managers, Journal of Competition Law & Economics 8 (2012), S. 145 ff.

Rosochowicz, Patriicia Hanh, The appropriateness of criminal sanctions in the enforcement of criminal law, ECLR 2004, S. 752 ff.

Rotsch, Thomas, Tatherrschaft kraft Organisationsherrschaft?, ZStW 112 (2000), S. 518 ff.

Rotsch, Thomas, Criminal Compliance in Theorie und Praxis des Wirtschaftsstrechts, in: *Rotsch, Thomas* (Hrsg.) Criminal Compliance vor den Aufgaben der Zukunft, Baden-Baden 2013, (zit.: *Rotsch,* in: *Rotsch* (Hrsg.), Criminal Compliance vor den Aufgaben der Zukunft).

Rotsch, Thomas, Compliance und Strafrecht – Fragen, Bedeutung, Perspektiven. Vorbemerkungen zu einer Theorie der sog. „Criminal Compliance", ZStW 125 (2013), S. 481 ff.

Rotsch, Thomas, Mythologie und Logos des § 298 StGB, ZIS 2014, S. 579 ff.

Rotsch, Thomas, Criminal Compliance. Handbuch, Baden-Baden 2015 (zit.: *Bearbeiter*, in: *Rotsch* (Hrsg.), Criminal Compliance).

Roxin, Claus, Straftaten im Rahmen organisatorischer Machtapparate, GA 1963, S. 193 ff.

Roxin, Claus, Sinn und Grenze staatlicher Strafe, JuS 1966, S. 377 ff.

Roxin, Claus, Strafrecht Allgemeiner Teil. Besondere Erscheinungsformen der Straftat, Bd. II, München 2003 (zit.: *Roxin,* Strafrecht AT II).

Roxin, Claus, Zur Strafbarkeit des Geschwisterinzests, StV 2009, S. 544 ff.

Roxin, Claus, Strafrecht Allgemeiner Teil. Grundlagen. Der Aufbau der Verbrechenslehre, Bd. I, 4. Auflage, München 2006 (zit.: *Roxin,* Strafrecht AT I).

Roxin, Imme, Probleme und Strategien der Compliance-Begleitung in Unternehmen, StV 2012, S. 116 ff.

Rudolphi, Hans-Joachim, Die verschiedenen Aspekte des Rechtsgutsbegriffs, in: *Barth, Eberhard* (Hrsg.), Festschrift für Richard M. Honig. Zum 80. Geburtstag, 3. Januar 1970, dargebracht von Freunden und Kollegen, Göttingen 1970, S. 151 ff. (zit.: *Rudolphi,* in: FS Honig).

Rutkowski, Jörg (Bearb.), Strafrechtliche Nebengesetze. Stichwortband. Lexikon des Nebenstrafrechts mit einer umfassenden Einführung in das System des

Nebenstrafrechts, Stand: Januar 2017 (zit.: *Bearbeiter,* in: *Rutkowski* (Bearb.), Strafrechtliche Nebengesetze).

Saam, Daniel, Kollektive Rechtsbehelfe zur Durchsetzung von Schadensersatzansprüchen im europäischen Wettbewerbs- und Verbraucherrecht. Eine systematische Untersuchung der aktuellen Vorhaben der EU-Kommission und ihrer möglichen Kompetenzgrundlagen, Baden-Baden 2011 (zit.: *Saam,* Kollektive Rechtsbehelfe).

Säcker, Franz Jürgen, Kronzeugenregelung – weiter so „pragmatisch" wie bisher?, WuW 2009, S. 3.

Sahan, Oliver/Berndt, Thomas, Neue Kronzeugenregelung – aktive Beendigung von Korruptionssystemen durch effiziente Compliance-Strukturen alternativlos, BB 2010, S. 647 ff.

Saller, Michael, Vertraulichkeit von anonymen Informanten im Kartellverfahren, BB 2013, S. 1160 ff.

Samson, Erich/Langrock, Marc, Bekämpfung von Wirtschaftskriminalität im und durch Unternehmen, DB 2007, S. 1684 ff.

Sandrock, Otto, Grundbegriffe des Gesetzes gegen Wettbewerbsbeschränkungen, München 1968 (zit.: *Sandrock,* Grundbegriffe).

Schemmel, Alexander/Ruhmannseder, Felix/Witzigmann, Tobias, Hinweisgebersysteme, Heidelberg u.a. 2012.

Schmid, Reinhard Th., Der Ausschreibungsbetrug als ein Problem der Strafgesetzgebung, Tübingen 1982 (zit.: *Schmid,* Der Ausschreibungsbetrug).

Schmid, Reinhard Th., Die staatliche Reaktion auf Baupreisabsprachen, wistra 1984, S. 1 ff.

Schmidhäuser, Eberhard, Strafrecht. Allgemeiner Teil. Lehrbuch, 2. Auflage, Tübingen 1975 (zit.: *Schmidhäuser,* Strafrecht AT).

Schmidt, Ingo, Sind Bußgeldverfahren das adäquate Instrument bei Verstößen gegen das Kartellverbot?, WuW 2012, S. 223.

Schmidt, Ingo/Haucap, Justus, Wettbewerbspolitik und Kartellrecht. Eine interdisziplinäre Einführung, 10. Auflage, München 2013 (zit.: *Schmidt/Haucap,* Wettbewerbspolitik).

Schmidt, Johannes, The Case for a European Competition Disqualification Order, ZWeR 2010, S. 378 ff.

Schmidt, Karsten, Kartellverfahrensrecht – Kartellverwaltungsrecht –Bürgerliches Recht. Kartellrechtspflege nach deutschem Recht gegen Wettbewerbsbeschrämkungen, Köln u.a. 1977 (zit.: *Schmidt,* Kartellverfahrensrecht).

Schmidt, Karsten, Aufgaben und Leistungsgrenzen der Gesetzgebung im Kartelldeliktsrecht. Eine rechtspolitische Studie zu den außerstrafrechtlichen

Sanktionen im GWB, Baden-Baden 1978 (zit.: *Schmidt,* Gesetzgebung im Kartelldeliktsrecht).

Schmidt-Preuß, Matthias, Verwaltung und Verwaltungsrecht zwischen gesellschaftlicher Selbstregulierung und staatlicher Steuerung, in: Kontrolle der auswärtigen Gewalt, VVDStRL 56 (1997), S. 160 ff.

Schmitt, Jörg, Illegale Absprachen. Kaffeeröster haben die Bahn jahrelang um Millionen geprellt. Das Unternehmen verlangt Schadensersatz. Alle zahlen – nur Tchibo nicht, Der Spiegel, 25.05.2014, S. 72.

Schmitt, Ralf Georg, Kartellrechtliche Beurteilung von Kundenschutzklauseln in Austauschverträgen, WuW 2007, S. 1096 ff.

Schmitt-Leonardy, Charlotte, Unternehmenskriminalität ohne Strafrecht?, Heidelberg u.a. 2013 (zit.: *Schmitt-Leonardy,* Unternehmenskriminalität).

Schmitt-Leonardy, Charlotte, Zurück in die Zukunft? Zur neuen alten Diskussion um die Unternehmensstrafe und zu den immer noch unzureichenden Verständnis des Problems, ZIS 2015, S. 11 ff.

Schneider, Hendrik, Das Leipziger Verlaufsmodell wirtschaftskriminellen Handelns, Ein integrativer Ansatz zur Erklärung von Kriminalität bei sonst sozialer Unauffälligkeit, NStZ 2007, S. 555 ff.

Schnelle, Ulrich/Kollmann, Anni, Bundeskartellamt führt anonymes elektronisches Hinweisgebersystem ein, BB 2012, S. 1559 ff.

Scholz, Rupert, Informationspolitik des Bundeskartellamts und Informationsrecht der Öffentlichkeit, NJW 1973, S. 481 ff.

Schönke/Schröder, Strafgesetzbuch Kommentar, bearb. v. *Eser, Albin,* u.a., 29. Auflage, München 2014 (zit.: *Bearbeiter,* in: *Schönke/Schröder).*

Schröder, Sebastian, Die Entwicklung von Compliance-Management-Systemen hinsichtlich Kartellrechtscompliance, CCZ 2015, S. 63 ff.

Schroll, Gregor, Der Einfluss interner und externer Faktoren auf die Effektivität der Kronzeugenprogramme der EU-Kommission und des Bundeskartellamtes, Frankfurt am Main 2012 (zit.: *Schroll,* Kronzeugenprogramme).

Schubert, Karin/Moebius, Isabella, Zwangsheirat – Mehr als nur ein Straftatbestand: Neue Wege zum Schutz der Opfer, ZRP 2006, S. 33 ff.

Schüler-Springorum, Horst, Prügel und Pranger, in: *Roxin, Claus/Bruns, Hans-Jürgen/Jäger, Herbert* (Hrsg.), Grundfragen der gesamten Strafrechtswissenschaft, Festschrift für Heinrich Henkel zum 70. Geburtstag am 12. September 1973, Berlin u.a. 1974, S. 141 ff.; (zit.: *Schüler-Springorum,* in: FS Henkel).

Schünemann, Bernd, Unternehmenskriminalität und Strafrecht. Eine Untersuchung der Verantwortlichkeit der Unternehmen und Führungskräfte nach geltendem und geplantem Straf- und Ordnungswidrigkeitenrecht, Köln u.a. 1979 (zit.: *Schünemann*, Unternehmenskriminalität).

Schünemann, Bernd, Grundfragen der Unternehmenskriminalität, wistra 1982, S. 41 ff.

Schünemann, Bernd, Alternative Kontrolle der Wirtschaftskriminalität, in: *Dornseifer, Gerhard/Horn, Eckhard/Schilling, Georg/Schöne, Wolfgang/Struensee, Eberhard/Zielinski, Diethart* (Hrsg.), Gedächtnisschrift für Armin Kaufmann, Köln u.a. 1989, S. 629 ff. (zit.: *Schünemann,* in: GS Kaufmann).

Schünemann, Bernd, Die Strafbarkeit der juristischen Personen aus deutscher und europäischer Sicht, in: *Schünemann, Bernd/Gonzalez, Carlos Suärez* (Hrsg.), Bausteine des europäischen Wirtschaftsstrafrecht, Madrid Symposium für Klaus Tiedemann, S. 265 ff., Köln u.a. 1994 (zit.: *Schünemann,* in: Madrid-Symposium).

Schünemann, Bernd, Die aktuelle Forderung eines Verbandsstrafrechts – ein kriminalpolitischer Zombie, ZIS 2014, S. 1 ff.

Schünemann, Bernd, Über Strafrecht im demokratischen Rechtstaat, das unverzichtbare Realitätsniveau seiner Dogmatik und die vorgeblich progressive Rückschrittspropaganda, ZIS 2016, S. 654 ff.

Schwarz, Harald, Kartellsünder als Straftäter? – Wenn dem falschen Schwein das Messer droht, Süddeutsche Zeitung vom 09.10.1996, S. 32.

Schwarze, Torsten, „Das Ende des Schreckens?" – Beschränkung der punitive damages durch den US-Supreme Court, NZG 2003, S. 804 ff.

Schwarze, Jürgen, Rechtsstaatliche Defizite des europäischen Kartellbußgeldverfahrens, WuW 2009, S. 6 ff.

Schwind, Hans-Dieter, Kriminologie: eine praxisorientierte Einführung mit Beispielen, 22. Auflage, Heidelberg u.a. 2013 (zit.: *Schwind,* Kriminologie).

Schwinge, Erich, Teleologische Begriffsbildung im Strafrecht. Ein Beitrag zur strafrechtlichen Methodenlehre, Bonn 1930.

Seelmann, Kurt, Atypische Zurechnungsstrukturen im Umweltstrafrecht, NJW 1990, S. 1257 ff.

Selmer, Peter, Verfassungsrechtliche Probleme einer Kriminalisierung des Kartellrechts, 1977 u.a. Köln.

Shavell, Steven, The optimal structure of law enforcement, Journal of Law and Economics 36 (1993), S. 255 ff.

Sieber, Ulrich, Grundfragen des Wirtschaftsstrafrechts in rechtsvergleichender Sicht, ZStW 96 (1984), S. 258 ff.

Sieber, Ulrich, Grenzen des Strafrechts, ZStW 119 (2007), S. 1 ff.

Sieber, Ulricht/Engelhart, Marc, Compliance programs for the prevention of economic crimes. An empirical survey of German companies, Berlin 2014

Smuda, Florian, Cartel overcharges and the detterent effect of EU competition law, Journal of Competition Law & Economics 10 (2014), S. 63 ff.

Sonnenfeld, Jeffrey, Executive apologies for price fixing: Role biased perception of causality, Academy Management Journal 1981, S. 192 ff.

Spagnolo, Giancarlo, Criminalization of cartels and their internal organization, in: *Cseres, Katalin J./Schinkel, Maarten Pieter/Vogelaar, Floris O.W.* (Hrsg.), Criminalization of competition law enforcement, Cheltenham/Northampton 2006, S. 133 ff. (zit.: *Spagnolo*, in: *Cseres/Schinkel/Vogelaar* (Hrsg.), Criminalization).

Spring, Patrick, Die strafrechtliche Geschäftsherrenhaftung. Unterlassungshaftung betrieblich Vorgesetzer für Straftaten Untergebener, Hamburg 2009 (zit.: *Spring*, Strafrechtliche Geschäftsherrenhaftung).

Stächelin, Gregor, Strafgesetzgebung im Verfassungsstaat. Normative und empirische materielle und prozedurale Aspekte der Legitimation unter Berücksichtigung neuerer Strafgesetzgebungspraxis, Berlin 1998 (zit.: *Stächelin*, Strafgesetzgebung).

Stadler, Astrid, Bündelung von Interessen im Zivilprozess. Überlegungen zur Einführung von Verbands- und Gruppenklagen im deutschen Recht, Heidelberg 2004 (zit.: *Stadler*, Bündelung von Interessen).

Stadler, Astrid, Formen zulässiger Massenklagen in Verbrauchersachen, in: *Basedow, Jürgen/Meyer, Ulrich/Rückle, Dieter/Schwintowski, Hans-Peter* (Hrsg.), Rechtsdurchsetzungsdefizite und aktuelle Probleme der Versicherungspraxis. Elementarversicherung und Vermittlerrichtlinie, Baden-Baden 2006, S. 59 ff. (zit.: *Stadler*, in: *Basedow/Meyer/Rückle/Schwintowski* (Hrsg.). Rechtsdurchsetzungsdefizite).

Stancke, Fabian, Markinformation, Benchmarking und Statistiken – Neue Anforderungen an Kartrellrechts-Compliance, BB 2009, S. 912 ff.

Stancke, Fabian, Das Risiko der Auslieferung wegen Kartellverstößen am Beispiel von US-Ersuchen – Kriminalisierung des Kartellrechts durch die Hintertür, CCZ 2014, S. 217 ff.

Steger, Jens, Zugang durch die Hintertüre? – Zur Akteneinsicht in Kronzeugenanträge von Kartellanten, BB 2014, S. 963 ff.

Steindorff, Ernst, Gesetzgeberische Möglichkeiten zu verbesserter Durchsetzung des Gesetzes gegen Wettbewerbsbeschränkungen, ZHR 138 (1974), S. 504 ff.

Stephan, Andreas, The UK cartel offence: Lame duck or black mamba?, 2008, http://papers.ssrn.com/sol3/papers.cfm?abstract_id=1310683 (Stand: 19.04.2015) (zit.: *Stephan*, UK Cartel Offence).

Stephan, Andreas, Survey of public attitudes to price fixing and cartel enforcement in Britain, Competition Law Review 5 (2008), S. 123 ff.

Stephan, Andreas, See no evil: cartels and the limits of antitrust compliance programs, Company Lawyer 2010, S. 231 ff.

Stephan, Andreas, The battle of hearts and minds: The role of media in treating cartels as criminal, in: *Beaton-Wells, Caron/Ezrachi, Ariel* (Hrsg.), Criminalising cartels. Critical studies of an international regulatory movement, Oxford 2011, S. 381 ff. (zit.: *Stephan,* in: *Beaton-Wells/Ezrachi* (Hrsg.), Criminalising Cartels).

Stephan, Andreas, Disqualification orders for directors involved in cartels, Journal of European Competition Law & Practice 2 (2011), S. 529 ff.

Stephan, Andreas, Price fixing in crisis: Implications of an economic downturn for cartels and enforcement, World Competition Law and Economic Review 35 (2012), S. 511 ff.

Stephan, Andreas, Four key challenges to the successful criminalization of cartel laws, Journal of Antitrust Enforcement 2 (2014), S. 333 ff.

Stöber, Michael, Schadensersatzhaftung für Preisschirmeffekte bei Verstößen gegen deutsches und europäisches Kartellrecht, EuZW 2014, S. 257 ff.

Stockmann, Kurt, Ziele und Zielkonflikte bei Kartellsanktionen, in: *Brinker, Ingo/ Scheuing, Dieter H./Stockmann, Kurt* (Hrsg.), Recht und Wettbewerb, Festschrift für Rainer Bechtold zum 65. Geburtstags, München 2006, S. 559 ff., (zit.: *Stockmann,* in: FS Bechtold).

Stomper, Kristina, Kartellrechtlicher Schadensersatz bei mehrgliedrigen Absatzketten: Art. 12–15 der Schadensersatz-Richtlinie und § 33c RefE-GWB, WuW 2016, S. 410 ff.

Streng, Franz, Strafrechtliche Sanktionen. Die Strafzumessung und ihre Grundlagen, 3. Auflage, Stuttgart 2012 (zit.: *Streng,* Strafrechtliche Sanktionen).

Stucke, Maurice E., Morality and antitrust, Columbia Business Law Review 2006, S. 443 ff.

Stucke, Maurice E., Am I a price fixer? A behavioural economics analysis of cartels, in: *Beaton-Wells, Caron/Ezrachi, Ariel* (Hrsg.), Criminalising cartels. Critical studies of an international regulatory movement, Oxford 2011, S. 263 ff. (zit.: *Stucke,* in: *Beaton-Wells/Ezrachi* (Hrsg.), Criminalising Cartels).

Stucke, Maurice E., Is competition always good? Journal of Antirtrust Enforcement, 1 (2013), S. 162 ff.

Suhr, Christianm, Zur Begriffsbestimmung von Rechtsgut und Tatobjekt im Strafrecht, JA 1990, S. 303 ff.

Sutherland, Edwin H., White-collar criminality, American Sociological Review 5 (1940), S. 1 ff.

Swoboda, Sabine, Die Lehre vom Rechtsgut und ihre Alternativen, ZStW 122 (2010), S. 24 ff.

Sykes, Gresham M./Matza, David, Techniques of neutralization: A theory of delinquency, American Sociological Review 22 (1957), S. 664 ff.

Systematischer Kommentar zum Strafgesetzbuch, hrsg. v. *Wolter, Jürgen*, Band I, §§ 1 – 45b StGB, Stand: Dezember 2014 (zit.: *Bearbeiter*, in: SK).

Tettinger, Peter/Wank, Rolf/Ennuschat, Jörg (Hrsg.), Gewerbeordnung Kommentar, 8. Auflage, München 2011 (zit.: *Bearbeiter*, in: *Tettinger/Wank/Ennuschat*).

Theile, Hans, Unternehmensrichtlinien – Ein Beitrag zur Prävention von Wirtschaftskriminalität, ZIS 2008, S. 406 ff.

Theile, Hans, Rationale Gesetzgebung im Wirtschaftsstrafrecht, wistra 2012, S. 285 ff.

Thomé, Martin, Normen, Werte, Orientierung, zfwu 2004, S. 51 ff.

Thompson, John S./Kaserman, David L., After the fall: Stock price movements and the deterrent effects of antitrust enforcement, Review of Industrial Organization 19 (2001), S. 329 ff.

Thym, Daniel, Die Reichweite der EU-Grundrechte-Charta – Zu viel Grundrechtsschutz?, NVwZ 2013, S. 889 ff.

Tiedemann, Klaus, Tatbestandsfunktionen im Nebenstrafrecht. Untersuchungen zu einem rechtstaatlichen Tatbestandsbegriff, entwickelt am Problem des Wirtschaftsstrafrechts, Tübingen 1969, (zit.: *Tiedemann*, Tatbestandsfunktionen).

Tiedemann, Klaus, Welche Strafrechtlichen Mittel empfehlen sich für eine wirksamere Bekämpfung der Wirtschaftskriminalität, Gutachten C, Verhandlungen zum 49. Deutschen Juristen Tag, Düsseldorf 1972, Ständige Deputation des deutschen Juristentages (Hrsg.), Band I, München 1972 (zit.: *Tiedemann*, in: Verhandlungen 49. DJT).

Tiedemann, Klaus, Kartellrechtsverstöße und Strafrecht, Köln u.a. 1976 (zit.: *Tiedemann*, Kartellrechtsverstöße).

Tiedemann, Klaus, Verfassungsrecht und Strafrecht, Heidelberg 1991.

Tiedemann, Klaus, Wettbewerb als Rechtsgut des Strafrechts, in: Grundfragen staatlichen Strafens, in: *Britz, Guido* (Hrsg.), Festschrift für Heinz Müller-Dietz zum 70. Geburtstag, München 2001, S. 905 ff. (zit.: *Tiedemann*, in: FS Müller-Dietz).

Tiedemann, Klaus, Wirtschaftsstrafrecht Allgemeiner Teil mit wichtigten Rechtstexten, 4. Auflage, München 2014 (zit.: *Tiedemann*, Wirtschaftsstrafrecht AT).

Tiedemann, Klaus/Schünemann, Bernd/Rönnau, Thomas (Hrsg.), Die Verfassung moderner Strafrechtspflege. Erinnerung an Joachim Vogel, Baden-Baden 2016 (zit.: *Bearbeiter,* Die Verfassung moderner Strafrechtspflege).

Tittle, Charles R., Refining control balance theory, Theoretical Criminology 8 (2004), S. 395 ff.

Trüg, Gerson, Zu den Folgen der Einführung eines Unternehmensstrafrecht, wistra 2010, S. 214 ff.

Urban, Carolin, Mittelbare Täterschaft kraft Organisationsherrschaft. Eine Studie zur Konzeption und Anwendbarkeit, insbesondere im Hinblick auf Wirtschaftsunternehmen, Göttingen 2004 (zit.: *Urban,* Organisationsherrschaft).

Van den Bergh, Roger/Camesasca, Peter, European competition law and economics. A comparative perspective, 2. Auflage, London 2006, (zit.: *Van den Bergh/Camesasca,* European Competition Law).

Van den Broek, Stijn/Kemp, Ron G.M./Verschoor, Willem F.C./Vries, Anne-Claire, Reputational penalities to firms in antitrust investigations, Journal of Competition Law & Economics 8 (2012), S. 231 ff.

Veljanovski, Cento, Cartel fines in Europe, World Competition Law and Economic Review 30 (2007), S. 65 ff.

Voet van Vormizeele, Philipp, Kartellrechtliche Compliance-Programme im Rahmen der Bußgeldbemessung *de lege lata* und *de lege ferenda*, CCZ 2009, S. 41 ff.

Vogel, Benjamin, Zur Bedeutung des Rechtsguts für das Gebot strafgesetzlicher Bestimmtheit, ZStW 128 (2016), S. 139 ff.

Vogel, Joachim, Verbraucherschutz durch strafrechtliche Produkthaftung – Kriminologische und funktionale Aspekte, GA 1990, S. 241 ff.

Vogel, Joachim, Schein- und Umgehungshandlungen im Strafrecht, insbesondere im europäischen Recht, in: *Schünemann, Bernd/Gonzalez, Carlos Suärez* (Hrsg.), Bausteine des europäischen Wirtschaftsstrafrecht, Madrid Symposium für Klaus Tiedemann, S. 151 ff., Köln u.a. 1994 (zit.: *Vogel,* in: Madrid-Symposium).

Vogel, Joachim, Strafrechtsgüter und Rechtsgüterschutz durch Strafrecht im Spiegel der Rechtsprechung des BVerfG, StV 1996, S. 110 ff.

Vogel, Joachim, Unrecht und Schuld in einem Unternehmensstrafrecht, StV 2012, S. 427 ff.

Volk, Klaus, Strafrecht und Wirtschaftskriminalität, JZ 1982, S. 85 ff.

Von Busekist, Konstantin/Fahrig, Stephan, Whistleblowing und der Schutz von Hinweisgebern, BB 2013, S. 119 ff.

Vorbrugg, Georg Christian, Öffentliche Namensnennung als Nebenstrafe in der Bußgeldpraxis des Bundeskartellamts, WuW 1984, S. 371 ff.

Wabnitz, Heinz-Bernd/Janovsky, Thomas (Hrsg.), Handbuch des Wirtschafts- und Steuerstrafrechts, 4. Auflage, München 2014 (zit.: *Bearbeiter,* in: *Wabnitz/Janovsky* (Hrsg.), Handbuch des Wirtschafts- und Steuerstrafrechts).

Wagner-von Papp, Florian, Kartellstrafrecht in den USA, dem Vereinigten Königreich und Deutschland, WUW 2009, S. 1236 ff.

Wagner-von Papp, Florian, Kriminalisierung von Kartellen, WuW 2010, S. 268 ff.

Wagner-von Papp, Florian, Privatrechtliche oder strafrechtliche Durchsetzung des Kartellrechts, in: *Möschel, Wernhard/Bien, Florian* (Hrsg.), Kartellrechtsdurchsetzung durch private Schadensersatzklagen?, Baden-Baden 2010, S. 267 ff. (zit.: *Wagner-von Papp,* in: *Möschel/Bien* (Hrsg.), Kartellrechtsdurchsetzung).

Wagner-von Papp, Florian, What if all bid riggers went to prison and nobody noticed? Criminal antitrust enforcement in Germany, in: *Beaton-Wells, Caron/Ezrachi, Ariel* (Hrsg.), Criminalising cartels. Critical studies of an international regulatory movement, Oxford 2011, S. 157 ff. (zit.: *Wagner-von Papp,* in: *Beaton-Wells/Ezrachi* (Hrsg.), Criminalising Cartels).

Wagner-von Papp, Florian, Kriminalisierung von Kartellrechtsabsprachen – tut sich was?, WuW 2014, S. 1115

Wagner, Gerhard, Prävention und Verhaltenssteuerung durch Privatrecht – Anmaßung oder legitime Aufgabe?, AcP 2006, S. 352 ff.

Wagner, Gerhard, Neue Perspektiven im Schadensersatzrecht – Kommerzialisierung, Strafschadensersatz, Kollektivschaden, Gutachten A, Verhandlungen des 66. Deutschen Juristentages, Stuttgart 2006, Ständige Deputation des deutschen Juristentages (Hrsg.), Band I, München 2006 (zit.: *Wagner,* Verhandlungen 66. DJT).

Walter, Tonio, § 298 StGB und die Lehre von den Deliktstypen, GA 2001, S. 131 ff.

Wehmhörner, Nonthika, Optimal pecuniary sanctions and the US sentencing and EU fining guidelines, in: *Cseres, Katalin J./Schinkel, Maarten Pieter/Vogelaar, Floris O.W.* (Hrsg.), Criminalization of competition law enforcement, Cheltenham/Northampton 2006, S. 217 ff. (zit.: *Wehmhörner,* in: *Cseres/Schinkel/Vogelaar* (Hrsg.), Criminalization).

Weidenbach, Georg/Saller, Michael, Das Weißbuch der Europäischen Komission zu kartellrechtlichen Schadensersatzklagen, BB 2008, S. 1020 ff.

Weigend, Thomas, Grundsätze und Probleme des deutschen Auslieferungsrechts, JuS 2000, S. 107 ff.

Weinmann, Günther, Gesetzgeberische Maßnahmen zur Belämpfung der Wirtschaftskriminlität: Besteht nach dem 1. und 2. WiKG ein weiterer

Regelungsbedarf?, in: *v. Gamm, Otto Friedrich/Raisch, Peter/Tiedemann, Klaus* (Hrsg.), Strafrecht, Unternehmensrecht, Anwaltsrecht, Festschrift für Gerd Pfeiffer zum Abschied aus dem Amt als Präsident des Bundesgerichtshofes, Köln u.a. 1988, S. 87 ff. (zit.: *Weinmann,* in: FS Pfeiffer).

Weitbrecht, Andreas, Schadensersatzansprüche der Unternehmen und Verbraucher wegen Kartellverstößen, NJW 2012, S. 881 ff.

Weitbrecht, Andreas/Mühle, Jan, Die Entwicklung des europäischen Kartellrechts 2013, EuZW 2014, S. 209 ff.

Weller, Marc-Philippe, Die Anrechnung pönaler Schadensersatzleistungen gem. § 33 GWB auf Kartellbußen, ZWeR 2008, S. 170 ff.

Wendt, Domenik Henning, Kollektiver Rechtsschutz in Europa, EuZW 2011, S. 616 ff.

Werden, Gregory J./Simon, Marilyn J., Why price fixers should go to prison, The Antitrust Bulletin 32 (1987), S. 917 ff.

Werden, Gregory J./Hammond, Scott D./Barnett, Belinda A., Deterrence and detection of cartels: Using all the tools and sanctions, The Antitrust Bulletin 56 (2011), S. 207 ff.

Whelan, Peter, A principled argument for personal criminal canctions as punishement under EC Cartel Law, Competition Law Review 4 (2007), S. 7 ff.

Whelan, Peter, Legal certainty and cartel criminalisation within the EU member states, The Cambridge Law Journal 71 (2012), S. 677 ff.

Whelan, Peter, Cartel criminalisation and the challenge of „moral wrongfulness", Oxford Journal of Legal Studies 33 (2013), S. 535 ff.

Whitman, James Q., What is wrong with inflicting shame sanctions, Yale Law School 1998, S. 1055 ff.

Wiedemann, Gerhard (Hrsg.), Handbuch des Kartellrechts, 3. Auflage, München 2016 (zit.: *Bearbeiter,* in: *Wiedemann* (Hrsg.), Handbuch des Kartellrechts).

Wiesner, Till, Zur Rechtmäßigkeit einer „Bonusregelung" im Kartellrecht, WuW 2005, S. 606 ff.

Wilhelmi, Rüdiger, Zugang zu Beweismitteln und Auskunftsanspruch – Die Regelung des deutschen Rechts und das Weißbuch im Vergleich, in: *Möschel, Wernhard/Bien, Florian* (Hrsg.), Kartellrechtsdurchsetzung durch private Schadensersatzklagen?, Baden-Baden 2010, S. 99 ff. (zit.: *Wilhelmi,* in: *Möschel/Bien* (Hrsg.), Kartellrechtsdurchsetzung).

Wilks, Stephen, Cartel criminalisation as juridification: Political and regulatory dangers, in: *Beaton-Wells, Caron/Ezrachi, Ariel* (Hrsg.), Criminalising Cartels. Critical studies of an international regulatory movement, Oxford 2011, S. 341 ff. (zit.: *Wilks,* in: *Beaton-Wells/Ezrachi* (Hrsg.), Criminalising Cartels).

Wils, Wouter P.J., The optimal enforcement of EC antitrust law. Essays in law & economics, The Hague u.a. 2002 (zit.: *Wils,* Optimal Enforcement).

Wils, Wouter P.J., Self-incrimination in EC antitrust enforcement: A legal and economic analyses, World Competition Law and Economic Review 26 (2003), S. 567 ff.

Wils, Wouter P.J., Should private antitrust enforcement be encouraged in Europe?, World Competition Law and Economic Review 26 (2003), S. 473 ff.

Wils, Wouter P.J., Is criminalization of EU competition law the answer?, World Competition Law and Economic Review 28 (2005), S. 117 ff.

Wils, Wouter P.J., Optimal antitrust fines: Theory and practice, World Competition Law and Economic Review 29 (2006), S. 183 ff.

Wils, Wouter P.J., Is criminalization of EU competition law the answer? in: *Cseres, Katalin J./Schinkel, Maarten Pieter/Vogelaar, Floris O.W.* (Hrsg.), Criminalization of competition law enforcement, Cheltenham/Northampton 2006, S. 60 ff. (zit.: *Wils,* in: *Cseres/Schinkel/Vogelaar* (Hrsg.), Criminalization).

Wils, Wouter P.J., The use of settlement in public antitrust enforcement: Objectives and principles, World Competition Law and Economic Review 31 (2008), S. 335 ff.

Wils, Wouter P.J., The Relationship between Public Antitrust Enforcement and Private Actions for Damages, World Competition Law and Economic Review 32 (2009), S. 3 ff.

Wils, Wouter P.J., Antitrust compliance programmes and optimal antitrust enforcement, Journal of Antitrust Enforcement 1 (2013), S. 52 ff.

Wils, Wouter P.J., The compability with fundamental rights of the EU antitrust enforcement system in which the European Commission acts both as investigator and as first-instance decision maker, World Competition Law and Economic Review 37 (2014), S. 5 ff.

Wittig, Petra, Wirtschaftsstrafrecht, 3. Auflage, München 2014.

Wolff, Ernst Amadeus, Das neuere Verständnis von Generalprävention und seine Tauglichkeit für die Antwort auf Kriminalität, ZStW 97 (1985), S. 786 ff.

Wrase, Sylvelyn/Fabritius, Christoph, Prämien für Hinweisgeber bei Kartellrechtsverstößen, CCZ 2011, S. 69 ff.

Würtenberger, Thomas, Schwankungen und Wandlungen im Rechtsbewusstsein der Bevölkerung, NJW 1986, S. 2281 ff.

ZEW, Studien zu den Wirkungen des Kartellgesetzes, Endbericht für das Staatssekretariat für Wirtschaft SECO, 2008, http://ftp.zew.de/pub/zew-docs/gutachten/ZEW_KOF_P13_und_15.pdf (Stand: 22.04.2015).

Zimmer, Daniel/Höft, Jan, „Private Enforcement" im öffentlichen Interesse?, ZRP 2009, S. 662 ff.

Zimmermann, Gernot, Strafrechtliche Risiken des Whistleblowing, ArbRAktuell 2012, S. 58 ff.

Zimmermann, Martin, Aktienrechtliche Grenzen der Freistellung des Vorstands von kartellrechtlichen Bußgeldern, DB 2008, S. 687 ff.